应用型本科汽车类专业系列教材

汽车服务企业管理

主 编 高 青
主 审 赵培全

机械工业出版社
CHINA MACHINE PRESS

本书根据汽车服务企业的特点以及企业管理的要求，注重理论与实践相结合，运用现代企业管理的理论和方法，对汽车服务企业的管理活动进行了系统的论述。全书共分九章，主要内容包括汽车服务企业管理概论、汽车服务企业经营管理、汽车服务企业质量管理、汽车服务企业人力资源管理、汽车服务企业物资管理、汽车服务企业财务管理、汽车售后服务管理、汽车服务企业信息化管理和企业文化与企业形象。每章配备了相应的案例。通过本书关于汽车服务企业管理知识的学习，学员可以比较系统而完整地掌握现代汽车服务企业管理的基本原理及其经营运作的方法和策略。

本书是本科院校汽车服务工程类专业教材，也可作为汽车运用与维修、汽车技术服务、汽车营销等相关专业的教材，还可作为汽车服务企业相关人员学习、培训的参考书。

图书在版编目（CIP）数据

汽车服务企业管理/高青主编.— 北京：机械工业出版社，2014.10（2024.6重印）
应用型本科汽车类专业系列教材

ISBN 978-7-111-47960-4

Ⅰ.①汽… Ⅱ.①高… Ⅲ.①汽车企业－工业企业管理－高等学校－教材 Ⅳ.①F407.471.6

中国版本图书馆CIP数据核字（2014）第212672号

机械工业出版社（北京市百万庄大街22号 邮政编码100037）
策划编辑：赵海青 责任编辑：赵海青 母云红
版式设计：赵颖喆 责任校对：丁 锋
封面设计：路恩中 责任印制：郜 敏
北京富资园科技发展有限公司印刷
2024年6月第1版第11次印刷
184mm×260mm · 17.75印张 · 417千字
标准书号：ISBN 978-7-111-47960-4
定价：49.00元

电话服务 网络服务
客服电话：010-88361066 机 工 官 网：www.cmpbook.com
010-88379833 机 工 官 博：weibo.com/cmp1952
010-68326294 金 书 网：www.golden-book.com
封底无防伪标均为盗版 机工教育服务网：www.cmpedu.com

车辆工程方向教材编审委员会

汽车服务工程方向教材编审委员会

交通运输方向教材编审委员会

丛书序

进入 21 世纪，我国高等教育得到了迅猛发展，已经进入了大众化的发展阶段，全国高等教育的毛入学率已达到 20%，上海、北京等高等教育发达地区的毛入学率已经超过 50%，率先进入了高等教育大众化的发展阶段。

在高等教育大众化发展阶段，受教育者和社会对高等学校的要求趋向于多元化和复杂化，对人才的认识和评价标准趋向于多样化，它的发展必然要求高等教育理念、办学形式的多元化和高等学校办学层次、类型的多样化。我国传统的"精英式"高等教育理念，"研究型"高等学校办学模式和"学术性"人才培养模式在高等教育大众化阶段受到了严重挑战。也就是说，高等教育大众化在提高适龄青年接受高等教育比例的同时，使教育的对象、目标和教育结构发生了变化，接受高等教育的人具有了不同的类型和不同的特点，就需要高等教育具有不同层次和不同类型，因此，产生了学校设置的不同类型和不同定位。应用型本科人才的培养正是在这种情况下，越来越得到社会的重视。

为适应社会对应用型人才的需求，对高等学校尤其是新建本科院校来说，应用型本科人才的培养工作重任在肩。应用型本科如何定位、分类和发展，是国内教育界非常关注的问题。定位于职业取向的应用型大学，既有普通本科教育的共性，又有区别于普通本科的自身特点，它更加注重的是实践性、应用性和技术性。有人认为，"后劲足、上手快"，即基础知识比高职高专学生深厚、实践能力比传统本科生强，是本科应用型人才最本质的特征。但是由于类型多而复杂，应用型本科院校之间缺乏横向交流和适用于应用型人才培养的针对性教材一直是制约院校发展的瓶颈。

2011 年 12 月，围绕应用型本科人才培养和教材开发，机械工业出版社牵头在上海建桥学院召开了"汽车类专业应用型本科示范教材"开发研讨会。上海建桥学院、上海电机学院、鲁东大学、九江学院、长安大学、河南科技大学、南昌工程学院、黑龙江工程学院、武汉科技大学、山东交通学院、河南工业大学、长春工业大学、哈尔滨理工大学、沈阳理工大学、浙江师范大学、吉林农业大学、金陵科技学院等来自全国 20 多所设有汽车类专业的应用型本科院校的 30 多位汽车专业系主任、骨干教师参加了此次会议。此次会议组建成立了"全国汽车类专业应用型本科院校联盟"，审议并通过了"全国汽车类专业应用型本科院校联盟"章程和联盟理事会工作细则，确定了教材联编共同的思路。

在此次会议上，与会代表对汽车类专业应用型本科的培养方案、专业建设、教材建设等问题进行了深入而广泛的探讨，并成立了教材编审专家委员会，对教材编例、内容组织、教材体系等多方面问题进行了探讨。

本套教材具有如下特点：

- 强调以知识为基础，以能力为重点，知识、能力、素质协调发展。具体培养目标强调学生综合素质和专业核心能力的培养。
- 内容组织和体现形式符合学生认知和技能养成规律，体现以应用为主线。
- 体现行业需求、职业要求和岗位规范，尤其是要注意紧跟技术更新。
- 注重学生分析能力、判断能力、创新能力和沟通能力的综合能力培养。
- 配套开发课程设计指导、实训教学指导书，配备多媒体教学课件，打造立体化教材。

本套教材附赠多媒体课件、练习题答案等教学资料供任课老师采用，可在机械工业出版社教材服务网（www.cmpedu.com）免费下载或拨打编辑热线获取（010-88379353）。

虽然本套教材的各参编院校在应用型本科人才培养和教学改革方面进行了有益的探索，但限于认识水平和工作经历，教材中难免仍有许多不足之处，恳请各位专家、同行和广大使用本套教材的师生给予批评指正。

应用型本科汽车类专业系列教材编委会

前言
Preface

进入 21 世纪，伴随着我国汽车产业发展政策的调整，我国汽车产业进入了持续、快速发展的轨道，自 2009 年开始已连续五年汽车产销量位居世界第一。在汽车工业大发展的同时，汽车消费主体日益多元化，广大消费者对高质量汽车服务的渴求日益凸现，汽车厂商围绕提升服务质量的竞争已经展开，而传统的汽车维修模式、汽车服务企业经营方式和管理手段已经远远不能适应现代激烈的市场竞争的需要，汽车服务企业需要接受新的管理理念，例如，汽车厂商和服务商对高素质的汽车服务人才的需求比以往任何时候都更为迫切，汽车服务业将人才竞争视作企业竞争制胜的关键要素。

本书根据汽车服务企业的特点，运用现代企业管理的理论和方法，对企业各项管理活动进行了系统的论述，其主要内容包括汽车服务企业管理概论、汽车服务企业经营管理、汽车服务企业质量管理、汽车服务企业人力资源管理、汽车服务企业物资管理、汽车服务企业财务管理、汽车售后服务汽车服务企业信息化管理以及企业文化与企业形象。

本书由山东交通学院高青担任主编，由赵培全担任主审。本书是集体智慧的结晶，在编写过程中，得到了国内大型汽车企业中多位专家的支持：钟勤俭、鞠忠民提供了企业管理过程中具体有效的操作建议；王可洲、山云霄、赖善知提供并帮助收集了大量的案例资料，使该书的实用性更强，在此一并表示由衷的感谢。同时，参加编写工作的人员还有王婷、钟磊、聂邦国、王磊。最后，由高青对全书进行统稿。

本书编写过程中参阅了大量国内出版的书籍及相关网站的资料，从中吸取了许多有益的内容，在此谨向其作者致以诚挚的谢意。在本书最后的统稿编辑过程中，巩加龙、韩钰、徐鸿领、丁建洲、逢格林、王春雷、殷长浩、高鹏程、胡秋霞等在校对和修改中做了大量工作；同时本书得到了机械工业出版社有关领导和编辑的大力支持，在此并表示衷心的感谢。

由于编者水平有限，书中难免有错误和疏漏之处，恳请使用本书的广大师生和其他读者予以批评指正。

编　者

目录

Contents

第1章 汽车服务企业管理概论

1.1 现代企业管理

1.1.1 企业管理的概念与特征

1. 企业管理的概念

企业管理是对企业的生产经营活动进行组织、计划、指挥、监督和调节等一系列职能的总称。企业管理的目的是尽可能地充分利用企业的人力、物力、财力等资源，以取得最大的经济效益。随着企业经营规模的不断扩大、生产专业化程度的提高，提高企业管理水平也越来越重要。

企业的构成要素有7M，即人事（Men），包括员工的招聘、培训、考核、奖惩、升降、任免等；金钱（Money），包括筹资、预算控制、成本分析、财务分析、资本营运等；方法（Methods），包括经营战略、计划、决策、质量管理、作业研究、工作设计等；机器（Machines），包括工厂布局、工作环境、工艺装备、设备等；物料（Material），包括材料采购、运输、储存、验收等；市场（Market），包括市场需求预测、经营决策、价格和销售策略制定等；工作精神（Morale），包括提高工作效率，把职工的热情、兴趣、志向引导到生产或工作上，发挥人的积极性、创造性等。企业所要管理的对象，也就是这几个方面，即人力资源管理、财务管理、生产管理、设备及安全管理、市场营销管理及文化管理。

2. 企业管理的特征

（1）企业管理是一种文化现象和社会现象　只要有人类社会存在，就存在着管理。因此，管理是一种社会现象和文化现象。管理的载体是组织。组织是两个或两个以上的人组成的为实现一定目标进行协作活动的集体。

组织的规模、类型可能千差万别，但其内部都包括五个基本要素，即人（管理的主体和客体）、物（管理的客体、手段和条件）、信息（管理的媒介、依据）、机构（反映管理的分工关系和管理方式）、目的（表明为什么要有这个组织）。外部环境对组织的效果和效率有很大的影响。外部环境包括一般环境和具体环境两部分，一般环境主要指经济、法律、社会文化和科学技术等因素；具体环境主要指顾客、供应商、竞争者等因素。

（2）企业管理的主体是管理者　管理是管理者协调他人和自己一起去实现组织目

标的一系列活动，管理者要对管理的效果负责。企业管理者在企业生产经营活动中处于领导地位，发挥着重要的作用。企业管理者具有计划、组织、领导、控制等各项职能。

（3）管理的核心是处理好人际关系　人既是管理的主体又是管理的客体，因此，管理者必须处理好各种人际关系，尤其要注重调动下属的积极性。根据马斯洛的需求层次理论，人的需求分为五个层次，如图 1-1 所示。管理人员可以通过问卷调查、走访、观察等形式了解下属的需求，并采取多种方法满足员工的需求，调动大家的积极性，共同实现组织的目标。

1.1.2　企业管理的基本原理

企业现代管理的基本原理是指在企业经营与管理中具有普遍意义的管理理念和管理原则。掌握了这些管理的基本原理可以有效地处理企业中各管理要素之间的复杂关系，以达到企业管理的基本目标。

企业管理的基本目标是高效、低耗、可靠地输出高功能。换句话说，管理的基本目标就是低投入、高产出。

图 1-1　马斯洛的需求层次理论

但是，企业的外部环境和内部条件是不断变化的，这就要求企业管理的目标必须能灵敏地自我适应，具有不断再生的创造能力。

1. 系统原理

系统原理是用系统的观点、理论和方法研究管理问题，把管理对象看成一个有机的统一体，分析其构成要素以及要素与要素之间、要素与整体之间的关系，从总体上把握系统的特点和构成，从整体效应出发寻求解决问题的办法和措施，从而达到管理优化的目标。

现代企业管理不再是过去的小生产管理，它总是处在各个层次的系统之中。每个企业，每种管理方法，每个人都不再是孤立的，它既在自己的系统之内，又与其他各系统发生各种形式的"输入"或"输出"，同时还处在一个更大的系统的统一范畴之内。因此，为了达到管理效果最佳化，就必须进行充分的系统分析，这就要求企业管理采用系统原理。

2. 创新原理

创新原理是指企业为实现总体战略目标，在生产经营过程中，根据内、外环境实际的变化，本着科学的态度，不断否定自己，创造具有自身特色的新思想、新思路、新经验、新方法、新技术并加以实施。

企业创新一般包括产品创新、技术创新、市场创新、组织创新和管理方法创新等。产品创新主要是提高产品质量，扩大生产规模，创立名牌效应；技术创新主要是加强科学技术研究，不断研发新产品，提高设备技术水平和员工队伍素质；市场创新主要是加强市场调查研究，提高市场占有率，努力开拓新的市场；组织创新主要是企业组织结构的调整要符合企业发展的需要；管理方法创新主要是企业生产经营过程中的具体管理技术和管理方法的创新。

3. 开放原理

企业作为一个系统，生存在特定的环境之中，该系统或组织从属于某个更大的系统，系统与环境有物质、能量、信息交换的现象称之为系统的开放性。一个有机的系统必须对外开放，通过与外界进行物质、能量、信息的交换，补充系统内部消耗散失的能量，才能保持活力，保持生命力。

4. 人本原理

人本原理是指企业要树立以人为本的管理思想，一切管理活动都应围绕以调动人的主观能动性、积极性和创造性为核心来进行。现代管理把人的因素放在首位，重视处理人际关系，尽量发挥人的自觉性和自我实现精神，是现代社会、经济和人类自身发展的必然结果。

实施人本管理，一要研究员工的需求和行为动机，掌握员工的心理活动规律，进而激发员工的工作动力；二要积极为被管理者创造良好的工作环境和条件，满足其必要的物质和精神需要，激发其工作热情；三要正确处理民主与集中、统一领导与分级管理的关系，理顺管理者和被管理者的关系，发挥被管理者的主观能动性；四要采用有效的管理措施和手段，转变传统的管理方式，建立科学的管理机制，鼓励员工参与管理和决策，实施人性化的柔性管理。

人本原理的基本观点如下：

① 尊重人——员工是企业的主体。

② 依靠人——有效管理的关键是员工参与。

③ 发展人——现代管理的核心是使人性得到最完美的发展。

④ 为了人——管理是为人服务的。

5. 动力原理

动力原理可以看做是人本原理的延伸。管理活动必须采取各种手段和措施，为员工注入强大的动力，充分调动员工的积极性和创造性，从而推动管理活动朝着预期的方向进行。

动力是一种能源。管理需要动力，有了动力并正确运用动力，才能推动管理运动持续而有效地进行下去，这就是管理的动力原理。

在管理中运用动力原理需要处理好以下几种关系：

① 动力分为物质动力、精神动力和信息动力三种，三种动力相互促进，相互补充，综合运用。

② 个体动力和集体动力相互协调、平衡。

③ 近期动力和远期动力之间相互协调。

6. 反馈原理

反馈是控制系统将其输出的信息结果返送回原始输入端，对信息的加工处理产生影响，使输出的结果更加接近预定目标的控制调节机制。使作用的结果越来越放大，叫作正反馈；使作用的结果偏离目标越来越小，叫作负反馈。原因产生结果，结果又构成新的原因，如此往复无穷，反馈就在原因和结果之间架起了桥梁。这种因果关系的相互作用，不是各有目的而是为了完成一个共同的功能目的，所以，反馈又在因果性和目的性之间建立了紧密的联系。企业管理需要按照预先制订的计划下达执行命令，指挥企业各部门动作起来，完成整个企业的生产经营活动。但是，企业中的各个部门执行结果如何？是否有什么意外的情况和问题影响计划的顺利执行？这就需要不断得到执行信息的反馈。企业通过信息的反馈，可以及时了解计划执行中的偏差，从而采取适宜的调整措施，保证计划的顺利完成。即使因为原来制定的计划不合适而无法完成，也可以根据反馈信息来修订计划，从而保证原定的经营目标得以实现。所以，反馈是企业管理的一种重要手段，没有反馈，企业管理就无法顺利进行。不少企业管理混乱，其中一个重要的原因就是缺乏灵敏的、健全的反馈系统，因而造成问题越来越多，越来越严重。

7. 弹性原理

所谓弹性原理，是指管理必须要有很强的适应性和灵活性，即对管理系统外部环境和内部情况的不确定性要予以考虑，在做出决策、确定目标、制订计划等方面留有余地，使系统对未来的变化具有很强的应变能力。

反馈原理和弹性原理合称动态原理。企业管理系统应随着企业内、外环境的变化而不断更新自己的经营观念、经营方针和经营目标，为实现这一目标，必须相应地改变管理方法和手段，使其与企业的经营目标相适应。作为企业，既要随着经营环境的变化适时地变更自己的经营策略，又要保持管理业务的适当稳定，没有相对稳定的企业管理秩序，也就失去了高质量企业管理的基础。因此，在企业管理中要运用辩证的方法，正确、恰当地处理矛盾的两个方面，使其朝着有利于实现企业经营目标的方向转化。

8. 控制原理

控制原理是指根据工作计划和目标，制订工作质量标准，监督各项活动，将实际工作绩效与质量标准进行比较，发现偏差并分析偏差，然后采取管理措施纠正偏差，以保证原定计划和目标的实现。

按控制的时间，控制可分为事前控制、事中控制和事后控制；按控制的结构，可分为集中控制和分散控制；按控制的手段，分为直接控制和间接控制。

控制是实现计划的保证，控制系统要反映计划的要求。有效的控制必须反映组织结构类型，符合组织机构职责的要求。做好控制工作还要注意把握关键影响因素和事物发展变化的趋势，具有全局观，善于控制关键点；做到客观公正，使员工能自觉接受监督和控制。

9. 效益原理

效益原理是指企业通过加强管理工作，以尽量少的劳动消耗和资金占用，生产或提供尽可能多的符合社会需要的产品或服务，不断提高企业的经济效益和社会效益。

提高经济效益是社会主义经济发展规律的客观要求，是每个企业的基本职责。企业在生产经营管理过程中，一方面要努力降低消耗、节约成本，另一方面又要努力生产符合社会需要的产品，从增产和节约两个方面提高经济效益，以求得企业的生存与可持续发展。

企业在提高经济效益的同时，也要讲求社会效益。企业应从大局出发，首先满足社会效益，在保证社会效益的前提下，追求经济效益。

10. 激励原理

激励是指通过科学的管理方法来激励人的内在潜力，使每个人都能尽其所能，发挥其所长，为完成预定的目标而自觉、努力、勤奋地工作。

人是生产力诸要素中最活跃的因素，创造团结和谐的氛围，满足员工不同层次的需求，正确运用奖惩办法，实行合理的按劳分配制度，开展不同形式的劳动竞赛等，都是激励原理的具体应用，都能较好地调动员工的劳动热情，激发员工的工作积极性，从而达到提高工作效率的目的。

激励有两种模式，对工作业绩突出的个人实行奖励，在更大程度上调动其积极性，属于正激励；对于由于个人原因导致工作失误且造成一定损失的人实行惩罚，迫使其吸取教训，以便做好工作，完成任务，属于负激励。企业管理中，按照公平、公正、公开、合理的原则，正确运用激励模式，可以充分挖掘员工的潜力，把各项工作做得更好。

1.1.3　企业管理的方法

企业管理不仅要建立一定的制度，还要运用适当的方法，才能达到预定的目标。管理方法是履行管理职能的重要手段，是协调分工、协作劳动的各种措施的总和，是管理主体作用于管理客体的方式。没有管理方法就没有现实的管理。

1. 传统的管理方法

传统的管理方法是最古老的，也是应用最广泛的管理方法。这类方法虽然古老，但是并不一定落后，因此现在仍然被广泛地使用，并且在使用过程中，不断使这些方法得到完善和发展。之所以称其为传统的管理方法，是为了与一些新出现的现代管理方法相区别。

（1）行政方法　行政方法是指依靠行政机构和领导者的权力，通过强制性的行政命令直接对管理对象施加影响，按照行政系统来管理的方法。

行政方法具有如下特点：

① 权威性。这是行政方法有效的保证。

② 强制性。行政命令下达后必须执行。

③ 阶级性。每一个社会的管理机构都是为特定的阶级服务的，由这些管理机构所下达的行政命令必然都打上了阶级的烙印。

④ 时效性。行政方法在实施的具体方式上因对象、目的、时间变化而变化，它往往只在某一特定的时间对特定的对象有约束作用。

⑤ 无偿性。对行政命令的执行是没有报酬的。

⑥ 具体性。行政命令发布的对象和内容都是具体的。

⑦ 保密性。行政命令在实施过程中往往被限制在某一阶段和某种范围内，为了某种需要而限制信息外流。

⑧ 垂直性。行政命令执行的原则是下级服从上级，信息垂直传递。

行政方法具有如下优点：最基本的优点是使管理系统集中统一；由于行政领导强而有力，管理的计划、组织、指挥、协调与控制等职能能有效地发挥作用；另外，行政方法应用灵活，能具体问题具体分析，能解决特殊例外问题也是其较明显的优点。

行政方法具有如下缺点：管理效果受高层领导水平的影响；由于集中管理，不利于发挥子系统的积极性；行政方法具有信息传递垂直性的特点，导致子系统之间横向沟通少；行政命令是一级一级地传递的，容易造成传递迟缓，或信息失真。

运用行政方法应遵循以下基本原则。

① 集中管理原则。各种权力集中在最高领导层，要树立最高领导的威信。对系统实行统一领导，避免多头指挥。

② 幅度原则。适当确定一个主管所能够直接、有效地指挥下属的数目，即确定适当的管理幅度。

③ 层级原则。行政方法要集中领导、分级管理，应确定适当的管理层级，以便最有效地发挥管理职能。在确定管理的层级时，要注意管理层级与管理幅度之间的比例变化关系。

④ 权责一致原则。从最高领导到每一层级，直到每一个人，都应有其明确的目标和责任，并根据责任大小，授予相应的权力。

（2）法律方法　法律方法也就是常说的"法治"，即通过法律的制定和实施来进行管理。作为管理的手段，法律方法具有更广泛的含义。它是国家的各级机构以及各个管理系统通过制定和实施各种法律条文和社会规范，来达到管理目的的一种方法。

法律方法具有如下特点：

① 利益性。法律及各种规范的制定是为制定者的利益服务的。

② 强制性。法律的强制性比行政方法更强。

③ 概括性。法律方法所适用的对象是抽象的，不是具体的、特定的人，而是某一类违犯了某种行为规范的人。

④ 规范性。法律规范规定人们应该做什么，不应该做什么，对人们的行为有指导作用。

⑤ 稳定性。法律规范一经制定，就具有一定的稳定性，不能随意改变。

⑥ 可预见性。人们可以根据法律规范，事前预见行为的合法性以及行为的后果。

法律方法具有如下优点：根据法律方法具有概括性和规范性的特点，法律方法更适合于处理具有共性的一般问题；由于其具有稳定性和可预见性的特点，这使得管理体系具有一定的稳定性，信息沟通渠道畅通，能自动有效地运转。

法律方法具有如下缺点：法律方法缺乏灵活性，不便于及时有效地处理特殊问题；如果法律规范的制定偏离了客观规律，将会妨碍管理系统的正常运转。

（3）经济方法 经济方法是指按客观经济规律的要求，运用各种经济手段进行管理的一种方法。所谓经济手段就是把物质利益同工作绩效联系起来。

经济方法具有如下特点：

① 利益性。这是经济方法最根本的特征。

② 多样性。对不同部门、不同地区、不同时间要区别对待，这一点与法律方法不同。

③ 技术性。指运用经济方法需要制定各种指标，涉及广泛的技术性知识。

④ 关联制约性。经济方法的实施受到外界经济环境的影响。

⑤ 间接调节性。经济方法只能通过物质利益来间接调节系统中个体的行为。

⑥ 公开性。指经济指标完成程度与物质利益之间的关系公开化，以利于调动各方面的积极性。

⑦ 公平性。各项工作的完成程度与经济利益的获得之间要公平。

经济方法具有如下优点：由于将物质利益与工作绩效挂钩，因此可以有力地调动各级子系统的积极性和主动性；有利于分权管理，使责、权、利相结合。

经济方法具有如下缺点：经济方法的作用虽然有效，但也不是万能的，这种方法不适用于非营利组织，在意识形态领域容易出现副作用。

经济方法的应用手段通常包括价格、税收、信贷、利润、工资、奖金、津贴、罚款、定额、经济合同、各种责任制等。

（4）宣传教育方法 宣传教育方法是指通过宣传正确的观念，激发人们的理想，使之成为人们行为的动机，从而为实现组织目标而努力工作的方法。

宣传教育方法具有如下特点：

① 启发性。宣传教育方法注重启发人们自觉地为组织的共同目标而努力。

② 灵活性。宣传教育方法可以因人而异，采取灵活的方式方法。

③ 科学性。宣传教育要运用心理学、传播学等各学科的知识，采用科学的方式。

④ 艺术性。要使教育起到应有的效果，教育形式必须生动、活泼、形象、直观。

⑤ 广泛性。宣传教育方法应用非常广泛，到处可见。

⑥ 长期性。正确的世界观、人生观的确定，科学文化知识的积累，都不是一朝一夕就能实现的，宣传教育必须长期坚持不懈。

宣传教育方法具有如下优点：宣传教育方法是从思想上和认识上根本地解决问题，是激发人们劳动热情的主要手段，对其他方法的实施起着重大的推动作用。这是因为，其他各种方法制定后，要通过宣传教育使人们理解、领会，并自觉地去执行。

宣传教育方法具有如下缺点：宣传教育是一项长期而艰苦的工作，其作用效果只有在较长的时期内才能充分体现出来，短期内效果常常不是很明显，因此产生作用的速度相对缓慢；如果采取的方式不当，往往还会引起人们的反感，甚至产生抵触情绪。

宣传教育常用的方式包括大众传播、组织传播、灌输、疏导、对话、谈心、家访、竞赛、对比及典型教育、感化教育、形象教育、说服教育等。

宣传教育方法应坚持理论联系实际的原则；坚持民主平等的原则；坚持表扬与批评相结合，以表扬为主的原则；坚持提高认识与解决实际问题相结合的原则；坚持身教与言教相结合，身教重于言教的原则。

（5）咨询顾问方法　咨询顾问方法是指在管理大系统和各子系统中，管理者提出问题，由专家或专家集团通过调查研究、分析探讨，用科学的方法制订出解决问题的几种可行方案，供管理者参考，由管理者筛选出最佳方案并组织实施的一种管理方法。

咨询顾问有两种，一种是外部的咨询机构，他们对宏观的经济环境非常熟悉，对解决管理中存在问题的经验非常丰富；另一种是内部参谋人员，他们对管理系统内部的情况了如指掌，能够根据实际问题，有针对性地提出解决方案。

咨询顾问方法具有如下特点：

① 参与性。管理工作不仅仅是管理者的任务，而且需要很多内、外部参谋人员的参与。

② 民主性。咨询顾问方法要取得成果，就需要在管理上具有民主性。

③ 激励性。由于这种方法具有参与性与民主性的特点，能够使企业员工感到极大的信任，因此受到激励。

④ 反馈性。解决问题的方法是在信息的不断传递和反馈过程中得出的。

⑤ 实践性。解决问题的方法源于生产第一线和实际经验的积累，具有实践性的特点。

⑥ 创新性。内、外部咨询的结合，多次智慧的结晶，必然使管理工作具有很强的创新性。

咨询顾问方法具有如下优点：适用范围极广，几乎所有的领域都可应用，而且咨询信息的接受率也非常高。

咨询顾问方法具有如下缺点：缺乏统一性，如果没有行政方法、法律方法等，就会造成各子系统各行其是的局面。

2. 现代管理方法

（1）行为科学方法　行为科学方法也称社会学、心理学方法，是根据对员工社会心理方面的研究，对精神需求加以引导，并给予适当的满足，以调动员工的积极性，实现企业目标的各种方法。

企业的管理人员和基层员工之间不仅是经济关系，还存在着复杂的社会关系。人们之间的经济关系在企业中具体表现为正式的组织关系，如总经理、处长、科长、班组长、员工等上下级关系。人们之间存在的社会关系在企业中则表现为非正式组织关系，如同学、战友、朋友、亲戚等关系。两种不同性质的关系交织在一起，相互影响，相互制约，同时对人们的行为产生影响。管理者必须重视企业中的非正式组织关系，积极地加以引导和利用，使其与企业正式组织关系形成同向运动关系，把员工的思想和行为统一到实现企业目标的轨道上来。

　　企业中人们的行为趋向受多种因素影响,其中起主导作用的主要是人们的行为动机,这又取决于人们的现实需要。人们的需要是多层次的,不仅有物质方面的需要,还有社会、心理方面的精神需要,而且人们的需要还具有个性化特点。企业的管理者必须研究员工的现实需要,根据企业的条件给予适当满足,以此来激发员工的积极行为,使之符合企业目标的要求,把实现企业目标的活动变成职工的自觉行为。

　　(2) 系统方法　系统方法是指按照事物本身发展的系统性,把研究对象放在系统中加以考察的方法。企业管理是个大系统,它是由经营管理、生产管理、质量管理、人力资源管理、财务管理等子系统组成的。企业管理系统与物质生产系统构成企业系统的整体。物质生产系统是企业管理系统的基础,企业管理系统是物质生产系统的灵魂。企业内部各系统构成企业的内部环境,企业外部各系统构成企业的外部环境。

　　用系统方法管理企业,必须适应外部环境的变化。企业管理是从属于外部环境的更大系统的子系统,是开放的系统。它从外部环境不断输入信息、物资等,如果失去了外部环境的各种输入,企业将难以生存。因此,企业管理应掌握外部环境变化的趋势,随时根据外部环境的变化,采取不同的对策和措施,提高管理的有效性。

　　(3) 优化方法　优化方法就是按照一定的准则,从解决生产经营管理问题的多种方案中选择最优方案,得到最优解决效果的方法。优化就是要把企业有限的资源,最有效地转化为社会财富,最大限度地提高企业的经济效益。优化方法在发达国家通过与计算机应用相结合,已得到极其广泛的应用,特别是在处理复杂的管理问题中,不仅取得了惊人的经济效益,还提高了服务质量。

　　下面介绍两种优化方法:

　　① 经验判断法。经验判断法是指管理者根据实践经验和掌握的资料,对各种方案经过比较分析而作出判断的方法。这种方法简便易行,工作量小,容易受管理者个人经验、知识、能力的影响。

　　② 数学模型法。数学模型法是指用字母、数字及数学符号建立起来的公式及图表、图像和框图等来描述客观事物的特征及其内在联系的一种方法。它是进行定量分析的优化方法。在企业中,运用数学模型,可以确定最优投资方案,制订最优生产计划,选择用料最省方法和最短运输路线等等,有利于经济分析的优化。

　　(4) 战略管理方法　战略管理方法是指国家、地区、企事业单位为实现系统的全面发展,在分析把握系统发展的条件、影响因素及变化趋势与规律的基础上,对在较长时期内的有关全局性、关键性、规律性的重大问题做出根本性的策划和指导。

　　战略管理方法具有如下特点:

　　① 层次性。战略管理方法是分层次的,大到整体战略,小到局部战略。

　　② 全局性。制订战略时,要全面考虑整个系统的各种情况,实现系统的全面发展。

　　③ 综合性。综合考虑系统发展的条件、各种影响因素以及变化趋势,在此基础上制订有关战略。

④ 长远性。它体现长远发展的根本策略。

（5）定量方法　定量方法是通过对管理对象各种数量关系的研究，遵循其量的规律性来进行管理的方法，即利用数量关系进行管理的方法。随着科学技术水平的不断提高，先进的科技成果进入管理领域，定量方法的运用将越来越为人们所重视。

由于定量方法是运用数学手段来进行管理的，影响管理的主观因素较少，因而具有准确可靠、经济实用、节省人力物力等优点。但是，在企业管理实践中，由于不可控因素较多，而且目前我国企业简单劳动占多数，受个人经验和技术影响较大，因此，并非企业管理的每一个步骤、每一个环节都适于用定量方法来进行管理。所以，对于定量方法既要重视研究和学习，又要因时因地地加以运用。

1.2　现代企业制度与组织结构

1.2.1　现代企业制度

1. 现代企业制度的概念

现代企业制度是以企业法人制度为基础，以企业产权制度为核心，以产权清晰、权责明确、政企分开、管理科学为条件而展开的由各项具体制度所组成的，用于规范企业基本经济关系的制度体系。传统企业制度是以所有权与经营权的高度统一为基本特征的，而现代企业制度则是以两权的彻底分离为基本特征的。现代企业制度的基本内容包括：现代企业的产权制度、现代企业的组织制度和现代企业的管理制度三个方面。

现代企业制度包括以下几层含义。

（1）现代企业制度是企业制度的现代形式　现代企业制度是商品经济或市场经济及社会化大生产发展到一定阶段的产物。现代企业制度中的"现代"一词具有双重含义：一是相对于我国原有的产品经济体制条件下的传统企业制度而言；二是相对于企业组织发展史的角度而言。企业组织形式的发展经历了从独资企业到合伙企业再到公司企业的过程。公司企业是进入现代社会后才大量发展起来的，它是一种现代的企业组织形式。现代企业制度下的企业组织形式不仅仅包含股份有限公司和有限责任公司，还包括能够适应现代市场经济体制要求的其他企业组织形式，如无限责任公司、两合公司、独资企业和合伙企业等。

（2）现代企业制度是由若干具体制度相互联系而构成的　现代企业制度不是企业的某一种具体的制度，而是企业以及涉及企业的一系列制度和制度环境的统称，是现代企业法人制度、现代企业产权制度、现代企业组织领导制度和现代企业管理制度等有机融合的统一体。理解该层含义有利于防止把建立现代企业制度简单地理解为公司化的倾向，有利于加深对建立现代企业制度的复杂性和艰巨性的理解。

（3）企业法人制度是现代企业制度的基础　现代企业法人制度是企业产权的人格化。企业作为法人，有其独立的民事权利能力和民事行为能力，是独立享受民事权利和承担民事义务的主体。规范和完善的法人企业享有充分的经营自主权，并以其全部资产对其债务承担责任，而终极所有者对企业债务责任的承担仅以其出资额为限。所以，正是在现代企业法人制度的基础上，才产生了有限责任制度。建立现代企业制度，实质内容之一就是确立规范、完善的现代企业法人制度，使国有大中型企业真正成为自主经营、自负盈亏、自我约束、自我发展的市场竞争主体，使作为终极所有者的国家承担有限责任。

（4）产权制度是现代企业制度的核心　构成产权的要素包括所有权、占有权、处置权和收益权等。现代企业制度是以终极所有权与法人财产权的分离为前提的。现代企业产权制度就是企业法人财产权制度，在此制度下，终极所有权的实现形式主要是参与企业的重大决策，获得收益，法人企业则享有其财产的占有权、处置权等。这是用现代企业制度去改造国有企业的核心所在。只有建立现代企业产权制度，才能使国家公共权力与法人企业民事权利分离开来，才能使国家所有权与法人企业财产权分离开来，才能实现真正的政企分开。

（5）现代企业制度以公司制为主要组织形式　公司制是现代企业制度的主要组织形式，但是现代企业制度不等于现代企业组织形式。公司制仅仅是现代企业制度的一项组成内容，而不是现代企业制度的唯一内容。现代公司制表现形式主要是股份有限公司和有限责任公司，从这个意义上讲，建立现代企业制度主要是企业的公司化。这里包含两层含义：一是不能认为建立了公司制就建成了现代企业制度，因为现代企业制度还有其他丰富的内容；二是股份有限公司和有限责任公司只是现代企业制度的典型形式，并非其他符合现代企业制度的形式就不算现代企业制度。在市场经济发达的美国，业主制企业从数量上来讲，仍然占据主要地位，约占企业总数的 75%；公司制企业仅占企业总数的 16%，但资本额却占 85%，营业额约占 90%，可见公司制企业在现代经济中有着举足轻重的地位。

2. 现代企业制度的特征

现代企业制度的基本特征概括起来就是产权明晰、政企分开、权责明确、管理科学。

（1）产权明晰　产权明晰是指产权在两个方面的清晰，一是法律上的清晰；二是经济上的清晰；要以法律的形式明确企业的出资者与企业基本财产的关系。完整意义上的产权关系是多层次的，应表明财产最终归谁所有、由谁实际占有、谁来使用、谁享受收益、归谁处置等财产权中的一系列关系。在国有企业改造中，产权清晰主要有两层含义：①有具体的部门和机构代表国家对某些国有资产行使占有权、使用权、处置权和收益权等权利。②国有资产的边界要"清晰"。首先要搞清实物形态国有资产的边界，如机器设备、厂房等；其次要搞清国有资产的价值和权利边界，包括实物资产和金融资产的价值量，国有资产的权利形态（股权或债权，占有、使用、处置和收益权的分布等），总资产减去债务后净资产数量等。尤其要明确企业国有资产的直接投资主体，明确国家作为企业国有资产出资者的有限责任，改变国家对企业的债务实际上承担无限责任的状况，以确保国有资产的合法权益。

国有企业建立现代企业制度，应该明确企业与其所有者之间的基本财产关系，理顺企业的产权关系。企业中的国有资产属全民所有，即国家所有，由代表国有资产所有者的政府所授权的有关机构作为投资主体，对经营性国有资产进行配置和运用，作为企业中国有资产的出资人，依法享有出资者权益，并以出资额为限对企业承担有限责任。

（2）权责明确　权责明确是指在产权明晰、理顺产权关系、建立公司制度、完善企业法人制度的基础上，通过法律法规合理区分和确定企业所有者、经营者和劳动者各自的权利和责任。所有者、经营者、劳动者在企业中的地位和作用是不同的，因此他们的权利和责任也是不同的。

企业的出资人要按照其对企业的出资额依法享有资产受益、重大决策和选择管理者的各项权利，同时也要以其出资额为限在企业破产时对企业债务承担相应的有限责任；但是出资人不直接参与企业的具体经营活动，不能直接支配企业的法人财产。

在企业存续期间，企业对由各个投资者投资形成的企业法人财产拥有占有、使用、处置和收益的权利，并以企业全部法人财产对其债务承担责任。通过建立企业法人制度和公司制度，形成企业的自负盈亏机制和对企业经营者的监督机制。同时，企业法人行使法人财产权，这种法人财产权形成和确立的组织基础也是公司制度和企业法人制度。企业法人财产权的行使要受出资人所有权的约束和限制，必须对出资人履行义务，依法维护出资人权益。对所有者承担资产保值和增值的责任，决不能以损害出资人的合法权益为前提。

（3）政企分开　政企分开的基本含义是政府行政管理职能、宏观和行业管理职能与企业经营职能分开，是指在理顺企业国有资产产权关系、产权明晰的基础上，实行企业与政府的职能分离，建立新型的政府与企业的关系。

实行政企分开，建立企业与政府之间的适应社会主义市场经济体制的新型的政企关系，要求在明晰企业产权的基础上，实行政府对企业的调控、管理和监督。

首先，要把政府的社会经济管理职能与经营性国有资产所有权职能分开。通过构筑国有资产出资人与企业法人之间规范的财产关系，强化国有资产的产权约束。

其次，要把政府的行政管理、监督职能与企业的经营管理职能分开。政府主要通过法律法规和经济政策等宏观措施，调控市场，引导企业；规范国家与企业的分配关系，政府依法收税，企业依法纳税；把企业承担的政府职能和社会职能分离出去，如住房、医疗、养老、社区服务等，分别由政府和社会组织承担。

应注意的是，政府作为国有资产所有者，对其拥有股份的企业行使所有者职能是理所当然的，不能因为强调"政企分开"而改变这一点。当然，问题的关键在于政府如何才能正确地行使而不是滥用其拥有的所有权。

（4）管理科学　管理科学是一个含义宽泛的概念。从较宽的意义上说，它包括了企业组织合理化的含义；从较窄的意义上说，管理科学要求企业管理的各个方面，如质量管理、生产管理、供应管理、销售管理、研究开发管理、人事管理等方面的科学化，也就是把改革与企业管理有机地结合起来，在产权明晰、责权明确、政企分开的基础上，加强企业内部管理，形成企业内部的一系列科学管理制度。

管理科学是建立现代企业制度的保证。一方面，要求企业适应现代生产力发展的客观规律，按照市场经济发展的需要，积极应用现代科技成果，在管理人才、管理思想、管理组织、管理方法、管理手段等方面实现现代化，并把这几方面的现代化内容与各项管理职能有机地结合起来，形成有效的现代化企业管理；另一方面，还要求建立和完善与现代化生产要求相适应的各项管理制度。

现代企业制度的四个特征有较大的关联度，既互为因果，又互为条件；只有四个特征都充分地体现出来，才能从根本上解决我国企业改革中深层次的问题。

3. 现代企业制度的主要内容

根据以上分析，在较为具体的层面，现代企业制度大体包括以下内容：

1）企业资产具有明确的实物边界和价值边界，有确定的政府机构代表国家行使所有者职能，切实承担起相应的出资者责任。

2）企业通常实行公司制度，即有限责任公司或股份有限公司制度，按照《公司法》的要求，形成由股东代表大会、董事会、监事会和高级经理人员组成的相互依赖又相互制衡的公司治理结构，并有效运转。

3）企业以生产经营为主要职能，有明确的盈利目标，各级管理人员和一般员工按经营业绩和劳动贡献获取收益，住房分配、养老、医疗及其他福利事业由市场、社会或政府机构承担。

4）企业具有合理的组织结构，在生产、供销、财务、研究开发、质量控制、劳动人事等方面形成了行之有效的企业内部管理制度和机制。

5）企业有刚性的预算约束和合理的财务结构，可以通过收购、兼并、联合等方式谋求企业的扩展，经营不善难以为继时，可通过破产、被兼并等方式寻求资产和其他生产要素的再配置。

4. 现代企业管理制度

（1）现代企业领导制度　企业领导制度的核心是企业内部领导权归属、划分及如何行使等所做的相关规定。管理科学要求企业进行领导体制改革，建立和实行科学规范的公司治理。科学规范的公司治理是确立公司制度、实现公司正常运转和有效经营的基本保障。要按照决策权、执行权、监督权相互分离、相互制衡和相互配合的原则，建立由股东大会、董事会、监事会和经理层组成的法人治理结构，机构之间权责明确，各司其职，相互制衡、相互配合，分别行使决策权、监督权和执行权。建立科学完善的企业领导制度是搞好企业管理的一项最根本的工作。现代企业领导制度应该体现领导专家化、集团化和民主化的原则。

（2）现代企业劳动人事制度　企业劳动人事制度是用来处理企业用工方式、工资分配以及企业法人、经营者与劳动者在劳动过程中所形成的各种经济关系的行为准则。

建立与市场经济要求相适应的、能促进企业和劳动者双方相互选择、获得最佳经济效益和社会效益的市场化、社会化、法制化的企业劳动、人事和工资制度，从而实现劳动用工市场化、工资调整市场化、劳动争议仲裁法规化，是建立现代企业制度的重要内容。

在市场经济条件下，实行企业与员工双向选择的企业自主用工、劳动者自主择业的用工制度，打破身份限制，实行能者上、庸者下的管理人员聘任制度。

现代企业根据劳动就业供求状况和国家有关政策规定，由董事会自主确定本企业的工资薪酬制度等内部分配方式，实行个人收入货币化和规范化。员工收入依据岗位、技能和实际贡献来定；高层管理人员的报酬由董事会决定；董事、监事的报酬由股东大会决定；兼职董事和监事实行津贴制度。

（3）现代企业财会制度 现代企业财会制度是用来处理在企业法人与国家、股东、劳动者之间财会信息沟通和财产分配关系的行为准则，用以保护股东和国家的利益不受侵犯。

现代企业财会制度应充分体现产权关系清晰、财会政策公平、企业自主理财并与国家惯例相一致的原则。现代企业拥有充分的理财自主权，包括自主的市场取向筹资、自主投资、资产处置、折旧选择、科技开发费提取，以及提留资金支配等权利。现代企业有健全的内部财会制度，配备合格的财会人员，其财务报告需经注册会计师审计签字，上市公司要严格执行公开披露财务信息的制度。

（4）现代企业破产制度 破产制度是用来处理企业在生产经营过程中形成的各种债权债务关系，维护经济运行秩序的法律制度。它不是以行政命令的方式决定企业的存亡，而是以法律保障的经济运行方式"自动"筛选和淘汰一些落后企业，为整个经济运行提供一种优胜劣汰的途径。

1.2.2　现代企业组织结构

现代企业所有权与经营权相分离的特点，必然要求在所有者与经营者之间形成一种相互制衡的机制，依靠这套机制对企业进行管理和控制，这套机制被称为法人治理结构，表现为公司治理的结构形式。良好的公司治理结构可以激励董事会和经理层通过更有效地利用各种资源去实现符合公司和股东利益的奋斗目标。

1. 公司治理结构

（1）公司治理结构的概念 公司治理结构又称法人治理结构、公司治理系统、公司治理机制，是一种对公司进行管理和控制的体系；是有关所有者、董事会和高级执行人员即高级经理人员和其他利益相关者之间权利分配和制衡关系的一种制度安排，表现为明确界定股东大会、董事会、监事会和经理人员职责和功能的一种企业组织结构。从本质上讲，公司治理结构是企业所有权安排的具体化，是公司控制权和盈余索取权分配的一整套法律、文化和制度性安排，这些安排决定了公司的目标、行为，决定了在公司的利益相关者中在什么状态下由谁来实施控制、如何控制、风险和收益如何分配等有关公司生存和发展的一系列重大问题。

（2）公司治理结构的作用　公司治理结构要解决涉及公司成败的两个基本问题。

一是如何保证投资者（股东）的投资回报，即协调股东与企业的利益关系。在所有权与经营权分离的情况下，由于股权分散，股东有可能失去控制权，企业被内部人（管理者）所控制。这时控制了企业的内部人有可能做出违背股东利益的决策，侵犯股东的利益。这种情况会引起投资者不愿投资或表决的后果，有损于企业的长期发展。公司治理结构正是要从制度上保证所有者（股东）的控制与利益。

二是企业内各利益集团的关系协调。这包括对经理层与其他员工的激励，以及对高层管理者的制约。这个问题的解决既有助于处理企业各集团的利益关系，又可以避免因高管决策失误给企业造成的不利影响。

（3）公司治理结构的选择　西方的公司治理结构通常有英美模式、日本及欧洲大陆模式等。

英美模式的公司治理结构重视个人的不同思想，在企业中的组织是以平等的个人契约为基础。股份有限公司制度制定了这样一套合乎逻辑的形态，即依据契约向作为剩余利益的要求权者并承担经营风险的股东赋予一定的企业支配权，使企业在股东的治理下运营，这种模式可称为"股东治理"模式。它的特点是公司的目标仅为股东利益服务，其财务目标是"单一"的，即股东利益最大化。

在"股东治理"结构模式下，股东作为物质资本的投入者，享受着至高无上的权力。它可以通过建立对经营者行为进行激励和约束的机制，使其为实现股东利益最大化而努力工作。但是，由于经营者有着不同于所有者的利益主体，在所有权与控制权分离的情况下，经营者有控制企业的权利，在这种情况下，若信息不对称，经营者会通过增加消费性支出来损害所有者利益，至于债权人、企业员工及其他利益相关者会因不直接参与或控制企业经营和管理，其权益必然受到一定的侵害，这就为经营者谋求个人利益最大化创造了条件。

日本和欧洲大陆模式的公司治理结构尊重人和，在企业的经营中，提倡集体主义，注重劳资的协调，与英美模式形成鲜明对比。在现代市场经济条件下，企业的目标并非唯一的追求股东利益的最大化。企业的本质是一系列契约关系的总和，是由企业所有者、经营者、债权人、员工、消费者、供应商组成的契约网，契约本身所内含的各利益主体的平等化和独立化，要求公司治理结构的主体之间应该是平等、独立的关系，契约触及的各方称为利益相关者，企业的效率就是建立在这些利益相关者的基础之上。为了实现企业整体效率，企业不仅要重视股东利益，还要考虑其他利益主体的利益，采取一个不同方式的对经营者的监控体系。具体讲，就是在董事会、监事会当中，要有股东以外的利益相关者代表，其目的旨在发挥利益相关者的作用。这种模式可称为共同治理模式。

1999 年 5 月，由 29 个发达国家组成的经济合作与发展组织（OECD）理事会正式通过了《公司治理结构原则》，它是第一个政府间为公司治理结构而开发出的国际标准，并得到国际社会的积极响应。该原则主要内容包括以下五方面。

① 公司治理结构框架应当维护股东的权利。

② 公司治理结构框架应当确保包括小股东和外国股东在内的全体股东受到平等的待遇；如果股东的权利受到损害，他们应有机会得到补偿。

③ 公司治理结构框架应当确认利益相关者的合法权利，并且鼓励公司和利益相关者为创造财富和工作机会以及为保持企业财务健全而积极地进行合作。

④ 公司治理结构框架应当保证及时准确地披露与公司有关的任何重大问题，包括财务状况、经营状况、所有权状况和公司治理状况等信息。

⑤ 公司治理结构框架应确保董事会对公司的战略性指导和对管理人员的有效监督，并确保董事会对公司和股东负责。

从以上几点可以看出，这些原则是建立在不同公司治理结构基础之上的，该原则充分考虑了各个利益相关者在公司治理结构中的作用，认识到一个公司的竞争力和最终成功是利益相关者协同作用的结果，是来自不同资源提供者特别是包括员工在内的贡献。

2. 公司治理结构的形式

(1)组织形式 公司治理的组织制度坚持决策权、执行权和监督权三权分立的原则，由此形成了公司股东大会、董事会和监事会并存的组织基本框架，如图 1-2 所示。

公司组织机构通常包括股东大会、董事会、监事会及经理人员四大部分。按其职能分别形成决策机构、监督机构和执行机构。

① 决策机构。股东大会及其选出的董事会是公司的决策机构，股东大会是公司的最高权力机构，董事会是股东大会闭会期间的最高权力机构。

② 监督机构。监事会是由股东大会选举产生的，对董事会及其经理人员的活动进行监督的机构。

③ 执行机构。经理人员是董事会领导下的公司管理和执行机构。

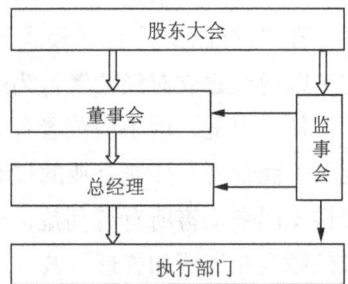

图 1-2 公司治理结构的组织形式

这种组织制度既赋予经营者充分的自主权，又切实保障所有者的权益，同时又能调动生产者的积极性，因此，它是现代企业公司治理制度不可缺少的内容。

(2)内部的制衡关系 在公司的法人治理结构中，只有明确划分股东大会、董事会、监事会和经理人员的权利与责任，才能形成法人治理结构的制衡关系。

1) 股东大会与董事会之间的信任委托关系。董事会受股东大会的信任委托，托管公司的法人财产和负责公司经营，成为公司的经营决策层，是一种信任托管关系。

① 董事会受股东委托来经营公司，其行为对全体股东负责。股东既然将公司交由董事会托管，则不再直接干预公司的管理事务，也不能以商业经营理由来解聘董事。但当董事会成员玩忽职守、滥用权利，未尽到受托责任时，股东可以起诉董事，或不再推举其连任。

② 受托经营的董事不同于受雇的经理人员。董事会只是全体股东的代表，为全体股东的利益行使公司的经营权利。在有限责任公司，由于股东人数较少，董事会成员大多都是股东，意味着大股东直接控制公司；在股份有限公司，由于股权比较分散，董事会主要由经营专家以及社会人士组成。

③ 在法人股东占主导地位的情况下，大股东法人一般会派出自己的代表充当持股公司的董事。

2）董事会与经理人员之间的委托代理关系。董事会以经营管理才能和创利能力为标准，挑选和任命公司的经理人员。经理人员，特别是总经理，作为董事会的议定代理人，拥有管理权和代理权。

① 经理人员作为聘用代理人，其权利受到董事会委托范围的限制，如经营方向、经营策略、公司财产处置等方面的限制。

② 公司对经理人员的聘用是有偿的和约束的，具体表现为奖励或解聘。这样，董事会的主要职能就转变为对公司发展的战略决策和对执行管理职能的经理人员的制约。加强对经理人员的约束和激励，是完善公司法人治理结构中制衡关系的重要一环。

3）股东大会、董事会与经理人员、监事会之间的相互制衡关系。

① 股东大会作为公司的最高权力机构，掌握着公司最终的控制权，他们可以决定董事会的人选，并有推举或不推举直至起诉某位董事的权力。但是，一旦授权董事会负责公司经营决策后，股东就不能随意干预董事会的决策。而董事会作为公司的经营决策机构，职权也受到一定的约束：第一，董事会作为公司的法定代表机构，不得从事与公司业务无关或有损公司利益的活动，否则将被股东起诉或罢免；第二，董事会不能超越股东大会的授权范围行事；第三，董事会要接受股东大会和监事会的检查与监督。

② 经理人员受聘于董事会，作为公司的代理人统管公司日常经营业务，在董事会授权范围内，经理人有权决策，其他人包括股东、董事不能随意干涉。

③ 作为公司监督机构的监事会，是强化公司法人治理结构制衡关系的重要一环。监事会由股东代表与员工代表组成，负责对董事会成员及经理人员进行监督与检查，防止董事会、总经理等滥用职权，损害公司利益。对发生滥用职权、经营不善的情况，监事会可以提请召开股东大会，改组董事会或更换董事，并提请董事会更换总经理。

1.3 汽车服务企业概述

1.3.1 汽车服务与汽车服务企业

1. 汽车服务

一提起汽车服务，人们往往会联想到汽车的售后服务，尤其是汽车的维修技术服务，其实汽车服务不仅仅是指汽车的售后服务和维修技术服务，它涵盖的内容是十分广泛的。

汽车服务概念有狭义和广义之分。

狭义的汽车服务是指汽车从新车出厂后进入流通领域开始，直至其使用寿命终止后回收报废各个环节涉及的全部的各类服务和支持性服务，如汽车的分销、物流配送、售后服务、维修检测、美容装饰、配件经营、智能交通、回收解体、驾驶培训、信息咨询、广告会展、交易服务，以及汽车金融、汽车租赁、二手车交易、泊车服务、故障车救援、汽车运动、汽车文化和汽车俱乐部经营等。

广义的汽车服务还可延伸到汽车生产领域的各种相关服务，如原材料供应、工厂保洁、产品外包装设计、新产品的试验测试、产品质量认证及新产品研发前的市场调研等，甚至还可延伸至汽车使用环节中，如汽车运输服务、出租汽车运输服务等。

由于汽车服务企业所涉及的工作都是服务性工作，因此它属于第三产业。

2. 汽车服务企业

（1）汽车服务企业的概念　本书所讲的汽车服务企业只是为潜在的和现实的汽车使用者或消费者提供服务的企业，主要是指从事汽车经销的企业和为汽车使用者或消费者提供备件、维修服务、保养服务以及其他服务的企业，它属于服务业企业。

无论是汽车经销企业、汽车维修企业还是其他汽车服务企业，都是随着汽车的发明、使用与普及而逐渐诞生的企业服务形式。120 多年来，汽车的发展给社会带来了翻天覆地的变化。无论是汽车的外观造型、质量性能，还是功能配置，所涉及的技术含量都发生了许多本质的变化。

汽车产业被许多工业国家列为支柱产业，在国家经济发展过程中起着举足轻重的作用。我国改革开放以来，汽车工业得到了迅猛发展，特别是进入 21 世纪后我国政府鼓励汽车进入百姓家庭以来，汽车的产量和销量每年均以两位数的速度快速增长，自 2009 年后连续五年产销量蝉联世界冠军，这给我国汽车后市场的发展带来了前所未有的发展机遇。与此相应的汽车服务业从企业经营形式到管理理念也经历了由传统经营管理向现代企业公司制管理，由单一经营形式向复合经营形式的转变。汽车品牌专营、多品种经销、连锁经营、二手车交易、特约汽车维修服务、综合汽车维修服务、快捷维修及汽车改装、装饰美容、汽车金融、汽车保险、二手车评估、事故车估损、汽车租赁及汽车俱乐部经营等，已形成适应汽车消费者多层次需求的服务体系。

汽车属于高档耐用消费品，技术含量高，在整个使用寿命期内，都需要专业的技术人员提供专业的帮助，这就给汽车服务企业的生存与发展提供了良好的基础。据不完全统计，近年来我国汽车服务企业数量以每年 10% 左右的速度增长。另外，国外的汽车服务企业也在大量涌入我国，致使我国的汽车服务市场竞争日趋激烈。要搞好汽车服务企业管理，首先必须了解汽车服务企业的性质、特征和生产经营的特点。

（2）汽车服务企业的类型　汽车使用者或消费者在地域、职业、文化层次及可支配收入等方面分布的离散性，决定了其对产品服务需求的多样性特点，这一特点也决定了汽车服务企业类型的多样性。汽车服务企业按照业务类型大致可分为整车销售、配件销售、汽车维修、汽车改装及装饰美容、汽车租赁、二手车评估及交易、汽车金融、汽车保险服务企业及汽车俱乐部等。

整车销售企业可分为新车销售和旧车交易企业，新车销售企业又可分为品牌专营和多品牌经销企业。配件与精品销售企业可分为连锁经营企业和独立经营企业，亦可分为单品种或少品种经营企业和多品种经营企业。汽车维修企业可分为4S店、特约维修站、汽车快修店、汽车美容与装饰店等。

1）整车销售服务企业

① 汽车品牌专营企业。这类企业与某一品牌汽车生产商签订特许专营合同，受许可合同的制约，接受生产商指导、监督、考核，只能经销该品牌汽车，并为该品牌汽车的消费者提供各种技术服务。汽车品牌专营店一般采用前店后厂的方式，采用统一的店面外观设计，一般具有整车销售（Sale）、配件供应（Sparepart）、维修服务（Service）和信息反馈（Survey）四项主要功能，俗称"4S"店。这种企业形式的优点是专营某一品牌的汽车，集销售与服务于一体，店面洁净，服务规范。走进店堂，消费者有一种贵宾的感觉。它可以得到汽车生产商在技术和商务上的支持，能提供专业化的技术服务，更有利于为汽车消费者提供优质的服务，有利于吸引消费者。这种形式也有缺憾，主要是建店成本较高。按照生产厂商的要求建立品牌专营店，在土地、厂房、设备和人员等方面一般需要投资数千万元。当汽车服务市场竞争十分激烈或汽车市场需求疲软时，初期投资成本很高，给汽车经销商的生产经营带来沉重的资金负担。综合来看，这种形式较适合于市场保有量较大的汽车品牌或单车利润空间较大的汽车品牌。

② 多品牌经销企业（汽车超市）。汽车经销商在同一卖场同时经销多个品牌的汽车。这种企业形式的优点是建店成本较低，有利于企业的经营；消费者在一家店里就可以对多种不同品牌的汽车进行比较选购。它的缺点是，不能提供像4S店那样专业化的技术服务，消费者增加了购买顾虑。综合来看，这种形式较适合于社会保有量较少的汽车品牌或生产厂商技术服务网络建设较规范和完善的汽车品牌。

③ 二手车交易企业。这类企业是为旧车车主和旧车需求者提供交易方便，促进旧汽车交易的企业。旧车不一定是车况不好的汽车，主要是针对二次交易而言的（汽车生产厂商或经销商向用户售卖新车为第一次交易），即按车辆管理规定，需要办理车主过户手续的车辆。旧车交易的业务主要有旧车收购、旧车售卖、旧车寄售、撮合交易、车辆评估、拟订合同、代办手续，乃至车况检测和必要的维修服务等。我国《旧机动车交易管理办法》规定：所有旧机动车交易行为必须在经合法审批后设立的旧机动车交易中心进行。

2）配件经销企业

① 汽车配件销售企业。这类企业大致可分为两大类型：一类是批发商或代理商，主要从事汽车配件及精品的批发业务，其服务对象是汽车配件零售商中各类汽车维修、美容、装饰企业；另一类是主要从事汽车配件及精品零售业务的汽车配件零售商，其服务对象主要是私车车主。

② 汽车配件连锁经营企业。这类企业采用的是经营汽车配件的若干企业在核心企业或总部的领导下，通过规范化经营实现规模效益的经营形式和组织形态。连锁系统中的分店像锁链似的分布在各地，形成强有力的销售网络。企业总部可以利用资本雄厚的优势批量进货，批量销售，具有很强的市场竞争能力。这种形式在国内外汽车配件经营企业中广泛采用，国外许多汽车配件经销商已进入我国汽车配件市场。

3) 汽车维修企业

① 综合汽车维修服务企业。这类企业能够承担多种品牌汽车的维修技术支持和服务。按照经营技术条件，汽车维修企业可分为三个类别：一类汽车维修服务企业，可以从事汽车大修、总成大修、一级和二级维护、车辆小修等综合维修服务业务；二类汽车维修服务企业，可以从事汽车一级维护、二级维护和小修等维修服务业务；三类汽车维修服务企业，只能从事专项修理业务，在我国这种维修企业形式占有很大的比例。

② 汽车特约维修站。这类企业与汽车生产厂商签署特约维修合同，负责某地区某品牌汽车的故障修理和质量保修工作。汽车特约维修站拥有该品牌汽车专业拆装和维修检测设备、工具，具有较强的技术实力，并能及时获得生产厂商售后服务部门的技术支持。所有特约维修站构成汽车生产厂商售后服务网络的主干，其主要业务项目有汽车养护、汽车故障诊断与维修和汽车检测等。

③ 汽车快修店。这类企业主要从事汽车生产厂商质量保修范围以外的普通的汽车故障维修工作，一般是汽车保养、换件修理等无需专业诊断与作业设备的小修业务。它们分布在街头巷尾，道路、公路两旁，随时随地为汽车使用者提供汽车维修服务，十分贴近用户，因此也俗称为"路边店"，是汽车生产厂商售后服务网络的重要补充。

④ 连锁汽车维修服务企业。与汽车配件连锁经营企业一样，这类企业在核心企业或总部的领导和技术支持下，通过统一、规范化的维修作业和批量化的配件供应和销售，实现规模化经济效益。连锁系统像锁链似的分布在各地，形成强有力的维修服务网络，利用资本雄厚的优势大批量进货和销售配件，规范维修作业方式，形式统一低廉的服务价格，从而赢得消费者的信赖，占领市场。

⑤ 汽车美容与装饰店。这类企业从事的主要业务是在不改变汽车基本使用性能的前提下，根据客户要求对汽车进行内部装饰（更换座椅面料、铺地板胶、内饰等）、外部装饰（粘贴太阳膜、更换风窗玻璃、表面光洁养护、婚庆车辆外部装饰等）和局部改装（加装中控门锁、电动门窗、电动后视镜、防盗装置）等。随着汽车走进普通家庭，汽车使用者或消费者对汽车个性化追求的特征将会体现得越来越明显，这类业务的需求量将不断增加。

4) 汽车租赁企业。这类企业主要为短期或临时性的汽车使用者提供各类使用车辆，按租赁使用时间或行驶里程收取相应的费用。汽车租赁企业为车辆办理相关的上路手续和证照，缴纳与车辆使用相关的各种税费，承担汽车维修及保养费用，为汽车使用者特别是短期或临时性用户提供了很大的便利。汽车使用者除支付租金外，仅承担汽车使用的直接费用，如燃油费、过路过桥费、停车费等。在发达国家，汽车租赁业十分成熟，汽车租赁网络使汽车使用者可以在异地交接车辆，极大地方便了汽车使用者，也极大地促进了租赁业务的拓展。近年来，国内汽车租赁业发展也相当迅速，但有待规范化管理。

5）汽车金融服务企业。这类企业的主要业务是为汽车消费者提供资金融通服务。汽车金融服务企业以资本经营和资本保值增值为目标，主要提供客户资信调查与评估，提供贷款担保方式和方案，拟订贷款合同和还款计划，发放消费信贷，承担合理的金融风险等服务。汽车金融服务在国外已获得很好的发展，有资料显示，在美国贷款购车占新车销售的比例达 80%，汽车金融服务成了汽车市场的助推器。我国的汽车金融服务还处在刚刚起步阶段，随着我国汽车市场的发展，将来还有很大的发展空间。

6）汽车保险服务企业。汽车保险服务企业主要是向汽车使用者或消费者提供汽车保险产品的组合设计，并提供定责、定损、理赔服务等业务。在我国机动车保险是财产保险中第一大险种，机动车保险保费收入占财产保险保费的 60% 多。近年来，保险公估企业发展尤为迅速，保险公估企业即以第三方的身份为汽车保险企业和汽车使用者或消费者提供客观公正的定责、定损意见的企业。这种形式的企业的诞生，有利于汽车保险市场的操作规范化，有利于平衡保险企业与汽车使用者或消费者间强弱关系，有利于提高汽车保险服务业的服务水平。

7）汽车俱乐部。汽车俱乐部主要从事代办汽车年检年审、代理汽车保险理赔、汽车救援、汽车维修以及举办汽车文化活动等业务。它采取会员制形式，向加盟会员提供能够满足会员要求的与汽车相关的各类服务。汽车俱乐部一般可分为三种类型：一是经营型俱乐部，它为会员提供所需的与汽车相关的有偿服务；二是文化娱乐型俱乐部，它为会员提供一个文化娱乐、交友谈心、交流信息、切磋技艺的场所和环境；三是综合型俱乐部，它集上述两类俱乐部于一体。

实际上，汽车服务企业往往是由上述多种类型的状态综合存在。比如 4S 店既从事整车销售、配件供应、汽车维修业务，也从事代办保险、汽车救援、旧车置换等业务；大型汽车服务企业集团则是由多个汽车销售、维修、配件经销企业构成。本教材所讲的汽车服务企业主要是指汽车后市场中整车销售和售后服务企业。

1.3.2　汽车服务企业的经营特点

1. 服务的含义

汽车服务企业在产业划分上属于服务业，因此，汽车服务业是第三产业，是社会经济发展至关重要的产业。

1）服务的定义　"服务"一词包含了非常广泛的内容。自 20 世纪中叶开始，市场营销学界就从不同角度为服务作了许多定义。

美国著名营销管理大师菲利普·科特勒 1983 年指出：服务是一方能向另一方提供的，基本属于无形的任何行为或绩效，并且不导致任何所有权的产生。服务的生产可能与物质产品相关，也可能不相关。

服务营销理论的北欧学派代表人物格罗鲁斯对服务给出的定义是：服务是由一系列或多或少具有无形特性的活动所构成的一种过程，这种过程是在用户与员工、有形资源的互动关系中进行的，这些有形资源（有形产品或有形系统）是作为用户问题的解决方案而提供给用户的。

综合来讲，服务是以无形的方式，在用户与服务人员、有形资源产品或服务系统之间发生的，可以对服务对象提出的问题提供解决方案的一种或一系列的行为。因此，服务是行动、流程和绩效。

（2）服务的特性

① 服务的无形性。服务虽是产品，但与有形产品不同，它是无形的，是不可触摸的。例如，汽车使用者或消费者到汽车维修服务企业，并不是去购买某辆车，而是去接受在用汽车故障检测、汽车维修和养护等服务；他们参加汽车俱乐部的目的，是为了享受由俱乐部提供的汽车救援，代理代办年审年检、保险、牌证以及专题汽车文化活动等服务。判断一项服务的好坏，主要取决于它的一些不可触摸的特性，如热情、周到、专业、技能等。

② 服务的即时性。服务的生产过程和消费过程是同时发生的，必须有用户接受服务才能进行生产，消费过程的结束也就意味着生产过程的结束。因此，服务是无法储存的。由于服务的即时性，服务企业服务能力的设定就非常关键，服务能力的大小、水平的高低，服务的设施、设备对服务企业的盈利能力具有很大影响。如果服务能力不足，会导致机会损失；而服务能力过大，就会浪费固定资产投入。由于服务的即时性，在服务生产过程中，用户是参与其中的，服务提供者与消费者之间的接触程度较高。因此，服务过程的质量控制对服务企业来说就显得至关重要。为此，汽车服务企业更应加强员工培训，提高员工的工作责任心和服务技能，这是保证服务质量的关键。

③ 服务的易进入性。从事服务业生产，相对于制造业来讲，不需要太多的资产或资金投入，进入门槛很低。这就意味着，如果某服务行业利润较大，具有较强吸引力，则新的竞争者会不断涌入，竞争者的数量和规模发展可能相当快，因此，服务企业必须对潜在的和现实的竞争行为保持足够的警觉。

④ 服务的外部影响性。技术进步、政策法规等外部因素对服务业的影响很大。这些外部因素往往会改变服务企业的服务内容、服务的提供方式及其规模结构。例如，过去的汽车维修服务中，经验诊断和各种零件修复是服务的主要内容，而随着汽车技术的电子化、结构的精细化，维修服务中电脑诊断、换件修理已成为主要的服务内容，专门的检测和拆装器具就不可或缺了。随着国外汽车服务企业进入国内市场，汽车金融、保险服务将逐渐成为汽车服务业新的竞争热点。所以，汽车服务企业必须保持对技术进步和国家政策法规的高度敏感，不断更新服务内容，才能在竞争中立于不败之地。

2. 汽车服务企业的经营特点

尽管汽车服务企业服务内容涵盖非常广泛，服务形式也多种多样，其经营在表象上有很大差异，但仔细分析，实际上汽车服务企业的经营特点仍然是有许多共同特性的。为搞好汽车服务企业管理，有必要了解这些特点。

（1）汽车服务企业经营的用户中心性 汽车服务企业以潜在的和现实的汽车使用者或消费者为服务对象，企业所有的经营活动都是以用户为中心来展开的。特别是汽车市场已成为买方市场，汽车服务市场的同质化竞争越来越激烈，汽车使用者或消费者的选择空间越来越大，对服务的要求越来越挑剔，汽车服务企业必须从用户需求的角度出发来确定自身经营目标和理念，以满足用户需求来最终实现企业利润。另外，由于在汽车服务企业生产经营过程中，用户参与程度较高，用户满意度就成了考量企业经营优劣和管理水平高低的重要指标。例如，汽车生产厂商每年都会对其营销和服务网络的成员（主要是汽车经销商和汽车特约维修站）进行检查与考核，检查与考核中非常重要的一项内容就是用户满意度调查。汽车服务企业都是以提高用户满意度为其重要的经营管理任务。

（2）汽车服务企业经营的波动性 在我国，汽车属于高档耐用消费品，其供求关系必然会受到国民经济波动的影响，消费群体、季节及节假日也是重要的影响因素。因此，为汽车用户服务的汽车服务企业的经营活动表现出较为明显的波动性。例如，汽车市场常称的"金九银十"说的就是每年九至十月是汽车产品销售的黄金时间段，这时，汽车销售服务企业进、销、存业务比较繁忙；同时，汽车金融、保险服务企业的经营活动也相应达到高潮。每逢节假日，汽车使用需求急剧扩大，这时汽车租赁企业提供的服务就会供不应求。私家车消费群体的工作时间特点，导致汽车维修服务企业每逢周末维修服务量会急剧增大。汽车服务企业经营活动的波动性对企业管理提出的挑战是如何合理设计企业的服务能力，如何有效地进行需求管理，采取各种措施使企业的服务能力与服务需求相适应。

（3）汽车服务企业经营的社会性 汽车服务企业涉及的服务门类广泛。汽车既可作为消费品供私人使用，也可作为生产资料在生产经营中扮演重要角色。汽车服务业产业规模大，实现的利润也大，汽车服务企业提供的就业机会多，社会效益良好。汽车服务企业与社会的方方面面密切联系，在国民经济中具有重要的地位与作用，同时也极其容易受到外部环境变动的影响。因此，其经营活动表现出很强的社会性。这就要求汽车服务企业密切关注社会环境、技术环境、法律环境的变化，及时调整经营策略，完善与改进经营服务内容，以适应外部环境的变化。

1.3.3 汽车服务企业管理的职能

1. 基本职能

马克思认为管理具有二重性，即：一方面它具有与生产力、社会化大生产相联系的自然属性；另一方面它又具有与生产关系、社会制度相联系的社会属性。企业管理的职能是由企业管理的二重性决定的。因此，企业管理具有两方面的基本职能：一是合理组织生产力，它是企业管理自然属性的表现，是企业管理的一般职能；二是维护与完善现有的生产关系，它是企业管理社会属性的表现，是企业管理的特殊职能。

在企业管理实践中，这两种职能总是结合在一起发生作用的。当它们相互结合作用于生产过程时，又表现为管理的具体职能。

2. 具体职能

根据汽车服务企业管理工作的基本内容或过程，汽车服务企业管理的具体职能主要是计划、组织、指挥、协调和控制，这些职能贯穿企业生产经营活动的各个方面，是统筹全局的综合性职能。

（1）计划职能　计划是管理的首要职能。计划职能是指企业根据外部环境和内部条件，按照企业总的任务，确定决策目标，拟订实现目标的方案，并做出实施方案。计划有多种形式，不同形式的计划，其作用和范围也不同。计划工作表现为确定目标和明确达到目标的步骤和过程。它包括机会估量、目标建立、行为方案选择等内容。通过计划，管理者为组织设计了一幅行动蓝图，组织中的所有工作都是围绕着如何实现蓝图而展开的。

在各种计划中，战略计划占有主导地位。它阐明组织宗旨、确立组织长期目标以及确定战略和组织管理上的变革。战略计划还通过策略计划具体化，以便逐步取得实际的成果。

（2）组织职能　组织职能是指为了有效地完成既定的计划，通过建立组织机构，确立职能、职责和职权，协调相互关系，从而将组织内部各个要素联结成一个有机整体，使人、财、物得到合理使用的管理活动。其目的是使企业的生产经营活动协调、有序地开展，不断提高生产经营活动的效益。建立高效、精干的管理组织，并使之得以正常运行，这是实现管理目标的重要条件和依托。

组织职能的内容主要包括：第一，确立合理的管理体制，建立合理的组织结构，正确划分管理层次，设置职能机构；第二，按照业务性质，确定企业各部门的职责范围，并按所负责任给予各部门、各管理人员相应的权利；第三，明确上下级之间的领导关系和相互之间的协作关系，建立信息沟通渠道；第四，正确挑选和配置各类人员；第五，加强考核培训，实行合理的奖惩制度。

（3）领导职能　领导职能也称指挥职能。领导工作是管理者运用权力施展影响、指导各类人员努力工作实现规定目标的过程。为了有效地组织企业的生产经营活动，企业要建立一个有权威的、高效率的生产经营领导系统。管理者要成为一个好的领导者，必须懂得如何激励和调动员工的积极性，要了解个体和群体的行为规律和沟通方式、领导模式和领导理论，通过各种手段或方法来激励企业员工，使其在企业的经营活动中发挥积极性、主动性和创造性。领导工作是管理活动中最困难、最富有挑战性的工作，现代领导人要努力掌握领导艺术，提高自身的素质。

（4）控制职能　所谓控制就是使计划按预定轨迹运行的管理活动。人们在执行计划的过程中，由于受到各种因素的干扰，导致实践活动偏离原来的计划。为了保证目标及为此而制定的计划得以实现，就需要对管理过程进行控制。即要按既定的目标、计划，对企业生产经营活动过程中各方面的实际情况进行检查和考察，发现差距、查找原因，并采取措施予以纠正，使各项经营工作按原计划进行，或根据客观情况的变化，对计划进行适当的调整，使其更符合实际。控制需要借助于定量的分析方法，更需要管理者的经验和灵感。

控制职能与计划职能密不可分。计划是控制的前提，为控制提供目标和标准，没有计划就不存在控制；控制是实现计划的保证，没有控制，计划就不能顺利实现。控制的目的在于保证企业实际的生产经营活动及其成果同预定的目标相一致，通过控制职能，把计划规定的任务和目标转化为实际。

（5）协调职能　协调职能就是协调企业内外各种关系，使其建立起良好的配合关系，以便更有效地实现企业的目标。

对内协调是指在企业内部所进行的协调活动，它可分为纵向协调和横向协调两个方面。纵向协调是指上下级领导人员和职能部门之间活动的协调；横向协调则是指同级各单位、各职能部门之间活动的协调，它是最难的和最重要的协调内容。

对外协调是指企业在生产经营活动中，与外部各单位及用户之间的协调。

企业只有同时搞好对内对外两方面的协调，生产经营活动才能顺利进行，企业经营目标才能更好地实现。

在实际管理活动中，各管理职能之间是相互联系、相互渗透、相互制约、缺一不可的。任何组织的管理过程都是从计划开始的，计划职能是确定组织要做什么（组织目标）和怎样做（实施方案）的问题。组织职能就是按照计划的要求组织人力和其他资源，以落实各项具体任务。执行任务的过程与结果是否符合计划的要求，又要通过控制职能来保证。管理者是根据计划，通过组织、控制和信息反馈来实施领导职能，而领导的好坏决定了其他三项工作的效果。管理过程就是这样环环相扣，通过信息反馈桥梁不断地优化，任何一个职能出了问题都会影响其他职能和组织目标的实现。

1.3.4　汽车服务企业管理的内容

根据汽车服务企业生产经营的内容和特点，汽车服务企业的管理包含如下几个方面的内容。

1. 经营管理

经营管理是指为实现企业的经营目标，使企业生产技术经济活动与企业外部环境达成动态平衡的一系列管理活动，它是一项战略性、决策性的管理。其主要内容包括通过对企业外部经营环境的研究，确定企业的经营思想和方针，制定企业的发展战略和目标，搞好企业经营决策、经营计划、市场营销、产品开发、技术创新等管理工作。

2. 服务管理

服务管理是指对企业提供的所有服务的全过程进行管理。它包括以下几个方面。

（1）服务质量管理　通过建立质量保障体系，设计与推行标准服务流程，完善服务补救程序等，提高服务质量，从而提高顾客满意度，使顾客由满意而生感动，直至成为企业的忠诚顾客。

（2）设备管理　设备管理是以设备为研究对象，追求设备综合效率最大化，运用一系列的理论、方法，通过一系列技术、经济、组织措施，对设备的物质运动和价值运动进行全过程（从规划、设计、选型、购置、安装、验收、使用、保养、维修、改造、更新直至报废）的科学管理。

（3）定额管理　定额是企业生产经营活动中，对人力、物力、财力的配置、利用和消耗以及获得的成果等方面所应遵守的标准或应达到的水平。定额管理的内容主要包括：建立和健全定额体系；在技术革新和管理方法改革的基础上，制订和修订各项技术经济定额；采取有效措施，保证定额的贯彻执行；定期检查分析定额的完成情况，认真总结定额管理经验等。

定额管理是实行计划管理，进行成本核算、成本控制和成本分析的基础。实行定额管理，对于节约使用原材料，合理组织劳动，调动劳动者的积极性，提高设备利用率和劳动生产率，降低成本，提高经济效益，都有重要的作用。

（4）备件管理　在对汽车进行维护和修理时，用来更换已磨损到不能继续使用或损坏零件的新制件和修复件称为配件。为了缩短汽车修理的停歇时间，应事先组织采购、制造和储备一定数量的配件作为备件。备件是汽车修理的主要物质基础，及时供应备件，可以缩短修理时间、降低客户的时间成本；供应质量优良的备件，可以保证修理质量和修理周期，提高客户满意度。

保障备件供应率是提高服务质量的重要内容。备件供应率是指库存备件供应品种（件）方工作明细表需用备件品种（件）的百分比。要确保适当的备件供应率就要确立适当的备件经营机制，做好备件的计划、采购和仓储管理工作。

3. 财务管理

财务管理是企业再生产过程中对资金运作的管理，是对企业再生产过程以价值形态表现的全部活动，包括物质基础配置、产销经营过程、经营活动成果以及最后处理的全过程在账面上的正确反映和分析。所以现代财务管理的主要内容包括资金的筹集与运用，资产的管理，收入、成本与利润管理，分配管理等。

4. 人力资源管理

人力资源管理是现代企业管理的重要方面。寻找到优秀的雇员，并创造有利条件，充分调动员工的主观能动性和发挥其各自的优势，对企业的市场竞争力有巨大的影响。人力资源管理包括人员的招募与选聘、岗位设计和职能划分、员工薪酬和考核评估设计、员工的培训等。

5. 信息管理

现代企业的竞争，在占有信息以及充分控制信息价值方面显得非常激烈。因此，信息管理是汽车服务企业管理的重要内容之一。信息管理的主要内容包括产品质量与保修信息管理、客户信息管理和外部环境信息管理（包括国家政策、法规、行业发展动态、市场竞争情报等）。

案例阅读

案例 济南三株的兴衰

20 世纪 90 年代，济南三株实业有限公司（以下简称三株）是个传奇般的企业，说它传奇，不仅在于它奇迹般的发展，更在于它流星般的陨落。1994 年 8 月，济南三株实业有限公司成立，三株口服液同时宣告研制成功，当年即实现销售收入超亿元，之后销售收入连年攀升，1995 年销售收入 33.5 亿元，1996 年销售收入 80.6 亿元。然而三株的快速发展仅维持了两年，1998 年开始出现亏损停产，1999 年基本退出市场。

（一）阅读材料：三株公司的兴衰

1989 年，吴炳新跟儿子吴思伟在安徽淮南开发区注册了淮南大陆拓销公司，涉足保健品，成为生物制品"851"的代理，并且很快从充满暴利的保健品市场中尝到了甜头。紧接着成功地运作了上海市松江区无里塘乡工业公司与上海交通大学合作推出的"昂立一号"的推广和销售，掘到了"第一桶金"。1990 年，吴炳新北上山东济南，成立济南大陆拓销公司；吴思伟则转战江苏南京，创办了南京克立科工贸有限公司，以经销昂立一号为主营业务。1994 年，济南大陆拓销公司和南京克立公司合并，成立了济南三株实业有限公司。济南三株实业有限公司成立后，即推出产品三株口服液。

为了迅速扩大三株的影响，公司采取了两种手段。

一是狠抓营销网络。三株鼎盛时在全国各地有几百家产品销售公司，按层次分有总公司、产品营销中心、战区指挥部、子公司、分公司、工作站等六级组织，有十几万销售人员。三株的营销网络是基于地理区划和人口密度建立的，密集地分布在整个中国的城市和农村。

二是狠抓广告宣传。三株总裁强调：要通过理论宣传占领消费者的思想阵地；通过效果宣传激发消费者的购买欲望。当时有人形容三株说："广告铺天盖地，渠道漫天遍地，经理花天酒地，药效昏天暗地，员工呼天抢地。"形象地概括了当时三株的情况。

1997 年，企业危机逐渐浮出水面。首先是信誉危机，人们对三株口服液的功效产生了怀疑，对"有病治病，没病防病，无病保健"的广告投诉不断。1995 年广东省卫生厅发文，吊销其广告批文，此举无异于宣判其在广东销售的"死刑"。其次是营销危机，营销费用开支失控，不少子公司、市场部入不敷出，大量广告费用打了水漂。三是竞争对手的攻击。四是常德事件成为导火索。湖南常德汉寿县一位退休工人服用了八瓶三株口服液后，全身溃烂，病情不断反复，最后死亡，医院诊断为"三株药物高蛋白过敏症"，其家人一纸诉状告到常德中级人民法院，法院判定三株向死者家属赔偿 29.8 万元。各家媒体纷纷报道"八瓶三株口服液喝死一个老汉"，三株销售额急剧下滑，两个工厂关门，6000 名员工放假回家。2000 年，三株企业网站消失，全国销售停止。虽然在 1999

年 4 月三株公司在常德的官司中二审胜出，但是这个胜出已经晚了，对于已经陷入万劫不复深渊的三株来说，已无其他意义。

（二）案例分析

三株公司失败的根源在于没有正确处理企业、客户、员工、社会等利益相关者之间的关系。而正确处理利益相关者之间的关系正是企业管理的一个方面。可见，企业管理的重要性。

像三株口服液这种产品，消费者无法通过观察产品的外在形象来识别其内在的价值和功能，消费者对产品的价值和功能的判断或认定主要取决于其主观体验，因此，厂商可以通过广告来调动和影响消费者的主观体验，为产品索要极高的附加值。但是，这种建立在主观感受基础上的市场需求是非常脆弱的，任何一点负面的风吹草动，都有可能使市场在非常短的时间内丧失殆尽。维持这类产品寿命的关键在于：其一，本身的产品质量达到高均值，并稳定消费者对产品的价值预期；第二，不能诋毁和攻击竞争对手的产品，保持消费者对此类产品的信任度，维持产品总的市场基础；第三，消费者主观感受的影响和调动必须有产品客观的价值基础来支持，且不宜过高。

思考题

一、名词解释

企业管理　人本原理　系统原理　反馈原理　弹性原理　激励原理

二、简述题

1. 企业管理的特征有哪些？

2. 在企业管理中，如何理解人本原理？

3. 企业管理的方法有哪些？各有什么特点？

4. 现代企业制度的基本特征有哪些？

5. 汽车服务企业的经营范围主要有哪些？

6. 汽车服务企业的经营特点主要有哪些？

7. 汽车服务企业管理的职能主要有哪些？

8. 汽车服务企业管理的内容主要有哪些？

第2章 汽车服务企业经营管理

2.1 汽车市场营销概述

2.1.1 汽车市场的概念及分类

1. 汽车市场的概念

汽车及其相关服务（劳务）在市场经济条件下自然就可能作为一种商品进行交换，围绕着这一特殊的商品运用市场概念就形成了汽车市场。汽车市场是将汽车作为商品进行交换的场所，是汽车的买方、卖方和中间商共同组成的一个有机的整体。它将原有市场概念中的商品局限于汽车及与汽车相关的商品和服务，起点是汽车的生产者，终点是汽车及相关商品和服务的消费者或最终用户。

作为汽车营销工作者，通常将汽车市场理解为现实的和潜在的具有汽车及相关商品购买能力的总需求。

2. 汽车市场的分类

汽车市场营销的起点和终点都在汽车市场，如果没有市场，市场营销业务活动就无从谈起。毫无疑问，市场是任何企业开展市场营销业务活动所必须具备的前提条件。另外，社会的进步，商品经济的发展，交换领域和交换对象的不断扩大，市场上的交换关系越来越复杂，这些都决定了现代社会市场具有多种类型。汽车市场的分类如下：

① 按地理位置不同，可以把汽车市场分为国内汽车市场和国际汽车市场。

② 按交换对象不同，可以把汽车市场分为汽车有形商品市场与无形商品市场。

③ 按竞争程度不同，可以把汽车市场分为汽车的完全竞争市场、完全垄断市场、不完全竞争市场与寡头垄断市场。

④ 按汽车的用途不同，可以把汽车市场分为汽车消费市场和汽车组织市场。

⑤ 按汽车商品的流通环节，可以把汽车市场分为汽车批发市场与零售市场。

⑥ 按汽车商品交易时间不同，可以把汽车市场分为汽车现货市场与期货市场。

从以上对汽车市场的分类可以看到，市场的类型随着人们所选择的划分标准不同而千差万别，人们总是根据研究的需要而选择划分依据，从而对市场的分门别类的研究，目的是为了在瞬息万变、错综复杂的市场中，认识市场、驾驭市场，使企业在市场竞争中得以生存、发展。

2.1.2　汽车市场营销的含义

1. 市场营销的概念

市场营销是一个与市场紧密相关的概念。了解市场的含义之后，我们就可以进一步来理解市场营销的含义。

关于市场营销的概念，很多学者从不同的角度对其作了定义，综合前人的观念，我们将市场营销的概念表述如下：市场营销是与市场有关的人类活动，即以满足人类各种需要和欲望为目的，通过市场，变潜在交换为现实交换的活动。

我们可以从以下几个方面去理解这一概念。

1）市场营销是一种人类活动，是有目的、有意识的行为。对企业来说，这种活动非常重要。

2）市场营销的研究对象是市场营销活动和营销管理。

3）满足和引导消费者的需求是市场营销活动的出发点和中心。企业必须以消费者为中心，面对不断变化的环境，做出正确的反应，以适应消费者不断变化的需求。满足消费者的需求不仅包括现在的需求，还包括未来潜在的需求。现在的需求表现为对已有产品的购买倾向，潜在需求则表现为对尚未问世产品的某种功能的购买愿望。

例如，第二次世界大战后，IBM 公司的总裁曾向一家非常有名的咨询公司打听未来美国所有的公司、研究所及政府单位对电子计算机的需求量，得到的回答是不到 10 台。后来他的儿子做了总裁，不同意这个预测，坚持要生产电子计算机，这才有了 IBM 公司的今天。

这个例子表明，尽管人们有减轻办公室劳动强度、提高工作效率的愿望，但当时不知道计算机是什么样子，也不知道如何使用计算机，因此，调查时没有表现出对计算机的需要。人们的潜在需求常表现为某种意识或愿望，企业应通过开发产品并运用各种营销手段，刺激和引导消费者产生新的需求。

4）分析环境，选择目标市场，确定和开发产品，进行产品定价、分销、促销和提供服务，并对它们进行协调配合，形成最佳组合，是市场营销活动的主要内容。

市场营销组合中有四个可以人为控制的基本参数，即产品、价格、（销售）渠道和促销方法。由于这四个参数的英文均以字母"P"开头，所以又叫"4P"。企业市场营销活动所要做的就是密切关注不可控制的外部环境的变化，恰当地组合"4P"，千方百计使企业可控制的变数（4P）与外部环境中不可控制的变数迅速适应，这也是企业经营管理能否成功、企业能否生存和发展的关键。

5）实现企业目标是市场营销活动的目的。不同的企业有不同的经营环境，不同的企业也会处在不同的发展时期，不同的产品所处生命周期的阶段亦不同，因此，企业的目标是多种多样的，利润、产值、产量、销售额、市场份额、生产增长率、社会责任等均可能成为企业的目标，但无论是什么样的目标，都必须通过有效的市场营销活动完成商品交换，与用户达成交易方能实现。

6）市场营销不同于销售或促销。现代企业市场营销活动包括市场营销研究、市场需求预测、新产品开发、定价、分销、物流、广告、人员推销、销售促进、售后服务等。销售仅仅是现代企业市场营销活动的一部分，而且不是最重要的部分。

促销只是一种手段，而营销是一种真正的战略，正如我国某著名企业家所概括的那样，营销意味着企业应该"先开市场，后开工厂"。

7）市场营销的核心是交换。市场营销的含义不是固定不变的，它随着企业市场营销实践的发展而发展，但核心却是交换。

2. 汽车市场营销的含义

汽车市场营销就是汽车生产企业为了更好更大限度地满足市场需求，为实现企业经营目标而进行的一系列活动。其基本任务有两个：一是发现市场需求；二是实施一系列更好地满足市场需求的活动（营销活动）。

在汽车市场营销产生的一个较长的时期内，很多人都认为汽车市场营销主要是指汽车推销。在我国，甚至在汽车市场营销十分发达的美国，仍有很多人持有这种看法。其实，汽车市场营销早已不是汽车推销的同义语了，汽车推销只是汽车市场营销的一个职能（并且常常不是最重要的）。其研究对象和主要内容是识别目前未满足的市场需求和欲望，估量和确定需求量的大小，选择和决定企业能最好地为之服务的目标市场，并且决定适当的产品、劳务和计划（或方案），以便为目标市场服务。这就是说，汽车市场营销主要是汽车及相关企业在动态市场上如何有效地管理其汽车商品的交换过程和交换关系，以提高经营效果，实现企业目标。换句话说，汽车市场营销的目的，就在于了解消费者的需要，按照消费者的需要来设计和生产适销对路的产品，同时选择适宜的销售渠道，做好定价、促销等工作，从而使这些产品可以轻而易举地销售出去，甚至使推销成为多余。汽车市场营销活动应从用户开始，而不是从生产过程开始，应由市场营销部门（而不是由生产部门）决定将要生产什么汽车产品，诸如产品开发、设计、包装的策略，定价、赊销及收账的政策，产品的销售地点以及如何做广告和如何推销等问题，都应由营销部门来决定。

汽车市场营销是一种从汽车市场需求出发的管理过程。它的核心思想是交换，是一种买卖双方互利的交换，即双方都得到满足，双方各得其所。汽车市场营销是一门经济学方面的、具有综合性和边缘性特点的应用学科，是一门将汽车与市场营销结合起来的"软科学"。在某种意义上说，它不仅是一门学科，而且更是一门艺术。其研究对象是汽车企业的市场营销活动和营销管理，即如何在最适当的时间和地点，以最合理的价格和最灵活的方式，把适销对路的汽车产品送到消费者手中。因此，汽车企业必须面向汽车市场，并善于适应复杂多变的汽车市场营销环境。汽车企业的营销管理过程，也就是汽车企业与营销环境相适应的过程。

2.2　汽车服务企业的市场调研与预测

2.2.1　汽车服务企业的市场调研

1. 汽车服务市场调研的含义

市场调研就是以商品的购买者和市场营销的组合各要素为对象，运用科学的方法，收集、记录、整理和分析所有情报和信息资料，从而掌握市场的现状及其未来发展趋势的一种企业经营活动。市场调研的目的既可能是通过了解市场供求发展变化的历史和现状，为市场预测提供相关资料，也可能是为了总结经验，或是为了寻找目标市场而进行市场细分的调查研究。

2. 汽车服务企业市场调研的内容

从企业经营决策的需要出发，汽车服务企业基于营销和服务管理的市场调研内容有以下几个方面。

（1）市场需求情况调研　主要调研本企业的产品或服务在总体市场或各细分市场的需求量及影响因素。

① 需求量调研。汽车服务企业是以汽车产品销售或服务为中心，为用户提供产品服务和技术保障的，其市场需求的主要影响因素有经济发展水平、人均收入、汽车保有量、车型构成和国家相关政策等。

② 消费行为调研。了解消费者的爱好、习惯、使用条件、使用强度、购买方式、购买人群、购买量、购买动机、购买时间等。

③ 潜在需求调研。潜在需求分为两种，一种是用户已有购买欲望，且具备购买能力，也准备购买或接受维修服务的现实需求；另一种是处于潜在的需求，但由于种种原因暂时还不能接受服务的需求。

（2）销售趋势调研　主要包括购买者的需求趋势、企业调整营销策略后可能造成的销售变化趋势等。

（3）市场竞争调研　要使企业立足于不败之地，首先要搞清楚谁是竞争对手或潜在的竞争对手，做到知己知彼，才能百战不殆。

① 调研竞争对手的基本情况。包括厂家数量、分布区域、生产总规模、能提供的服务、满足用户需求的总程度等。

② 调研竞争对手的竞争力。包括资产拥有情况、企业规模、目标市场，销售能力、销售渠道、销售价格、销售策略、服务质量、技术装备和水平、市场占有率等。

③ 调研竞争对手发展新服务项目的动向。包括发展方向、特性、进程、运作情况、竞争力等。

④ 调研潜在竞争对手。包括将要出现的新竞争对手和已有的竞争对手能力提高后的竞争力。

（4）销售渠道调研　主要调研了解产品或服务销售渠道的历史与现状，包括商品价值和商品实体运动流经的各个环节、销售机构的基本情况、销售渠道的利用情况及促销手段的运用等。

（5）企业经营政策执行情况调研　主要调研企业在产品、服务、价格、市场定位、广告宣传等方面的执行情况，包括用户反映、实施效果、改进意见等。

以上这些内容，只是市场调研的主要内容。但就一般情况而言，汽车服务企业在各个不同时期，在市场营销中所遇到的问题不一样，调研的问题也就不相同。所以不同的汽车服务企业，要根据自己的具体情况确定自己的调研目的和内容，并开展调研工作。

3. 市场调研的步骤

市场调研工作必须有计划、有步骤地进行，以防止调研工作的盲目性。一般说来，市场调研可分为四个阶段：调研前的准备阶段、正式调研阶段、整理分析资料阶段和提出调研报告阶段。

（1）调研前的准备阶段　对汽车企业提供的资料进行初步的分析，找出存在的问题，明确调研的关键和范围，根据调研的目标，制订出市场调研的方案。主要包括以下几个方面。

① 确定调研目标。在进行市场调研之前，先要确定调研目标，明确调研到底是为了解决什么问题。如果调研目标不明确，调研的作用就会打折扣，甚至南辕北辙。

② 确定调研范围。要明确调研的范围，包括调研对象是哪一个地区的用户，是什么样的用户，被调研对象由什么人组成等。

③ 确定调研方法。调研的方法多种多样，每个方法都有一定的优点、缺点和适用条件。调研者可以根据实际情况，选择合适的调研方法。

④ 确定经费预算。汽车市场调研都会有一定的费用支出，要合理地全面地估计调研的各项开支。在进行预算时，应考虑调研项目、参与人员或公司等多方面。调研费用一般包括总体方案策划费、调研劳务费、资料费、印刷费、调研实施费（差旅费、礼品、人员培训等）、统计分析费用等。

⑤ 制订调研计划。当以上因素都基本确定后，调研者要制订调研计划。调研计划一般由摘要、调研目的、调研的内容和范围、调研的方法、调研工作安排与进度、调研预算等组成。

（2）正式调研阶段　此阶段就是调研者执行调研目的、收集资料信息的过程。也就是调研者到指定的目标市场和具体地点，寻找具体的调研对象，有目的地收集第一手资料。现场调研的及时性和准确性除了取决于调研者的素质外，工作过程的开展也对调研结果有很大的影响。在调研工作中，要事先对有关工作人员进行培训，并做好调研过程的监督与考核，保证调研工作合理进行。同时也要做好预防补救措施，保证调研工作按进度计划进行。在正式调研阶段，调查者还要确定收集调研信息的途径，保证资料数据的可靠、真实。工作中要特别强调按原则办事，采取实事求是的态度，避免掺杂个人主观偏见。

（3）整理分析资料阶段　当统计分析研究和现场直接调查完成后，市场调研人员拥有大量的第一手资料。首先要对这些资料进行编辑，选取一切有关的、重要的资料，剔除没有参考价值的资料。然后对这些资料进行编组或分类，使之成为某种可供备用的形式。最后对资料进行分析，把有关资料用适当的图表形式展示出来，以便说明问题或从中发现某种典型的模式，挖掘数据的内在关联，解释调研问题。

（4）提出调研报告阶段　通过对调研材料的综合分析整理后，根据调研目标写出调研报告，得出调研结论。值得注意的是，调研人员不应把调研报告看做是市场调研的结束，而应继续注意市场情况的变化，以检验调研结果的准确程度，并发现市场新的趋势，为后续的调研打好基础。

一般来说，调研报告包括以下内容。

① 题目、调研人、调研日期；

② 目录、摘要。对主要调研发现予以摘要说明。

③ 序言。说明调研研究的原因、背景、目的、意义等。

④ 调查研概况。说明调研地点、对象、范围、过程、采取的调研方法和调研程序。对调研方法要尽量阐明采用何种方法，并提供选择此方法的原因。

⑤ 调研结论与建议。这是调研报告的主要部分，根据调研的第一手资料、数据，运用科学的方法对调研事项的特点、原因、相互关系等进行分析和论证，提出主要理论观点，做出结论，并提出建设性意见。同时，也要指出调研过程中存在的不足、局限性与改进方法。

⑥ 附件。包括一些过于复杂、专业性的内容，通常将调研问卷、抽样名单、地址、分布地图、统计检验计算结果、表格、制图等作为附件内容，每一项内容都要编号，以便查询。

4. 市场调研方法

汽车市场调研的资料来源主要有两种途径。通过市场调研，对企业及消费者调研得到的信息资料，称为第一手资料。通过收集一些公开出版的报纸、杂志、电视、网络、有关行业机构提供的统计资料，了解有关产品和市场信息的资料称为第二手资料。汽车市场调研按资料获取方式的不同可分为直接调研和间接调研两大类，如图 2-1 所示。

（1）间接调研　间接调研又叫文案调研，市场调研人员充分了解企业市场调研的目的之后，搜集企业内部和外部各种相关资料文献，加以整理、归纳、演绎、分析后，得出相关市场调研报告和建议。

1）间接调研的资料来源可包括：国家统计资料，如国家与政府有关部门的决定、报告、发展计划、统计年鉴、统计局发布的消息等；行业协会公布的信息；图书、期刊、报纸等资料；计算机网络资料；咨询公司提供的资料；汽车企业积累的数据资料，如公司管理部门、财务部门、市场部门等提供的信息。

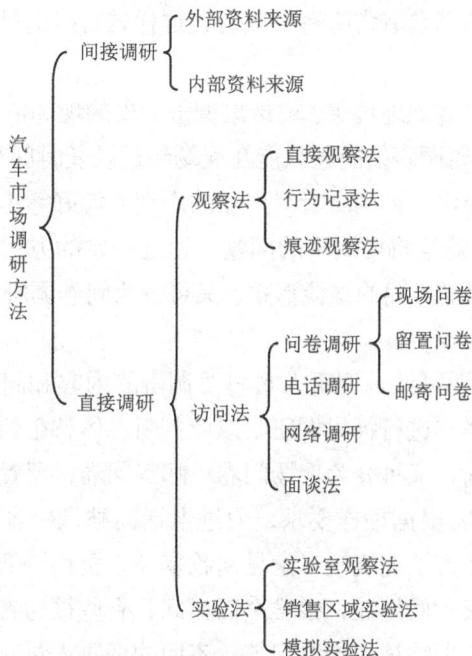

图 2-1　汽车市场调研方法

2）资料收集是文案调研的核心工作，在实施过程中要注意以下原则。

① 系统全面的原则。很多情况下因资料不全等原因无法深入分析，要设法寻找资料来源的出处，保证资料的完整、系统、准确。

② 相关性的原则。获取的资料一定要和调研的目标相关，避免选取无关或关联度不高的资料。

③ 时效性的原则。第二手资料都有时间范围，使用时要考虑距离调研的时间间隔，尽量选择近期的资料。

④ 经济性的原则。使用间接调研的优点就是省时省钱，如果费用太高就失去了间接调研的优势和意义。

（2）直接调研　直接调研又叫实地调研。汽车服务企业所需要的资料，大部分是通过实地调研得到的，主要以获取第一手资料为主。直接调研常用的方法有三种。

1）观察法。观察法是由调研人员到现场对调研对象的情况进行观察记录，取得第一手资料，以此来判断用户的购买动机、购买行为、购买态度等调研内容的方法。观察法包括下面三种形式：

① 直接观察法。调研人员到汽车4S店、汽车展销会等，观察并记录产品的销售情况，观察消费者最喜欢什么颜色、什么配置的汽车等。

② 行为记录法。一般将监听监视设备，如照相机、录音机等电子仪器安装在现场，被调研对象的行为会被如实记录下来，调研人员从资料里面搜集所需要的资料。

③ 痕迹观察法。观察调研对象留下的实际痕迹，例如，汽车维修企业为了解在哪个广播电台做广告效果好，他们就记录前来修理的汽车的收音机调放在哪个电台上，统

计记录的结果就知道汽车消费者常听哪个电台，这样就可以选择收听频率最高的电台做宣传广告。

观察法的优点是可以客观地搜集、记录被调研对象的现场情况，结果比较真实可靠。缺点是调研费用较高，所要调研的问题只能在现场经过较长时间观察才能得到调研结果，对被调研者内在因素的变化，如消费者对产品的态度、偏好等不一定能观察到。

2）访问法　访问法就是将要调研的问题，通过一定的方式，向被调研者提出，获取所需要资料的方法。根据不同的访谈形式，又可分为问卷调研、电话调研、网络调研、面谈法四种。

① 问卷调研。问卷调研就是调研人员将要调研的内容和问题编成统一的问卷，从调研对象中抽取一定的样本进行抽样调研，以此判断总体特征情况的调研方法。根据问卷发出和收回的方式不同，又可分为现场问卷、邮寄问卷、留置问卷三种类型。

② 电话调研。调研者根据抽样要求，通过电话向被调研者就调研主题和内容进行访问的一种调研方法。该方法速度快，意见回收率高，费用较低。但是，电话调研存在的一些缺点是：电话交谈时间短促，很难全面提问；有些被访者不愿意回答私人问题；调研者的电话谈话方式会影响被访者的回答；不同的调研人员对被访者回答的理解和记录会不同。

③ 网络调研。调研者将所要调研的主题和内容，利用网络这一平台，请求网络用户进行回答。网络用户可以将自己的回答通过网络提交，这样调研者就可以在计算机上得到被调研者的回答信息。该方法覆盖范围广，成本低，比较方便，但是，被调研的对象可能不是目标对象，也会造成调研误差较大的结果。

④ 面谈法。面谈法是指调研者与被调研者面对面讨论有关问题，当场记录所需情况资料的一种调研方法。根据被调研人数，面谈法分为个人访问和集体访问两种。调研内容简单的宜采用个人访问方式，如果调研问题比较复杂，则适合采用集体访问方式。

面谈法的优点：调研者当面听取被调研者的意见，比较容易了解被调研者的真实态度，增加感性认识；根据被调研者的性格，调研者可以采取比较灵活多样的调研形式；该方法的回答率是各种调研方式中最高的；可以根据具体调研问题扩大提问范围，收集比较全面准确的信息。

面谈法的缺点：费用比较高，尤其是集体访问费用更高；调研结果受调研者的谈话能力和情绪状态影响较大；面对面的调研，被调研者有时会产生抵触情感或压迫感，让调研者得到错误或失真的信息；被调研者的表达方式、用语等，容易让调研者在理解上产生偏差，影响调研效果。

3）实验法。实验法就是通过各种实验手段来收集资料。例如，当汽车厂商要推出一种新产品或新的推销策略时，根据所要调研的项目选择一定规模的对象，在适当的地方开展小范围的实验，结合消费者的反馈信息，对于实验结果进行研究，来改进自己的产品或推销策略。该方法可用在产品更改包装、外观造型，改变广告、价格等时候，观察市场对所做改变的接受程度。该方法最常用的操作方法有实验室观察法和销售区域实验法。

实验室观察法在研究广告效果和选择媒介时常被采用。汽车厂商在选择宣传广告方案时，会请一些人来对备选宣传广告进行评价，看哪种宣传广告效果最好。

销售区域实验法主要是新产品投放市场前，在一定的目标区域内进行试销或者免费试用的活动方法。通过用户的反馈，摸清市场的状况，改进自己的产品，使之符合用户的需求，再进行全面推广或销售。

2.2.2 汽车服务企业的市场预测及分析

1. 市场预测的含义

所谓市场预测，就是运用科学的方法，对影响市场供求变化的诸因素进行调查研究，分析和预见其发展趋势，掌握市场供求变化的规律，为经营决策提供可靠的依据。

预测为决策服务，市场预测是为了提高管理的科学水平，减少决策的盲目性。企业需要通过预测来把握经济发展或者未来市场变化的有关动态，减少未来的不确定性，降低决策可能遇到的风险，使决策目标得以顺利实现。汽车市场预测可以预判市场未来发展趋势，为汽车相关企业确定生产、经营方向提供有参考价值的依据。

2. 市场预测的分类

（1）按预测性质划分

① 定性预测。以研究预测对象的发展规律为基本出发点，主要考虑各方面因素的变化，运用逻辑推理的方法，来推断预测对象的未来发展趋势。在实际工作中，由于各种因素的影响，有时不可能全面掌握预测对象及其影响因素的统计资料，很难以定量的形式进行分析，只能凭借积累的经验、少量的数据和主观判断等，对事物的发展趋势和未来状态进行分析、假设、判断、推理、估计和评价。

② 定量预测。定量预测是在充分掌握大量、准确、系统数据资料的基础上，建立合适的数学模型，通过分析和计算推断出事物在未来可能发生的结果。定量预测是依据事物过去和现在的统计资料和情况，分析研究其发展变化规律，对未来进行预测的。但是影响事物的因素是多方面的，由于诸多因素变化的不可预见性，再加上有些因素无法用定量方式描述，建立数学模型时也不可能把所有的因素都考虑进去，预测结果与实际是有误差的，因此不能认为定量预测的预测结果就一定能准确地反映事物的未来发展趋势。实际上，定量预测的结果常常需要进行修正。

③ 综合预测。前面两种方法都有其局限性，为了克服其缺点，提高预测的准确性，在预测时，常常把许多方法结合起来运用，特别是把定性方法和定量方法结合运用，使之互相验证、互为补充。综合预测法可以对各种不同预测结果进行对比分析，找出并消除其中的不确定因素；另一方面，可以找出各相关事件相互影响的规律，把它们结合起来进行分析，以提高预测结果的准确性。

（2）按预测期限划分

① 长期预测。指预测期限为五年以上的预测，属于战略预测，或规划性预测，通

常只能作发展趋势估计。由于预测期限较长，且受未来诸多不确定因素的影响较大，因此预测结果与实际结果之间差距较大，需要根据实际情况不断调整预测结果。

② 中期预测。通常指预测期限在一年以上五年以下的预测，属于战术预测，由于期限相对较短，对预测期内的各种影响因素考虑比较全面和准确，预测误差相对较小。

③ 短期预测。一般指预测期限为一年之内的预测。一般来讲，这种预测结果的准确性和可靠性都比较高。

预测结果的准确性和可靠性与预测期限有关。而预测期限的长短，要依据预测对象的内容、性质、特点和具体要求，以及进行经营决策和制定战略的需要而定。

3. 汽车服务企业市场预测的内容

以汽车 4S 店和汽车维修服务企业为例，市场预测一般包括以下几方面的内容。

1）市场占有率预测。市场占有率是指某服务企业某品牌汽车的销售（或维修服务）量或销售额与市场上同类品牌汽车的全部销售（或维修服务）量或销售额之间的比率。它着重考虑的是产品本身的特性和本企业员工销售努力对销售量的影响。

2）市场需求预测。预测销售（或维修服务）市场的需求量以及发展趋势，包括对现在的和潜在的需求进行预测。

3）资源预测。预测企业发展新产品（新的服务项目）有无充足、可靠的资源。

4）市场购买力预测。预测所在区域市场现有购买力水平和潜在的购买力水平情况。对消费者的消费倾向、消费结构、消费心理的变化进行分析预测。

5）商品生命周期预测。预测在市场发展过程中某种商品处于生命周期的哪个阶段，以便采取相应的策略。

6）新产品发展预测。预测由于新技术、新材料、新工艺的应用所导致的新产品发展方向、新产品的结构变化等。

7）价格变动趋势预测。价格对产品供应与销售来说，是一个非常敏感的因素，通过预测价格涨落情况及发展趋势，有助于调整企业的经营方式。

8）库存预测。汽车零部件的库存是汽车维修服务企业安排生产的重要依据。这里主要预测汽车零部件库存状况，以妥善解决有关竞争和销售问题以及生产发展安排问题。

9）经营效果预测。主要是对本企业各种产品（服务）的经营效果以及改变经营策略后所取得的经营效果的预测。

2.3 汽车服务企业的营销策略

2.3.1 汽车服务企业的产品策略

产品具有宽广的外延和丰富的内涵，不仅包括有形的实物，还包括无形的信息、知识、版权、实施过程以及劳动服务等内容。从市场营销学的角度来讲，产品就是能够满足一定消费需求并能够通过交换实现其价值的物品和服务。产品包括有形产品和无形产品两大类。

企业欲在竞争中保持优势，就必须与竞争对手有所区别，突出自己的优势或个性，也就是向市场提供具有差异性的产品或服务。差异化是指设计一系列有意义的差别，以便使本企业的产品或服务能够同竞争对手的产品或服务相区别。汽车服务企业可以在以下六个方面寻求差异化，即维修项目、服务、人员、渠道、时间和形象。

1. 产品（维修项目）差异化

并不是每一种产品都有明显的差异化，但是，几乎所有的产品都能够找到一些可以实现差异化的特点。汽车维修是一种可以高度差异化的服务产品。

（1）特色项目　特色项目是指基本维修功能的某些增补。要注意的是，并不是每一个特色都值得企业去推行，特色必须是有价值的。同时，企业在为自己的产品设计特色的时候，除了考虑这个特色是否有价值外，还要考虑增加该特色的成本和用户愿意为这项特色额外支付的费用。这些特色项目可能有免拆养护、快速修补、添加抗磨修复添加剂等。

（2）性能质量　性能质量是指汽车维修项目的可靠性。这是指在一定时间内汽车保持不坏的可能性。用户一般愿意为维修的可靠性付出较高代价。由于汽车属于耐用高档消费品，因此维修的可靠性和耐久性是受到汽车用户重视的指标。

（3）保修期　耐用性是衡量一个维修项目在正常使用条件下的预期使用寿命。一般来说，购买者愿意为耐用性较长的产品支付更高的成本。所以，虽然交通部门规定的总成大修质量保证期仅为三个月或 10000km，但深圳地区各汽车修理厂都做出了高于交通部门所规定的保修期限的承诺，大部分汽车修理厂规定为六个月或 15000kg，部分厂承诺保修一年，极个别厂甚至承诺保修三年，当然保修是有条件的，不是无条件的。

2. 服务差异化

除了实体产品差异化以外，企业也可以对其所提供的服务实行差异化。汽车维修服务的重要性逐渐为汽车服务企业所重视，并且成为决定业绩的一项重要因素。特别是当维修质量较难突出差异化时，在竞争中取得成功的关键常常有赖于增值服务和服务的质量。

在汽车维修服务中，服务差异化主要体现在：预约的方便性、客户培训、技术咨询、上门接送车和修后服务跟踪等多种服务上。

（1）预约方便性　汽车服务企业要考虑如何使用户以最便捷的方式向维修厂预约维修时间，以节省维修的时间成本以及提高修理厂资源的利用率。互联网的普及和电子商务的产生为用户提供了一种随时随地可以预约的方式，这种便捷的预约方式已经开始被采用，发展电子商务是必然的趋势。

（2）客户培训　客户培训是指汽车服务企业对车主进行汽车构造、汽车工作原理以及汽车的正确安全使用等知识的培训，比如高速公路安全驾驶、开车如何省油、如何延长汽车使用寿命、如何正确养护爱车等车主经常遇到的和关注的常识问题。

（3）客户咨询　客户咨询是指汽车服务企业向车主无偿地提供有关车辆维修技术资料与信息，提出维护建议，提供车辆交易与更新的顾问服务等内容。例如，有些企业推出的汽车维修的管家式服务中要求接待人员为客户提供提醒服务，其中有提醒消费者按时享受企业所承诺的免费走合维护，提醒用户注意某些常规使用规范，如进行年检年审、购置保险等。

（4）其他服务　汽车服务企业还能找到许多其他方法，提供各种服务来增加附加价值，也可以将上述差异因素融合起来。比如有些企业为车主免费提供熨西服、擦皮鞋服务；车主等候提车时可上网吧，可到休息室或水吧；儿童可到游乐室玩耍。总之，舒适、快捷、无微不至的服务和汽车的外观、内饰一样，是拥有者身份地位的体现。

3. 人员差异化

服务差异化不仅包括提供服务产品的种类和竞争对手不同，也包括提供服务的人员。因此，汽车服务企业可以通过聘用和培养比竞争对手更优秀的员工来获得强大的竞争优势。如果没有高素质的员工，服务的精神就无法得到体现，甚至根本无法实现企业原定提供的服务。

人员差异化包括：员工的资历、能力、诚实、可靠、责任心与沟通协调等多个方面。有些企业在接待大厅中显眼的位置将骨干员工的照片、证书与资历原件材料用透明展柜展出，就是为了突显这种差异化。

4. 渠道差异化

渠道差异化包括汽车维修厂的地理位置与覆盖区域以及其经营网点的分布、用户报修与提车的便捷性等，特别是连锁经营的汽车服务企业在这方面尤为重要。

5. 时间差异化

有人这样总结汽车服务行业的竞争历程：20 世纪 70 年代是价格的竞争，80 年代是质量的竞争，90 年代是服务的竞争，而 21 世纪是时间的竞争，这是因为，当今成功人士最短缺的就是时间。怎样为车主节省时间、提高效率是现代汽车服务企业应该重点考虑的竞争差异点。

6. 形象差异化

即使竞争产品及其服务看上去都一样，用户也能从企业的品牌形象方面得到一种与众不同的印象。

形象是公众对企业的看法。要使一个产品具有有效的和正面的形象需要做到三点：第一，它必须传递特定的信息，这信息包括产品的主要优点和定位；第二，它必须通过一种与众不同的途径传递这一信息，从而使其与竞争产品相区分；第三，它必须产生某种感染力，从而触动用户的心。

树立一个强有力的形象需要创造力和刻苦的工作，同时也需要时间的考验和积累。要树立形象必须利用企业可以利用的每一种传播手段，并且不断强化。

2.3.2 汽车服务企业的价格策略

价格策略是指汽车服务企业通过市场调研，对用户的需求和企业的生产成本以及市场竞争状况进行分析，从而选择一种能吸引用户、实现营销组合的价格策略。在我国，汽车服务市场竞争日益激烈的今天，价格策略成为国内汽车服务企业重要的营销手段。

1. 影响产品或服务价格的因素

汽车服务企业提供的产品或服务价格的高低，主要是由产品或服务质量中包含的价值量的大小决定的。但是，从市场营销角度来看，产品或服务的价格除了受价值量的影响外，还受以下几种因素的影响和制约。

（1）汽车生产与流通成本　产品在生产与流通过程中耗费的一定数量的物化劳动和活劳动就是产品的成本。成本是影响产品价格的实体因素。如汽车成本包括汽车生产成本、汽车销售成本和汽车储运成本。维修成本包括直接人工费用、修理用直接材料费、维修企业间接费用（相当于工业的制造费用）等。汽车生产企业为了保证再生产的顺利实现，通过市场销售，既要收回汽车成本，同时也要保证一定的盈利。

（2）用户需求　用户的需求对产品或服务定价的影响，主要通过汽车用户的需求能力、需求强度、需求层次反映出来。产品或服务定价首先要考虑产品或服务价格是否适应汽车用户的需求能力，如果用户的需求能力强，企业在定价时，可以定得高一些；反之，则应低一些。其次要考虑用户的需求强度，如果用户对某些服务或产品的需求比较迫切，且对价格不敏感，企业在定价时，可定得高一些；反之，则应低一些。另外，不同的需求层次对产品定价也有影响，对于能满足较高层次需求的产品，其价格可定得高一些；反之，则应低一些。

（3）产品或服务的特征　汽车服务企业提供的产品或服务的特征是汽车产品自身或相关服务所形成的特色。一般指汽车造型、质量、性能、服务水平、商标、装饰、维修能力等，它能反映汽车产品或服务水平对消费者的吸引力。如果产品或服务供不应求，定价时即使比同行高一些，用户也能够接受。

（4）市场竞争对手的行为　产品或服务定价是一种挑战性行为，任何一次产品或服务价格的制定与调整都会引起竞争对手的关注，并导致竞争对手采取相应的对策。在这种对抗中，竞争力强的企业定价自由度较大；竞争力较弱的企业定价的自由度相对较小。

（5）市场结构　根据汽车服务市场的竞争程度，汽车服务市场结构可分为四种不同的类型：完全垄断市场、寡头垄断市场、垄断竞争市场、完全竞争市场。不同的市场结构下，各参与竞争企业对市场的控制程度不同，产品或服务的价格制定也就不同。

（6）政府干预　为了维护国家与消费者的利益，维护正常的市场竞争秩序，国家制定的相关法律法规约束汽车服务企业的定价行为，如各省市对汽车维修工时定额和工时费的规定。

（7）社会经济状况　一个国家或地区经济发展水平越高，发展速度越快，人们的收入水平增长就越快，购买力就越强，汽车服务企业定价的自由度就比较大。反之，一个国家或地区经济发展水平越低，发展速度越慢，人们的收入水平增长就越慢，购买力就越弱，企业定价的自由度也就越小。

2. 汽车服务企业的定价目标

一般来讲，汽车服务企业的定价目标有以下五大类。

(1) 利润导向的定价目标　企业进行市场经营的根本目的就是追求效益。利润是企业发展的前提，汽车服务企业也不例外，因此，企业常把利润作为重要的定价目标。以利润为导向的定价目标有三种：利润最大化目标；目标利润和适当利润目标。

(2) 销量导向的定价目标　以市场销量为导向的定价目标是指汽车服务企业期望达到某一销售量或市场占有率而确定的价格目标。以销量为导向的定价目标主要有：①保持或扩大市场占有率；②增加销售量。

(3) 竞争导向的定价目标　以竞争为导向的定价目标是指在激烈的市场竞争中，企业以应付或避免竞争而采取的定价目标。在激烈的市场竞争中，竞争对手对价格都很敏感，在对产品或服务进行定价前，一般要广泛收集市场信息，把本企业的产品性能、质量和成本与竞争对手相比较，然后制订本企业的价格。以竞争为导向的定价目标通常采用的方法有：①与竞争对手产品同价；②高于竞争对手产品的价格；③低于竞争对手产品的价格。

(4) 产品或服务质量导向的定价目标　质量导向的定价目标是指汽车服务企业在市场上树立以质量领先的目标，从而在价格上做出相应的决策。优质优价是一般的市场准则，从完善的汽车市场体系来看，高价格的产品或服务自然代表或反映着产品的高性能、高质量及其优质的服务。采取这一目标的汽车服务企业必须具备以下两个条件：一是拥有高性能、高质量的产品，二是能够为用户提供完善、优质的服务。

(5) 企业生存导向的定价目标　当汽车服务企业遇到生产能力过剩或在激烈的市场竞争中处于劣势时，企业要把维持生存作为自己的首要目标——生存比利润自然更重要。对于这类汽车服务企业来讲，只要他们的价格能够弥补变动成本和一部分固定成本，即产品或服务的单价大于企业变动成本，他们就能够维持运营。

3. 汽车服务企业的定价策略　在激烈的市场竞争中，企业开发的汽车新产品或服务能否及时打开销路、占领市场和获得满意的利润，除了汽车新产品或服务本身的性能、质量及必要的营销策略之外，还取决于汽车企业能否选择正确的定价策略。汽车新产品定价有三种基本策略。

(1) 撇脂定价策略　这是一种高价保利策略，在汽车新产品或服务投放市场的初期，企业将新产品或服务价格定得较高，以便在较短的时期内获得较高的利润，尽快收回投资。

撇脂定价策略的优点是：新产品或服务刚投放市场，需求弹性小，尚未有竞争对手，因此，只要新产品有新意、质量过硬，就可以制定较高的价格，满足那些高端消费者求新、求异的消费心理。由于价格（利润）较高，企业可以在较短时期内取得较大利润同时留有降价空间，可以在竞争对手大量进入该市场时主动降价，打压竞争对手，提高市场竞争能力，同时也符合价格由高到低的消费心理。

撇脂定价策略的缺点是：在新产品或服务尚未树立市场声誉时，高价不利于开拓市场，一旦销售遇阻，新产品或服务就有夭折的风险。另外，高价投放市场时如果销路旺盛，也很容易引来竞争对手的进入，导致竞争加剧。

（2）渗透定价策略　这是一种低价促销策略，在汽车新产品或服务投放市场时，直接将新产品或服务价格定得较低，使消费者易于接受，便于打开和占领市场。

渗透定价策略的优点是：一是可以利用较低价位迅速打开新产品的市场销路，占领市场，实现薄利多销；二是可以有效阻止竞争对手的进入，有利于控制市场。其缺点是：投资回收期较长，一旦渗透失利，企业就会一败涂地。

（3）满意定价策略　这是一种介于撇脂定价策略和渗透定价策略之间的定价策略，制定的价格比撇脂价格低，比渗透价格高，是一种中间价格。这种定价策略能使汽车服务企业和用户都比较满意，比前两种定价策略的风险小，成功的可能性大，但也要根据市场需求、竞争情况等因素进行具体分析。

除了上述三种基本策略外，还有一些其他策略。

（1）按汽车产品生命周期定价策略　在汽车或服务产品生命周期的不同阶段，定价的三个要素（即成本、用户和竞争对手）都会发生变化，定价策略也要适时、有效地随之进行调整。

（2）折扣和折让定价策略　在经营过程中，企业为了竞争和实现经营战略，经常对产品或服务价格采取折扣和折让策略，直接或间接地降低产品或服务价格，以争取更多的用户，扩大业务量。灵活运用折扣和折让策略，可以提高企业经济效益。具体来说，常见的折扣和折让策略有以下几种：①数量折扣；②现金折扣；③季节折扣。

（3）心理定价策略　每一产品或服务都能满足汽车用户某一方面的需求，产品或服务的价值与用户的心理感受有着很大的关系。这为心理定价策略的运用提供了市场空间，企业在定价时可以利用用户的心理因素，有意识地将产品或服务价格定得高或低，以满足用户心理的、物质的和精神的多方面需求，通过用户对汽车产品或服务的偏爱或忠诚，引导用户的消费观念，扩大市场销售量（销售额），从而获得最大效益。常见的心理定价策略有：①整数定价策略；②尾数定价策略；③声望定价策略；④招徕定价策略；⑤分级定价策略。

（4）针对汽车产品或服务组合的定价策略　一个汽车服务企业往往会有多个系列的多种产品或服务同时生产和销售，这些产品或服务之间的需求和成本既相互联系，又存在一定程度的"自相竞争"。定价时应结合关联的产品或服务组合制定产品或服务的价格系列，使产品或服务组合的利润最大化。这种定价策略主要有以下两种情况：①同系列汽车产品或服务组合定价策略；②附带选装配置的汽车产品或服务组合定价策略。

2.3.3 汽车服务企业的促销策略

促销是企业通过人员或非人员的方式，沟通企业与消费者之间的信息，引发、刺激消费者的消费欲望和兴趣，使其产生购买行为的活动。

不同的促销方式有不同的效果，各种促销方式及其主要特点如下。

1. 人员推销

即企业利用推销人员推销产品，也称为直接推销。对汽车服务企业而言，其主要形成是派出推销人员与用户直接面谈沟通。人员推销方式具有直接、准确、推销过程灵活、易于与用户建立长期友好合作关系以及双向沟通的特点。但这种推销方式成本较高，对推销人员的素质要求也较高。

2. 广告促销

广告促销是通过报纸、杂志、广播、电视、广告牌等广告传播媒体形式向目标消费者传递信息的促销方式。采用广告宣传可以使广大消费者对企业的产品、商标、服务等加强认识，并产生好感。

广告促销的特点是可以更为广泛地宣传企业及其产品，传递信息面广，不受消费者分散的约束，同时广告还能起到倡导消费、引导潮流的作用。

3. 营业推广

又称销售促进，是指企业运用各种短期诱因鼓励消费者和中间商购买、经销或代理企业产品或服务的促销活动。其特点是可有效地吸引客户，刺激购买欲望，可以较好地促进销售。但它有贬低产品之意，因此只能是一种辅助性促销方式。

4. 公共关系

这一词语来自英文 Public Relations，简称"公关"，也称公众关系。它是指企业在从事市场营销活动中正确建立企业与社会公众的关系，以便树立企业良好形象，从而促进产品销售的一种活动。公共关系是一种创造"人和"的艺术，它不以短期促销效果为目标，通过公共关系使公众对企业及其产品产生好感，并树立良好的企业形象，并以此来激发消费者的需求。是一种长期的活动，着眼于未来。

各种促销方式的优缺点，可以用表 2-1 来概括。

表 2-1　各种促销方式的特点

促销方式	优　　点	缺　　点
人员推销	推销方法灵活，针对性强，容易促成及时成交	对人员素质要求较高，费用较大
广告促销	信息传播面广，易引起注意，形式多样	说服力小，不能直接成交
营业推广	吸引力大，效果明显	只能在短期使用，有贬低产品的意味
公共关系	影响面大，对消费者印象深刻	促销效果间接，产生促销效果所需时间长；活动开展艺术性强

5. 促销组合策略

所谓促销组合，就是企业根据产品的特点和营销目标，综合各种影响因素，对各种促销方式进行选择、编配和运用。促销组合是促销策略的前提，在促销组合的基础上，才能制订相应的促销策略。因此，促销策略也称为促销组合策略。

促销组合策略的制订，其影响因素主要有以下几个方面。

1）产品因素。消费者对于不同类型的产品有不同的要求，而且对不同类型产品的促销方式要求也各不相同。属于购买频繁的日常用品和生活耐用品的产品，消费者倾向于品牌偏好，因此对产品知名度的宣传就显得尤为重要，采用广告、营业推广、公共关系等手段进行宣传效果较好。而对于价值较高、购买风险比较大的产品，消费者购买时通常比较理性、慎重，广告宣传无法满足其需求，利用人员推销的方式更为有效。

2）促销目标。在企业营销的不同阶段，为适应市场活动的不断变化，要求有不同的促销目标。因此，促销组合和促销策略的制订，要符合企业的促销目标，根据不同的促销目标，采用不同的促销组合和促销策略。

3）产品生命周期。当产品处于导入期时，需要进行广泛的宣传，以提高知名度，因而广告促销的效果最佳，营业推广有利于鼓励消费者尽早试用。当产品处于成长期时，广告和公共关系仍需加强，营业推广则可相对减少。产品进入成熟期时，应增加营业推广，减少广告投入，因为，此时大多数用户对该产品已有一定程度的了解，在此阶段应大力进行人员推销，以便与竞争对手争夺用户。产品进入衰退期时，某些营业推广措施仍可适当保持，广告则可以完全停止。

4）促销预算。任何企业用于促销的费用总是有限的，这有限的费用自然会影响营销组合的选择。因此，企业在选择促销组合时，首先要根据企业的财力及其他情况进行促销预算；其次要对各种促销方式进行比较，以尽可能低的费用取得尽可能好的促销效果；最后还要考虑到促销费用的分摊。

2.3.4 汽车服务企业的竞争策略

任何企业都想在同行中做强做大，获得更高的市场占有率，争取更大的市场销量，但是，市场竞争是残酷的，企业要想做强做大，必须知己知彼，在对市场环境、竞争对手、企业本身做出正确分析后，制定完善的市场竞争策略。

1. 市场领导者策略

作为市场领导者，占有最大的市场份额，在制定价格、开发新产品、分销范围、促销力度等方面都具有领导地位。如我国的三大汽车集团（一汽、东风和上汽）等都是汽车行业的市场领导者。市场领导者要想长期保持其领导地位，需要做好以下工作。

（1）开发新市场　市场领导者需要为产品寻找新的用户，发现并推广产品的新用途或者促使现有用户提高对产品的使用量。

（2）稳住现有市场份额　要保持住现有的市场份额，市场领导者可以采用阵地防御、侧翼防御、以攻为守、反击防御、机动防御、退却防御等策略。

（3）扩大市场份额　研究表明，市场份额和盈利率具有较高的正相关关系，因此，企业应追求市场份额的扩大以保持自己的领先地位。

2. 市场挑战者策略

任何企业都有做行业老大的想法，特别是居于行业第二、第三位的企业，他们会伺机对市场领导者发起进攻，争取更大的市场份额。大多数市场挑战者的策略目标是扩大市场份额，可以选择三种进攻的对象，一是攻击市场领导者，这会有很大的风险，当然一旦胜利就会有很大的潜在收益；二是选择和自己规模相当但是经营不善的企业作为进攻对象；三是吃柿子拣软的捏，也就是攻击实力或各种经营手段相对较弱的小企业。进攻策略有正面进攻、侧翼进攻、包围进攻、迂回进攻和游击进攻等。进攻时，可选用价格折扣策略、廉价产品策略、优质高价策略、改进服务策略、降低生产成本策略、广告促销策略等。

3. 市场追随者策略

市场中居于第二、第三位的企业，如果不想对市场领导者发起进攻，而是接受领导者的领先地位，自己甘愿扮演追随者的角色，那么追随者可以采取全面模仿领先者的策略，也可以采用部分模仿的策略以及改进者的策略。

4. 市场补缺者策略

对中小企业来说，既不能充当挑战者，也不能充当追随者，它们可以充当市场补缺者。市场补缺者针对较小的目标市场提供产品和服务，经营好也可以获得可观的利润。市场补缺者可以采用最终用户专业化、垂直专业化、顾客规模专业化、特殊顾客专业化、地理市场专业化、产品专业化、服务专业化、销售渠道专业化等方式来建立自己的优势。

2.3.5　汽车服务企业的服务策略

现代市场营销越来越重视产品的服务，在产品实体部分性能相似的情况下，若随同实体提供的服务有明显的差别，在用户看来就是两种不同的产品，其销售情况也就不相同了。因此，企业应采取多种形式，为用户提供多方面的服务，以增强产品的竞争力。

1. 服务的作用和内容

（1）服务的作用

① 企业通过提供服务可以直接接触用户，了解其需求，并使用户得到最大的心理满足，增强对企业的信任感。

② 通过提供服务，可以保证产品达到和保持最佳的运行状态，延长产品使用寿命，使用户用得放心。

③ 汽车产品的技术服务已成为现代汽车市场营销竞争的主要手段，没有技术服务保证，产品很难打开销路，如德国大众、日本丰田汽车，所以能遍布世界市场，与这些企业在世界各地大小城市广设服务网点，为用户提供完善全面的技术服务是分不开的。

（2）服务的内容　产品服务的内容包括服务的项目和水平，服务的项目与扩增产品的内涵是一致的。服务内容按提供服务的时间先后分为以下三类。

① 售前服务。指在产品销售前，企业为用户的提供的各种技术咨询，进行新产品知识的介绍，协助用户做好产品选型，根据用户需要提供各种技术资料等服务。

② 售中服务。指在产品销售过程中，根据用户的要求提供的各种服务，包括送货上门、现场安装调试和技术指导、消费信贷、购买保险、代理上户、信用保证等服务。

③ 售后服务。指在产品销售后，根据购销合同为用户提供的各种技术培训、技术咨询、保障服务和维修技术服务，包括保养维护、索赔、检测、维修及零部件的提供等服务。

2. 服务策略

（1）广设服务网点策略　现代市场营销中销售服务已成为促销的重要手段和购买条件，为此，企业要在产品销售比较集中的地区广设服务网点，开展技术服务，既能满足用户对销售服务的要求，又能提高企业的信誉，扩大企业影响。

（2）流动技术服务策略　根据销售档案记录，定期和不定期派人到各用户处走访、检查、技术咨询、排除故障、维修产品，从而加强促销作用，扩大影响，又可反馈信息，及时改进工作，提高经济效益。

（3）企业不提供修理服务策略　销售较分散的地区，企业可以不设专门的维修网点，而将维修和技术服务工作委托当地维修企业去做，企业只为当地维修企业提供及时支持。

2.4 汽车服务企业的经营计划

经营计划就是企业在一定时期内确定和组织全部生产经营活动的综合规划。即在一定时期内，企业根据市场需求和企业内外环境和条件变化并结合长远和当前的发展需要，合理地利用企业的人力、物力和财力资源，组织筹谋企业全部的经营活动，以达到预期的目标和提高经济效益。

2.4.1 汽车服务企业经营计划概述

1. 经营计划的概念

经营计划是指在经营决策的基础上，根据经营目标对企业的生产经营活动和所需要的各项资源，从时间和空间上进行具体统筹安排所形成的计划体系。事实上，经营计划是企业围绕市场的变化，为实现企业的经营目标而进行的具体规划、安排和组织实施的一系列管理活动。企业经营计划是企业经营活动的先导，并始终贯穿于企业经营活动的全过程。

经营计划的体系可分为三个层次：战略计划、业务计划和基层作业计划。三者之间的关系是：战略计划提供由上而下的指导；基层作业计划提供由下而上的保证；业务计划发挥承上启下、上传下达的作用。

2. 经营计划的作用

汽车服务企业的经营计划是汽车服务企业经营的纲领性文件，在制订过程中能帮助企业深入地思考自己的业务发展，弄清企业的目标，分析市场、产品和服务，进而评估汽车市场、经营与财务行为，并为企业的发展做出可行性计划；作为一个目标管理工具，经营计划用于对实际经营状况和计划经营情况进行比较，并帮助管理者理解和明确实际经营状况和计划经营情况之间的偏差，并协助他们找出原因，以在需要的时候采取补救措施。

汽车服务企业的经营计划除了作为企业内部目标管理的工具外，它也是与供应商进行业务沟通、协调运作的基础性文件，供应商据此安排其相应的生产与物流计划，协调整体性的市场运作。

3. 经营计划的特点

（1）经营计划具有决策性　经营计划是以企业作为相对独立的商品生产者和经营者为前提，根据企业外部环境和内部实力制订和编制的，它直接关系到企业的生存与发展。

（2）经营计划具有外向性　经营计划与社会、市场和用户有着密切的联系，其基本目的就是实现企业与外部环境的动态平衡，并获得良好的经济效益和社会效益。

（3）经营计划具有综合性　经营计划的基本内容既包括市场调查、预测、生产、销售，也包括技术、财务和后勤，是指导企业全部生产经营活动的纲领。

（4）经营计划具有激励性　经营计划把国家利益、企业利益和员工个人利益有机结合起来，形成一股强大的动力，能激励企业全体员工为之而奋斗。

4. 制订经营计划的原则

汽车服务企业在制订经营计划时应遵循以下原则。

（1）系统性原则　企业在制订计划时要坚持系统性原则，不但要考虑到企业本身，还要从整个系统的角度出发，要认识到企业是整个大系统中的一个小系统，如果不考虑大系统的利益，只顾个体利益，肯定会受到整个系统的惩罚。

（2）平衡性原则　企业本身以及内外环境之间都存在着许多矛盾，平衡就是要对影响企业生产经营的各个方面，企业内部各部门的产、供、销等各环节进行协调，使之保持一定的、合理的比例关系。

（3）灵活性原则　计划用来规定未来的目标和行动，而未来却充满众多的不确定性，因此计划的制订就要保持一定的灵活性，不能规定得过死或过分强调计划的稳定。在计划执行过程中，更要注意万一发生某些不确定的因素，需要对原计划做出必要的调整或修改。

（4）效益性原则　企业的经营计划必须以提高经济效益和社会效益为中心。

（5）全员性原则　所谓全员参与并不是说所有的员工都参加到制订计划的工作中

去，而是指计划的制订应该让全体员工们都知道并予以支持，这是计划能够得以实现的保证。

2.4.2　汽车服务企业经营计划的分类和主要任务

企业经营计划按时间长短可分为长期经营计划、中期经营计划和短期经营计划三种；按管理层次可分为全企业经营计划、职能部门经营计划和车间经营计划；按计划内容又可分为供应、销售、生产、劳动、财务、产品开发、技术改造和设备投资等计划。

长期经营计划是企业五年以上的长远规划。它的任务是选择、改变或调整企业的经营服务领域和业务单位，确定企业的发展方向和目标，确定实现目标的最佳途径和方法。长期经营计划具有明确的方向性和指导性，具有统率全局的作用，它是一种战略性规划。

中期经营计划是企业一年以上、五年以内的计划。它的任务是建立企业的经营结构，为实现长远经营计划所确定的战略目标而设计合理的设备、人员、资金等的结构，以形成企业的经营能力和综合素质。中期经营计划起着承上启下的重要纽带作用。

短期经营计划是企业的年度计划。它的任务是适应企业内外的实际情况，组织和安排好企业的经营活动，以分年度逐步实现企业的经营目标。

1. 长期经营计划的主要内容

长期经营计划的内容因企业的特点而有所不同，一般包括：

① 科研和新产品开发计划，规定企业产品品种发展方向、新产品开发、老产品整顿任务和有关探索性的科研项目等；

② 企业改造和固定资产投资计划，规定企业在一定计划期限内的设备更新、技术改造、产品品种结构调整和环境保护等项目及其完成的进度、费用预算和预期达到的目标等；

③ 生产能力利用计划，规定设备、厂房、仓库、运输工具等设施的报废、更新、处理、添置等的数量、时间和费用预算等；

④ 人才开发和员工培训计划，规定智力投资、人才开发、职工教育和技术培训的人数、时间和费用预算等；

⑤ 企业主要技术经济指标的发展计划，规定利润目标、产品质量指标、产品成本指标、劳动生产率增长指标、流动资金周转速度指标、能源消耗和材料利用指标等；

⑥ 员工生活福利设施计划，规定员工俱乐部、食堂等公共设施的发展计划。

2. 短期经营计划的主要内容

20 世纪 70 年代末我国开始改革经济管理体制，扩大了企业自主权，企业成为社会主义商品生产的相对独立的经济实体，在国家计划指导下，主动从事生产经营的全部活动，企业开始编制年度经营计划，取代以往的生产、技术、财务计划。

年度经营计划一般包括以下九个方面的内容。

① 销售计划。销售计划主要根据市场预测和订货合同编制，是编制生产计划的重要依据，它规定企业在计划年度内销售产品的品种、数量以及销售收入、销售利润、交货

期、产品质量和销售渠道等，是保证利润计划实现的关键性计划。

② 生产计划。生产计划以销售计划为主要编制依据。它规定企业在计划年度内所生产的产品品种、质量、数量和生产进度以及生产能力的利用程度，是编制劳动工资计划、物资供应计划和技术组织措施计划的依据，对企业实现销售计划起保证作用。

③ 劳动工资计划。劳动工资计划是根据生产计划和技术组织措施计划编制的。它规定企业在计划年度内为完成生产计划所需的各类人员的数量、定员、定额，劳动生产率提高水平，工资总额和平均工资水平，奖励制度和奖金，员工培训指标等，对企业提高劳动生产率，提高员工的文化和技术业务水平起重要作用。

④ 新产品试制计划。它是新产品开发计划的具体落实，对推动企业不断创新和开展市场竞争起重要作用。它规定企业的新产品设计和研制、新工艺攻关和投产前的技术准备等指标。

⑤ 物资供应计划。根据生产计划、新产品试制计划和技术组织措施计划等编制物资供应计划，起合理利用和节约物资、减少资金占用的作用。它规定企业在计划年度内生产、科研、维修等所需的原材料、燃料、动力、外协件、外购件、外购工具等的需要量、储备量和供应量、供应渠道、供应期限等。

⑥ 产品成本计划。产品成本计划以生产计划、劳动工资计划和物资供应计划为主要编制依据，对企业节约人力、物力、财力和增加盈利起保证作用。它规定在计划年度内生产和销售产品所需的全部费用，具体包括主要产品单位成本计划、全部商品产品成本计划和产品成本降低计划等。

⑦ 财务计划。企业根据生产销售、供应、劳动工资、成本等计划编制财务计划，对保证企业的经营和合理使用资金起重要作用。它包括固定资产计划、流动资金计划、利润计划、专用基金计划和财务收支计划，是企业生产经营状况的综合反映。

⑧ 技术组织措施计划。技术组织措施计划规定企业在计划年度内改进技术和组织的各项措施的项目、进度、预期的经济效果及实现措施所需的人力、材料、费用和负责人及执行部门单位。它是实现生产计划和新产品试制计划等的技术组织保证，对企业挖掘内部潜力、改造薄弱环节和增产节约起重要作用。

⑨ 其他计划。包括设备维修计划、工具生产计划、动力计划、动能生产计划和运输计划等。

2.4.3　汽车服务企业经营计划的内容

汽车服务企业的经营计划作为未来一个经营周期中进行管理和绩效考核的纲领性文件，主要包括销售计划、服务计划、市场推广计划、投资计划、财务计划、人员配置计划和员工培训计划等几个方面。

1. 销售计划

销售计划主要是根据近几年本地汽车市场上各品牌车辆的销售情况和市场发展预

期，在考虑竞争对手商务政策与市场举措的条件下，合理确定未来一段时期内（通常是一年）企业整车和延伸产品的销售状况，并做出按月和按车型的详细销售计划。这是与汽车生产企业进行协调和谈判的基础和最重要的内容。

2. 服务计划

服务计划中包含根据预测的未来年度市场情况和自身的销售计划，计算来年内辖区汽车服务企业代理品牌车辆的保有数量，根据该品牌车辆以往在维修保养方面的经验数据，计算出来年的服务总工时和备件消费的总数量。

3. 市场推广计划

汽车服务企业为了扩大市场影响，挖掘潜在用户，提高已有用户对企业的认知度，提高销售额/量与服务市场份额，需要开展系统、多样的市场推广活动。汽车销售服务企业可以选择的市场推广活动有平面广告（报纸、杂志）、网络广告、电视广告、广播广告、户外路牌广告、宣传品制作、车展活动、客户活动、新产品推介活动、服务活动、直邮推广、试乘试驾等。汽车服务企业应根据所代理品牌汽车的定位以及产品的特点，选择合适的广告媒体，结合消费者的习惯和往年的市场情况，开展有针对的宣传活动。一般来说，广告由于其传播面广、传播效率高等原因应用得最为广泛，企业可根据不同媒体形式的特点、不同媒体在发行量和收视率方面的差异以及媒体形象等多方面的因素决定预算的投向，并根据销售服务市场的波动确定测算随时间的分布情况。

4. 人员配置计划

按照销售规模、维修服务计划、备件的消耗量以及业务开展的情况，确定每个岗位的人员数量。销售人员规模的确定可简单按照每个销售人员每年销售的车辆数量来确定人员的数量，可先估算全年所需的销售接待或访问的工作量，再除以每个销售人员每年所能完成的平均工作量来确定。但是在实际工作中，不同品牌、不同目标市场的销售人员的年均工作量和所能完成的销量是有所不同的，例如，高档轿车和经济型紧凑轿车的消费市场肯定是不一样的，完成同样的销量所配备的人员也就不一样。

备件人员一般按照年经营额的多少来确定人员数量，备件人员单人年度销售额的确定和汽车产品的定位有很大的关系，应大致均衡不同品牌车辆备件人员的工作强度。

服务顾问可按每人每天接待的用户人数来确定。

维修人员的人数按照不同工种的年度服务计划，以及每位维修人员年度能完成的总工时，在保证用户能及时得到服务的前提下，确定最佳数量。

财务人员的工作量相对来说与汽车的销量有直接的关系，只需要按照年度销售计划来确定财务人员的数量即可。

其他岗位的人员可根据业务的开展范围来确定，比如车间主任、财务总监、技术总监等。

5. 培训计划

按照不同的内容，针对不同的岗位开展有针对性的培训活动，以满足汽车服务企业的业务运转需要，提升汽车服务企业的整体服务水平。如：针对管理培训，服务总监要进行服务理念、管理模式、企业诊断的服务总监管理培训；服务经理要进行服务理念、经营分析、时间控制模式、核心流程的服务经理管理培训；服务顾问要进行服务理念、售后服务核心流程、接待艺术的服务顾问管理培训；内审员要进行质量管理基础知识、ISO9001标准、审核方法等内审员培训。

培训一般分基础培训、高级培训和专家级培训。对于初上岗人员，必须接受相应的基础培训。所有人员只有参加低一级的培训并取得合格成绩后，方能参加下一阶段的学习。培训内容包括汽车生产厂家规定的培训内容和汽车服务企业自己组织的为提高员工水平和素质的培训活动。

6. 财务计划

汽车服务企业的收入包括新车销售收入、二手车业务收入、维修收入、备件收入、延伸业务收入及其他收入等；开支包括人工费用、营销费用、办公费用及其他维持业务正常运转的开支费用。据此估算出汽车服务企业来年的销售收入及资金支出情况，分析利润率、投资收益率，确定细节计划的可行性，并根据现金流量图做好资金的合理利用，取得资金的最大收益。

2.4.4 汽车服务经营计划的实施

企业有了计划，管理者也进行了组织，执行层就会按照管理者的组织来实施企业的行动计划。但是实施过程中很可能会出现偏差，那么实施得好与不好，怎样评价呢？实施的好坏其实就是看是否与计划一致，与计划一致我们就认为合格，反之则不合格。这就需要用到管理职能的最后一个环节——控制。

控制就是按既定目标和标准对决策和计划的执行进行监督、检查、指导，发现偏差，采取纠正对策，使管理活动按原定计划进行，或按环境与条件的变化适当调整计划，以达到预期目的的管理活动。控制的目的是把企业决策和计划的目标、任务变为现实。

1. 经营计划控制的基本任务

(1)发现偏差　在经营计划执行过程中通过各种手段和方法,分析计划的执行情况,以便发现计划执行中的问题。

(2)分析偏差　分析偏差实际上是对经营计划执行过程中出现的问题和偏差进行研究，找出导致问题和偏差的原因，以便能够采取有针对性的措施。

(3)纠正偏差　根据偏差产生的原因分别采取针对性的纠正对策，使企业生产经营活动能按既定的经营计划进行，或者通过修改经营计划，使它能继续指导企业生产经营活动。

2. 经营计划控制的步骤

经营计划控制的过程可以划分为三个步骤：检查实际绩效；将实际绩效与标准（计

划）进行比较；采取管理行动来纠正偏差或不适当的标准（计划）。

（1）检查实际绩效　有四种信息常常被管理者用来衡量实际工作的绩效，它们分别是：个人的观察、统计报表、口头汇报和书面报告。这些信息分别有其优缺点，但是将它们结合起来之后，可以大大扩大信息的来源并提高信息的可信程度。

个人观察提供了关于实际工作的最直接和最深入的第一手资料。这种观察可以包含非常广泛的内容，因为任何实际工作的过程总是可以观察到的。通过观察得到的信息不同于阅读报告得到的信息。尤其是走动管理，可以获得面部表情、语调以及懈怠这些常被其他来源忽略的信息。

由于计算机的广泛应用，管理者越来越多地依靠统计报表来衡量实际工作情况。这种报表不仅有文字，还包括多种图形、图表等，并且按管理者的要求列出各种数据。尽管统计数据可以清楚有效地显示各种数据之间的关系，但它对实际工作提供的信息是有限的。统计报表只能提供几个关键的数据，它忽略了其他许多重要因素。

信息也可以通过口头汇报的形式获得，如各种会议、一对一的谈话或电话交谈等。这种方式的优缺点与个人观察的方式相似。尽管这种信息是经过过滤的，但它是一种快捷的、有反馈的，同时可以通过语言语调和词汇本身来传达的信息。

实际工作情况也可以通过书面报告来衡量。与统计报告相比，它获得的速度显得要慢一些；与口头汇报相比，它显得要正式一些。但是这种形式常常比口头汇报的形式更精确和全面。此外，书面报告更易于分类存档和查找。

由于这四种形式各有其优缺点，因此管理者在控制活动中必须综合地利用这四种信息。

（2）比较偏差　通过比较可以确定实际工作绩效与标准之间的偏差。在多数业务活动中，偏差是在所难免的。因此，确定可以接受的偏差范围是非常重要的，如图 2-2 所示。如果偏差显著地超出了这个范围，就应该引起管理者的注意，并采取相应的行动。如果偏差没有超出可接受的范围，就不要去管它，因为还有很多重要的事情需要管理者去做，如果管理者忙于去纠正这些小的偏差，一是耗费精力，二是会让基层员工不知所措，不利于发挥他们的主观能动性。这也就是为什么说管理要有相对的稳定性的原因。

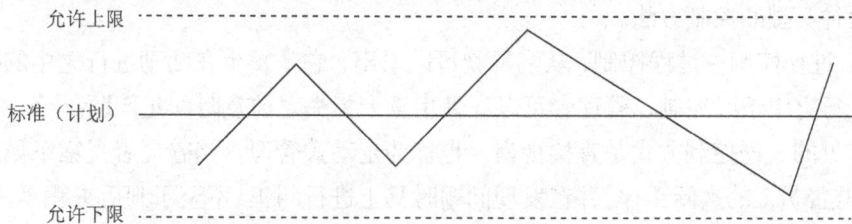

图 2-2　偏差允许范围

（3）采取纠正措施　控制的第三个或最后一个步骤就是采取纠正措施，管理者应该在下列两种行动方案中进行选择：改进实际绩效和修订标准。

① 改进实际绩效。如果偏差是由于绩效不足所产生的，管理者就应该采取行动，提高绩效。这种纠正措施的具体方式可以是：管理方式、组织结构、补救措施或培训方

面的调整，也可以是重新分配员工的工作，或做出人事上的调整。

管理者在采取纠正措施之前，首先要决定的是应该采取直接纠正行动，还是彻底纠正行动。所谓直接纠正行动就是立即将出现问题的工作矫正到正确的轨道上；而彻底纠正行动则首先要弄清工作中的偏差是如何产生的，为什么会产生，然后再从产生偏差的地方开始进行纠正行动。许多企业的管理者常常以没有时间为借口而不采取彻底纠正行动，只是忙于不断的救火式的直接纠正行动。然而事实证明，作为一个高效的管理者，对偏差进行认真的分析，并花一些时间永久性地纠正实际绩效与标准之间的偏差是非常有益的。

② 修订标准。工作中的偏差也有可能来自不切实际的标准，也就是说经营计划中的指标订得太高或太低、规章制度订得不合理等。在这种情况下，应该调整计划而不是工作绩效。当把标准降低时，可能会引起许多麻烦。如果某个员工或某个部门的实际工作与目标之间的差距非常大时，对偏差的抱怨自然就会转到标准上。比如，学生考试成绩不好往往抱怨评分标准过严或是试题太难导致他们得分低，而不愿承认自己努力不够。作为管理者应该记住，不论是普通员工还是经理，当他们没有达到标准要求时，首先想到的就是抱怨标准本身。如果管理者认为标准是正确的，就应该坚持，并向员工解释，保证将来的工作是会得到改进的，然后采取一些必要的行动使期望变为现实。

3. 控制的类型

管理中的控制手段可以在行动之前、进行之中或结束之后进行，第一种称为事前控制；第二种称为过程控制；第三种称为事后控制。

（1）事前控制　事前控制是大家最希望采取的控制类型，因为它能避免预期出现的问题。之所以称为事前控制是因为它发生在实际工作开始之前，它是未来导向的。例如，某汽车维修企业在政府机关公务车定点维修招标工作结束之前，就开始招聘人员、扩大厂房面积、购置新的先进检测设备仪器等，后来政府一宣布中标结果，该厂马上就抢到了大批客户。

事前控制是期望用来防止问题的发生而不是等出现问题时再补救。这种控制需要及时和准确的信息，但不幸的是这些信息常常很难及时得到，因此管理者总是不得不借助于另外两种类型的控制方法。

（2）过程控制　过程控制，从名称就可以看出，它是发生在活动进行之中的控制。在活动进行之中予以控制，管理者可以在发生重大损失之前及时纠正问题。

最常见的过程控制方式是直接视察，也称为走动式管理。当管理者视察下属的行动时，可以监督员工的实际工作，并在发现问题时马上进行纠正，不至于到后来积累成大错。

（3）事后控制　事后控制也称反馈控制，是最常用的控制类型，也就是控制作用发生在行动之后。事后控制的主要缺点在于：管理者获得相关信息时损失已经造成了，这与"亡羊补牢"的性质有些类似。但是在许多情况下，事后控制是唯一可用的控制手段。

与事前控制和过程控制相比，事后控制有两个方面的优点。首先，事后控制为管理者提供了关于计划的效果究竟如何的真实信息。如果事后结果显示标准与现实之间只有很小的偏差，说明计划的目标达到了；如果偏差很大，管理者就应该利用这一信息使新的计划制定得更加有效。其次，事后控制可以增强员工的积极性。因为人们希望获得评价自己绩效的信息，而事后控制正好提供了这样的信息。

4. 经营计划的实施控制方法

（1）滚动计划法　滚动计划法是将计划分为若干时期，近期计划具体详细，是具体实施部分；远期计划则较为简略笼统，是准备实施部分。计划执行一段时间后，根据环境的变化和具体情况的变化，对以后各期的计划内容进行适当的修改或调整，并向前延续一个新的执行期。它是一种连续、灵活、有弹性地根据一定时期计划的执行情况，通过定期调整，依次将计划时期顺延，再确定计划内容的方法。

采用滚动计划法可以使计划在环境变化时具有一定的灵活性，通过适当的调整使不利因素减至最少，使各个不同周期的计划前后衔接，使企业与市场衔接。

（2）PDCA 循环法　PDCA 循环法就是按照"P（Plan）计划""D（Do）执行""C（Check）检查""A（Action）处理"四个阶段的顺序，周而复始地循环进行计划管理的一种方法。

（3）综合平衡法　所谓综合平衡就是通过协调与计划要达到目标有关的因素，使其在计划期内保持合理的比例，以取得最理想的经济效益的活动。综合平衡法是计划工作的基本方法。做好综合平衡是计划工作的中心内容，也是提高计划水平的关键所在。

2.5　汽车服务企业的运营管理

汽车服务企业的运营效率是直接影响着企业的生产成本和服务质量等一系列决定企业持久竞争优势的关键因素。随着汽车服务市场的迅速发展和经营模式的演变，市场竞争日益激烈，同时汽车服务企业的规模和业务范围不断扩大，使得汽车服务企业的运营管理的复杂性和难度大大提高，为此，现代汽车服务企业的管理者应从系统的观点出发，整合企业的资源，对服务系统不断创新，以适应市场需求的变化。

2.5.1　汽车服务企业服务供给与服务需求

汽车服务企业在实际经营过程中往往面临服务能力供给和维修业务需求难以达到平衡的状况。在维修业务需求高峰期，由于服务设施的接待量有限造成用户流失；而在维修业务需求非高峰期，服务能力却有时大量闲置，造成不必要的损失。上述现象是由于服务产品具有不可储存和易逝性等特点，无法像制造企业那样预先对服务产品做出安排以平抑供给和需求的波动。因此，服务企业必须制定相应的管理措施以实现需求与供给的平衡，提高服务企业的运营效率和收益能力。

在汽车服务企业的实际运营过程中，服务能力与服务需求之间的完全平衡是很难实现的。常见的服务能力与服务需求不平衡的现象可以分为两类，一类是服务能力相对固定，而服务需求是波动的。例如，汽车服务企业的场地、设施、人力资源相对固定，服务能力也基本稳定，而维修业务需求却受环境、用户的工作和生活习惯的不同而变化。另一类是服务能力和服务需求都发生波动的情形，会出现服务供给与服务需求平衡、服务供给大于服务需求和服务供给小于服务需求等三种情况，服务需求与服务供给只会在两条曲线相交或重合时才能达到均衡。例如，汽车服务企业为了满足即将到来的夏季对车辆空调系统保养的旺盛需求，并通过促销活动期望提高在该季节性市场中的份额，但当年气候反常，入夏较晚，气温上升缓慢，这就会造成预先准备的服务能力在一段时间内相对过剩及广告投入的浪费。

2.5.2 汽车服务企业服务能力与服务需求平衡的管理

通过上述分析可以看出，造成汽车服务企业服务能力与服务需求不平衡的原因主要有两个方面。第一个方面来自服务企业自身，从经济利益的角度考虑，服务企业通常并不会按市场最大需求来配置企业的服务能力，而是按照正常需求量来安排服务能力。因为，若按最大需求量安排服务能力，将会带来服务能力的阶段性闲置，增加运营成本。第二个方面的原因来自用户需求的变化，用户需求具有非确定性，社会、经济和环境等因素的变化都可能对用户需求带来影响。可见，实现相对固定的服务能力与波动的服务需求之间的平衡是管理的重点和难点，它涉及服务供给和服务需求两个方面的管理，对服务供给方主要是调整服务能力以适应服务需求，而对服务需求方则是采取各种措施减少服务需求的不确定性。

1. 汽车服务企业服务需求管理策略

波动的服务需求对企业的应变能力提出了较高的要求。企业要运用服务系统来调节需求，降低服务需求周期性的变化。虽然用户需求的时间是随机的，但长期来看用户平均到店率是稳定的。因此。为了做好服务供给与服务需求的平衡工作，可采用以下方法调节需求。

（1）储存需求策略　服务的一个重要特征是不可储存性，汽车服务企业面临的供需矛盾不能用库存解决，但需求可以"储存"。所谓"储存"就是把服务高峰时不能满足的需求滞后或分散，利用用户能接受的"时间差"或"空间差"，解决在一定生产能力下的服务需求过高的矛盾。

① 排队策略。排队策略就是当需求大于企业的服务能力时，企业按先来后到的原则提供服务，同时为那些等待服务的用户提供良好的补偿环境，如舒适优雅的氛围以及消遣的书籍杂志、娱乐项目、食物及饮料和为服务提供适当的价格折扣等，以减轻排队给用户带来的负面影响。

实行排队策略的前提是，根据汽车服务企业所提供的不同服务的性质，确定用户能接受的最长等待时间。企业让用户等待的时间，不能超过这个时间极限，否则用户就会另寻其他服务企业，从而导致利润流失，并动摇企业在用户心目中的形象。

② 采用预约机制。预约就等于预先提供了潜在服务。通过预约系统，汽车服务企业可以实现将需求分类，缓解供需矛盾，避免客户抱怨而导致经济损失。汽车服务企业可根据用户预约和主动以电话回访等形式收集预约信息，在服务能力超过需求时，预约能够挖掘潜在需求；当预约服务需求超过服务能力时，汽车服务企业可以将过剩的需求转移到其他时间，或将用户转移到企业的另一家连锁服务企业，有效维持需求的规模。同时维修企业甚至可以从预约系统中预测用户的需求周期，为合理地安排生产提供依据。预约服务还可以通过减少等候时间和保证及时提供服务使用户受益，从而创造竞争优势。

为了避免用户爽约而产生服务能力过剩问题，汽车服务企业可在仔细分析以往预约记录的基础上尝试超额预约的策略。即通过接受一定量的超过服务能力的预约，以防范出现大量用户爽约的风险。当然，接受太多的预约也需要承担一定的风险，一个好的超额预约策略应该既能最大限度地降低由服务设施空闲产生的机会成本，又能最大限度地降低由于未能提供预约服务而带来的负面影响。因此，采用超额预约策略需要对一线员工特别是前台服务人员和服务顾问等进行培训，以应付那些未能获得服务的预约用户。

(2) 价格变化策略　价格机制是最常用的平衡供求矛盾的方式，但运用在汽车服务业情况不一样了。在使用价格机制平衡供求矛盾时，要具体分析服务本身的特性，了解其需求规律，正确使用定价策略，在制订具体价格时，首先要找到均衡点。如，洗车行对待是否办理洗车卡的用户价格是不一样的。

(3) 服务产品变化策略　服务产品变化策略主要是针对用户的不同特点，在产品组合的广度和深度上做出改进，创造或引导用户需求变化，并给予满足。通过提供更加丰富的服务产品组合，能够使服务产品线之间在需求的波动上相互抵消，从而在整体上达到平抑需求波动的目的。例如，越来越多的汽车销售服务企业提供更多清洗、美容等日常维护的选择，在服务区周围开设小网吧、读书吧、汽车相关纪念品销售等服务，这些举措既可以为汽车服务企业带来利润，又可以缓解用户焦急等待的心情。

(4) 信息沟通　信息沟通往往伴随以上策略同时进行。实施定价策略、产品变化策略时，必须把这些信息及时准确地传达给用户，这关系到各种策略能否达到预定目标。除此之外，信息沟通自身也可帮助用户了解高峰需求。汽车服务企业利用广告和其他促销手段告知用户服务高峰期，并鼓励消费者尽量避开高峰时间，选择其他时间会获得更快、更舒适的高质量服务。例如，"黄金周"来临之前，汽车服务企业可提前一定时间开展与驾车出游相关的维修、保养服务，并通过短信、平面广告、户外招贴等形式广泛传递相应的信息，使得相对集中的需求分散到一个相对较长的时段内。这些信息的沟通有很重要的作用，有利于企业培养与用户之间的良好关系。

2. 汽车服务企业供给管理策略

对于汽车服务企业来说，要使其需求均匀是非常困难的，没有什么办法能够从根本上改变需求的波动性，因此，在采取措施平抑需求波动的同时，还应考虑通过调节服务供给与需求相平衡。

（1）采取每日工作班次计划　通过仔细制订工作班次计划，可以使服务供给水平接近需求。工作班次计划对于面临周期性需求的汽车服务企业来说是一个重要的人员安排问题。该方法首先要对每单位时间内的需求进行预测，然后根据需求制订工作时间或班次计划，以便尽可能地适应人员安排要求。最后，将服务人员分配到不同的工作时间、工作班次中去。

（2）创造可调整的能力　通过将服务系统设计得更加柔性化，使服务能力具有一定的弹性。例如，汽车服务企业可将一些非核心的延伸服务内容适当外包，在服务能力超过需求时，这些服务项目可由汽车服务企业自行完成以获取更多收益；一旦需求超过服务能力，汽车服务企业则可将这类服务项目交由战略合作伙伴完成，以保持市场份额。另外，通过有效利用空闲时间也可以扩大高峰期的服务能力，在空闲时可以完成一些辅助性的工作，在高峰期使员工将精力和时间专注于必要的工作以提高工作效率，满足需求。这种策略要求对员工进行一些交叉培训，以便他们能够在非高峰期完成一些不接触用户的工作。

（3）共享能力　服务传递系统在进行服务设施设计和规划时，应适当考虑有关设备的通用性，这样，当几个同时进行的服务项目出现供需不平衡时，就可利用相对空闲的服务项目的设施为那些供不应求的服务项目提供部分服务，从而实现调整汽车服务企业整体服务能力的目的。

（4）交叉培训员工　汽车服务企业的服务项目一般由几种作业构成。当一种作业繁忙时，另一种作业可能空闲。通过交叉培训，使员工能够从事几种作业的工作，创造灵活的工作能力来满足高峰需求。以汽车维修为例，当机械修理项目的服务能力供不应求时，如果事前对电子电气修理人员进行机械维护的培训，就可以在这时让他们承担一些相对简单的机修作业，从而扩大汽车服务企业整体提供机械修理的服务能力。另外，在交叉培训过程中，不同部门或不同专业的员工有更多的机会进行交流，有助于培养团队精神，而且可将员工从单调乏味的工作中解脱出来，即在空闲的时候可将任务重新分配给少数几个员工，而在繁忙的时候使工作更加专业化。

（5）雇用临时工　当业务高峰是持续的而且可以预测的时候，对于汽车服务企业中一些专业性和技术性要求不高的作业岗位，如清洁车辆、发送整理备件、文件传递等岗位，可以雇用临时工，经过短期培训后补充正式员工的不足。

2.5.3　汽车服务企业的用户满意管理

1. 汽车服务企业进行用户满意管理的意义

（1）用户满意度决定企业市场份额和竞争优势　在汽车服务市场中，企业的服务质量和服务水平在很大程度上决定了用户的满意程度。而用户的满意程度将直接影响他们重复购买服务时的选择，用户的满意程度能够影响企业的口碑，从而间接地影响着企业的市场份额大小，影响企业的收入。用户满意度已成为决定企业市场份额、赢得持续竞争优势的重要因素。

一般情况下，用户更愿意到能让自己更满意的企业接受服务，同时，服务满意也让他们愿意为所获得的服务付出较高的费用，而且对价格上涨的容忍度也会增加。这意味着企业将能获得较高的营业收入和投资回报，这又使企业有更多的资源可用于对用户满意度的提高上，从而形成良性循环，改善企业长期的收入状况和盈利能力。

(2) 用户满意能够降低企业的支出成本　企业在使用户感到满意的过程中也为用户提供了一个对企业及企业产品或服务了解的机会。因此，用户对企业产品或服务进行重复购买时，可以减少企业与用户就交易条件进行沟通所花费的时间，从而降低管理成本。同时，较高的用户满意度将能为企业带来较高的用户保持率和较低的用户流失率。满意的用户会更频繁、更大量地购买他们认为满意的产品或服务，较高的用户满意度可以大大降低企业开拓市场的成本。另外，用户满意水平高则可以降低失败的成本（企业处理用户不满意的成本）。不满意的用户会产生购买后心理不平衡的感觉，为了消除这种不平衡，用户就会采取相应的行动，如要求退货、公开投诉等，使企业的营销活动受到阻力。因此，企业必须花费时间、金钱、人力等资源来处理这些用户的不满行为。如果用户满意水平高则意味着在处理用户不满上花费更少的资源。

(3) 满意的用户会产生良好的口碑效应和学习效应　营销的基本任务是吸引和维持用户并促成交易。由于汽车服务市场日趋成熟、竞争日益激烈，用传统的广告和促销手段来吸引用户越来越难。相反，用户之间的口碑效应和相互的学习效应对用户选择产品与服务的影响越来越大。

(4) 用户满意能提升企业的认知价值和总体声誉　用户对汽车服务企业的认知是指用户对企业的经营方针、经营作风、经营战略和产品服务水准等的认识、了解和认同，用户满意程度高，用户忠诚度就高，会帮助企业树立良好的形象，引导公众对该企业的正面认知，从而提高企业的认知价值和总体声誉。总体声誉的提高，一方面能降低用户尝试的风险而使用户容易接受新产品的导入；另一方面有助于建立和保持与核心供应商、分销商、战略联盟的关系。

2. 汽车服务企业的用户满意管理

用户满意战略的核心思想是企业的全部经营活动都要从满足用户的需要出发，以提供满足用户需要的产品或服务作为企业的责任和义务，以满足用户的需要、使用户满意作为企业的经营目标。因此，汽车服务企业推行用户满意战略的关键是提高服务过程中用户感知利得与感知利失之差。为此，从管理的角度推行用户满意战略，其基本程序一般包含如下几个步骤。

(1) 汽车服务企业用户满意现状调查与诊断　汽车服务企业进行用户满意现状调查与诊断的目的是为了深入了解企业组织与管理现状。具体包括调查和研究组织的架构、组织的效率与活力、组织的管理流程，员工的观念、服务观念与意识、服务行为与服务心态，服务培训、服务传播与沟通等方面。只有了解了企业组织与管理现状，才能制订针对性策略，优化企业架构与企业管理流程以适应用户满意战略的需要。

企业用户满意现状调查与诊断的基本方法主要是企业各层级深度访谈、企业部门小组访谈以及有关企业内外针对性专题问卷调查及有关客户资料的分析。调查与诊断要从组织架构、服务观念与意识、服务行为与服务心态、服务培训、服务传播与沟通等多个方面进行。

（2）基于用户满意战略的企业组织架构优化　创造用户满意，需要一个以用户满意为目标，协调高效、应变能力强的服务组织体系，传统的组织结构往往不同程度地存在着上下级之间单向沟通、部门与部门之间互动协调不力、监控支持系统与市场监控系统不完善、内部反馈系统流于形式等弊端。因此，要改善用户满意，必须在组织结构上做出适当安排，通过扁平化、网络化和适当的组织弹性，提高对用户需求做出反应的效率，进而实现改善企业整体用户满意度。

（3）企业用户满意度动态测评模型及其运用　企业用户满意度测评为企业提供了对用户满意服务状况迅速、有效和客观的反馈。通过测评，企业决策人员可以清楚地了解目前工作做得如何，以及如何改善和提高，因此，汽车服务企业应根据所开展业务的具体特点和竞争的实际状况，建立一套适合本企业的测评模型，这将大大有助于建立健全满意服务标准，并指导企业开展满意服务工作。

（4）企业用户满意动态监控体系的建立与维护　汽车服务企业建立用户满意动态监控体系，其主要目的是通过专业的动态调查、监控手段，收集、监控企业的用户服务满意状况及竞争对手的满意服务状况，提供企业用户满意服务与竞争对手满意服务的动态分析报告，作为企业进行用户满意度管理的依据。在实施过程中，汽车服务企业可设立专门机构对企业的用户满意服务进行动态监控。如果企业没有相应的专业机构或人员，也可以委托专业的第三方进行，但企业必须有专人对该监控体系的运作方案和实施情况进行审核和监督。

（5）企业用户满意服务标准的确立与执行　高品质用户服务包括服务程序和服务提供者两个方面。其中服务程序涵盖了如何进行满意服务工作的所有程序，提供了满足用户需要、令用户满意的各种机制和途径。服务提供者则是指服务过程中人性的一面，涵盖提供满意服务的过程中与用户接触所表现的态度、行为和语言技巧。从管理的角度看，为了保证服务的可靠性、相应性等影响服务质量的因素，对服务岗位执行满意服务的规范是十分必要的。特别要注意的是，满意服务标准并非恒定不变的，而是动态的，随着用户对服务要求的提高，必须对满意服务标准做出阶段性更新和提升。

（6）提高用户满意度的途径

① 进行用户满意度调查，明确用户的需求和愿望。汽车服务企业实施用户满意经营，必须把握用户的期望、用户服务感知模式、用户的满意度以及竞争对手的有关制度情况。了解用户的期望和要求可进行用户满意度调查。用户满意度调查和衡量的方法有投诉和

建议制度、用户满意度调查、佯装消费、流失用户分析等。企业在进行用户满意度调查时，应尽量做到公正、客观、科学，这样才能使企业了解自己提供产品或服务的质量标准与用户期望的差距所在，认清目前在经营、管理、战略方面的薄弱环节以及主要优势，确定下一步的工作重点，并明确今后的工作目标。

② 为用户提供个性化的产品或服务。不同用户有不同的消费心理，用户的个性需求是提高用户感知价值进而提高让渡价值的重要手段。企业可在进行用户调查的基础上，建立用户信息数据库，开展客户关系管理。利用用户数据库探索满足用户需求的途径，并按用户满意的要求选择适当的方式改造企业的经营理念、产品、服务等。同时汽车服务企业可运用用户数据，分析用户的消费心理和个性需求，创造能满足用户个性需求的产品或服务及接近用户的渠道，利用明显的差异优势吸引潜在的新用户，而且要尽可能地防止老用户的流失。

③ 提供优质的产品和服务。感知服务质量是影响用户满意的一个重要因素，当清楚地了解用户预期后，能否提供符合用户要求的高质量产品和服务对创造用户满意具有决定性意义。因此，汽车服务企业应从服务系统设计开始，系统地进行服务质量规划与控制，不断改善服务质量，向用户提供优质的产品和服务。

④ 利用新技术进行流程再造，快速实现用户满意。企业要使用户满意，必须善于利用新的技术，针对用户需求，对企业传统的服务项目、服务流程不断创新，特别在当今信息技术极大地改变了消费者消费习惯和决策模式的条件下，一方面要认清环境的变化，适时地对服务系统进行改造，同时也要善于利用信息技术为开展用户满意管理所带来的便利，更加充分、系统地收集和分析各利益相关者的信息，构建客户关系管理系统，提高供应链管理水平，通过更好地识别和满足用户需求来创造用户满意。

⑤ 建立以用户满意为核心的企业文化。汽车服务企业运作过程中，不仅仅是管理者和一线员工的行为影响用户满意，企业中任何一个成员的行为都将影响整个服务系统的运行效率和用户对服务的感知，因此，在建立相应管理制度的同时必须构建以用户为中心的企业文化，并通过"内部营销"的手段，将企业管理层的经营理念、经营思想和各种制度措施传播至每一位员工。让企业文化和管理制度相辅相成，规范和引导全体成员的行为，使用户在享受企业服务的每一个环节都能切实感到汽车服务企业的真诚关怀，从而实现用户满意。

案例阅读

案例 1　吉利汽车企业战略转型

在 2011 年初举行的吉利汽车服务商务大会上，浙江吉利控股集团（以下简称吉利）宣布了以"品质服务赢未来"为主题的服务战略，围绕"关爱在细微处"的服务理念，推动吉利服务品牌由"被动保障"向"主动关爱"转变，通过打造123优质工程以及深化六大关爱体系，切实解决车主的后顾之忧。在高效的同时让吉利的售后服务更加透明化，不断满足和超越用户的需求。

吉利汽车销售公司副总经理兼服务公司总经理林杰向记者介绍，售后服务不是一个空泛的概念或者简单的技术维修，而是用户到店内所有体验的总和。愉悦的沟通、准确的诊断、快捷的维修是优质售后服务的关键。吉利售后服务不仅需要出色的员工，更需要由每一位出色员工所组成的高效团队来服务好吉利的用户。

对于普通消费者，购车只是开始，售后服务则伴随整个汽车的生命周期。对于企业，售后服务业已成为汽车厂商塑造品牌的重要基石。随着吉利汽车战略转型的进一步推进，多品牌战略已初步形成，而吉利汽车市场保有量的迅速增加给售后服务也带来了挑战。服务转型势在必行，提升售后服务水平是转型的关键一环。2010年，吉利正式提出了由"被动保障服务"转变为"主动关爱服务"，"以服务保品牌"转变为"服务打造品牌"的服务品牌转型，以售后服务赢得消费者对新品牌的认可。

"以精诚之心动人，以品质服务悦人"，在吉利看来，品质服务并不是一句空话，而是实实在在的行动。

在备件的供应体系上，吉利在全国招商建设了十个专业备件代理库，提高了备件供应的及时性，服务效率大幅提升。2011年，吉利还提出了透明化服务方向。吉利建设了全国服务站电子巡站系统，能实时监测服务站工作人员的工作状态，工程师通过视频远程指导服务站维修人员遇到的难题，实现了吉利售后服务的透明化，有效推进了吉利服务水平的提升。

随着吉利汽车从"价格导向"向"顾客价值导向"的战略转型，售后服务品质明显提高，得到越来越多的车主认可。2009、2010年，吉利连续荣获中国汽车服务金扳手奖、中国最佳服务管理奖等。据美国J.D.POWER2011年中国汽车售后服务满意度指数CSI排名显示，吉利三个汽车品牌均取得良好成绩。

吉利的战略转型是提升其品牌价值的重要战略手段。

其一，并购沃尔沃品牌。沃尔沃在全球豪华车品牌中居前四位，在其近百年的历史中，还没有被一个初出市场的小汽车公司掌控过，吉利做到了。吉利此举，不仅使其品牌知名度提升到了无与伦比的高度，更让其品牌影响力达到了前所未有的高度。有了这两个高度，吉利的品牌提升就变得轻松多了，容易多了。因为，有了沃尔沃的支撑，吉利的品牌无形之中也得到了提升。

其二，转变品牌策略。此时的吉利已有了明确的品牌管理意识，即，不能再沿用过去母子品牌背书的形式搞产品了，那样的方式做得很累，且不易达到目标。发展初期的吉利，以"多子多孙为福"，到了"影响力阶段"，吉利采用独立品牌模式，母品牌"吉利"更多的是公司品牌，新出台的品牌都以全新的子品牌出现。

吉利虽有沃尔沃，但并没有将其中国化。这使得沃尔沃依然发挥着它应有的魅力，并且用不需言说的力量，支持着吉利汽车母品牌的发展。毫无疑问，吉利不光是要做大，更是为了做强；不仅要做中国高端汽车品牌，还要做世界的吉利。

案例 2 东风悦达起亚有理"油"活动

（1）目的

① 如今汽车产品同质化程度越来越高，消费者已变得相当理智，所以对老客户进行维护的工作非常必要。

② 新客户是企业发展的台阶，而老客户是一个企业生存的根本。

③ 研究表明，开发一个新客户的成本是维系一个老客户成本的六倍以上。

④ 为了维系老客户，发展新客户，东风悦达起亚专营店开展"推荐有理'油'"活动。

⑤ 凡在活动期间，推荐新客户来店/电咨询的老客户，都将会获得一定面额的油票。

（2）专营店工作

① 制订活动方案，列明活动要点（邀请方式、推荐流程、接待流程、赠送油票流程）。

② 制订销售顾问电话邀约话术，向老客户讲解活动内容。

③ 制作销售顾问绩效统计表，列明销售顾问邀请数、留存数及成交数。

④ 回收统计销售顾问绩效统计表，计算所有销售顾问的邀请数、留存数及实际签单发车数（统计出留存率及转化率，交至销售经理处）。

（3）执行重点

① 活动开始前，专营店应该制定并公布赠送油票面额的标准。

② 销售顾问盘存老客户名单，前提是专营店必须在日常工作中建立客户档案。

③ 筛选老客户名单，具体的筛选条件由专营店决定。

④ 针对此次活动进行培训会议，在销售部门内统一思想并确定工作开展思路。

⑤ 销售顾问电话回访确认最终名单。

⑥ 活动期间每日总结来店/电量及成交数。

⑦ 根据来店/电客户情况，向老客户赠送油票，销售顾问负责制作油票发放统计表。

案例 3 汽车生产厂家的分销渠道

日本汽车分销渠道大多采取独立经销商模式，而且独立经销商与企业合作紧密，有些企业还会直接投资分销渠道建设，如图2-3所示。在日本汽车分销渠道中，没有所谓4S店的形式，而是采用遍布全国、安排有序的品牌汽车分销点，这些分销点除了销售汽车以外，也提供一定的基本汽车维修和配件服务。日本汽车分销网络与生产厂商建立了非常紧密的联系和合作。

日本汽车分销渠道管理的特点是：①制造厂商与批零商店"共存共荣"。日本企业在分销网络的发展过程中，十分重视搞好生产厂家与批发店、零售店的合作关系，形成了"既是拥有买主的经销店，又是拥有经销店的制造厂"，从而使产销双方成为"共存共荣"的"命运共同体"。②发展分销网络与市场开发相互促进。在日本，许多优秀企业都视消费、市场和生产为统一体，既制订出出色的市场开发战略，又实施积极的促销策略，二者密切配合。一般来说，制造厂家负责市场开发，分销网络负责商品销售。制造厂家为打开销路，通常采取减价政策，研制新产品，广泛传授维修技术等办法，以创造社会需求；而销售网络则在销售过程中通过店员用电话征求顾客意见，或到顾客家里访问等多种形式，进行极为广泛的市场调查，并将顾客的要求和信息及时地反馈给制造厂商，以推动产品的开发和改良。事实证明，分销网络强的企业，市场开发能力也强。③扩大销售能力与增强信息能力紧密结合。20世纪80年代以来，企业进入信息化时代，信息已成为重要的经营资源。

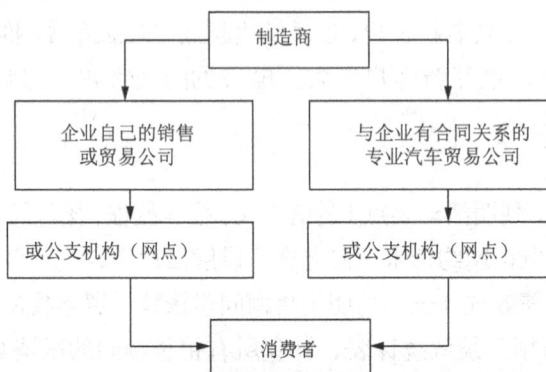

图 2-3　日本汽车分销的两种途径

　　丰田汽车公司的销售体系是按车型进行划分的，如图2-4所示。其销售公司下设"计划调查部"，配备了数学、统计、机械工程等方面的专家，准确及时地汇集精选各地的调查资料和信息，为高层决策提供依据。调查内容多达60多项，不仅对丰田本身的销售数量、品种有关的技术数据、部件等动态需求作周密调查，而且对其他汽车公司车辆类别、颜色、车型、销售情况也进行调查和收集相关的信息。此外，调查部还对社会情况诸如城市设施、道路状况、人口、户数、机关团体、工商企业、收支情况等进行广泛调查，调查的对象超过6万人，每年用于调查的费用高达7亿日元。

　　丰田分销渠道管理模式的优势是，汽车生产厂家与独立经销商之间有着超越合约的紧密合作，数十年不变。厂商和经销商之间的利润也保持在一个合理的范围内，有利于分销网络在全国的建设和布控，避免了恶性竞争，保证了市场对产品的忠诚度。而其劣势则是局限于日本本土汽车市场，因为存在较少的境外竞争对手，很难为企业提供有力的发展动力。

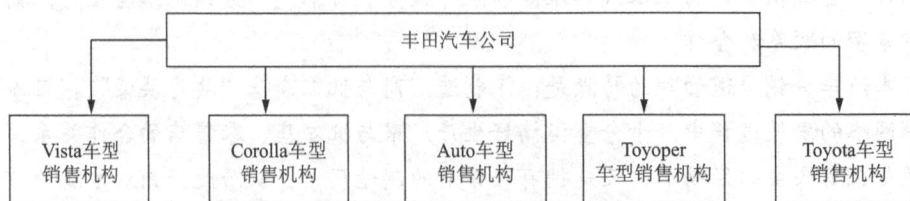

图 2-4　丰田汽车公司按车型设置的销售体系构成

思考题

1. 如何理解汽车市场营销的含义？

2. 汽车服务市场调研的内容有哪些？

3. 汽车服务企业可以在哪些方面提供差异化服务？试举例说明。

4. 汽车服务企业定价目标有哪些？

5. 常见的定价策略有哪些？各有何优缺点？

6. 汽车服务企业经营计划有何特点？

7. 制订经营计划的原则是什么？

8. 经营计划的内容有哪些？

9. 经营计划控制的步骤有哪些？

10. 对于汽车服务企业来说，应该如何应对服务需求的波动？

11. 汽车服务企业应如何提高用户满意度？

第3章　汽车服务企业质量管理

3.1　汽车服务质量的概念

3.1.1　汽车服务质量及其特点

1. 汽车服务质量的含义

服务质量是指服务能够满足规定的和潜在的需求的特征和特性的总和，是指服务工作能够满足被服务者需求的程度，是企业为了使目标用户满意而提供的最低服务水平，也是企业保持这一预定服务水平的连贯性程度。汽车服务质量就是汽车服务的一组固有特性满足用户需求的程度。对汽车服务企业而言，其产品就是"服务"，对产品质量评估是在服务传递过程中进行的。

预期服务质量即用户对服务企业所提供服务预期的满意度。感知服务质量则是用户对服务企业提供的服务实际感知的水平。用户对服务质量的满意度可以解释为用户对所接受的服务的感知水平与对服务的期望值相比较。当感知水平超出期望值时，服务被认为具有特别的质量，用户表示高兴，对质量评价较高；当感知水平没有达到期望值时，服务将不被接受；当感知水平与期望值一致时，质量是满意的。

开展服务活动，首先要确定服务对象（用户），了解用户的需要，再把用户的需要转化成与此相应的服务属性。人们将这些属性叫作"质量特性"。例如，汽车客运"安全，准时"被认为是用户最基本的要求，它可派生出下列对应的一些质量要求：行李或物品安全送达，购票迅速，准时发车，准时到达，行车安全可靠，到站后能迅速疏散乘客等；汽车服务企业中的维修服务应满足用户如下期望的需要：接待热情、故障判断准确、配件纯正、技术精湛、工艺规范、价格合理等。

与硬件、流程性材料等有形产品相比，服务的质量特性具有一定的特殊性，有些服务质量的特性用户可以观察到或感觉到，如服务等待时间的长短、服务设施的好坏等，有些是用户观察不到的，但又直接影响服务业绩的特性，如企业内部财务差错率等。有的服务质量特性可以定量地考察，而有些则只能定性地描述，前者如等待时间，后者如卫生状况、保密性、礼貌等。服务质量优劣可以依据服务质量特性来判断。

2. 汽车服务质量的特性

质量特性是指产品、过程或体系与用户要求有关的固有属性。质量概念的关键是"满足要求"。这些"要求"必须转化为有指标的特性，作为评价、检验和考核的依据。由于用户的需求是多种多样的，所以反映质量的特性也应该是多种多样的。用户的需求可分为精神需求和物质需求两部分，评价服务质量时，从被服务者的物质需求和精神需求来看，可以归纳为以下六个方面的质量特性。

（1）功能性　功能性是企业提供的服务所具备的作用和效能的特性，是服务质量特性中最基本的一个。汽车专卖店的功能是让用户买到所需要的汽车；交通运输业的功能是安全运送旅客和货物到达目的地；汽车维修服务企业的功能是使用户的汽车得到满意的维修；而 4S 店的汽车销售和售后服务的功能是使用户满意地买到汽车和使用汽车。能否使被服务者得到这些功能是对服务的最基本要求。因此，功能性是服务质量中最基本的特性。

（2）经济性　经济性是指被服务者为得到一定的服务所需付出费用的合理程度。这里所说的费用是指在接受服务的全过程中所需付出的费用，即服务周期费用。经济性是相对于所得到的服务质量而言的，即经济性是与功能性、安全性、及时性、舒适性等密切相关的。它是每一个用户在接受服务时都要考虑的质量特性。经济性是相对的，不同等级的服务所需要的费用是不同的。

（3）安全性　安全性是指企业保证在提供服务的过程中用户在享受服务时生命不受到危害，健康和精神不受到伤害，以及财物不受到损失的能力。安全性也包括物质和精神两方面，改善安全性重点在于物质方面。安全性改善和保证的重点在于唤起员工对安全的高度重视，加强对防火、防盗措施的改善，服务设施的维护保养，环境的清洁卫生等方面工作的精力和财力的投入。

（4）时间性　时间性是指服务工作在时间上能否满足用户需求的能力，包括及时、准时和省时三个方面。及时是当用户需要某种服务时，企业能够及时地予以提供；准时是要求某些服务的提供在时间上是准确的；省时是要求用户为了得到所需的服务所耗费的时间能够尽量短。及时、准时和省时三者是相关的、互补的。研究表明，在服务传递过程中，用户等候服务的时间是关系到用户的感觉、用户印象、服务组织形象以及用户满意度的重要因素。对于服务组织来说，在时间性方面要掌握并控制好等待时间、提供时间和过程时间。等待时间就是用户等候接受服务的时间；提供时间是服务人员向用户提供服务的平均时间；过程时间则是用户看不到的组织内部自身经营过程的时间，但其对用户感受到的服务却有着直接的影响。

（5）舒适性　舒适性是指在满足了功能性、经济性、安全性和时间性等方面特性的需求情况下，被服务者期望服务过程的舒适程度。它包括服务设施的完备、适用、方便和舒服，环境的整洁、美观和有秩序。显然，舒适性与用户所付出的代价，即服务的不同等级密切相关。也就是说，舒适的程度是相对的，但不同等级的服务应有各自的规范要求。

（6）文明性　文明性是指用户在接受服务的过程中精神需求得到满足的程度。被服务者期望得到一个自由、亲切、尊重、友好、自然与谅解的氛围，有一个和谐的人际关系，以满足自己的需要。服务是服务人员与用户直接接触而产生的无形产品，因而在诸如服务质量特性中，文明性充分体现了服务质量的特色。文明性包括提供服务的人员的思想品质、道德水准、技能、礼貌、教养等，而这些个人素质很大程度上来自于组织的熏陶和教育。因此，为了保证文明性，企业需长期不懈地致力于对员工的培训、开发和教育。

用户从以上六个方面将预期的服务和实际接受到的服务相比较，最终形成自己对企业服务质量的判断。期望值与感知水平之间的差距是服务质量的量度。

3.1.2　汽车服务质量的范围

1. 服务质量的考查

对于汽车服务企业，可以从内容、过程、结构、结果及影响五个方面考查服务质量。

① 内容。主要考查服务系统是否遵循了标准化程序。对日常服务而言，标准作业流程已经制订，要求服务者遵守这些既定程序。

② 过程。主要考查服务中的事件顺序是否恰当。基本的原理是要保持服务活动的逻辑顺序和对服务资源的协调利用。用户和服务人员间的交互，也包括服务人员之间的交互和沟通应得以监控。

③ 结构。考查服务系统的有形设施和组织设计是否充足。有形设施和辅助设备只是结构的一部分，人员资格和组织设计也是重要的质量因素。通过与设定的质量标准相比较，可以判定有形设施是否充足。人员雇佣、资格晋升等都要达到标准；反映组织控制质量效果的指标之一是采用主动的自我评估程序和成员之间对相互工作的了解。

④ 结果。考查服务会导致哪些状况的改变。服务质量的最终测量要反映最终结果。用户抱怨是反映质量结果的最有效的指标之一。对公共服务而言，通常采用的前提是除非抱怨水平开始上升，否则现状就是可以接受的。通过跟踪一些指标（如抱怨数量），就可以监视服务结果质量的变化。

⑤ 影响。考查服务对用户的长期影响。值得注意的是，这种影响必须包括对服务易获性的衡量，迫切需要那些能规划并能出色和创新地提供服务的管理者。

2. 汽车服务企业提供的有形产品

（1）车辆维修　对汽车服务企业来说，用户车辆维修质量的好坏，直接影响到企业的经济效益和后续发展。比如一辆故障车在维修后，若没有达到预期的效果或质量要求，维修企业为之付出的不仅仅是返修的成本，更严重的是有可能造成用户的流失。

（2）故障诊断　对于故障车辆，故障诊断的一次正确率直接影响到产品交付活动中的各个相关环节，同时也能反映出企业的技术质量。用户总希望去汽车维修企业一次就能解决所有问题，但如果维修人员无法一次准确找到故障根源，就会造成用户心理负担，怀疑自己的车辆问题严重或怀疑维修人员的能力问题；即使问题最终得到解决，用户也会认为最初的维修工作都是被"宰"的，甚至认为维修人员在故意制造问题。

（3）救援服务　对于因故无法行驶的车辆，根据实际情况进行无偿或有偿的救援服务，可以提高用户对企业的信任度，树立良好的口碑。救援服务不仅限于维修人员到现场排除故障，还应包括协助用户从困境中解脱出来（如电话援助、拖车服务、换轮胎服务等）。

（4）车辆防护　对于用户的车辆要提供必要的防护（外观检验、外观防护、作业防护等），以加强用户和企业之间的相互信任。

（5）旧件保管　对于车辆上更换下来的旧件（废气、废液除外），要为用户提供包装便于带走或提供场地储存，在没有特殊要求的情况下要定期清理。

（6）接、送车服务　对因故无法将车辆开至维修企业的用户或没时间等待服务的用户，在企业条件允许的情况下提供有偿或无偿的接、送车服务，最大限度地满足用户需求。

3. 汽车服务企业提供的无形产品

（1）合理的价格　企业经营是以盈利为目的的，价格作为买卖双方关注的焦点之一，在维系企业与用户之间的关系上起着决定性作用。企业依据物价管理部门和行业管理部门的规定制订出合理的收费标准，并在规定的地方予以明示，依据标准提供完善的服务。按明示的收费价格，业务员对收费内容做出合理、翔实的解释，也是服务质量的一种表现形式。

（2）质量跟踪　维修车辆交付后，根据企业管理制度，应安排专人或接待人员在规定的时间内对维修车辆的使用状况、故障重复出现率、用户满意程度等信息进行电话跟踪或上门回访，以增强企业信息沟通的及时性，促进企业改进提高，同时提高用户对企业的信任，可以使服务内容以用户为中心形成闭环。

（3）交付期限　对于维修车辆，维修企业各部门之间要依靠自身完善的管理体系进行有效沟通和信息反馈，随时掌握在修车辆的维修、配件、技术动态。在配件、技术（资料和技术支持）、人员、设备均符合工作标准的情况下，除了严格按承诺期限交付之外，对发现的新故障要及时与用户取得联系，重新确定工作内容和交付期限，征得用户同意后方可派工进行维修。对发生的不可预计的非生产因素（如停电、自然灾害等），除企业本身事先要有充足的预防措施外，还要及时与用户沟通，取得谅解。

（4）保修承诺　为提高企业的信誉度，为用户创造良好、安心的车辆使用条件，汽车维修企业在本着"公平、合理"的原则上有义务对本企业的维修、配件或服务提供有限条件的保修或保用政策。同时在宣传、贯彻执行上要由业务人员与用户进行良好有效的沟通，以保证服务顺利进行。

（5）咨询服务　因汽车技术的多样性、复杂性和汽车生产的品牌化，汽车维修企业需要在一定范围内对自身的服务内容、专业技术等方面提供咨询，以宣传企业在为用户提供最大的方便（比如故障自救、使用说明、活动通知、维修保养等）。这些咨询内容可以通过热线电话、网站、邮件、广告等多种媒体形式进行。

4. 为用户创造和谐的氛围

（1）服务技巧　服务技巧包含的内容很多，企业在实际运作中要根据本企业的实际业务流程具体分类。如接待中采用主动迎接、寒暄，问诊中采用开放式提问还是封闭式提问，维修过程透明可视，工作内容完整、单据清晰，解释工作简洁明了等，甚至可以用具有企业个性的文化来吸引用户融入企业文化中。

（2）以用户为中心　每一位用户都希望自己受到较好的礼遇。企业为吸引用户、取信于用户，对每位用户的姓名、职业、个人爱好等事先作一些基本了解，在用户踏入企业时，由业务人员主动叫出其姓名，并喊出客户的职称或职务，简单询问一下近期工作、生活情况等，会让用户感到亲切，与企业沟通起来更加融洽，也增强了用户对企业的信任程度；另外，在遇到重大问题时，应适时地由主管人员亲自接待、处理，体现出企业对客户的尊重和重视。

（3）超越用户期望值　每位用户在进入汽车维修企业之前，都或多或少地对企业作了一个初步评价或对维修结果有了一个初步的期望值，企业在正常维修服务业务之外，如果能为用户提供一些无偿或折扣服务能让用户感受到其所接受的服务超越了期望值。比如，开展定期免费检测、季节检测、专项检测、赠送小礼品、费用折扣等回馈活动；或企业定期作一些布局或形象改变，让用户每次来都有不同的感受（新鲜感）；或定期召开用户座谈会、维修保养知识讲座等，聘请专业人员对用户感兴趣的知识进行讲解，或组织一些用户感兴趣的活动等。

（4）舒适的环境　舒适的环境包括醒目的标识、充足的车位、丰富多样的娱乐设施、功能齐全的休息区、整洁明亮的接待大厅、员工朝气蓬勃的精神面貌、标准的接待用语等，这些在用户刚进入维修企业时会给用户非常深刻的感官印象，在精神上使用户感到愉悦，会使企业在业务流程上更为顺利，树立了良好的企业品牌形象。

（5）车辆维修档案及提示服务　汽车维修企业为每一位用户建立车辆档案，档案内容除车辆的原始档案外，还应记录维修次数、维护周期、返修频次、维修分类等；对部分非专业用户或汽车经验有限的用户，除了建立维修档案外，还应根据其车辆使用情况定期提醒用户进行定期的维护和维修，给用户放心使用车辆创造可靠条件。

另外，企业还可根据自身的外部环境、地理位置、政策条件等综合因素制订出内容丰富实用的服务内容，最大限度地满足不同用户对车辆维修保养或消费的需求，最终达到服务用户、提高服务质量的目的。

3.2　质量管理体系的建立

3.2.1　质量管理体系建立的原则

1. 质量管理

质量管理就是在质量方面指挥和控制组织的协调活动。在质量方面的指挥和控制活动，通常包括制订质量方针和质量目标以及质量策划、质量控制、质量保证和质量改进。

对"质量管理"定义的理解需要把握以下几个方面。

1）质量管理是通过确立质量方针和质量目标，并为实现规定的质量目标进行质量策划，实施质量控制和质量保证，开展质量改进等一系列活动。

2）质量管理不能包含组织的全部管理，它仅是在质量方面的指挥和控制活动。但由于组织的基本任务是向市场提供符合用户和其他相关方要求的产品或服务，所以质量是组织的主导因素，围绕着产品或服务质量形成的全过程实施质量管理是组织的各项管理的主线。

3）质量管理涉及组织的各个方面，是否有效地实施质量管理关系到组织的兴衰。高层管理人员应制订正式的质量方针，在确立质量目标的基础上，按照质量管理的基本原则，运用管理的系统方法来建立质量管理体系，为实现质量方针和质量目标配备必要的人力和物力资源，开展各项相关的质量活动。这也是各级管理者的职责。所以，组织应采取激励措施激发全体员工积极参与，充分发挥全体员工的才干和工作热情，形成人人为质量争做贡献的工作氛围，确保质量策划、质量控制、质量保证和质量改进活动顺利进行。

4）开展质量管理活动要考虑经济因素，要用最经济的手段提供优质的产品或服务。

为了成功地领导和运作一个组织，需要采用一种系统和透明的方式进行管理。针对所有相关方的要求，实施并保持持续改进其业绩的管理体系，可使组织获得成功。质量管理就是组织管理的内容之一。

2. 建立与实施质量管理体系的原则

（1）质量管理原则是基础　质量管理原则包括了质量管理的指导思想和质量管理的基本方法，提出了组织在质量管理中应处理好与用户、员工和供应方三者之间的关系。质量管理原则构成了质量管理体系建立与实施的基础。

（2）领导作用是关键　高层管理者通过其领导作用及所采取的各种措施可以创造员工充分参与的内部环境，质量管理体系只有在这样的环境下才能确保其有效运行。领导作用特别是高层管理者的作用是质量管理体系建立与实施的关键。高层管理者应做出有关建立和实施质量管理体系，并持续改进其有效性方面的承诺，带头以增强用户满意为目的，确保用户要求予以满足。

（3）全员参与是根本　全员参与是质量管理体系建立与实施的根本，因为只有全员充分参与，才能使全体员工的才干为组织带来收益，才能确保高层管理者所作出的各种承诺得以实现。组织应采取措施确保在整个组织内提高满足用户要求的意识，确保使每一位员工认识到所在岗位的重要性以及如何为实现质量目标做出贡献。

（4）注重实效是重点　质量管理体系的建立和实施要结合本组织及其产品或服务的特点，重点放在如何结合实际、如何注重实施上，重在过程、重在结果、重在有效性，不能脱离现有的行之有效的管理方式而另搞一套，更不能不切实际地照抄他人的模式，生搬硬套、流于形式。尤其是在编制质量管理体系文件时，一定要依据质量策划的结果确定本组织的需求。若确需文件，则文件应是有价值的、适用的。

（5）持续改进求发展　用户的需求和期望在不断变化，再加之市场的竞争、科技的发展等，这些都促使组织必须要持续改进，因此，持续改进是组织的永恒目标。持续改进的目的在于增加用户和其他相关方满意的机会，持续改进组织的总体业绩与效率，不断提高用户利益相关方满意的程度，进而建立和实施一个行之有效的、高效率的质量管理体系。

3.2.2　建立质量管理体系的步骤

一般来讲，建立质量管理体系需经过以下五个步骤。

（1）学习标准　管理体系的建立需要全员参与，对于全体员工的培训，要从思想意识入手，树立以用户为中心的思想，满足用户要求、增强用户满意的思想以及持续改进质量管理体系有效性的思想。要使全体员工对质量管理体系的建立持积极向上的态度，这样对于体系在企业中的贯彻和实施将起到良好的推动作用。

对全体员工进行标准培训是培训中必不可少的内容，但由于员工从事的岗位不同，对员工的标准培训可根据其职能、责任和权限的不同而在范围、深度等方面进行差异性培训。培训主要放在企业所建立的质量管理体系对相关岗位的规定和要求上，让员工知道自己所在岗位的重要性以及如何做才能符合相关文件的规定和要求。

（2）明确质量方针，确定质量目标　在质量方针提供的质量目标框架内规定组织的质量方针和质量目标。应根据组织的宗旨、发展方向确定相适应的质量目标以及相关职能和层次上的质量目标。质量目标应是可测量的。

（3）质量管理体系策划　组织应依据质量方针、质量目标，应用过程方法对组织应建立的质量管理体系进行策划，并确保质量管理体系的策划满足质量目标要求。在质量管理体系策划的基础上，进一步对产品实现过程进行策划，确保这些过程的策划满足所确定的产品质量目标和相应的要求。

（4）确定职责和权限　组织应依据质量管理体系策划以及其他策划的结果，确定各部门、各过程及其他与质量工作有关人员应承担的相应职责，赋予其相应的权限，并确保其职责和权限能得到沟通。

（5）编制质量管理体系文件　组织应依据质量管理体系策划以及其他策划的结果，确定质量管理体系文件的框架和内容，在质量管理体系文件的框架里确定文件的层次、结构、类型、数量、详略程度，规定统一的文件格式，编制质量管理体系文件。

3.3　企业质量管理与 ISO 质量认证

3.3.1　全面质量管理

1. 全面质量管理的概念

全面质量管理，即 TQM（Total Quality Management），是指一个组织以质量为中心，从系统控制论的概念出发，把企业作为控制产品或服务质量的整体，组织和依靠企业全体员工参与质量管理的全过程中。通过各种质量保证，从而以最优的生产、最低的消耗、最佳的服务，为用户提供最满意的产品。

全面质量管理强调确保质量是企业全体人员的责任，应该使全体人员都具有质量的意识和承担质量的责任。因此，全面质量管理的核心思想是在一个企业内各部门中做出质量发展、质量保持、质量改进计划，从而以最为经济的水平进行生产与服务，使用户或消费者获得最大的满意。它主要包括三个层次的含义：运用多种手段，系统地保证和提高产品质量；控制质量形成的全过程，而不仅仅是制造过程；质量管理的有效性应当是以质量成本来衡量和优化的。因此，全面质量管理不是仅仅停留在制造过程本身，而是已经渗透到了质量成本管理的过程之中。目的在于通过让用户满意和本企业所有成员以及社会受益而获得持续的成功。质量管理的全过程应该包括产品或服务质量的产生、形成和实现的过程。因此，要保证产品或服务的质量，不仅要管理好生产过程，还要管理好设计和使用过程。通常认为，影响质量的因素主要有五个，即人员、机器、材料、方法和环境，简称人、机、料、法和环，如图3-1所示。

2. 全面质量管理的特点

全面质量管理是一种预先控制和全面控制制度。它的主要特点就在于一个"全"字，概括地讲包含以下几个方面。

① 全面性。指对涉及企业内部的产品质量、服务质量和企业生产经营的所有方面进行管理。

② 全员性。就是企业全体员工都参与的质量管理。

③ 预防性。指全面质量管理应具有高度的预防性。

④ 服务性。主要表现在企业以自己的产品或劳务满足用户的需要，为用户服务。

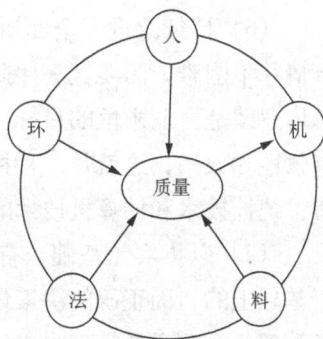

图3-1 影响质量的五因素

⑤ 科学性。质量管理必须科学化，必须更加自觉地利用现代科学技术和先进的科学管理方法。

3. 全面质量管理的八大原则

（1）以用户为中心 全面质量管理的第一个原则是以用户为中心。在当今的经济活动中，任何一个企业都要依存于他们的用户。企业由于满足或超过了用户的需求，从而获得继续生存下去的动力和源泉。全面质量管理以用户为中心，理解用户的需求，把让用户满意作为出发点和归宿，不断通过PDCA循环进行持续的质量改进来满足用户的需求。

（2）领导的作用 全面质量管理的第二大原则是领导的作用。一个企业从总经理到员工，都必须参与到质量管理的活动中来，其中，最为重要的是企业的决策层必须对质量管理给予足够的重视。企业的发展及成功运作的关键是领导，领导的每一个重大决策都直接关系到企业的生存。在《中华人民共和国质量管理法》中规定，质量部门必须由总经理直接领导，这样才能使企业中的所有员工和资源都融入全面质量管理之中。

（3）全员参与　全面质量管理的第三大原则就是强调全员参与。全员参与是全面质量管理思想的核心。对所有员工划分技能等级，对员工进行培训和资格评定，明确权限和职责。利用员工的知识和经验，通过培训使得他们能够参与决策和对过程进行改进，让员工以实现企业的目标为己任。员工是企业之本，只有员工的充分参与，才能充分发挥他们的才干，为企业带来最大的收益。

（4）过程方法　全面质量管理的第四大原则是过程方法，即必须将全面质量管理所涉及的相关资源和活动都作为一个过程来进行管理。PDCA循环实际上是用来研究一个过程，因此我们必须将注意力集中到产品生产和质量管理的全过程。

（5）系统管理　全面质量管理的第五个原则是系统管理。当我们进行一项质量改进活动的时候，首先需要制订、识别和确定目标，理解并统一管理一个有相互关联的过程所组成的体系。由于产品生产并不仅仅是生产部门的事情，因而需要我们组织所有部门都参与到这项活动中来，才能够最大限度地满足用户的需求。

（6）持续改进　全面质量管理的第六个原则是持续改进。实际上，仅仅做对一件事情并不困难，而要把一件简单的事情成千上万次都做对，那才是不简单的。持续改进总体业绩是企业永恒的目标，管理的重点应关注变化或更新产品或服务所产生的结果的有效性和效率，这就是一种持续改进的活动。因此，持续改进是全面质量管理的核心思想，统计技术和计算机技术的应用正是为了更好地做好持续改进工作。

（7）以事实为基础　有效的决策是建立在对数据和信息进行合乎逻辑和直观的分析基础上的，而正确的决策依赖于良好的决策方法。因此，作为迄今为止最为科学的质量管理，全面质量管理也必须以事实为依据，背离了事实基础那就没有任何意义，这就是全面质量管理的第七个原则。

（8）互利的供方关系　全面质量管理的第八大原则就是互利的供方关系。企业和供方之间保持互利关系，可增进两个企业创造价值的能力，从而为双方的进一步合作打下基础，谋取更大的共同利益。因此，全面质量管理实际上已经渗透到供应商的管理之中。

3.3.2　全面质量管理的方法

美国质量管理专家戴明博士最早在1950年挖掘出PDCA循环的概念，所以PDCA循环又称为"戴明环"。全面质量管理活动的全部过程，就是质量计划的制订和组织实现的过程，这个过程就是按照PDCA循环，不停顿地周而复始地运转的。这种循环是能使任何一项活动有效进行的合乎逻辑的工作程序，在企业的质量管理中得到了广泛的应用。

在PDCA循环中，"计划（Plan）—执行（Do）—检查（Check）—处理（Action）"的管理循环是现场质量保证体系运行的基本方式，它反映了不断提高质量应遵循的科学程序。

在 PDCA 循环的规范下，形成了四个阶段和八个步骤，如图 3-2 所示。

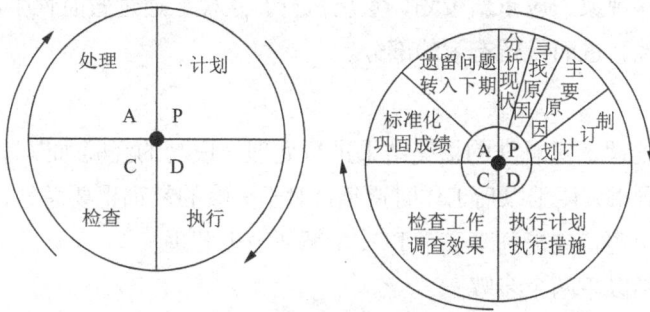

图 3-2 PDCA 循环示意图

1. 计划 P

在开始进行持续改善的时候，首先要进行的工作是计划。计划包括制订质量目标、活动计划、管理项目和措施方案。计划阶段需要检讨企业目前的工作效率、追踪目前流程的运行效果和收集流程过程中出现的问题点。根据搜集到的资料，进行分析并制订初步的解决方案，提交企业高层，然后由高层管理者提出修改意见并督促实施。

计划阶段包括以下四个步骤。

1) 分析现状。通过企业经营现状的分析，找出存在的主要质量问题，尽可能用数字进行详的量化说明。

2) 寻找原因。在所搜集到的资料的基础上，分析产生质量问题的各种原因或影响因素。找准问题后分析产生问题的原因至关重要，可以运用头脑风暴法等多种集思广益的科学方法，把导致问题产生的所有原因统统找出来。

3) 提炼主因。从各种原因中找出影响质量的主要原因。

4) 制订计划。针对影响质量的主要因素，制订技术组织措施方案，并具体落实到执行者。

2. 执行 D

在执行阶段，即第五步骤，就是将制订的计划和措施付诸组织实施和执行。将初步解决方案提交给企业高层进行讨论，在得到企业高层的批准之后，由企业提供必要的资金和资源来支持计划的实施。

在执行阶段需要注意的是，不能将初步的解决方案全面展开，而是只在局部范围内进行试验。这样，既可以检验解决方案是否可行，同时即使设计方案存在较大的问题，损失也可以降到最低。

3. 检查 C

第三阶段是检查，即第六步骤，就是将计划和措施执行的结果与预期目标进行对比，检查计划执行情况，检验其是否达到了预期的效果。按照检查的结果，验证运作是否按照原来的标准进行或者原来的标准规范是否合理等。

按照标准规范运作后，分析所得到的检查结果，寻找所制定的标准本身是否存在偏移。如果发生偏移现象，应重新策划，重新执行。这样，通过暂时性生产对策的实施，检验方案的有效性，进而保留有效的部分。

4. 处理 A

第四阶段是处理，对总结的检查结果进行处理，成功的经验加以肯定，并予以标准化或制订作业指导书，便于以后工作时遵循；对于失败的教训也要总结，以免重蹈覆辙。对于没有解决的问题，应提到下一个 PDCA 循环中去解决。

处理阶段包括以下两个步骤。

① 总结经验。标准化是维持企业治理现状不下滑，积累、沉淀经验的最好方法，也是企业治理水平不断提升的基础。总结标准化工作的经验教训，估计成绩，处理差错。把成功的经验肯定下来，制订成标准；把差错记录在案，作为鉴戒，防止今后再度发生。

② 问题转入下一个循环。所有问题不可能在一个 PDCA 循环中全部解决，遗留的问题会自动转入下一个 PDCA 循环，作为下一阶段的计划目标。如此，周而复始，螺旋上升。

3.3.3　ISO9000 质量管理体系认证

ISO9000 认证标准是国际标准化组织（International Organization for Standardization，简称 ISO）在 1987 年提出的概念，是指由 ISO/TC176（国际标准化组织质量管理和质量保证技术委员会）制定的国际标准。"ISO9000" 不是指一个标准，而是一族标准的统称，统称为 "ISO9000 系列标准"。其中，ISO9001 用于证实组织具有提供满足用户要求和适用法规要求的产品的能力，目的在于增进用户满意程度。随着商品经济的不断扩大和日益国际化，为提高产品的信誉、减少重复检验、削弱和消除贸易技术壁垒，维护生产者、经销者、用户或消费者各方权益，这个第三认证方不受产销双方经济利益支配，公证、科学，是各国对产品和企业进行质量评价和监督的通行证，可以作为用户对供方质量体系审核的依据，说明企业有满足其订购产品技术要求的能力。

自从 1987 年 ISO9000 系列标准问世以来，为了加强品质管理，适应品质竞争的需要，世界各大企业纷纷采用 ISO9000 系列标准在企业内部建立品质管理体系，申请品质体系认证，很快形成了一股世界性的潮流。

1. ISO 认证特点

随着国际贸易发展的需要和标准实施中出现的问题，特别是服务业在世界经济的比重所占的比例越来越大，ISO/TC176 分别于 1994 年、2000 年对 ISO9000 质量管理标准进行了两次全面的修订。由于该标准吸收国际上先进的质量管理理念，采用 PDCA 循环的质量哲学思想，对于产品和服务的供需双方具有很强的实践性和指导性，所以，标准一经问世，立即得到世界各国普遍欢迎，形成了世界范围内的贯标和"认证热"。ISO 组织最新 ISO9000 标准，为 2008 年执行标准，有四个核心标准：《ISO9000:2008 质量管理体系基础和术语》《ISO9001:2008 质量管理体系要求》《ISO9004:2008 质量管理体系业绩改进指南》《ISO19011:2002 质量和（或）环境管理体系审核指南》，其中《ISO9001:2008 质量管理体系要求》是认证机构审核的依据标准，也是欲进行认证的企业需要满足的标准。

2. ISO 质量管理体系申请认证的条件

企业申请 ISO 质量管理体系认证须具备以下基本条件。

1）具备独立的法人资格或经独立的法人授权的组织。

2）按照 ISO9001：2008 标准的要求建立文件化的质量管理体系。

图 3-3　ISO9000 标志

3）已经按照文件化的体系运行 3 个月以上，并在进行认证审核前按照文件的要求进行了至少一次管理评审和内部质量体系审核。

ISO9000:2008 体系里有 22 个标准和 3 个指导性文件，从 1987 年到目前为止 ISO9000 体系一直都在增加标准，最新的标准是 2008 年版本，整体条文并未改变，细节有所加强。

3. 推行 ISO9000 的步骤

推行 ISO9000 必不可少的过程：知识准备→立法→宣贯→执行→监督、改进。以下是企业推行 ISO9000 的典型步骤，这些步骤中完整地包含了上述五个过程。

1）企业原有质量体系识别、诊断。

2）任命管理者代表、组建 ISO9000 推行组织。

3）制定目标及激励措施。

4）各级人员接受必要的管理意识和质量意识训练。

5）ISO9001 标准知识培训。

6）质量体系文件编写（立法）。

7）质量体系文件大面积宣传、培训、发布、试运行。

8）内审员接受训练。

9）若干次内部质量体系审核。

10）在内审基础上的管理者评审。

11）质量管理体系完善和改进。

12）申请认证。

汽车服务企业在推行 ISO9000 之前，应结合本企业的实际情况，对上述各推行步骤进行周密的策划，并给出时间和活动内容的具体安排，以确保得到更有效的实施效果。

企业经过若干次内审并逐步纠正存在的问题后，若认为所建立的质量管理体系已符

合所选标准的要求（具体体现为内审所发现的不符合项较少时），便可申请外部认证。

4.认证注册的一般程序

汽车服务企业 ISO 质量管理体系认证的实施和监督一般可分为以下四个阶段。

（1）提出申请　申请者自愿选择一家具有资质的认证机构，按照规定的内容和格式向认证机构提出书面申请。书面申请的内容包括：企业名称、总部地址、多场所的名称和地址、员工总人数、生产班次、产品名称、申请认证的范围及专业类别、申请认证的标准、删减条款的细节、体系开始运行的时间、申请认证的时间、内部审核和管理评审的情况、其他特殊要求、是否转换认证、在此之前在其他机构有没有获得认证注册或被暂停 / 撤销认证、联系人等。

认证申请书的附件包括以下几项。

① 营业执照的复印件。

② 主管机关的生产或服务许可证的复印件。

③ 质量、公安、卫生等机关的许可证的复印件。

④ 质量手册和程序文件。

⑤ 记录清单。

其中，质量手册和程序文件的内容应能证实其质量管理体系满足所申请的质量管理体系标准的要求。负责受理申请的认证机构，应在收到认证申请之日起 60 天内做出是否受理申请的决定，并书面通知申请者；如果不受理申请，也应说明理由。

（2）体系审核　认证机构指派审核组对申请的质量体系进行文件审查和现场审核。文件审查的目的主要是审查申请者提交的质量手册的规定是否满足所申请的质量保证标准的要求。如果不能满足要求，审核组需向申请者提出，由申请者澄清、补充或修改。只有当文件审查通过后方可进行现场审核。现场审核的主要目的是通过收集客观证据，检查评定质量体系的运行与质量手册的规定是否一致，证实其符合质量保证标准要求的程度，做出审核结论，向认证机构提交审核报告。

审核组的正式成员应为注册审核员，其中至少应有一名高级审核员；必要时可聘请技术专家协助审核工作。

（3）审批发证　认证机构审查由审核组提交的审核报告，对符合规定要求的批准认证，向申请者颁发体系认证证书，证书有效期为三年；对不符合规定要求的亦应书面通知申请者。

认证机构应公布证书持有者的注册名录，其内容应包括注册的质量保证标准的编号及其年代号和所覆盖的产品范围。通过注册名录向注册单位的潜在用户和社会有关方面提供对注册单位质量保证能力的信任，使注册单位获得更多的订单。

（4）认证监督　认证机构要求获得质量管理体系认证的企业必须接受如下监督管理。

① 标志的使用。体系认证证书的持有者应按体系认证机构的规定使用其专用的标志，不得将标志使用在产品上，防止用户误认为产品获准认证。

② 通报。证书的持有者改变其认证审核时的质量管理体系，应及时将更改情况报认证机构。认证机构根据具体情况决定是否需要重新评定。

③ 监督审核。认证机构对证书持有者的质量管理体系每年至少进行一次监督审核，以使其质量管理体系继续保持。

④ 监督后的处置。通过对证书持有者的质量管理体系的监督审核，如果证实其体系继续符合规定要求时，则保持其认证资格；如果证实其体系不符合规定要求时，则视其不符合的严重程度，由认证机构决定暂停其使用认证证书和标志或撤销其认证资格，收回其认证证书。

⑤ 换发证书。在证书有效期内，如果遇到质量管理体系标准变更，或者质量管理体系认证范围发生变更，或者证书的持有者变更时，证书持有者可以申请换发证书，认证机构决定是否作必要的补充审核。

⑥ 注销证书。在证书有效期内，由于体系认证规则或体系标准变更或其他原因，证书的持有者不愿保持其认证资格的，体系认证机构应收回其认证证书，并注销其认证资格。

案例阅读

案例 从丰田召回事件看全面质量管理

1. 丰田的精益生产与全面质量管理

丰田公司的精益生产（Toyota Production System，TPS）可以归纳为两个方面：准时化生产（Just In Time，JIT）和全面质量管理。准时化生产又称零库存管理，强调物流平衡，追求零库存，要求上一道工序加工完的零部件可以立即进入下一道工序。全面质量管理强调质量是生产出来的而非检验出来的，由生产中的质量管理来保证最终质量。重在培养每位员工的质量意识，在每一道工序进行时注意质量检测与控制，保证及时发现质量问题。

2. 召回门事件暴露了丰田的质量管理缺陷

2009 年 8 月 28 日，美国发生了一起丰田雷克萨斯汽车因加速器失灵造成车毁人亡的悲剧，丰田召回事件由此拉开序幕。截至 2010 年 5 月 18 日，丰田公司召回车辆近千万辆，比其 2009 年全球销量还多 37%，如此大规模召回使丰田也因此承受了巨大的损失。召回事件归根结底是丰田的质量管理出了问题，透过丰田召回事件，精益生产的模式特别是其中的质量管理到了该反思的时候。

3. 对丰田全面质量管理的反思

（1）丰田全面质量管理与 20 世纪 60 年代开始的全面质量管理侧重点的区别　以确保零部件和制品的质量为目的的全面质量管理是丰田精益生产方式的一个重要的支

撑。20 世纪 60 年代兴起的全面质量管理是继传统质量管理、统计质量管理之后的新的质量管理体系，它强调质量管理从过去以生产为中心转向以用户为中心，围绕用户的需求设计、制造和供应产品或服务。比较两者，我们可以看出，丰田的全面质量管理仍然围绕生产本身，与全面质量管理的新阶段并不相符。丰田此次在欧美大规模召回汽车，很大一部分原因在于没有充分考虑欧美人的体形特点，在制动和制动踏板的位置设计上沿用了本土的标准，这显然是错误的。

（2）质量检测部门对于企业是否必要　丰田公司开展全面质量管理在企业内是不设质量检测部门的，仅仅依靠在产品设计阶段进行质量控制。不设质量检测部门，依靠各种利益共同体之间的信任和信心的做法也是不对的。不管是上下游企业之间还是生产各环节之间，不可避免地会因为人为或非人为的因素而出现这样那样的质量问题，并由此造成整个集团企业千里之堤溃于蚁穴。一个小小的制动踏板故障就把丰田从全球第一的宝座上拉了下来。试想，如果丰田能有一个质量检测部门对上游的零部件进行检查，兴许这次召回事件完全可以避免。

（3）上下游企业尤其零部件供应商到了全球采购时代是否依然可信　造成丰田召回事件的原因是丰田的美国零部件供应商（CTS）提供的制动踏板出了故障。为日本经济腾飞立下汗马功劳的精益生产到了"全球采购"时代，问题就暴露出来了。过去在日本国内约束各个命运共同体的社会、经济、法律、风俗等因素，随着日本企业走向世界开展全球采购而变得越来越靠不住。在这样的大环境下，丰田公司依旧抱着全面质量管理不设质量检测部门，就像火中取栗，被烧伤手脚是难免的。

（4）质量在成本和销量的目标下如何能够得到保证

2005 年，渡边捷昭成为丰田新总裁后，就以做全球汽车业霸主为目标，扩大规模，压缩成本，丰田汽车于 2008 年超过美国通用成为全球第一。就在丰田取得全球第一的第二年召回事件发生了，到了 2010 年初，丰田还没有焐热的霸主宝座不得不拱手让人。被誉为"成本杀手"的渡边捷昭要求员工千方百计节约成本，"拧干毛巾上最后一滴水"，一方面要求设计部门把丰田汽车所有零部件用量压缩 30%，另一方面通过"全球采购"从全世界采购最低报价的零部件。通过这两项措施压缩成本，丰田节约了几百亿美元，但也正是这两项措施为丰田的危机埋下了祸根。廉价的零部件造成了丰田汽车制动踏板和脚垫出了问题，产品设计上省略了钢板等部件则更是火上浇油。

思考题

1. 服务质量具有哪些特征？
2. 汽车服务质量的范围有哪些？
3. 质量管理体系建立的原则是什么？

4. 质量管理体系建立的步骤有哪些？

5. 什么是全面质量管理？

6. 全面质量管理的特点是什么？

7. 全面质量管理的八大原则是什么？

8. 什么是 PDCA 循环？

第4章 汽车服务企业的人力资源管理

4.1 人力资源管理概述

4.1.1 人力资源及其特征

1. 人力资源的含义

人力资源（Human Resource，简称 HR）是指一定时期内企业中的人员所拥有的能够被企业所用，且对价值创造起贡献作用的教育、能力、技能、经验、体力等的总称。

2. 人力资源的特征

要准确理解人力资源的概念，需要先理解其特征。

（1）能动性　劳动者总是有目的、有计划地运用自己的劳动能力。有目的的活动是人类劳动与其他动物本能活动的根本区别。劳动者能够按照在劳动过程开始之前已确定的目的，积极、主动、创造性地进行活动。

（2）再生性　从劳动者个体来说，他的劳动能力在劳动过程中消耗之后，通过适当的休息和补充需要的营养物质，劳动能力又会再生产出来；从劳动者的总体来看，随着人类的不断繁衍，劳动者又会不断地再生产出来。因此，人力资源是取之不尽用之不竭的资源。

（3）增值性　人力资源的再生产过程是一种增值的过程。从劳动者个人来看，随着教育的普及和教育质量的提高，科技的进步和劳动实践经验的积累，劳动者的各种能力会不断提高，从而增加了人力资源存量。

（4）时效性　作为人力资源的劳动能力只存在于劳动者个体的生命周期之中。开发和利用人力资源要讲究及时性，以免造成浪费。

（5）两重性　人力资源既是投资的结果，同时又能创造财富，也就是说人力资源既具有生产性，也具有消费性。

（6）社会性　由于每个民族（团体）都有自身的文化特征，每种文化都是一个民族（团体）共同的价值取向。民族文化特征是通过人这一载体而表现出来的。由于每个人受自身民族文化和社会环境的影响不同，其个人的价值观也不相同，他们在生产经营活动、人与人交往等社会活动中，其行为可能与民族（团体）文化所倡导的行为准则发生矛盾，也可能与他人的行为准则发生矛盾，这就需要人力资源管理注重团队的建设，注重人与人、人与群体、人与社会的关系及利益的协调与整合，倡导团队精神和民族精神。

4.1.2 人力资源管理

1. 人力资源管理的定义

人力资源管理就是指运用现代化的科学方法，对与一定物力相结合的人力进行合理的培训、组织和调配，使人力、物力经常保持最佳比例，同时对人的思想、心理和行为进行恰当的诱导、控制和协调，充分发挥人的主观能动性，使人尽其才，事得其人，人事相宜，以实现组织目标。

可以从以下两个方面来理解人力资源管理。

① 对人力资源外在要素——量的管理。对人力资源进行量的管理，就是根据人力和物力及其变化，对人力进行恰当的培训、组织和协调，使二者经常保持最佳比例和有机的结合，使人和物都充分发挥出最佳效应。

② 对人力资源内在要素——质的管理。主要是指采用现代化的科学方法，对人的思想、心理和行为进行有效的管理（包括对个体和群体的思想、心理和行为的协调、控制和管理），充分发挥人的主观能动性，以实现组织目标。

2. 汽车服务企业人力资源管理的职能

人力资源管理工作直接影响整个汽车服务企业的经营状况。这种影响可能带来正面效应，也可能带来不利影响，人力资源管理的具体效果如何，取决于人力资源的具体政策、体制设计和贯彻实施。汽车服务企业人力资源管理工作的任务，就是在汽车服务企业内部设计各种有关的企业制度，使之有利于充分发挥员工的智慧和才能，从而圆满地实现汽车服务企业的各种经营目标。通过改进员工的职责、技能和动机，调动员工的积极性，提高其工作效率。人力资源管理工作的主要职能包括以下几个方面。

（1）工作分析 工作分析是指通过一定的方法对特定岗位的信息进行收集和分析，进而对工作职责、工作条件、工作环境以及任职者资格做出明确的规定，然后编写工作描述和工作说明的管理活动。

（2）人力资源规划 人力资源规划的主要工作内容是：根据企业发展经营目标和计划，预测企业在未来的较长一段时间对员工种类（岗位要求）、数量和质量的需求，据此编制人力资源供给计划，通过内部培养和外部招聘相结合的方式进行人力资源供给，以满足企业的人力资源需要，确保企业发展战略的顺利实施。

（3）人员招聘 人员招聘是指企业人力资源管理部门选择合适的招聘渠道和方法，吸引足够数量和质量的人员有意愿加入组织，并选择和录用最适合企业和岗位要求的人员的过程。

（4）员工培训 员工培训是指企业有计划地帮助员工提高与工作有关的综合能力而采取的教育活动，或是企业内部组织培训，或是送员工外出培训和进修。

（5）员工职业生涯管理 员工职业生涯管理是指企业和员工共同探讨员工职业成长计划并帮助员工完成职业生涯发展的一系列活动。它可以满足员个人成长的需要，也可以实现个人与企业的协调发展，最终给企业带来效益。

（6）薪酬管理　薪酬管理是针对不同的工作岗位或工种，制订合理公平的工资、奖金以及福利计划，以满足员工生存和发展的需要。

（7）劳动关系管理　劳动关系管理包括与员工签订劳动合同，处理员工与企业或员工之间可能出现的劳动纠纷，规范员工的权利和义务，建立员工投诉制度，根据相关的法律法规处理员工管理的问题等。

（8）绩效评价　绩效评价是指衡量和评价员工在确定时期内的工作活动和工作成果的过程。它包括制订评价指标、实施评价、评价后处理等方面的工作。

3. 汽车服务企业人力资源开发与管理的特征

（1）地位具有战略性　人力资源在汽车服务企业中的职能和作用至关重要，人力资源管理、市场管理、财务管理和生产管理被视为企业的四大运营职能。在当今市场领先和市场营销人员比重很大，虚拟生产方式出现后对管理的要求非常高的情况下，技术竞争非常严酷，且经营管理、服务人才的作用进一步增加，人力资源开发与管理的作用就显得更为重要。因此，许多汽车服务企业的经营管理层把人力资源看作是企业的"第一资源"，把人力资源开发与管理工作放在汽车服务企业战略的高度。由此，人力资源开发与管理部门的地位也随之日益提高，可以说已经处于汽车服务企业发展战略的高度，并能够在一定程度上参与汽车服务企业的决策。

（2）主体具有多元性　在传统的劳动人事管理中，管理者是专职的劳动人事部门人员。这种管理主体具有单一化特征，有着分工明确、责任落实到位的优点，但其管理往往刻板化、行政化，缺乏汽车服务企业中其他方面的支持，而且往往与其管理对象——员工处于对立状态。在现代汽车服务企业人力资源开发与管理活动中，管理主体由多方面的人员所组成。在这一格局下，各个管理主体的角色和职能如下。

① 部门经理。他们从事着大量的日常人力资源开发与管理工作，甚至是汽车服务企业人力资源开发与管理的主要内容。

② 高层领导者。许多汽车服务企业的高层领导相当重视并且大量参与人力资源开发与管理，在汽车服务企业的宏观和战略层面上把握人力资源开发与管理活动，甚至直接主持人力资源开发与管理的关键性工作，例如参与人才招聘、进行人事调配、决定年终分配等。

③ 一般员工。在现代汽车服务企业中，广大员工不仅以主人翁的姿态搞好本职工作、管理自身，而且以主人翁的角色积极参与企业管理，并且在诸多场合发挥着管理者的作用，例如在全面质量管理（TQM）中对其他人员错误的纠正、对自己的上级和同级人员的考核评价等。

④ 人力资源管理部门人员。汽车服务企业人力资源管理部门中的人员，不仅积极从事自身的专职人力资源开发与管理工作，还作为汽车服务企业高层决策的专业顾问和

对其他部门进行人力资源管理与指导的技术专家，对整个汽车服务企业的人力资源开发与管理活动进行协调和整合。

（3）内容具有广泛性 随着时代的发展，人力资源开发与管理的范围日趋扩大，其内容也越来越广泛。现代汽车服务企业的人力资源管理工作的范畴除去以往的招聘、薪酬、福利、考核、劳资关系等人事管理内容外，还把与"人"有关的大量内容纳入其开发与管理范围，诸如机构的设计，职位的设置，人才的吸引，领导者的任用，员工的激励、培训与发展，企业文化，团队建设以及汽车服务企业发展等。

（4）对象具有目的性 传统的劳动人事管理，是以汽车服务企业的各种工作任务完成为目标，员工个人只是完成汽车服务企业任务的工具。现代汽车服务企业人力资源开发与管理，则是在强调员工的业绩、把对人力资源的开发作为取得汽车服务企业效益的重要来源的同时，也把满足员工的各种需求、保证员工的个人发展作为汽车服务企业的重要目标，其管理是以人为本。可以说，人力资源本身成为人力资源开发与管理工作的目的，是现代管理中人本主义哲学的反映，它有利于人力资源开发与管理工作产生质的飞跃，也有利于汽车服务企业在其他条件具备的情况下取得巨大的效益。

（5）手段具有人道性 在"人力资源"的概念提出后，人们对"劳动力"这一生产要素增加了"人"的看法，诸如员工参与管理制度、员工合理化建议制度、目标管理方法、工作再设计、工作生活质量运动、自我考评法、职业生涯规划、新员工导师制、灵活工作制度、员工福利的选择制等，无一不体现了以"人"为考虑要素的原则。因此，与以往的"人事管理"相比，现代人力资源管理是以"人"为中心的，其方法和手段有着诸多的人道主义色彩。

4.2 人力资源规划与工作分析

4.2.1 人力资源规划

1. 人力资源规划的内涵

人力资源规划有时也叫人力资源设计，是指在企业发展战略和经营规划的指导下进行人员的供需平衡，以满足企业在不同发展时期对人员的需求，为企业的发展提供符合质量和数量要求的人力资源保证。简单地讲，人力资源规划就是对企业在某个时期内的人员供给和人员需求进行预测，并根据预测的结果采取相应的措施来实现人力资源的供需平衡。

人力资源规划工作对于尚未组建起来的企业要从工作设计入手，通过工作设计与分析来制订工作规范与工作说明书，明确每个岗位的职责与所需人员的素质要求，并以书面的方式予以说明，其内容包括岗位名称、工作内容、考核标准、员工素质要求等。这将为后续的人员招聘与甄选、绩效评价、福利与薪酬设计及员工培训等工作奠定基础。

对于已经组建起来的企业，工作分析就是对当前各个职位情况的评价与检查，以检查现有的员工与岗位职责要求是否匹配，以及未来企业发展的趋势对工作岗位的要求；尤其是员工需求预测，通过对内部员工的评价，初步核定内部晋升的候选人，以激励员工的工作积极性，同时根据未来地区经济发展的趋势及劳动力市场、职业市场的状况对可能的外来候选人进行甄选，确保企业的人力资源需要。

2. 人力资源规划内容

人力资源规划是预测未来的组织任务和环境对组织的要求，以及为了完成这些任务和满足这些要求而设计的提供人力资源的过程。通过收集和利用现有的信息对人力资源管理中的资源使用情况进行评估预测。人力资源规划的实质是根据公司的经营方针，通过确定未来公司人力资源管理的目标来实现公司的既定目标。

人力资源规划包括以下五个方面的内容。

（1）战略规划　战略规划是根据企业总体发展战略的目标，对企业人力资源开发和利用的方针、政策和策略的规定，是各种人力资源具体计划的核心，是事关企业全局的关键性计划。

（2）组织规划　组织规划是对企业整体框架的设计，主要包括组织信息的采集、处理和应用，组织结构图的绘制，组织调查，诊断和评价，组织设计调整，以及组织机构的设置等。

（3）制度规划　制度规划是人力资源总规划目标实现的重要保证，包括人力资源管理制度体系建设的程序、制度化管理等内容。

（4）人员规划　人员规划是对企业人员总量、人员构成、人员流动的整体规划，包括人力资源现状分析、企业定员、人员需求、供给预测和人员供需平衡等。

（5）费用规划　费用规划是对企业人力成本、人力资源管理费用的整体规划，包括人力资源费用的预算、核算、结算，以及人力资源费用控制。

人力资源规划又可分为战略性的长期规划、策略性的中期规划和具体作业性的短期计划，这些规划与组织的其他规划相互协调联系，既受制于其他规划，又为其他规划服务。

3. 人力资源规划的步骤

由于各企业的具体情况不同，所以编写人力资源计划的步骤也不尽相同。下面是编写人力资源计划的典型步骤。

（1）制订岗位编制计划　根据企业发展规划，结合岗位分析报告制订岗位编制计划。岗位编制计划阐述了企业的组织结构、岗位设置、岗位描述和岗位资格要求等内容。制订岗位编制计划的目的是描述企业未来的组织职能规模和模式。

（2）制订人员配置计划　根据企业发展规划，结合企业人力资源盘点报告，制订人员配置计划。人员配置计划阐述了企业每个岗位的人员数量、人员的岗位变动、任职人员空缺数量等。制订人员配置计划的目的是描述企业未来的人员数量和素质构成。

（3）预测人员需求　根据岗位编制计划和人员配置计划，使用各种预测方法预测人员需求。人员需求中应阐明需求的岗位名称、人员数量、希望到岗时间等。最好形成一个标明有员工数量、招聘成本、技能要求、工作类别，以及为完成组织目标所需的管理人员数量和层次的分列表。实际上，预测人员需求是整个人力资源规划中最困难和最重要的部分。因为它要求以富有创造性、高度参与的方法处理未来经营和技术上的不确定性问题。

（4）确定人员供给计划　人员供给计划是人员需求的对策性计划。主要阐述了人员供给的方式（外部招聘、内部招聘等）、人员内部流动政策、人员外部流动政策、人员获取途径和获取实施计划等。通过分析劳动力过去的人数、组织结构和构成以及人员流动、年龄变化和录用等资料，就可以预测出未来某个特定时刻的供给情况。预测结果勾画出了企业现有人力资源状况以及未来在流动、退休、淘汰、升职及其他相关方面的发展变化情况。

（5）制订培训计划　为了提升企业现有员工的素质，适应企业发展的需要，对员工进行培训是非常重要的。培训计划中包括了培训政策、培训需求、培训内容、培训形式、培训考核等内容。

（6）制订人力资源管理政策调整计划　该计划明确计划期内的人力资源政策的调整原因、调整步骤和调整范围等，其中包括招聘政策、绩效考评政策、薪酬与福利政策、激励政策、职业生涯规划政策、员工管理政策等。

（7）编写人力资源费用预算　其中主要包括招聘费用、培训费用、工资福利等费用的预算。

（8）关键任务的风险分析及对策　每个企业在人力资源管理中都可能遇到各种风险，如招聘失败、新政策引起员工不满等，这些事件很可能会影响企业的正常运转，甚至会对企业造成致命的打击。因此，要对此类风险事先做好应对预案。

4.2.2　工作分析

1. 工作分析的含义

工作分析就是全面地收集某一个工作岗位的有关信息，对该工作岗位从六个方面开展调查研究：工作内容（what）、责任者（who）、工作岗位（where）、工作时间（when）、怎样操作（how）以及为什么要这样做（why），然后再将该工作的任务要求和责任、权利等进行书面描述，整理成文，形成工作说明书的系统过程。

工作说明书主要包括以下两方面内容。

（1）工作描述　对岗位的名称、职责、工作程序、工作条件与工作环境等方面进行一般说明。

（2）岗位要求　说明担负该工作的员工所应具备的资格条件，如经验阅历、知识、技能、体格、心理素质等各项要求。

工作说明书为人员招聘提供了具体的参考标准，工作分析则提供了需要招聘人员的工作岗位，之后，招聘与甄选到合适的人员成为企业人力资源管理的一项重要工作。

2. 工作分析所需的信息

工作分析是一个描述和记录工作的各个方面的过程，它需要收集与工作本身相关的各项信息。一个有效的工作分析应该包括以下内容。

（1）背景资料　企业所在的产业、企业的经营战略、企业文化、组织结构和职业分类等。

（2）工作活动　实际发生的工作活动、工序、活动记录、负责人的职责等。

（3）工作行为　与工作有关的个人行为（如沟通、决策、撰写等）、动作和行为的质量要求。

（4）工作设备　计算机（包括软件和硬件）、安全设施、办公室设备、机器、工具和其他工作器具等。

（5）有形和无形的物质　与工作有关的有形和无形物质包括物料、制成品、所应用的知识和所提供的服务等。

（6）绩效标准　包括工作标准、偏差分析、各种量度和评估工作成果的方法等。

（7）工作条件　包括工作环境、工作时间表、激励因素及其他企业和社会环境的条件。

（8）人员条件　与工作有关的知识和技能及个人特性的要求。

3. 工作分析的实施过程

（1）工作分析的实施步骤

① 成立工作分析工作组。一般包括数名人力资源专家和多名工作人员，它是进行工作分析的组织保证。

工作组首先需要对工作人员进行工作分析的技术培训，制订工作计划，明确工作分析的范围和主要任务。同时，配合组织做好员工的思想工作，说明分析的目的和意义，建立友好的合作关系，使员工对工作分析有良好的心理准备。

其次，工作组还需要确定工作分析的目标和设计岗位调查方案。在刚开始就应确定工作分析所获得信息的使用目的。信息的用途直接决定需要收集哪些类型的信息，以及使用哪些方法来收集这些信息。在此基础上，对信息调查方案进行设计，不同的组织有其特定的具体情况，可以采用不同的调查方案和方法。当然，如果能够把工作分析的任务和程序分解为若干个工作单元和环节，将更有利于工作分析的完成。

② 收集与工作相关的背景信息。工作分析一般应该得到的资料包括：劳动组织和生产组织的状况、企业组织机构和管理系统图、各部门工作流程图、各个岗位办事细则、岗位经济责任制度等。

很多组织都会有自己的"定岗、定编、定员"的具体规章制度，这些背景信息将会对下一步的调查和分析过程产生重要的影响。其中一个最重要的作用在于，它能帮助工作分析人员进行有效的清岗工作，即对组织当前所有部门的岗位进行清理。在背景信息的帮助下，通过与该组织人事部门的工作人员进行讨论，分析人员能够清楚地了解组织各个部门的岗位以及各岗位上的人数和大致的工作职责，并可以用一个标准的职位名称来规范各岗位。

③ 收集工作分析的信息。岗位调查是调查收集与工作相关的资料，为正确地编写岗位说明书提供依据。这个阶段的任务是根据调查方案，对组织的各个岗位进行全方面的了解，收集有关工作活动、职责、特征、环境和任职要求等方面的信息。在信息收集中，一般可灵活运用访谈、问卷、实地观察等方法，得到有关岗位的各种数据和资料。岗位调查是工作分析中十分必要的准备工作，它的真实程度以及准确性，直接关系到工作分析的质量。

④ 整理和分析所得到的工作信息。工作分析并不是简单机械地积累工作的信息，而是要对各岗位的特征和要求做出全面的说明，在深入分析和认真总结的基础上，创造性地揭示出各岗位的主要内容和关键因素。

⑤ 编写岗位说明书。岗位说明书在企业管理中的作用非常重要，不但可以帮助任职人员了解其工作，明确其责任范围，还可为管理者的决策提供参考。一般而言，岗位说明书由工作说明和工作规范两部分组成。工作说明是对有关工作职责、工作内容、工作条件以及工作环境等工作自身特征等方面所进行的书面描述。而工作规范则描述了该工作对任职人员的知识、能力、品格、教育背景和工作经历等方面的要求。当然，工作说明和工作规范也可以分成两个文件来写。

（2）岗位说明书的编写与管理　岗位说明书要求准确、规范、清晰。在编写之前，需要确定岗位说明书的规范用语、版面格式要求和各个栏目的具体内容要求。

岗位说明书一般包括以下几项内容。

① 岗位基本信息。岗位基本信息也称为工作标识。包括岗位名称、所在部门、直接上级、定员、部门编码、岗位编码等。

② 工作目标与职责。重点描述从事该岗位的工作所要完成或达到的工作目标，以及该岗位的主要职责权限等，标准词汇应是：负责、确保、保证等。

③ 工作内容。这是岗位说明书最主要的内容。此部分内容应详细描述该岗位所从事的具体的工作，应全面、详尽地写出完成工作目标所要做的每一项工作，包括每项工作的综述、活动过程、工作联系和工作权限。同时，在这一内容中还可以同时描述每项工作的环境和工作条件，以及在不同阶段所用到的不同的工具和设备。

④ 工作的时间特征。反映该岗位通常表现的工作时间特征，例如，财产保险公司车险查勘理赔岗可能需要值"大夜"（值夜班至第二天早晨8点）；在高科技企业中某些岗位需要经常加班；市场营销人员需要经常出差；一般管理人员则正常上下班等。

⑤ 工作完成结果及建议考核标准。反映该岗位完成的工作标准，以及如何根据工作完成情况进行考核，具体内容通常与该组织的考核制度结合起来。

⑥ 教育背景和工作经历。教育背景反映从事该岗位应具有的最低学历要求。在确

定教育背景时应主要考虑新加入员工的专业和最低学历要求，而不考虑当前该岗位在职员工的学历。工作经历则反映从事该岗位所具有的最起码的工作经验要求，一般包括两方面：一是专业经历要求，即相关的知识经验背景；二是可能需要本组织内部的工作经历要求，尤其针对组织中的一些中高层管理职位。

⑦ 专业技能、证书和其他能力。此项反映从事该岗位应具有的基本技能和能力。某些岗位对专业技能要求较高，没有要求的专业技能就无法开展工作，如财务主管，如果没有财务、金融等相关基础知识以及相关的基本法律知识，就根本无法开展此项工作。而另一些职位则可能对某些能力要求较高，如市场部主管这一职位，则要求具有较强的公关能力、沟通能力等。

⑧ 专门培训。此项反映从事该岗位工作前应进行的基本的专业培训，否则不允许上任或不能胜任工作。专门培训指员工已经具备了教育水平、工作经历、技能要求之后，还必须接受岗位培训等专门培训。

岗位说明书一般由人力资源部门统一归档并管理。但是，岗位说明书的编写并不是一劳永逸的工作。实际工作中，经常会出现岗位增加、撤销的情况，或者某项工作的职责和内容出现变化。每一次工作信息的变化都应该及时记录在案，并迅速反映到岗位说明书的调整之中。

4.3　汽车服务企业员工招聘与培训开发

4.3.1　员工招聘

1. 员工招聘考虑的因素

汽车服务企业生意旺盛或业务发展时，就面临招聘新员工的问题。招聘新员工要考虑增加的业务量或产能所带来的利润能否满足新增员工的工资和福利。因为，对大多数汽车服务企业来说，劳动力报酬是企业最大的固定支出。因此，员工招聘要考虑以下几个因素。

（1）生产需要　无论从长期还是短期来考虑，招聘员工对企业的发展都会有很大好处，不是可有可无的。少而精、宁缺毋滥是员工招聘的基本原则。

（2）岗位空缺　当有员工辞职或被调到其他岗位，原来的岗位就需要补充新的员工。这时，首先应考虑空缺的岗位对应的工作能否分摊给其他员工，若不能分摊，才考虑招聘员工。

（3）人才储备　一些关键岗位应做好人才储备，否则关键岗位的人员跳槽或因其他原因离开岗位，对企业的打击将是致命的。

（4）企业长期发展规划　如果汽车服务企业有长期的发展规划，就需要提前进行人才规划，做好人力资源的储备。

（5）季节性因素　由于汽车的销售和使用都具有季节性特点，因此，汽车服务企业招聘员工要考虑季节性因素的影响。

2. 员工招聘的原则

汽车服务企业在员工招聘的过程中，应主要把握好以下几条原则。

（1）择优、全面原则　择优是招聘的根本目的和要求。择优就是广揽人才，选贤任能，从应聘者中选出优秀者加以录用。做出试用决策前要全面测评和考核，招聘者要根据综合考核成绩，全面精心比较，谨慎筛选，最终做出录用决定。为确保择优录用原则，人力资源部门应事先制订明确而具体的录用标准。

（2）公开、公平的竞争原则　公开是指把招考单位（部门）、岗位种类、招聘数量、报考的资格及条件要求，考试的方法、科目和时间等均向社会通告，公开招聘。

公平就是确保招聘政策要给予所有符合要求的应聘者平等的获选机会。要做到公平，应注意以下两点：一是招聘政策应该制订统一和有效的标准；二是同一岗位对所有应征者都应该使用同样的、与工作有关的各项能力作为录用考核的标准，而与工作无关的能力，不予考虑。

竞争是指通过考试竞争和考核鉴别，以确定应聘人员的优劣和人选的取舍。只有通过公开、公平的竞争才能使人才脱颖而出，吸引真正的人才，才能起到激励作用。

（3）宁缺毋滥原则　招聘决策要树立"宁缺毋滥"的观念。也就是说，一个岗位宁肯暂时空缺，也不能让不合适的人滥竽充数。这就要求人力资源的决策者在做出决策时要广开贤路。

（4）能级原则　人的能量有大小，技能有高低，工作有难易，要求有区别，所以招聘工作不一定非要录用最优秀的人才，而应量岗量才录用，做到人尽其才，用其所长，这样才能持久高效地发挥人力资源的作用。

（5）全面考核原则　全面考核原则是指对应聘人员的品德、知识、能力、智力、心理、工作经历和经验、已取得的业绩等方面进行全面考试、考核和考查。决策者必须对应聘者各方面的素质条件进行综合性的分析和考虑，最终对应聘者是否满足企业的岗位招聘政策做出判定。

（6）认同的原则　认同是指应征者和企业在招聘过程中对相互价值趋同的认识。在招聘过程中，无论做出怎样的决定，如果应征者和企业能达成一致的认识，双方都将从面试过程获益。

3. 员工招聘的途径

企业招聘员工的途径有很多，主要的途径有以下几个。

（1）广告招聘　汽车服务企业可以借助各种不同媒体的宣传效果，进行覆盖面广阔的信息发布；或者有目标性地针对某一个特定的群体，这就要了解这一群体的生活工作习惯，知道他们平时接触最多的广告媒介，然后在这类媒介上刊登招聘信息。由于广告是广而告之，可能会有许多不合格的应聘者参加报名，这就增加了招聘甄选的工作量——仔细审阅应聘简历，将不合格的应聘者筛选掉。

（2）公共就业服务机构　公共就业服务机构，是由原地方人事、劳动保障部门的就业和人才服务管理机构合并成立的，旨在方便劳动者求职就业和用人单位招聘用人。目前我国已基本形成覆盖城乡的公共就业服务体系，并基本建成统一规范的公共就业服务制度。

（3）校园招聘会　每年高等院校学生毕业之前的大半年时间里，是许多企业单位获得求职者最多、最集中的时间，也是高等院校集中组织毕业生和企业供需见面的时间。从各个层次的高等院校中，企业可以获得许多很有潜力的应聘者。对于企业而言，选择到哪所院校去招聘，招聘哪些专业的学生，都应该在事前考虑周全，并对派往学校的招聘人员进行培训，增强他们对大学生的甄选能力，并能够很好地塑造企业形象，提高企业的吸引力。另外，企业招聘人员还要帮助毕业生纠正其不切实际的虚高期盼，引导毕业生形成正确的就业观念。

（4）员工推荐　这种方式可能是所有招聘方式中成本最低的，而且经相关研究证明是获取合格应聘者的最好途径。一些企业还制订了这方面的激励政策，对成功推荐新员工的老员工给予奖励。但是员工推荐的缺点在于，可能不会增加员工的类别与改善员工的结构，因为员工推荐的大多数是与其自身情况相似的新人。如果管理层想改善员工结构，员工推荐这种途径就不太可取。

（5）上门求职者　这些求职者主动走进企业的人力资源部门递交简历申请工作，对于这些人有些企业通常予以忽视，认为主动送上门的候选人质量较差，这种认识往往是错误的，因为这类求职者通常是对企业有所了解后，才会主动递交申请，并且这类人的就职愿望比较强烈，被录用后对企业的忠诚度较高。同时，企业是否能够礼貌地对待这些求职者，不仅是对应聘者的尊重问题，还会影响到企业在社会的声誉。

（6）内部搜寻　尽管工资待遇、福利、保险等实际支付都体现了组织对员工工作的认可，并且对许多人而言，进入一个组织最先吸引的条件可能就是薪酬，但是内部晋升，或是面向内部员工的、空缺岗位的公开招聘是增强员工对组织的奉献精神的中心举措，是增强组织内聚力的关键策略。

4. 招聘的程序

汽车服务企业人力资源招聘的过程一般包括以下几个步骤。

（1）确定人员的需求　根据企业人力资源规划、岗位说明书和企业文化确定企业人力资源需求，包括数量、素质要求以及需求时间。

（2）确定招聘渠道　考虑是从企业内部选拔，还是从外部招聘企业所需人员。

（3）实施征召活动　根据不同的招聘渠道，展开征召活动，将以各种方式与企业负责招聘的人员进行接触的人确定为岗位初步候选人。

（4）初步筛选候选人　根据所获得的资料对候选人进行初步筛选，剔除明显不能满足企业需要的应聘者，留下的候选人进入下一轮的测评甄选。

（5）测评甄选　采用笔试、面试、心理测试等方式对候选人进行严格测试，以确定最终录用 / 聘用人员。

（6）录用 / 聘用　企业与被录用 / 聘用者就工作条件、工作报酬等劳动关系进行谈判，签订劳动合同。

（7）招聘评价　对本次招聘活动进行总结，并从成本收益的角度进行评价。

5. 人事测评

当企业获得了足够数量的应聘者之后，需要利用各种工具和方法对应聘者的性格、素质、知识和能力等进行系统的、客观的测量和评价，从而做出录用决策。人员选拔是招聘工作中最关键的一步，也是招聘工作中技术性最强的一步，其难度也最大。

人事测评就是采用科学的方法，收集被测评者在主要活动领域中的信息，针对某一素质测评目标体系做出衡量判断的过程。

选拔性测评是以选拔优秀人员为目的的测评，通过测评，把不同素质、不同水平的人员区分开来。开发性测评是以开发人员素质为目的的测评，是要了解测评对象有哪方面的优势和劣势，从而为测评对象指出努力方向，为组织提供开发依据。考核性测评是以鉴定与验证是否具备某种素质或具备程度大小为目的的测评，它经常穿插在选择性测评中。本书将主要讨论选拔性测评所用到的人事测评技术。

（1）面试筛选　面试是企业招聘最常用的，也是必不可少的一种测评手段。它是评价者与被评价者双方面对面地观察、交流互动的一种测评形式。一项调查表明，99%的企业使用面试作为筛选工具。面试的主要任务是为录用决策解决疑问。通过面试，一般需要了解应聘者的以下情况：应聘动机；对本公司及其应聘职位的了解程度；若是有过工作经验的，需要了解离开原来职位的具体原因；若被录用 / 聘用，能够报到上班的时间；原来的收入水平以及期望的收入水平；工作经历、表现和感受；专业知识、技能以及接受过的培训；业余生活和爱好；应聘者的优缺点；外在仪表和内在的心理倾向；反应与应变能力；表达能力和情绪控制能力等。

理想的面试包括五个步骤：面试准备、营造和谐气氛、提问、结束以及回顾总结。

（2）笔试　笔试主要用来测试应聘者的知识和技能。现在有些企业也通过笔试（测验）来测试应聘者的性格类型和兴趣爱好。

对知识和技能的测验包括两个层次，即一般知识和技能与专业知识和实际操作技能或能力。一般知识和技能包括一个人的社会文化知识、智商、语言理解能力、数字能力、推理能力、理解能力和记忆能力等。专业知识和技能即与应聘岗位相关的知识和技能要求，如汽车构造知识、二手车评估知识、企业管理知识、人际关系能力、观察能力、沟通能力、市场开发能力等。

（3）能力测试　常用的能力测试方法包括：智力测试，语言能力测试，理解力和想象能力测试，判断、逻辑推理和归纳能力测试，反应速度测试，操作与身体技能测试等。

所谓能力测试，就是根据应聘岗位而设置的情景下，对应聘者的应变能力、智力、潜能、气质、性格、态度、推理能力、归纳能力等特征进行测度的一种测试方法，目的是判断应聘者的心理素质和能力，从而考察应聘者对招聘职位的适应程度。

（4）评价中心测试　评价中心测试是一种综合性的人事测评方法。评价中心技术综合使用了各种测评技术，其中也包括前面介绍的能力测试和面试的方法，但评价中心的主要组成部分以及它的最突出的特点是它使用了情境模拟的测评方法，对被测试者的特定行为进行观察和评价。这种方法通常就是将被测试者置于一个模拟现实的工作情境中，面对设置的各种问题，采用多种评价技术，由多个评价者观察和评价被测试者在这种模拟工作情境中的行为表现及应对方法。

评价中心常用的情境性测评方法有：无领导小组讨论、公文处理练习、模拟面谈、演讲、书面的案例分析、岗位角色扮演等。这些方法都可以用于揭示特定职位所需的胜任特质，从而对被测试者进行测评。现在，有些企业已经将情境模拟性的测评转化成标准化的方式来呈现，使测验的结果能够得到客观的评价。例如，将模拟情境制成视频，根据情境的内容设计一些标准化的选择题，被测试者边看视频边回答问题，然后对他们作答的结果进行客观的计分，并且可以建立常规分析模型加以处理。这种方法可以使情境模拟性测验变得更加容易实施。从组织的角度而言，人事测评可以帮助一个组织有效地选拔和合理地利用人才，做到人尽其才。另外，也能帮助每个员工通过了解他们自己的素质，帮助他们制订和实施自己的职业生涯规划，从而为员工的发展提供机会，这也是对员工的一种激励，从而有利于提高团队的凝聚力。

4.3.2　员工培训与开发

变化是市场永恒的主题，在市场经济大潮中，"适者生存"的道理被证明了千百遍。经济的全球化发展使得汽车服务企业间的竞争范围更加广阔，市场变化速度日益加快，面对这种严峻的挑战，汽车服务企业必须保持持续学习的能力，不断追踪日新月异的先进技术和管理思想，才能在广阔的市场中拥有一席之地。

员工培训是企业增强应变能力的必要手段。员工的培训与开发对于企业改进生产效率、提高工作和产品质量以及增强竞争力是至关重要的。员工的培训与开发是企业人力资源管理的重要职能之一，是提高员工素质、拥有高素质人才队伍、帮助企业获得竞争优势的重要工作方面；同时也是开发企业人力资源潜能，帮助员工实现自身价值，提高工作满意度，增强对企业责任感和归属感的重要内容。因此，增加对人力资源的投资，加强对员工的教育培训，提升员工素质，使人力资本持续增值，从而持续提升汽车服务企业业绩和实现战略规划，成为汽车服务企业界的共识。

1. 员工培训与开发的含义

员工培训是一个为员工灌输组织文化、道德、理念，提供思路、信息和技能，帮助他们提高素质和能力、提高工作效率，发掘内在潜力的过程。从管理角度看，员工培训主要是使员工学习掌握如何干好所承担工作的相关信息和技能。员工开发则是指通过教育活动使员工掌握目前和未来工作所需要的思路、知识及技巧，充分发挥自身的潜能（积极性、创造性），能不断适应新情况、新环境的需要，卓有成效地完成组织任务和目标，所以员工开发又称之为员工发展。其实，员工培训与开发就是组织正式员工的综合发展工作，从教育和管理角度来看，是一种在组织目标和岗位任务规定下的，对员工实施继续教育、终身教育，促使员工提高素质，开发人力资源的活动。

广义的员工培训与开发包括企业一般员工的教育与培训（岗前与在岗两种）、管理人员培训与发展（管理开发计划）、员工职业生涯管理等内容。狭义的员工培训与开发则指普通员工教育培训，以及管理人员开发。

2. 员工培训的必要性

员工培训对企业发展的重要性已经被越来越多的企业所认识。对企业来说，最重要的资产是人，而不是机器、设备和资金。被誉为"经营之王"的松下幸之助（日本著名企业家，"松下电器"创始人）认为，"松下是制造人的，兼之制造电器。"日本三洋电器公司也有这样的信条："三洋首先是生产优质的人，其次再由优质的人生产优质的产品。"由此可以看出，员工培训对企业是非常重要而且是必要的。

员工培训的重要性具体表现在以下几个方面。

（1）可以使企业适应环境的变化，满足市场竞争的需要　企业所处的竞争环境在快速地变化，原来合格的员工，如果不参加培训，就会随着环境的变化变为不合格。市场竞争，从产品竞争，到销售竞争，到资本竞争，到知识竞争，一步步不断升级，最终是企业人力资源的竞争，企业要在激烈的市场竞争中取胜，必须重视员工培训，这是市场竞争的需要。

（2）可以提高企业运转的质量和能力，提高劳动效率　接受过职业培训的员工，不仅能够更好更快地掌握新技术和新方法，正确理解技术指标的含义，提高整个企业的工作水平和质量，减少浪费，提高劳动效率，还能更彻底地理解企业的方针、政策和管理要求，对企业进行的监督、指挥和协调工作有更高的认识。

（3）可以促使企业员工接受变革　任何企业不可避免地在受到社会、市场、竞争对手以及企业内部的压力时，都会发生不同程度的变化，而且这种变化是经常性的。实践证明，接受训练不多的人，掌握一门新技术是比较吃力的，因而对上述变化就会持反对或拒绝的态度，导致其持消极情绪和不合作的态度，并影响工作的效率和质量。而经常接受培训的人，很容易接受新的事物。因此，员工职业培训一方面促进了企业的变革，另一方面也促进企业员工更容易接受变革的事实。

（4）可以促使员工认同企业文化　对新成员进行职业培训，可以使他们了解本企业的文化，引导他们的思想文化与企业的思想文化统一起来。另一方面，培训本身就是企业文化的一部分。例如，IBM 公司认为，"教育和培训是文化的一部分，而且不应该看做是与其他的人力资源政策和管理相互独立的。"很多注重自身发展的年轻人，就是看中了能够和乐意提供高质量的培训才愿意到 IBM 工作的。

（5）可以满员职工自身发展的需要　每个员工都有追求自身发展的欲望。这种欲望如不能满足，员工就会觉得没有发展空间、工作没劲、生活乏味，工作没有动力，最终导致员工尤其是优秀员工的流失。即使作为一般员工，每个人也都希望在企业中有成长晋升的机会，这就需要不断学习。员工不但要熟悉自己的工作，还要了解本专业的最新动态，掌握有关的新技术和新方法，使自己有比较宽的知识面和合理的知识结构。一般来说，对自己的职业道路有长远计划和打算的人，到了一定时期都渴望能有学习的机会，以利于下一步更好的发展。而且，培训对担负一定责任的各级领导者来说更为重要。他们知识面的扩大、视野的开阔、领导水平的提高和决策能力的增强，都需要有效的培训才可以获得。

（6）可以有效激励员工　通过培训可以增强员工的责任感、成就感和自信心。当员工通过企业组织的职业培训感受到自己的价值得到组织的重用时，就会对工作更加满腔热情，对自己更加充满信心。从这个角度来看，培训本身就是一种重要的激励方式。在很多国际大公司里，公司不仅提供大量的培训，同时也支持员工个人进行适合自己职业道路的或自己需要的培训，即使这些培训并不在公司的计划之内，或不那么符合公司的既定目标。

3. 员工培训形式的分类

员工培训与开发的项目和方式种类繁多，可以从不同角度分类概括。

（1）按照培训与开发的对象与重点划分　在汽车服务企业中，若根据培训与开发的对象层次，可划分为高级、中级和初级培训；若按照培训对象及培训内容特点的不同来分，可以划分为以下类型。

① 新员工上岗培训。新员工上岗培训又称新员工定向培训、导向培训或社会化培训。主要是指向新聘用的员工介绍企业情况和企业文化，介绍工作任务和规章制度，使新员工了解必要的事情，尽快按企业要求安下心来开始上岗工作的一种培训。

② 员工岗前培训。员工岗前培训主要包括新员工岗前培训（新员工上岗培训），以及老员工工作岗位变动，走向新岗位之前所接受的培训教育活动。

③ 员工在岗培训。员工在岗培训又称员工上岗后的培训或员工岗上培训，主要是指企业根据工作需要，对从事某些特定岗位工作的员工开展的各种知识、技能和态度等形式的教育培训活动，为员工提供思路、信息和技能，帮助他们提高工作效率的各种培训活动。员工在岗培训可以按员工类别不同分为操作人员培训、技术人员培训、管理人员培训等。

④ 管理人员开发。管理人员开发又称管理开发或管理人员培训与开发，主要对象是企业各级管理人员和一部分准备升为管理人员的准管理人员，通过研讨、交流、案例研究、角色扮演、行动学习等方法，使他们建立正确的管理心态，掌握必要的管理技能，学习和分享先进的管理知识和经验，进而改善管理绩效。

⑤ 员工职业生涯开发。员工职业生涯开发是以企业所有员工（重点是企业中的关键人才和关键岗位的工作者）在企业中的职业发展为开发管理对象，通过各种教育、训练、咨询、激励与规划工作，帮助员工开展职业生涯规划与开发工作，使个人目标与组织目标结合起来，培养员工的事业心、责任感、忠诚感与献身精神。

（2）按照培训与开发同工作的关系划分　根据培训和开发与员工工作活动的关联状况，员工培训可以分为以下三类。

① 不脱产培训。不脱产培训也称在职培训，指的是员工边工作边参加培训，主要是在实际工作中得到培训。这种培训方式经济实用且不影响企业的工作与生产，但在组织性、规范性上有所欠缺。

② 脱产培训。脱产培训也就是员工脱离工作岗位，专门到各类培训机构或高等院校接受专业培训。这种培训形式的优点主要是员工的学习时间和精力集中，没有工作压力，知识和技能水平会提高较快，但在针对性、实践应用性、培训成本等方面往往存在弊端。

③ 半脱产培训。所谓半脱产培训，是介于脱产培训与不脱产培训两者之间，脱产培训与不脱产培训相结合，可在一定程度上取两者之长，弃两者之短，较好地兼顾培训的质量、效率与成本等因素。但两者如何恰当结合，是一个难点。

（3）按照培训内容划分　根据学习内容与学习过程的不同特点，可以把培训与开发分为知识、技能和态度等三种类型。这种分类法在教育界和培训界被广泛使用。

① 知识培训。知识培训也称知识学习或认知能力的学习，要求员工学习各种有用的知识并运用这些知识进行脑力活动，促进工作改善。知识培训也可按传授知识的性质而分为三类：一是对员工的工作行为与活动效率起基础作用的（数理化、语文、外语等）基础知识的培训；二是与企业的生产经营职能和员工本职工作活动密切相关的理论、技术和实践的专业知识的培训；三是与科技发展、时代特点、企业经营环境和业务特点相关联的背景性的广泛知识的培训。

② 技能培训。技能培训包括对员工的运动技能和智力技能的培训。也有人认为技能培训即是对员工使用工具，按要求做好本职工作，处理和解决实际问题的技巧与能力的培训与开发。运动技能培训也叫肌肉性或精神性运动技能学习，主要是教授员工完成具体工作任务所需的肢体技能，能够精确并按要求进行有关的体力活动，如操作机床、驾驶汽车等。智力技能培训则是教授员工学习和运用可被推广的要领、规则与思维方法，分析问题、解决问题，改进工作并发明新产品、新方法、新技巧等，如设计并改进组织结构和工作程序等。

③ 态度培训。态度培训又称态度学习或情感性学习，它主要涉及对员工的价值观、职业道德、认知、行为规范、人际关系、工作满意度、工作参与、组织承诺、不同主体的利益关系处理，以及个人行为活动方式选择等内容和项目的教育与培训。

4. 培训与开发国际型人力资源

中国要走向世界，必须要有一批和国际接轨的大公司和企业集团，必须培养一批具有国际战略眼光的企业家，必须要和国际的管理和经济接轨。只有这样，我们的企业家才能和国际上的企业家讲同一种语言。一个国家的经济实力和国际竞争力，集中体现在大公司和企业集团的实力和竞争力上。具有国际化竞争力的大公司和企业集团必须要有一批具有国际战略眼光的企业家，这也是企业培训应紧紧围绕的一个中心，要根据国家的发展方向和企业战略积极地推动企业培训。

另外，产品市场的日益全球化，迫使企业要求员工更多地了解影响商业活动的文化与习俗；对倡导全员参与的企业和工作团队而言，必须要求员工具有高超的人际交往能力才能取得成功。因此，培训与开发国际性人力资源已成为企业的一项重要任务。

5. 常用的培训方法

培训方法多种多样，内容十分丰富。根据培训目标确定恰当的培训方法与技术，能够提高培训效率并降低成本。该书将各种培训方法分为三大类：演示法、传递法和团队建设法。

（1）演示法　演示法（Presentation Methods）是指向参加培训的对象传授知识、技能的过程中，讲授者主动将知识、技能灌输给受训者，而受训者被动地接受这些知识、技能的一种培训方法。常用的演示法有讲授法和视听法两种。

① 讲授法。讲授法又称讲解法，是指培训者用语言把知识、技能等培训内容传授给受训者的培训方式，即培训者讲，受训者听并汲取知识。它是一种非常传统的培训方式，也是培训中应用最普遍的一种方法。例如，1957 年，麦当劳为了使所有的加盟者对其标准化有充分的认识，决心开设一个全天候的训练中心，于是在一个分店里的地下室建造了一间教室，配备了必要的教学器材，并且聘请全天专职的教师任教。这样，1961 年 2 月，麦当劳成立了著名的汉堡大学。麦当劳采用的培训方法就是讲授法。

讲授法培训虽然是单向的从培训者到听众，但是不论多媒体等新技术如何发展，这种方法一直是受欢迎的培训方法。它是成本最低、最节省时间，又是按一定组织形式可以有效传递大量信息的培训方法之一。

讲授法不足之处也很明显。它缺少受训者的参与、反馈及与工作实际环境的密切联系。讲授法很难吸引受训者的注意力，因为它强调的是信息的聆听，很难迅速、准确、有效地把握学习者的理解程度。

② 视听法。视听法就是利用幻灯片、电影、视频、计算机等视听教材进行培训，它是一种多感官参与的培训方法，其中视频是最常用的方法之一。

视听法可用来展示根据培训需要预先录制的内容，以展示行为、技术或说明问题，还可用来录制和重放受训者在课程中的表现，被广泛用于提高受训者的沟通技能、面谈技能、服务技能等培训中。

由于视听法所用的材料具有可以人为控制播放的方式，受训者能够得到前后连贯一致，不受个人兴趣影响的生动的信息内容，可以让受训者进入很难用语言描述的环境、事件和情景当中，具有客观而真实感强等优点，所以它在单独或与其他方法组合使用上得到了培训讲师的日益重视。

视听法要求讲师在播放视听材料前清楚地说明培训的目的及其有关视听培训应该注意的事项，并依据讲课的主题选择合适的教材。视听教学中一般要配合播放内容进行讨论，边看边讨论以提高培训的有效性。讨论后受训者必须做重点总结，谈谈培训后自己的感想及如何将培训后获得的知识（技能）应用于工作中。

用视听法进行培训要特别注意培训设备的准备工作，包括放映机的使用步骤、透明胶片的制作要求、幻灯片和视频资料的制作与运用、音响装置的运用、活动图纸的摆放及处理等，这些问题处理不好，可能会大大影响培训的效果。

（2）传递法　传递法也叫内行传授法，它主要是指要求学习者积极参与学习，在专家内行的言传身教、耳提面命，以及个人参与和互动行为过程中，进行培训与开发的一些方式。这类方法有利于开发员工的特定技能，有利于理解技能和行为如何应用于工作当中，可使学员亲身经历一次任务完成的过程，或学会处理工作中发生的人际关系问题。这类方法包括在职培训法、仿真模拟法、案例研究法、商业游戏法、角色扮演法和行为塑造法等。

1）在职培训法。如前文所述，在职培训是指新员工或新变换岗位缺乏工作经验的员工，通过观察提问，仿效同事和上级执行工作的做法与行为而进行的学习活动。成功的培训方案通常包括以下要点：一是列出受训者需要学习的所有信息和技能；二是设定学习目标；三是设计一次 OJT（On the Job Training，在职培训，意思是在工作现场，上司或技能娴熟的老员工对下属、普通员工或新员工通过日常的工作，对必要的知识、技能、工作方法等进行教育的一种培训方法）经历，以保证受训者有机会观察称职的员工如何执行每一项重要的工作任务；四是演示任务时，演示员工应该向受训者解释原理和方法；五是让受训者有机会执行每一项重要的工作任务。应该给受训者足够的机会去实践，同时得到必要的反馈。

OJT 是一种广受欢迎的方法，可采用师傅带徒弟、自我指导学习等多种形式。

① 师傅带徒弟。师傅带徒弟（Apprenticeship）是一种最传统的在职培训方式，这种培训方式既有课堂培训又兼顾工作与学习。最早的师傅带徒弟培训没有一定的方法和程序，新员工只是从观察和体验中获得技能，因而成效相当迟缓。现在的师傅带徒弟培训作为一种在职培训方法，其形式主要由一名经验丰富的员工作为师傅，在工作中带一名或几名新员工。通常在需要手工艺的领域中使用这种培训。

师傅带徒弟培训的一个主要优点在于，可让学习者在学习的同时获得收入，这点是很重要的。因为师傅带徒弟培训会持续好几年，学习者的工资会随他们技能水平的提高而自动增长。师傅带徒弟另外一个优点就是师傅与徒弟之间形成良好的人际关系，有助于将来工作的展开。

师傅带徒弟培训的缺点是，只对受训者进行某一项技艺或工作的培训，随着新技术和新管理方法在企业中的应用，不少员工的技能可能被机器所取代，所培训的技术可能会无用武之地。而其他企业认为，由于学徒只在一项工作中或在一家公司内接受了范围狭窄的培训，出徒的人员也许只具备特定公司所需的技能，不可能获得其他新技能，或其技能不可能适应工作环境的变化，所以不愿意聘用从师傅带徒弟计划中分来的工人。另外，师傅带徒弟中的师傅往往有一种"带会徒弟饿死师傅"的顾虑，因此在传授中总要有所保留。

② 自我指导学习。自我指导学习（Self-Directed Learning）是指由受训者自己全权负责的学习，也就是自学。自我指导学习作为一种培训方式是受训者自主、自愿的选择，这种培训中受训者不需要任何指导者，只需按自己的进度学习预定的培训内容。培训者只是作为一名辅助者而已，即培训者只负责评估受训员工的学习情况并解答受训者所提出的问题。培训者不控制或指导学习过程，而完全由受训者自己掌握。自我指导学习是一种注重培训结果的培训方式，至于培训过程，企业并不看重甚至忽略不计。

自我指导学习的优点是，该培训方式让受训者自行制订学习进度并接受有关学习绩效的反馈。对企业而言，自我指导学习只需少量培训人员，减少了交通及培训教室安排等有关的成本，而且可以在多个地点同时进行。自我指导学习的一个主要不足在于，它要求受训者必须愿意自学，也就是说受训者要有学习动力。

2）仿真模拟法。仿真模拟法（Simulation）是指把受训者置于模拟现实的工作环境中，让他们依据模拟情境做出及时反应，分析实际工作中可能出现的各种问题的一种培训方法。由于仿真模拟法所模拟的环境必须与实际工作环境的构成要素相同，并能够像一定条件下的真实设备或情景一样对受训者的指令和行为做出反应，因此，受训者的决策结果能反映出假设他在该岗位上工作处理各种状况的真实场面，从而可以使受训者便捷并有针对性地学习掌握正确的技能和行为，修正不正确的技能和行为。仿真模拟法常被用来传授生产和加工技能、管理技能、人际关系技能等。

仿真模拟法的优点在于，受训者能够迅速地掌握实际工作中的操作技能，其实践性非常强。这种方法的缺陷是仿真毕竟不是现实，有的受训者对仿真器材认识不足，总认为这是假的，因此态度上不够严谨。

3）案例研究法。案例研究法（Case Study）是美国哈佛商学院推出的，最初用于培养工商管理硕士，目前则广泛应用于管理人员的培训，也常用于其他专业人员的培训，是目前世界上在培训界中应用最多的培训方法之一。它要求受训者研究分析那些描述现实工作情形和真实经营管理事件的案例。

一方面，案例研究法通过由培训对象针对案例背景材料来分析问题、提出解决问题的各种方案，找出最佳方案，从而达到训练人员分析问题和解决企业实际问题能力的目的。该方法特别适合于开发高级智力技能。这些技能通常是管理者和其他的专业人员所必需的。案例还可使受训者个人对情况进行分析的基础上，提高承担具有不确定结果风险的能力。在教员和学员的关系中，教员不仅仅是讲解，他们同时也应学习、听讲、理解。同样，学员也不仅仅是学习，他们也可以讲解、演说、传授。案例讨论为学员开辟了一个讲台，也为教员提供了一个不断学习和提高的机会。

另一方面，为使案例培训更有效，培训环境必须能为受训者提供案例准备及讨论案例分析的机会。由于受训者的参与度对案例分析的有效性具有至关重要的影响，因此，受训者必须愿意并且能够分析案例，然后进行沟通并坚持自己的立场。

4）商业游戏法。商业游戏法（Business Games）是指仿照商业竞争的规则，采用游戏的方式开发管理技能的一种培训方法。商业游戏要求受训者收集信息并对其进行分析，然后做出决策。

商业游戏主要用于开发受训者的经营决策能力和管理技能。在商业游戏中，受训者被要求在规定的场景中，必须收集信息，分析情况，仿照商业竞争规则或管理规则，做出决策，推行方案。商业游戏涉及企业经营管理实践、财务管理、市场营销、劳工关系等各个方面。

商业游戏法的优点在于，能够模拟出商战的竞争性质，情景逼真而富有趣味性。应用这种方法，可以增进受训者对制订决策的认识以及开发领导能力、决策能力、合作精神等；还能够帮助培育凝聚力很强的团体，并迅速构建团队的信息框架，具有很强的参与性、活动性和一定的仿真性，并因此激发受训者参与的积极性。然而，这种方法的缺陷一是游戏的设计和实施费用较高；二是决策者往往在限制的条件下进行决策，在一定程度上影响其水平发挥。

5）角色扮演法。角色扮演法（Role Plays）是指在一个模拟的工作环境中，让受训者扮演分配给他们的角色，并给受训者提供有关背景信息，让他们承担相关角色职责的一种培训方法。其目的是为了给学员提供不同的待人处事的观点和练习处理各种人际关系的技巧，寻求在情绪激动下解决问题的可能方法。

角色扮演与情景模拟的区别在于，受训者可获得的反应类型及有关背景情况的详尽程度。角色扮演提供的情景信息十分有限，而情景模拟所提供的信息通常都很详尽。情景模拟注重于物理反应，而角色扮演则注重人际关系反应。在情景模拟培训中，受训者的反应结果取决于模型的仿真程度。在角色扮演中，结果取决于其他受训者的情感反应。

角色扮演法是解决行为问题，开发受训者在领导、授权等方面的技能的有效方法。它可以提供给受训者工作的实验机会，是一种成本低、有趣味又能开发新技能的方式。它也可以训练人们体察他人情绪的敏感性。但是，这种方法在角色设计、表演投入、指导信息、处理交流、行为反馈上要求很高，而且经常会遇到下述问题：角色扮演活动花费时间长；有人视为小孩把戏而不感兴趣；活动的准备和指令不妥；"导演"和演员缺乏经验，致使参加者以为没什么效果，浪费时间。

6）行为塑造法。行为塑造法（Behavior Modeling）也叫行为示范或行为模仿，是指向受训者展示一个关键行为的模型，然后给他们提供实践这些关键行为的机会并提供其实践情况的反馈，促使培训成果在实践中转化的一种培训方法。它是以社会学习理论为依据的，该理论强调学习是通过观察示范者演示的行为以及看到示范者如何使用这些行为而受到强化的。行为塑造能够抓住并保持学员的注意力，并提供了有针对性的实践和反馈机会，所以有效性突出，更适于行为、人际关系和某种技能的学习。

需要指出的是，行为塑造法与角色扮演法相比，虽然同样要求受训者扮演某些角色、演示某种情形，但是行为塑造教给受训者的是"如何正确执行任务"的方法，培训中发生的互动行为是实践而不是"剧情中的角色扮演"。

（3）团队建设法　团队建设法（Group Building Methods），是指用以提高团队或群体绩效为目的的培训方法，目的在于提高受训者的技能和团队合作的有效性。团队建设法让受训者共享各种观点和经历，建立群体统一性，了解人际关系的力量，并审视自身优缺点及同事们的优缺点。它包括冒险性学习、团队培训和行动学习。

1）冒险性学习。也称野外培训或户外培训，指通过有组织的户外活动来开发团队协作和领导技能的一种团队建设培训方法。它最适用于开发与团队效率有关的技能，如自我意识、问题解决、冲突管理和风险承担。另外还包括一些费力的、富有挑战性的体育活动以及有组织的个人和小组户外活动，如爬墙、攀绳、蹦极、登梯及利用其他辅助设施从两座塔之间的钢丝上走过等。

冒险性学习获得成功的关键之一是要求团队全体成员共同参与练习，在练习中体验发现妨碍群体有效性的那些障碍和问题，然后对之进行讨论和正确认知；关键之二是，必须根据拟对受训者开发的技能来设计和组织冒险学习的内容；关键之三是，要有一位经验丰富的指导者在练习结束后组织参与者讨论在练习中发生的事情及其与工作情景的联系，讨论体验和学到的东西以及如何把其应用于工作实践中去。

2）团队培训。团队培训（Team Training）是指将单个人的绩效协调在一起工作，从而实现共同目标的一种培训方式。一个团队成功与否，取决于其成员个人决策活动中的相互协调、处理潜在危机情况的思想准备，以及团队的绩效等三个方面的要素，其中团队绩效又取决于团队成员的知识、态度和行为三个要素。

团队培训旨在调整团队成员的知识、态度和行为，通过协调个体的活动和绩效来促进团队绩效的提高，从而有效实现团队的共同目标。这对于必须分享信息、协同工作、个人行为与群体绩效密切相关的集体和项目是非常有用的。

团队培训主要有交叉培训、协作培训和团队领导技能培训等三种。交叉培训是指让团队成员熟悉并实践其他人的工作，以便在有人离开团队时，其他人能够补位承担起相应的工作。协作培训是指促使团队成员共享信息、分担决策责任、协调行动、合作工作，从而实现团队绩效最大化的培训内容与方式。团队领导技能培训的主要对象是团队领导者或指导人员，主要培训内容包括：如何协调团队成员的活动、如何解决内部冲突、如何培养各种团队技能等。

3）行动学习。行动学习（Action Learning）是指给团队一个工作中的实际问题，让他们合作解决并制订出行动计划，然后由他们负责实施这项计划的培训方式。团队的构成可以不断变化，有时在团队中包括一个有问题需要解决的用户；有时团队中包括涉及同一个问题的各个部门的代表；有时团队中的成员来自多个职能部门又都有各自的问题，并且每个成员都希望解决各自的问题。

这种方法由于其"行动"涉及的是员工实际工作中面临的问题，有助于发现妨碍团队有效解决问题的非正常因素，并有利于学习与培训成果向实践高效转化。该方法在欧洲已被广泛采用。

6. 新兴的培训方法

现代技术进步加快、产品生命周期缩短以及竞争加剧，这一切对员工的学习提出了更高的要求，终身学习是个人发展不可缺少的学习方式。随着信息技术的发展，大量的信息技术被引进到培训领域。这种情况下，新兴的培训方式不断涌现，如网上培训、虚拟培训、远程学习、培训支持技术等培训方式在很多企业受到欢迎。

（1）网上培训（Online Training） 又称为基于网络的培训（Web-based Training），是指通过公司的内网（Intranet）、外网（Extranet）或因特网（Internet）对学员进行培训。老师将培训课程存储在培训网站上，分布在世界各地的学员利用网络浏览器进入该网站接受培训。

网上培训与现实培训相比较，有以下几方面的优越性。

① 无需将学员从各地召集到一起，大大节省了培训费用。

② 网络上的内容易修改，且修改培训内容时，无需重新准备教材或其他教学工具，费用低，可及时、低成本地更新培训内容。

③ 网上培训可充分利用网络上大量的声音、图片和视频文件等资源，能够增强课堂教学的趣味性，从而提高学员的学习兴趣和效率。

④ 网上培训的进度安排比较灵活，学员可以充分利用空闲时间进行，而不用中断工作。

网上培训的缺点是：网上培训要求企业建立良好的网络培训系统，这需要投入大量的培训资金，而中小企业由于受资金限制，往往无法承担相关培训设备和技术所需费用；另外，某些培训内容不适用于网上培训方式，如关于人际交流的技能培训就不适用于网上培训方式。

因此，进行网上培训的企业应注意这些问题：网上培训内容形式的设计尽量和站点形式一致；大量利用多媒体技术实现培训信息的传递；确保网络通畅；确保每个学员掌握了关于网络操作的基本知识；网上培训不能完全代替课堂培训；网上培训的同时不能忽视人际关系的培养。

（2）虚拟培训 虚拟培训是指利用虚拟现实技术（也就是高性能计算机硬件与软件及各类先进的传感器的一种集成技术），生成实时的、具有三维信息的人工虚拟环境。培训学员通过运用某些设备接受和响应该环境的各种感官刺激而进入其中，并可以根据需要通过多种交互设备（如头盔、数据手套和刚性外骨架衣服等）来驾驭该环境以及用于操作的物体，从而达到提高培训对象各种技能或学习知识的目的。虚拟培训特别适用于汽车驾驶人、军事人员、飞行器驾驶员、空中交通管制人员、医务工作人员、体育运动员等方面人才的培训，他们能从这种培训中获得感性知识和实际经验。

虚拟培训的优点在于它的仿真性、超时空性、自主性、安全性。学员在虚拟培训中操作的设备和真正的设备功能一样，操作方法也一样，理想的虚拟环境甚至能够让学员无法辨出真假。虚拟环境具有超时空的特点，它能够将过去世界、现在世界、未来世界、微观世界、宏观世界等拥有的物体有机地结合到一起。在培训中，学员能够自主地选择或组合虚拟培训场地或设施，而且学员可以在重复中不断增强自己的训练效果。更重要的是，这种虚拟环境使他们脱离了现实环境培训中的风险。

（3）远程学习　远程学习（Distance Learning）是指通过计算机和网络技术使不同地域的人能够达到同步学习的目的。远程学习适用于为分散在不同地域的企业提供关于新产品、政策、程序的信息以及技术培训和专业讲座。

远程学习通常采用两种技术使人们之间进行双向沟通。一种是受训者的同时性学习，即通过培训设备受训者可以与培训者和其他受训者进行网络沟通。远程学习的另一种方式是通过个人计算机进行的个人培训。只要拥有个人计算机，员工就可以随时接受培训。通过公司的内部网、视频、教学软件可以分发课程材料和布置作业。而培训者和受训者之间则可以通过电子信箱、公告栏和电子会议系统进行沟通。视频远程会议通常会配备电话线，可以让观看视频的受训者能通过电话向培训者提问。企业还可以通过卫星网络来开展专业课程和教育课程的培训，使员工可以获得学历文凭和从业资格认证。

远程培训的最大优点在于能为企业节约交通费用。通过这种方式可以使处于不同地区的员工都能获得专家的培训。远程学习的主要缺点在于缺乏培训教师和受训者之间的沟通。要想学习收到良好的成效，必须在培训者和受训者之间形成良好的互动。而远距离学习项目只利用了广播技术来为不同区域的人们提供讲座，因此沟通效果受到影响。

（4）培训支持技术　培训支持技术指借助于先进的电子技术，帮助受训员工了解有关的培训内容，并使他们按照自己的需求来获取有关信息和决策规则等。目前启用的有专家系统、电子会议软件、电子支持系统等新技术来支持培训。

1）专家系统。专家系统（Expert Systems）指把专家的知识组织起来，建立一个专家库以解决员工培训中遇到的问题。首先，专家系统必须是具备某个领域的事实资料、图表和规则的知识库；其次，必须具有一种决策能力，可以模拟专家的推理能力，并可从事实和图表中得出结论，来回答问题和解决问题；再次，必须具备一个使用者界面，从而可以为该系统的使用者搜集和提供信息。当受训员工遇到的问题和需做的决策超出其现有知识技能的范围时，就可利用专家系统寻求帮助。专家系统既可以作为培训的支持技术，也可以作为一种信息传递装置。此外，还可利用专家系统来对员工进行专家决策程序的培训。

2）电子会议软件。电子会议软件（Electronic Meeting Software）是一种共享资源，是指用软件的形式将培训的有关内容组织到一起，供培训者与受训者共同使用。电子会议软件是一种特殊的应用软件，它可使不同的使用者搜寻、共享和组织信息并可同时在同一份文件上工作。电子会议软件系统把电子邮件、文件管理、电子公告栏等多种形式融合在一起。

　　与传统培训方法进行比较，新技术培训方法的优势在于，一方面，运用新技术培训方法可以使受训员工在家或办公室接受培训，而且许多新技术培训不受固定时间的限制，大大方便了受训员工；另一方面，受训员工不必集中，可以节省相应的费用。随着新技术的日益发展，远程学习的日益盛行，尽管新技术培训方法的运用还刚刚起步，对其效用的研究也较为有限，然而，如果这些方法具备了良好的学习环境、学习者自行控制、信息共享以及资源互联等特点，那么它们必将能产生良好的成效。

4.4　汽车服务企业绩效评估与薪酬

4.4.1　绩效评估的含义和类型

1. 绩效评估的含义

　　绩效评估是指考评主体对照工作目标或绩效标准，采用一定的考评方法，评定员工的工作任务完成情况、员工的工作职责履行程度和员工的发展情况，并将上述评定结果反馈给员工的过程。

　　绩效评估包括两方面内容：其一是对个体能力的评估，它便于将个体按能力分类和区分；其二是对工作绩效的评估，即依据工作评估的标准来评估工作人员在现任岗位上的工作绩效。只有将这两方面结合起来，才能更好地选拔和安置工作人员，使他们能在可以充分发挥其能力的岗位上做出更大贡献。

2. 绩效评估的目的

　　绩效评估有以下几个目的。

　　1）为员工的晋升、降职、调职和离职提供依据。

　　2）企业对员工绩效考评的反馈。

　　3）为员工和团队对企业的贡献进行评估。

　　4）为员工的薪酬决策提供依据。

　　5）为招聘选择和工作分配的决策进行评估。

　　6）了解员工和团队培训和教育的需要。

　　7）为培训和员工职业生涯规划效果进行评估。

　　8）为工作计划、预算评估和人力资源规划提供信息。

　　所以，建立员工绩效评估管理系统，是为了使员工的贡献得到认可，并且帮助员工提高工作绩效，最终实现汽车服务企业的发展。

3. 绩效评估管理的基本目标

　　1）通过绩效评估管理系统实施目标管理，保证汽车服务企业整体目标的实现，提高在市场竞争环境中的整体工作能力与核心竞争实力。

2）通过绩效评估管理帮助每个员工提高工作绩效与工作胜任力，建立适应企业发展战略的人力资源队伍。

3）在绩效评估管理的过程中，促进管理者与员工之间的沟通与交流，形成开放、积极参与、主动沟通的汽车服务企业文化，增强汽车服务企业的凝聚力。

4. 绩效评估管理的基本原则

（1）公开性原则　管理者要向被管理者明确说明绩效管理的标准、程序、方法、时间等事宜，使绩效管理具有透明度，只有这样才能提高员工的工作绩效。目前，很多汽车服务企业都是采用的"背靠背"的评估方式，员工不知道自己的缺点，更无从知道如何提高。

（2）客观性原则　绩效管理要做到以事实为依据，对被管理者的任何评价都应有事实依据，避免主观臆断和个人感情色彩，这对管理者的职业道德有着较高的要求。

（3）开放沟通原则　在整个绩效评估管理过程中，管理者和被管理者要开诚布公地进行沟通与交流，评估结果要及时反馈给被评估者，肯定成绩，指出不足，并提出今后应努力和改进的方向。发现问题或有不同意见应在第一时间内进行沟通，管理者应该在管理过程中与员工沟通、具体指导，从而提高员工的工作绩效。

（4）差别性原则　对不同部门、不同岗位进行绩效评估时，要根据不同的工作内容制订贴切的衡量标准，评估的结果要适当拉开差距。不搞平均主义，工作绩效高的部门应该提高奖励比例，工作绩效低的部门应该降低奖励比例。

（5）常规性原则　绩效管理是各级管理者的日常工作职责，对下属做出正确的评估是管理者重要的管理工作内容，绩效管理必须成为常规性的管理工作。

（6）发展性原则　绩效管理通过约束与竞争促进个人及团队的发展，因此，管理者和被管理者都应将通过绩效管理提高绩效作为首要目标。任何利用绩效管理进行打击、压制、报复他人和小团体主义的做法都应受到制度的惩罚。

5. 绩效评估的基本类型

（1）效果主导型　考评的内容以考评结果为主，着眼于"干出了什么"，重点在结果而不是行为过程。由于它考评的是工作业绩而不是工作效率，所以标准容易制订，并且容易操作。目标管理考评办法就是该类考评。它具有短期性和表现性的缺点，对做具体服务工作的员工较适合，但事务性人员不适合。

（2）品质主导型
考核的内容以考评员工在工作中表现出来的品质为主，着眼于"他怎么干"。由于其考评内容如忠诚、可靠、主动、有创新、有自信、有协助精神等，很难具体掌握，故操作性与有效度较差。该类型适合于对员工工作潜力、工作精神及沟通能力的考评。

（3）行为主导型　考核的内容以考评员工的工作行为为主，着眼于"如何干""干什么"，重点在工作过程。考评的标准容易确定，操作性强，适合于管理性、事务性工作的考评。

4.4.2 绩效评估管理的程序

一般而言，绩效评估工作大致要经历制订评估计划、选取考评内容及确定评估标准和方法、收集数据、分析评估、结果运用五个阶段。

1. 制订绩效评估计划

为了保证绩效评估顺利进行，必须事先制订评估计划，在明确评估目的的前提下，有目的地要求选择评估的对象、内容、时间。

2. 确定评估的标准、内容和方法

（1）确定评估的标准 绩效评估必须有标准，作为分析和考查员工的尺度。一般可分为绝对标准和相对标准。绝对标准如出勤率、废品率、文化程度等以客观现实为依据，而不以考核者或被考核者的个人意志为转移的标准。所谓相对标准，就是采取员工之间相互比较的方法，此时每个人既是被比较的对象，又是比较的尺度，因而标准在不同群体中就会有差别，而且不能对每一个员工单独做出"行"与"不行"、"好"与"不好"的评价，如企业年终评优，规定各个车间评出一名先进工作者，这个先进工作者的标准就是相对的。

一般而言，评估标准采用绝对标准。绝对标准又可分为业绩标准、行为标准和任职资格标准三大类。

（2）选择考评内容

1）选择考评内容的原则。考评内容主要是以岗位的工作职责为基础来确定的，但要遵循以下三个原则。

① 与汽车服务企业文化和管理理念相一致。考评内容实际上就是对员工工作行为、态度、业绩等方面的要求和目标，它是员工行为的导向。考评内容是汽车服务企业组织文化和管理理念的具体化和形象化，在考评内容中必须明确：汽车服务企业在鼓励什么、反对什么，并给员工以正确的指引。

② 要有所侧重。考评内容不可能涵盖该岗位上的所有工作内容，为了提高考评的效率，降低考评成本，并且让员工清楚工作的关键点，考评内容应该选择岗位工作的主要内容进行考评，不能面面俱到。这些主要内容实际已经占据了员工80%的工作精力和时间。另外，对难以考核的内容也要谨慎处理，认真分析可操作性和在岗位整体工作中的作用。

③ 不考评无关内容。绩效考评是对员工的工作考评，对不影响工作的任何事情都不要进行考评。比如说员工的生活习惯、行为举止、个人嗜好等内容都不宜作为考评内容出现，如果这些内容妨碍到工作，其结果自然会影响到相关工作的考评成绩。

2）对考评内容进行分类。为了使绩效考评更具有可靠性和可操作性，应该在对岗位工作内容分析的基础上，根据汽车服务企业的管理特点和实际情况，对考评内容进行分类，如将考评内容划分为"重要任务""日常工作"和"工作态度"三个方面进行考评。

（3）选择评估方法 在确定评估目标、对象、标准后，就要选择相应的评估方法。常用的评估方法有以下几种。

① 业绩评定表。所谓业绩评定表就是将各种评估因素分优秀、良好、合格、稍差、不合格（或其他相应等级）进行评定。其优点在于简便、快捷，易于量化。其缺点是容易出现主观偏差和趋中误差，等级宽泛，难以把握尺度。

② 工作标准法（劳动定额法）。把员工的工作与企业制订的工作标准（劳动定额）相对照，以确定员工工作业绩。其优点在于参照标准明确，评估结果易于做出。缺点在于标准制订，特别是针对管理层的工作标准制订难度较大，缺乏可量化的指标。此外，工作标准法只考虑工作结果，对那些影响工作结果的因素反映不出来，如领导决策失误等。目前，此方法一般与其他方法一起使用。

③ 强迫选择法。此方法评估者必须从 3～4 个描述员工在某一方面的工作表现的选项中选择一个（有时两个）。其优点在于，用来描述员工工作表现的语句并不直接包含明显的积极或消极内容，评估者并不知道评估结果的高低。其缺点在于，评估者会试图猜想人力资源部门提供选项的倾向性。此外，由于难以把握每一个选项的积极或消极成分，因而得出的数据难以在其他管理活动中应用。

④ 排序法。把一定范围内的员工按照某一标准由高到低进行排列的一种绩效评估方法。其优点在于简便易行，完全避免趋中或严格或宽松的误差。但缺点在于标准单一，不同部门或岗位之间难以比较。

⑤ 硬性分布法。将规定范围内的员工按照某一概率分布划分到有限数量的几种类型上的一种方法。例如，假定员工工作表现大致服从正态分布，评价者按预先确定的概率把员工划分到不同类型中。这种方法有效地减少了趋中或严格或宽松的误差，但问题在于各部门中不同类型员工的概率不可能一致。

⑥ 关键事件法。关键事件是指那些对部门效益产生重大积极或消极影响的行为。在关键事件法中，管理者要将员工在考核期间内所有的关键事件都真实记录下来。其优点在于针对性强，结论不易受主观因素的影响。缺点在于基层工作量大。另外，要求管理者在记录中不能带有主观意愿，但在实际操作中往往难以做到。

⑦ 叙述法。评估者以一篇简洁的记叙文的形式来描述员工的业绩。这种方法集中描述员工在工作中的突出行为，而不是日常的业绩。叙述法简单，是比较好的一种评估方法。叙述法的缺点在于，评估结果在很大程度上取决于评估者的主观意愿和文字水平。此外，由于没有统一的标准，不同员工之间的评估结果难以比较。

⑧ 目标管理法。目标管理法是比较流行的一种绩效评估方法。其基本程序是：监督者和员工联合制订评估期间要实现的工作目标；在评估期间，监督者与员工根据业务或环境变化修改或调整目标；监督者和员工共同决定目标是否实现，并讨论失败的原因；监督者和员工共同制订下一个评估期的工作目标和绩效目标。目标管理法的特点在于，绩效评估人的作用从法官转换为顾问和促进者，员工的作用也从消极的旁观者转换为积极的参与者，增强了员工的满足感和工作的自觉性，使员工能够以一种更积极、主动的态度投入工作，促进了工作目标和绩效目标的实现。

3. 收集数据

绩效评估是一项长期、复杂的工作，对于作为评估基础的数据收集工作要求很高。其主要做法包括以下几种。

1）记录法：维修、服务的车辆数量、维修质量、成本等，按规定填写原始记录和统计表格。

2）定期抽查法：定期抽查服务的数量、质量，用以评定期间内的工作情况。

3）考勤记录法：出勤、缺勤情况及原因，是否请假等，一一记录在案。

4）项目评定法：采用问卷调查形式，指定专人对员工逐项评定。

5）减分登记法：按职务（岗位）要求规定应遵守的项目，制订出违反规定扣分方法，定期进行登记。

6）行为记录法：对优秀行为或不良行为进行记录。

7）指导记录法：不仅记录部下的各种工作行为，还将其主管的意见及部下的反应也记录下来，这样既可考察部下，又可考察主管的领导工作。

4. 评估分析

评估分析的任务是根据评估的目的、标准和方法，对所收集的数据进行分析、处理、综合。具体过程如下所述。

（1）划分等级　把每一个评估项目，如工作态度、人际关系、出勤情况、责任心、工作业绩等，按一定的标准划分为不同等级。一般可分为 3～5 个等级，如优、良、称职、不称职。

（2）对单一评估项目的量化　为了能把不同性质的项目综合在一起，就必须对每个评估项目进行量化及不同等级赋予不同数值，用以反映实际特征。如：优为 10 分，良为 8 分，称职 6 分，不称职为 2 分。

（3）对同一项目不同评估结果的综合　有多人参与的情况下，同一项目的评估结果可能不相同。为综合这些意见，可采用算术平均法或加权平均法进行综合，得出最终评估结果。

（4）对不同项目的评估结果的综合　有时为达到某一评估目标需要考察多个评估项目，只有把这些不同的评估项目综合在一起，才能得到较全面的客观结论。一般采用加权平均法。当然，具体权重要根据评估目的、被评估人的层次和具体职务来确定。

5. 结果运用

有了评估结果并不意味着绩效评估工作的结束。在绩效评估过程中获得的大量有用信息可以运用到汽车服务企业各项管理活动中。

1）通过向员工反馈评估结果，帮助员工找到存在的问题，明确努力方向，这对员工改进工作、提高绩效会有促进作用。

2）为人事决策提供依据，如任用、晋级、加薪、奖励等。

3）检查企业管理的各项政策，如人员配置、员工培训等方面是否有失误，还存在哪些问题等。

4.4.3 薪酬体系概述

薪酬体系是指薪酬中相互联系、相互制约、相互补充的各构成要素形成的有机统一体。薪酬体系设计是薪酬管理的"骨骼"，以此为基础展开的薪酬管理工作，直接牵动着企业的运营效率。因此，如何成功地设计薪酬体系对企业来说异常重要。

1. 薪酬体系的作用与意义

（1）决定人力资源的合理配置与使用 薪酬是用人单位为获得劳动者未来提供的劳动而承诺支付给劳动者的劳动报酬，这种劳动报酬可以是实物形态的，也可以是非实物形态的。

薪酬作为实现人力资源合理配置的基本手段，在人力资源开发体系中起着十分重要的作用。薪酬一方面代表着劳动者可以提供的不同劳动能力的数量与质量，反映了劳动力供给方的基本特征，另一方面代表着用人单位对人力资源需要的种类、数量和程度，反映了劳动力需求方的特征。薪酬体系就是要运用薪酬设计来引导人力资源向合理的方向运动，从而实现企业效益的最大化。

（2）影响劳动效率 传统的薪酬体系，仅具有物质报酬分配性质，忽视了精神激励，很少考虑被管理者的行为特征，难以调动员工的工作积极性。现代薪酬体系将薪酬视为激励劳动效率的主要杠杆，不仅注重利用工资、奖金、福利等物质报酬从外部激励劳动者，还注重利用岗位的多样性、工作的挑战性、取得成就、得到认可、承担责任、获取新技巧和事业发展机会等精神报酬，从内部激励劳动者，从而使薪酬管理过程成为劳动者的激励过程。劳动者在这种薪酬体系下，通过个人努力，不仅可以提高薪酬水平，还可以提高个人在企业中的地位、声誉和价值，从而大大提高员工的积极性和创造性。

（3）关系社会的稳定 在我国现阶段，薪酬是劳动者个人消费资料的主要来源。作为消费性的薪酬，保障了劳动者的生活需要，实现了劳动者劳动力的再生产。因此，在薪酬体系中，如果薪酬标准确定过低，劳动者的基本生活就会受到影响，劳动力的耗费就不能得到完全的补偿；如果薪酬标准确定得过高，又会对产品成本构成较大影响，特别是当薪酬的增长普遍超过劳动生产率的增长时，还会导致成本推动型的通货膨胀，一方面会对人民生活直接产生严重影响，另一方面，通货膨胀造成的一时虚假过度需求，还会引发"泡沫经济"，加剧经济结构的非合理化。此外，薪酬标准定得过高，还会导致劳动力需求的收缩，失业队伍的扩大，影响到社会的安定。

2. 薪酬的主要内容

薪酬的构成具有多层次的内容，并通过不同形式体现出来，其中主要包括三部分内容：基本薪酬、绩效薪酬和间接薪酬。其中基本薪酬对应基本工资，绩效薪酬对应奖金和分红，间接薪酬对应津贴、补贴和福利等。

（1）基本工资　基本工资是指用来维持员工基本生活的工资。它常常以岗位工资、职务工资、技能工资、工龄工资等形式来表现。它一般不与企业经营效益挂钩，是薪酬中相对稳定的部分。

（2）奖金　奖金即奖励或考核工资，是与员工、团队或组织的绩效挂钩的薪酬。它体现的是员工提供的超额劳动的价值，具有很强的激励作用。

（3）分红　分红也叫利润分享，是员工对组织经营效益的分享。它常常以股票、期权等形式来表现。它也可看成奖金的第二种形式，即来自利润的绩效奖金，其直接与组织效益状况挂钩。

（4）津贴和补贴　津贴和补贴是对工资难以全面、准确反映的劳动条件、劳动环境、社会评价等因素对员工造成某种不利影响或者保证员工工资水平不受物价影响而支付给员工的一种补偿。人们把与工作相关的补偿叫津贴，如高温费、出差补助等；把与生活相关的叫补贴，如误餐费、交通费、暖气费等。

（5）福利　福利与基本工资和奖金不同，一般不以员工的劳动情况为支付依据，而以员工作为组织成员的身份为支付依据，是一种强调组织文化的补充性报酬。福利按其针对对象的范围，可分为全员性福利和部分员工福利。福利按照其是否具有强制性，可分为法定福利与企业自主福利。法定福利包括基本养老保险、医疗保险、失业保险、工伤保险、生育保险和住房福利等，简称"五险一金"，其中前三项通常称为"三险"，为强制险种，是各企事业单位必须按规定严格执行的法定福利。企业自主福利则多种多样，如带薪年假、晋升、培训、免费班车等。组织福利在改善员工满意度方面起着重要的调节作用。

薪酬各部分的构成、功能及特征见表4-1。

表 4-1　薪酬的构成、功能及特征

薪酬分类	薪酬构成	功能	决定因素	变动性	特　点
基本薪酬	基本工资	保障体现岗位价值	职值价值、能力、资历	较小	具有稳定性、保障性
绩效薪酬	奖金	对良好业绩的回报	个人绩效、团队绩效、组织绩效	较大	具有激励性、持续性
	分红	对优秀业绩的回报	组织效益	较大	具有激励性、持续性
间接薪酬	福利	提高员工满意度避免企业年资负债	就业与否、法律、法规	较小	针对所有员工满意度，具有保障性、调节性
	津贴和补贴	保障提高员工满意度	工作条件、工作环境、社会评价等	较小	针对所有员工满意度，具有保障性、调节性

4.4.4　薪酬体系设计

1. 薪酬体系设计的原则

薪酬作为分配价值形式之一，设计时应当遵循按劳分配、效率优先、兼顾公平及可持续发展的原则。

（1）内部公平性　按照承担的责任大小，需要的知识能力的高低，以及工作性质要求的不同，在薪资上合理体现不同层级、不同职系、不同岗位在企业中的价值差异。

（2）外部竞争性　保持企业在行业中薪资福利的竞争性，以便留住人才和吸引优秀的人才加盟。

（3）与绩效的相关性　薪酬必须与企业、团队和个人的绩效完成状况密切相关，不同的绩效考评结果应当在薪酬中准确地体现出来，实现员工的自我公平，从而最终保证企业整体绩效目标的实现。

（4）激励性　薪酬以增强工资的激励性为导向，通过动态工资和奖金等激励性工资单元的设计激发员工工作积极性；另外，应设计和开放不同薪酬通道，使不同岗位的员工有同等的晋级机会。

（5）可承受性　确定薪酬的水平必须考虑企业实际的支付能力，薪酬水平须与企业的经济效益和承受能力保持一致。人力成本的增长幅度应低于总利润的增长幅度，同时应低于劳动生产率的增长速度。用工资成本的适当增加引发员工创造更多的经济增加值，保障出资者的利益，实现可持续发展。

（6）合法性　薪酬体系的设计应当在国家相关劳动法律法规允许的范围内进行。

（7）可操作性　薪酬管理制度和薪酬结构应当尽量浅显易懂，使得员工能够理解设计的初衷，从而按照企业的引导来规范自己的行为，达到更好的效果。只有简洁明了的制度流程，操作性才会更强，有利于迅速推广，同时也便于管理。

（8）灵活性　企业在不同的发展阶段和外界环境发生变化的情况下，应当及时对薪酬管理体系进行调整，以适应环境的变化和企业发展的要求，这就要求薪酬管理体系具有一定的灵活性。

（9）适应性　薪酬管理体系应当能够体现企业自身的业务特点以及企业性质、所处区域、行业的特点，并能够满足这些因素的要求。

2. 薪酬体系设计的基本步骤

薪酬体系设计应根据企业的实际情况，并紧密结合企业的战略和文化，系统、全面、科学地考虑各项因素，并及时根据实际情况进行修正和调整，遵循按劳分配、效率优先、兼顾公平及可持续发展的原则，充分发挥薪酬的激励和引导作用，为企业的生存和发展起到重要的制度保障作用。一个设计良好的薪酬体系直接与企业的战略规划相联系，使员工能够把自己的努力和行为集中到帮助企业在市场竞争中生存并立于不败之地的方向上去。薪酬体系的设计应该补充和增强其他人力资源管理系统的作用，如人员选拔、培训和绩效评价等。

为实现上述目标，薪酬体系设计必须遵照以上九项原则，细致入微地开展一系列工作。只有这样才能使方案切合实际且具有广泛的接受程度及良好的可实施性。

薪酬体系设计的基本步骤如下所述。

（1）薪酬调查

薪酬调查是薪酬设计中的重要组成部分。它解决的是薪酬的对外竞争力和对内公平问题，是整个薪酬设计的基础，只有实事求是地进行薪酬调查，才能使薪酬设计做到有的放矢，解决企业薪酬激励的根本问题，做到薪酬个性化和有针对性的设计。通常，薪酬调查需要考虑以下三个方面。

① 企业薪酬现状调查。通过科学的问卷设计，从薪酬水平的三个公平（内部公平、外部公平、个人公平）的角度了解造成现有薪酬体系中的主要问题以及造成问题的原因。

② 进行薪酬水平调查。主要收集行业和地区的薪资增长状况、不同薪酬结构对比、不同职位和不同级别的职位薪酬数据、奖金和福利状况、长期激励措施以及未来薪酬走势分析等信息。

③ 薪酬影响因素调查。综合考虑薪酬的外部影响因素，如国家的宏观经济、通货膨胀、行业特点和行业竞争状况、人才供求状况和企业的内部影响因素，如盈利能力和支付能力、人员的素质要求及企业发展阶段、人才稀缺度、招聘难度等。

（2）确定薪酬原则和策略　薪酬原则和策略的确定是薪酬设计后续环节的前提。在充分了解企业目前薪酬管理的现状的基础上，确定薪酬分配的依据和原则，以此为基础确定企业的有关分配政策与策略，例如不同层次、不同系列人员收入差距的标准，薪酬的构成和各部分的比例等。

（3）职位分析　职位分析是薪酬设计的基础性工作。基本步骤包括：结合企业经营目标，在业务分析和人员分析的基础上，明确部门职能和职位关系；然后进行岗位职责调查分析；最后由岗位员工、员工上级和人力资源管理部门共同完成职位说明书的编写。

（4）岗位评价　岗位评价重在解决薪酬对企业内部的公平性问题。通过比较企业内部各个职位的相对重要性，得出职位等级序列。岗位评价以岗位说明书为依据，方法有许多种，企业可以根据自身的具体情况和特点，采用不同的方法来进行。

（5）薪酬类别的确定　根据企业的实际情况和未来发展战略的要求，对不同类型的人员应当采取不同的薪酬类别，例如：企业高层管理者可以采用与年度经营业绩相关的年薪制，管理序列人员和技术序列人员可以采用岗位技能工资制，营销序列人员可以采用提成工资制，企业急需的人员可以采用特聘工资制等。

（6）薪酬结构设计　薪酬的构成要素反映了企业关注的内容，因此采取不同的策略、关注不同的方面就会形成不同的薪酬构成。企业在考虑薪酬的构成时，往往综合考虑以下几个方面的因素：一是职位在企业中的层级；二是岗位在企业中的职系；三是岗位员工的技能和资历；四是岗位的绩效，分别对应薪酬结构中的不同部分。

3. 薪酬体系设计应注意的问题

（1）公平性　合理的薪酬制度首先必须是公平的，只有公平的薪酬才有激励作用。但公平不是平均，真正公平的薪酬应该体现在个人公平、内部公平和外部公平三个方面。

所谓个人公平就是员工对自己的贡献和得到的薪酬感到满意。从某种程度上说，薪酬即是汽车服务企业对员工工作和贡献的一种认可度，员工对薪酬的满意度也是决定其对汽车服务企业忠诚度的关键因素。所谓内部公平就是员工的薪酬在汽车服务企业内部贡献度及工作绩效与薪酬之间关系的公平性。

内部公平主要表现在两个方面，一是同等贡献及同等工作绩效的员工无论他们的身份如何，他们的薪酬应该对等，不能有歧视性的差别；二是不同贡献度岗位的薪酬差异应与其贡献度的差异相对应，不能刻意地制造岗位等级差异。

外部公平是指汽车服务企业的薪酬水平相对本地区、同行业劳动力市场的公平性。外部公平要求公司的整体薪酬水平保持在一个合理的程度上，同时对于市场紧缺人才实行特殊的激励政策，并关注岗位技能在人才市场上的通用性。

（2）重要性 要充分认识到薪酬在汽车服务企业人力资源体系中的重要性，就必须对薪酬进行正确的定位，也就是薪酬能为汽车服务企业做什么，不能做什么。任何一家汽车服务企业的薪酬设计以及体系设立过程都应建立在对此问题进行回答的基础上，而许多汽车服务企业在薪酬体系方面出现失误往往都是由于未能认真思考及对待这一问题。从薪酬体系的实践来看，惟薪酬论和薪酬无用论都是片面的，都是不正确的。

因此，一方面要承认，较高的薪酬对于某些特定人群，尤其是低收入者和文化素质不高的人群还是有较明显的激励作用。但另一方面，又必须清醒地认识到，对于汽车服务企业中的高素质人才而言，"金钱不是万能的"，加薪产生的积极作用也同样遵循边际收益递增然后递减的规律，而减薪之前更要考虑人员稳定性问题。

（3）必须处理好短期激励和长期激励的关系 薪酬的激励作用是大家都承认的，但如何处理好薪酬体系的短期激励和长期激励的关系是一个更重要的问题。要处理好薪酬的短期激励和长期激励的关系，应该处理好以下几个问题。

① 必须全面地认识薪酬的范畴，薪酬不仅仅是工资（基本工资、岗位工资、绩效工资等），还包括奖金、职务消费、各类补贴以及各类福利，它是一个整体系统。

② 在设计薪酬方案的时候，首要考虑的因素应该是公平性。公平性是薪酬方案激励性和竞争性的基础。

③ 在处理薪酬各部分的时候，要区别对待。对各类工资、奖金、职务消费应该按岗位和贡献的不同拉开差距，而对于各类福利则应该平等，不能在汽车服务企业内部人为地制造等级待遇。

（4）设计薪酬要处理好老员工与新员工的关系 汽车服务企业的发展是一个长期积累的过程，在这个过程中，老员工是做出了很大的贡献的。同时，不断地引进汽车服务企业所需要的各类人才也是人力资源体系的重要工作。因此，在设计汽车服务企业薪酬体系时，既要体现对老员工历史贡献的认同，又要注意避免新老员工薪酬过大的差异造成新员工心理不平衡和人才流失。

（5）克服激励手段单一和激励效果较差的问题 汽车服务企业的薪酬体系设计要注意发挥薪酬的激励作用，然而"金钱不是万能的"，如何克服薪酬在激励方面表现出来的手段单一和效果较差的问题是薪酬设计中的一个重要问题。

员工的收入差距一方面应取决于员工所从事的工作本身在企业中的重要程度以及外部市场的状况，另一方面还取决于员工在当前工作岗位上的实际工作业绩。然而，许多汽车服务企业既没有认真细致的职位分析和职位评价，也没有客观、公平的绩效评价，所以拉开薪酬差距也就成了一种空想，薪酬的激励作用就很难发挥出来。

（6）薪酬制度调整要在稳定的前提下进行　薪酬分配的过程及其结果所传递的信息有可能会导致员工有更高的工作热情、更强烈的学习与创新愿望，也有可能导致员工工作懒散、缺乏学习与进取的动力。因此，汽车服务企业在对薪酬制度进行调整时必须以维护稳定为前提，要注意维护大多数员工的利益和积极性。损害了大多数员工的利益，挫伤了大多数员工的积极性的薪酬制度改革是不可取的。

总之，汽车服务企业薪酬体系是一项复杂而庞大的工程，只有对薪酬体系进行多方面、全方位的设计，才能保证薪酬的公平性和科学性，充分发挥薪酬机制的激励和约束作用，使薪酬成为一种完成汽车服务企业目标的强有力的工具。

案例阅读

案例 1　英特尔招聘三部曲

美国英特尔公司（以下简称英特尔）是全球最大的个人计算机零件和CPU制造商。英特尔确定了自己所需人才的基本条件后，招聘围绕着这一要求展开了。

首先确定，某类人才是从有经验的人还是从新人中招聘？这实际上还涉及是自己培养人才还是挖别人墙脚的问题。

众所周知，有经验的人才有其无法比拟的优点：这些人已经具备了相当的能力和技巧，能够独当一面，公司使用他们投资少，却可以立竿见影，而且由于经验丰富，犯低级错误的可能性小（他们已经付出过必要的学习成本），这也是许多企业所看重的。他们的缺点也很明显：首先，其忠实度很值得怀疑；其次，可塑性受到局限，他们的思维往往已经定型，而且深受以往单位作风的影响。

新人的优缺点也一目了然。新人的优点在于：通常学历高些，与公司融合快，适应性强，潜力大，而且一旦融入公司，他们的思维便以公司导向为定式，容易培养认同感。其缺点在于：投资大，短期内不合算，而且还要承担他们可能的学习成本。

通常，在企业设立之初，为解燃眉之急，倾向于招收有经验的人才。而企业站稳脚跟后，如果实力雄厚，一般更喜欢吸收新人加以培养，毕竟，挖别人墙脚不是长久之计。接着就是如何进行招聘工作，保证所招收的人员正是公司所要求的人才。

英特尔公司的招聘比较常规化，或者说有点循规蹈矩。它的招聘工作基本上是按下面三个步骤进行的。

首先是初步面试。通常，初步面试由公司的人力资源部主管主持进行，通过双向沟通，使公司方面获得有关应聘者学业成绩、相关培训、相应工作经历、兴趣偏好、对有关职业的期望等直观信息，同时，也使应聘人员对公司目前的情况及公司对应聘者的未来期望有个大致了解。面试结束后，人力资源部要对每位应聘人员进行评估，以确定进入下一轮应试的人员名单。

接着进行标准化的心理测试。通过测试，进一步了解应聘人员的基本能力素质和个性特征，包括其基本智力、思维方式、内在驱动力等，也包括管理意识、管理技能技巧等。

第三步进行模拟测验。这是最终面试，也是决定应聘人员是否入选的关键。其具体做法是，应聘者以小组为单位，根据工作中常碰到的问题，由小组成员轮流担任不同的角色，以测试其处理实际问题的能力。模拟测试最大的优点是，应聘者的智商和情商都能集中表现出来，它能客观反映应聘者的综合能力，使公司避免在选择人才时感情用事。

案例 2　沃尔玛：成功源于沟通

美国沃尔玛百货有限公司（以下简称沃尔玛）是一家世界性连锁零售商，其总裁萨姆·沃尔顿说："如果你必须将沃尔玛管理体制浓缩成一种思想，那可能就是沟通，它是我们成功的真正关键之一。"

沟通的目的是为了达成共识，而实现沟通的前提就是让所有员工一起面对现实。沃尔玛决心要做的，就是通过信息共享、责任分担实现良好的沟通交流。

沃尔玛公司总部设在美国阿肯色州本顿维尔市，公司的行政管理人员每周花费大部分时间飞往各地的商店，通报公司所有的业务情况，让所有员工都掌握公司的业务指标。任何一个沃尔玛商店里，都会定时公布该店的利润、进货、销售和减价情况，让每个员工、小时工和兼职雇员都能清楚地了解，并且鼓励他们争取更好的成绩。

沃尔玛公司的股东大会是全美最大的股东大会。每次大会，公司都尽可能让更多的商店经理和员工参加，让他们看到公司的高层，了解公司的战略思路。萨姆·沃尔顿在股东大会结束后，都会和妻子邀请所有出席会议的员工约 2500 人到自己的家里举办野餐会。野餐会上大家一起畅所欲言，讨论公司的现在和未来。为保持整个组织信息渠道通畅，他们还与各工作团队成员全面收集员工的想法和意见。

萨姆·沃尔顿认为让员工们了解公司的业务进展情况，与员工共享信息，是让员工最大限度地干好本职工作的重要途径，是与员工沟通和联络感情的核心。沃尔玛正是借用共享信息和分担责任，满足了员工沟通与交流的需求，达到了自己的目的：使员工产生责任感和参与感，认识到自己的工作在公司的重要性，感觉自己得到了公司的尊重和信任，从而积极主动地取得更好的业绩。

思考题

1. 人力资源的特征有哪些？
2. 人力资源管理的职能有哪些？
3. 人力资源规划的内容有哪些？

4. 员工招聘的原则是什么？招聘途径有哪些？

5. 简述企业员工培训的必要性。

6. 试组织一次冒险性学习活动。

7. 绩效评估的目的是什么？绩效评估应坚持什么原则？

8. 简述薪酬的组成内容。

9. 薪酬体系设计的原则是什么？

第 5 章　汽车服务企业物资管理

5.1　物资管理概述

5.1.1　物资管理的含义

物资是企业生产经营活动的基本条件,也是保证企业生产活动得以正常进行的基础。企业的生产过程同时也是物资的消耗过程。合理地组织物资供应,是保障企业进行正常的生产经营活动的前提。搞好物资管理,对于促进企业不断提高服务质量、用户满意度、企业的劳动生产率,增加业务量,加速资金周转,节约物资消耗,降低产品或服务成本,提高企业利润,提高企业经济效益有着重要的意义。物资管理是企业管理系统必不可少的生产保障子系统,是企业管理的重要组成部分。

所谓汽车服务企业的物资管理,是对汽车服务企业经营活动所需的各种物资的采购、保管、合理使用等进行的一系列管理工作的总称。

物资管理的目的是,通过对物资进行有效管理,以降低企业生产成本,加速资金周转,进而促进企业盈利,提升企业的市场竞争能力。企业的物资管理,包括物资计划制订、物资采购、物资使用和物资储备等几个重要环节,这些环节环环相扣、相互影响,任何一个环节出现问题,都将对企业的物资供应链造成不良影响。

加强企业的物资管理对于有效地利用物资,保证生产经营活动的顺利进行,提高企业经济效益有着十分重要的意义。

5.1.2　物资管理的任务

1. 物资的分类

企业所需的物资品种繁多,规格复杂,各种物资分别有着不同的特点。为了便于加强管理,合理组织采购和供应,严格控制资金占用,提高经济效益,必须对企业各种物资进行科学合理的分类。物资按其在生产经营中的作用可分为如下几类。

(1)主要原料和材料　汽车服务企业的物资主要指整车、汽车维修配件、汽车美容产品及汽车附件等。

(2)辅助材料　指用于生产过程,有助于产品形成但不构成产品实体的材料,如使主要材料发生物理或化学变化的辅助材料,以及与机器设备使用和劳动条件有关的辅助材料等。

（3）燃料　指用于工艺制造、生产动力和调节温度、湿度等方面的煤炭、汽油、柴油等。

（4）动力　指生产和管理等方面的电力、蒸气、压缩空气等。

（5）工具　指生产中消耗的各种专用工具、刀具、量具、卡具等。

2. 物资管理的任务

总的来说，汽车服务企业物资管理的任务，就是企业正常经营活动的后勤物资保障，是企业根据经营活动的需要和市场预测，按质、按量、按品种、按时间、成套地供应企业生产经营活动所需的各种物资，并且通过有效的组织形式和科学的管理方法，监督和促进企业合理地使用物资，提高企业经济效益。具体来说，企业物资管理的基本任务有以下几个方面。

（1）开展调查研究，充分掌握物资的供需信息　一方面要掌握生产经营中需要什么物资，需要多少，什么时候需要；另一方面要掌握消费品市场、生产资料市场、技术市场等物资供应的数量、质量、价格和品种，以及供应来源和供应渠道等信息。只有全面、及时、准确地掌握物资供需的信息及其变化规律，才能在物资管理工作中提高自觉性，掌握主动性。

（2）加强物流管理，提供后勤保障　企业的物资供应部门，要以最佳的服务水平，按质、按量、按品种、按时间，成套、经济、合理地满足企业生产经营中所需的各种物资，保证生产服务经营活动顺利地进行。

（3）合理使用和节约物资　企业应在保证产品质量的前提下，尽量选用资源充足、质优价廉的物资和代用品，有效地利用物资，降低产品或服务成本；制订先进合理的物资消耗定额，实行集中下料和限额发料，搞好物资的综合利用和修旧利废，并要督促一切物资使用部门，努力降低物资消耗。

（4）经济合理地确定物资储备　企业在进行库存决策中，应根据物资的供需情况和运输条件，全面地分析哪些物资要库存，哪些物资不要库存。对于需要库存的物资，要运用科学的方法，制订先进合理的储备定额。

（5）缩短物资流通时间，加速流动资金周转　物资流通的时间，主要由采购计划的科学性（即对需求预测的准确性）和运输时间所决定。流通时间越短，占用资金就越少，物资作为生产资料的功能也就越强。因此，企业应根据就地就近原则，避免远距离运输，千方百计地缩短流通时间，以利于加速物资周转，节约流动资金。

（6）制订物资管理的岗位责任和规章制度　物资的采购、装卸、搬运、保管储存、发放和使用等，都要制订标准工作岗位责任制。

5.2 设备管理概述

5.2.1 设备管理的概念及分类

1. 设备管理的概念

近年来，汽车工业的快速发展和汽车技术的不断提高，极大地促进了汽车服务业的兴盛和繁荣，同时也推动了汽车服务企业设备的发展。

汽车服务企业设备是指在汽车服务经营过程中所需要的机械及仪器等，是企业的有形固定资产，是可供企业长期使用，并在使用过程中基本保持原有的实物形态，且价值在一定限额以上的劳动资料的总称，是汽车服务企业生产经营中必不可少的物质基础。

汽车服务企业的设备管理是指通过一系列的技术、经济及组织措施，从设备的选择、评价、购置、安装、调试、使用、维修、改造、更新，直到报废整个过程的决策、计划、组织、协调和控制等一系列管理活动。具体地说，包括以下几方面内容。

① 汽车服务企业设备管理是对设备从选型、采购计划开始直到报废的全过程管理，涉及采购、安装、使用、维护、修理等多项工作。

② 汽车服务企业设备管理应从技术、经济、组织三个层面，物质运动和价值运动两个方面进行管理。

③ 设备管理与制造单位、销售单位密切相关，在人员、技术、资料、备件等方面都应注意与设备的供应单位建立联系。

设备是一种具有独特性质的物体：一方面，设备以其功能参与产品的形成，而不是以设备的实体转移到产品中去；另一方面，设备具有一定的使用寿命，在使用过程中会发生使用费用，其自身价值会逐渐降低。因此，设备管理是一项系统工程，是对设备运动全过程进行的全方位管理。

2. 汽车服务企业设备的分类

设备的分类主要是依据设备的结构、性能和工艺特征进行的。凡设备性能基本相同，又属于各行业通用的，列为通用设备；设备结构、性能只适用于某一行业专用的，列为专用设备。汽车服务企业设备管理主要以汽车维修设备为主，具体可分为汽车维修通用设备和汽车维修专用设备。

（1）汽车维修通用设备　汽车维修通用设备主要有适用于整个行业的金属切削机床、锻压设备、空气压缩机、起重设备等。

按照国家标准《汽车维修业开业条件》要求，汽车维修企业应配备的通用设备有：钻床、空气压缩机、电气焊设备、普通车床、砂轮机等。

（2）汽车维修专用设备　汽车维修专用设备根据设备的功能和作业部位可分为汽车清洗设备、汽车补给设备、汽车拆装整形设备、汽车加工设备、汽车举升运移设备及汽车检测设备等。

3.设备管理的分类

由于汽车服务企业规模大小不一，有些设备可能利用率不高，但是比较昂贵，因此可以租赁使用。这样，汽车服务企业的设备就有了自有设备和租赁设备之分，自有设备和租赁设备的管理要求也就有所区别。

自有设备按照设备折旧、使用台班进行自有机械费的核算；租赁设备按照租赁时间和单价核算机械租赁费。自有机械使用费、机械租赁费共同构成工程项目的机械费，进行成本核算。

（1）自有设备管理　根据设备使用计划进行设备的调配，提高设备使用效率，合理调配设备资源，保证工程顺利施工，主要处理现场设备的日常管理及机械费的核算业务。自有设备管理主要包括：使用计划、采购管理、库存管理、设备台账管理、设备使用、设备日常管理、机械费核算等。

（2）设备租赁管理　根据公司业务和整体进度计划，结合自有设备情况制订设备租赁计划，合理调配资源，提高设备利用率，确保经营业务顺利进行。根据设备租赁数量、租赁时间、退租时间、租赁单价核算租赁费，根据租赁费、赔偿费结合经营项目进行核算。设备租赁管理主要包括：租赁计划、租赁合同管理、设备进场、机械出场、租赁费用结算等。

5.2.2　设备管理工作的内容与要求

1.设备管理工作的内容

设备管理工作的具体内容主要有以下几个方面。

（1）建立健全设备管理机构　企业领导要分工负责设备管理，并根据企业规模配备一定数量的专职和兼职设备管理人员，负责设备的规划、选购、日常管理、维护修理以及操作人员的技术培训工作。

（2）建立健全汽车维修设备管理制度　汽车服务企业应当根据国家的法律法规要求，以及行业主管部门的具体规定，结合本企业的特点，制订企业的设备管理制度，规定设备安装、使用、维修等技术操作的规程，明确设备配置、领用、变更、报废等活动的管理程序，明确设备使用与管理的岗位责任制度与奖罚规定等，使设备管理有章可循，全员参与，各司其职。

（3）认真做好汽车维修设备管理的基础工作　设备管理的基础工作主要包括设备的调入、调出登记，建档、立账，维修保养，报废及事故处理等，保证设备完好，不断提高设备的利用率。

（4）认真进行汽车维修设备的规划、配置与选购　根据企业的规模和发展前景，合理规划企业设备的配置，要在充分进行技术、经济论证的基础上，认真制订维修设备配置计划，并按照配置计划组织设备选购，要做到技术上能够满足使用要求，并保持一定的先进性；经济上合理核算，保证良好的投资效益。

（5）加强设备日常使用、保养及维修管理　保证严格执行操作规程，保证设备安全使用。要加强设备日常维护，要求操作人员每日班前对设备进行检查、润滑，下班前对设备认真清洁擦拭。定期对设备进行紧固、调整、换油和检修作业，保证设备处于良好的技术状态，充分发挥设备的利用效率。

（6）适时做好汽车维修设备的更新改造工作　为适应新型车辆的维修工作，必须对设备技术上的先进性与经济上的合理性，做到全面考虑，权衡利弊，以提高设备更新改造的经济效益。

2. 设备管理的要求

（1）在设备选择上要注意"三个原则"　企业在选择设备时要根据其生产经营技术的实际需要和未来发展的要求，按照技术上先进、经济上合理、生产上适用的原则来选择设备，充分考虑设备的质保性、低耗性、安全性、耐用性、维修性、成套性、灵活性、环保性和经济性等，才能确保设备投入生产后的经济运行，为企业带来较好的回报。

（2）在设备管理机构上要构建"三级网络"　企业要结合自身实际，建立起以法人为核心的企业、车间、班组三级企业设备管理网络，健全设备管理机构，明确职责，理顺关系。

（3）在设备管理方式上要实行"三全管理"　现代的设备管理不同于传统的设备管理，它是综合性的，可以概括为设备的全面管理、全员管理和全程管理，有效保证设备的技术性能和正常工作，提高其使用寿命和利用率。

（4）在设备检修维护上要实行"三严"　一是严格执行检修计划和检修规程，有计划、有准备地进行设备的检查和维护。二是严格把好备品备件质量关，力求既保证质量，又经济节约。三是严格抓好检修质量和技改检修完工验收关。对设备检修和技改检修实行定人、定时、定点、定质、定量，纳入经济责任考核制，确保检修质量和技改质量。

（5）在设备安全运行上要力求"三个坚持"　一是要坚持班组负责人值班跟班制度。做好交接班记录，及时发现问题及时处理，不把设备隐患移交下一班，最大限度地减少和杜绝人为的操作和设备事故的发生。二是坚持持证上岗制度。要加大教育培训力度，使操作者熟悉和掌握所有设备的性能、结构以及操作维护保养技术，达到"三好"（用好、管好、保养好设备）"四会"（会使用、会保养、会检查、会排除故障）。对于精密、复杂和关键设备要指定专人管理，实行持证上岗。三是坚持抓好"三纪"。三纪即安全纪律、工艺纪律和劳动纪律，与设备安全运行管理紧密相连。因此，必须坚持以狠抓"三纪"和节能降耗、文明卫生等现场管理为主要环节，做到沟见底（排污、排水沟）、现场地面无杂物、设备见本色，并持之以恒，形成制度、形成习惯、形成一种风尚，使设备现场管理工作更加扎实。

（6）在设备的保养上要实行"三级保养"　三级保养是指设备的日常维护保养（日

保）、一级保养（月保）和二级保养（年保）。日常维护保养是操作工人每天的例行保养，内容主要包括班前班后操作工人认真检查、擦拭设备各个部位和注油保养，使设备经常保持润滑清洁；班中设备发生故障，及时给予排除，并认真做好交接班记录。一级保养以操作工人为主、维修工人为辅，对设备进行局部解体和检查，一般可每月进行一次。二级保养以维修工人为主、操作工人参加，对设备进行部分解体检查修理，一般每年进行一次。各企业在搞好设备三级保养的同时，还要积极做好预防维修保养工作。

（7）在设备事故处理上要做到"三不放过"　企业要逐步健全各种设备管理制度，做到从制度实施、检查到考核日清月结，把执行制度的好坏作为奖惩的重要条件。坚持对一般设备事故按"三不放过"的原则处理，即事故原因不清不放过，责任者未受到教育不放过，没有采取防范措施不放过。

（8）在设备改造和更新上要注意"三个问题"　设备更新改造是设备管理中不可缺少的重要环节，在设备更新改造中，一是要注意从关键和薄弱环节入手量力而行。对设备更新改造应从企业的实际出发进行统筹规划，分清轻重缓急，从关键和薄弱环节入手才能取得显著的成效。二是注意设备更新与设备改造相结合。虽然随着科技的不断进步，新生产的设备与过去的同类设备相比，在技术上更加先进合理，但对现有设备进行改造具有投资小、时间短、收效快，对生产的针对性和适应性强等独特优点，因此，必须把设备更新与设备改造结合起来，才能加快技术进步的步伐，取得较好的经济效益。三是注意设备改造与设备修理相结合。在设备修理特别是大修理时，往往要对设备进行拆卸，如果能在设备进行修理的同时，根据设备在使用过程中暴露出来的问题和生产的实际对设备做必要的改进，即进行改善性修理，则不仅可以恢复设备的性能和精度，而且还可以提高设备的现代化水平，大大节省工作量，收到事半功倍的效果。因此，在对设备进行改造时，应坚持科学的态度，尽可能地把设备修理与改造结合起来进行。

5.2.3　设备管理的职责

企业设备综合管理的目标是通过设备综合管理来保持设备完好，提高企业技术装备素质，充分发挥设备效能，达到取得良好投资效益的目的。

1. 设备管理的任务

汽车服务企业设备管理的主要任务是为实现企业的经营目标，完成生产经营任务，提供良好的技术装备，并在此基础上进行技术创新活动，通过一系列技术经济组织措施，对设备实行全过程的综合管理，以期达到设备寿命周期费用最经济、设备综合效益最高。具体内容主要包括以下几点。

1）按照技术先进、经济合理、服务优良的原则，正确选购设备，为企业提供优良的技术装备；

2）在经济节省的基础上，加强设备管理和维修，保证设备始终处于良好的技术状态；

3）以设备的寿命周期为研究对象，力求设备整个寿命周期费用最少和设备综合效

益最高;

4）搞好设备的更新改造，提高设备的现代化水平，使企业的生产活动建立在最佳的物质技术基础上;

5）改变传统的设备管理观念和方法，提高企业员工使用、维护、修理和管理设备的技术素质。

2. 设备管理部门的职能

在企业设备管理中，应广泛采用国内外先进的设备管理方法和维修技术，逐步实行以设备状态检测技术为基础的设备维修方法，不断提高设备管理的现代化水平。因此，汽车服务企业设备管理部门的主要职能与职责包括以下内容。

1）负责并指导做好企业设备管理的基础工作，为企业制订设备管理决策提供依据。

2）负责监督检查和协调企业的设备管理工作，对违章运行及技术状况不良的设备，应责令停止使用。

3）负责或参与制订设备维修及运行计划，下达经济技术指标并定期检查考核，组织指导设备维修专业化协作工作，做好设备的使用、维护和检修操作规程及岗位责任制等制度的制订工作。

4）负责并积极组织企业的技术创新活动，使企业的设备及各种装备和构成在质量上优于现有水平。

5）负责或参与基建和重大技术改造工程及有关工作，编制设备改造和更新的年度中长期计划，并组织实施。

6）负责并参与设备管理的教育和培训工作。

5.3 汽车服务企业设备的使用与维护

5.3.1 设备的选择

设备的选择又叫设备选型。如何正确地选择机器设备，是现代设备管理首先需要解决的重要问题。对汽车服务企业来说，设备、工具、仪器的选择不单是建立企业时的一项重要工作，在购置重点设备、主要设备时，都必须经过技术经济可行性分析论证，建立和实行严格的项目责任制，严把设备选型和购买关，为以后的设备管理打好基础。

1. 设备购置的类型

企业在选择设备时，应根据不同的目的，确定选择设备的类型。

（1）业务项目开发型　当企业计划开发新的业务项目时，需要为新开发的服务项目选择设备。进行此类设备选型时，往往企业现有的参考资料较少，设备选型决策风险较大，但是这类选型购置，能在开发企业新业务的带动过程中，实现企业的技术进步。

（2）生产能力扩张型 企业为扩大现有生产能力而选购设备，目的是以更大生产规模的方式进行同样的服务，增加企业利润。这种购置并不能给企业带来技术进步，创造市场竞争中的技术优势，因此，选择这种类型时，必须认真考虑市场需求和整个市场的变化趋势。

（3）设备更新型 这是以同类设备替换实现企业设备性能、效率、效益的改变。这类选型购置的目的，是通过提高生产效率、服务质量和降低消耗，最终实现企业成本的降低和利润的增加。它是汽车服务企业实现技术进步的主要途径。这类设备选型必须有计划、分步骤、有重点地进行。

（4）经营发展综合型 这类设备选型购置的收益不局限于某一方面，例如：科研、管理设备，防止公害、有利于环境保护的设备选型购置等，这类设备的选型购置应当要有充分的依据。

2. 设备的选择

汽车服务企业设备、工具、仪器的选择应当遵循的基本原则是：符合有关法规、生产上领先、技术上先进、经济上合理。一般情况下，这四个原则是基本统一的，但由于企业的规模、使用条件、主修车型、工艺布局等各方面的因素，也会出现一些矛盾。例如：有的设备技术上虽然先进，适用广泛，但用来维修本企业的主修车型，不能发挥其最佳效能，经济上不合算。选择设备时应综合考虑以下几方面的因素。

1）应按照汽车服务企业开业条件中规定的有关设备、工具、仪器的配置来选择。在开业条件中关于设备条件明确规定：企业配备的设备型号、规格和数量应与其生产纲领、生产工艺相适应。

2）根据本企业主要维修车型的技术特点和技术发展趋势，合理选配维修设备、工具和检测仪器，以保证在技术上、质量上满足维修要求，并具备一定的超前性。对于品牌汽车维修企业，还应遵守品牌厂家的有关要求或技术规定。

3）设备的生产效率。设备的生产效率是指单位时间内完成的维修汽车作业量或与工作有关的技术参数。选购设备时，根据生产流程和作业量，尽量选购工艺流程自动化程度高、工作速度快、效率高的维修设备。应结合维修车间的维修能力规划和平面布局，做好购置计划。

4）设备的可靠性与耐用性。设备的可靠性是指设备在规定的时间内，在正常使用条件下，无故障地发挥其效能。设备的耐用性是指设备的使用寿命，这是选购设备的一个重要因素。

5）设备的安全性。汽车维修设备的安全性是指在使用过程中对操作人员、维修车辆以及设备本身的安全保障程度。汽车维修设备在生产使用过程中由于技术、经济、质量、环境等原因，有可能会存在一些不安全因素，因此选购设备时应考虑是否配置自动控制安全保护装置，如自动断电、自动停车、自锁机构、自动报警等，以提高设备预防事故的能力。

6）设备的配套性。汽车维修设备的配套性是指设备本身之间相互配套的水平或密切程度。在选购汽车维修设备时，应根据车型特点、维修工艺要求，使有关设备在技术性能、维修能力等方面相互协调，以达到每台维修设备的能力都能得到充分发挥。

7）设备的维修性。汽车维修设备的维修性主要应考虑汽车维修设备的结构先进简单，装配合理，能迅速拆卸，易于检查，便于维修。设备供应方能持续提供有关资料、技术支持和维修配件，有较强的服务能力等。

8）设备的经济性。汽车维修设备的经济性是指在选购维修设备时，不仅应考虑设备初期投资费用大小，还要考虑设备投资回报期限和投入后的维修费用。设备购置计划应与投资能力相适应，制订的计划应量力而行，有可操作性。选购设备之前要进行经济评价，要对几种设备购置方案在经济上比较优劣。在进行设备购置时所选择的供应商不应过多，否则将给以后的售后服务带来不便，应选择那些实力强、信誉好、售后服务好的供应商。

5.3.2　设备的使用和维护保养

1. 设备的合理使用

设备使用寿命的长短、生产效率的高低，固然取决于设备本身的设计结构特性、制造水平，但在很大程度上也受是否能够合理、正确使用设备的影响。正确使用设备，能够在节省费用的条件下减轻设备的磨损、保持其良好的性能和应有的精度，延长设备的使用寿命，充分发挥设备的效率和效益。

如何合理正确地使用设备，具体来说应做好以下几项工作。

（1）做好设备的安装、调试工作　设备在正式投入使用之前，应严格按质量标准和技术说明安装、调试设备，安装调试后要经试验运转验收合格后才能正式投入使用。这是正确使用设备的前提和基础。

（2）合理安排生产任务　使用设备时，必须根据工作对象的特点和设备的结构、性能特点来合理安排生产任务，防止和消除设备无效运转。使用时，既严禁设备超负荷工作，也要避免"大马拉小车"现象，造成设备和能源的浪费。

（3）切实做好设备操作人员的技术培训工作　操作人员在上机操作之前，须做好岗前培训，认真学习有关设备的性能、结构和维护保养等知识，掌握操作技能和安全技术规程等，经过考核合格后，方可上岗。严禁无证操作现象的发生。

（4）建立健全科学的管理制度　企业要针对各种设备的不同特点和要求，建立健全各项管理制度、规章制度和责任制度等，如持证上岗制度、安全操作规程、操作人员岗位责任制度、定人定机制度、定期检查维护制度、交接班制度及设备档案制度等。

（5）提供良好的设备工作条件和环境　保持设备作业条件和环境的整齐、清洁，并根据设备本身的结构、性能等特点，采取必要的防护、防潮、防尘、防腐、防冻、防锈等措施。有条件的企业还应该配备必要的测量、检验、控制、分析以及保险用的仪器、仪表、安全保护装置。这对精密、复杂、贵重的设备尤为重要。

2. 设备的维护保养

设备在使用过程中，技术状态会不断地变化，不可避免地会出现干摩擦、紧固件松动、声响异常等不正常现象。这些都是设备的故障隐患，如果不及时处理和解决，就会造成设备的过早磨损，甚至酿成严重事故，造成机毁人亡。因此，只有做好设备的保养与维护工作，及时处理设备技术状态变化引起的事故隐患，随时改善设备的使用情况，才能保证设备的正常运转，延长设备的使用寿命。

设备的维护保养应遵循设备自身运动的客观要求。其主要内容包括：清洁、润滑、紧固、调整、防腐、防锈等。目前，汽车服务企业设备维护实行的是"三级保养制"，即日常保养（简称"日保"）、一级保养（简称"一保"）和二级保养（简称"二保"）。

（1）日常保养　日常保养重点在于进行设备清理、润滑、紧固易松动的部位，检查零件的状况，大部分工作在设备的表面进行。一般由操作人员负责执行，属于经常进行的工作。

（2）一级保养　一级保养除普遍地对设备进行紧固、清理、润滑和检查外，还要部分地进行调整。它需要在专职维修人员的指导下，由操作工人承担定期进行保养的职责。

（3）二级保养　二级保养主要是对设备内部进行清理、润滑、局部解体检查和调整，以及修复和更换易损零件。这项工作应由专职检修人员承担，操作人员协作配合。二级保养需要定期进行。

此外，企业在实施设备保养制度过程中，应该对那些已运转到规定期限的重点和关键设备，不管其技术状态是否良好，生产任务是否缓急，都必须按保养作业范围和要求进行检查和保养，以确保这类设备运转正常完好并具有足够的精确度、稳定性。

5.3.3　设备的检查与修理

设备在使用过程中，由于摩擦副的磨损使设备的精度、性能和生产效率下降，需要及时地进行维护和修理。设备的维修工作是减少和补偿零部件的磨损，使设备处于完好状态，保证企业生产正常进行的一项重要工作。

1. 设备磨损及其规律

设备在使用或闲置过程中，会发生两种形式的磨损：一种是有形磨损，亦称物质磨损或物质损耗；另一种是无形磨损，亦称经济磨损。这两种磨损都会造成经济损失。为了减少设备磨损和在设备磨损后能够及时进行补偿修正，首先必须弄清设备产生磨损的原因和磨损发生的规律，以便采取相应的技术、组织与经济措施。

（1）设备有形磨损产生的原因及其规律　设备有形磨损是指设备在使用（或闲置）过程中发生的实体性磨损。有形磨损又分为机械磨损和自然磨损。机械磨损是指设备在使用过程中，由于设备零部件的摩擦、振动、疲劳和腐蚀，致使设备发生磨损或损坏。

通常表现为零部件原始尺寸和形状的改变，公差配合性质的改变，效率下降、故障增多等，它主要与设备的使用时间和负荷强度有关系。自然磨损是指设备在闲置过程中，由于自然环境的作用及管理维护不善而造成的磨损。通常表现为设备锈蚀、材料老化、性能下降等，它在一定程度上与设备闲置时间长短和设备的维护好坏有关。

机器设备的有形磨损大致可以分为以下三个阶段。

① 初期磨损阶段。也称磨合磨损阶段，或走合期磨损。在这个阶段中，设备各零部件表面的宏观几何形状和微观几何形状（粗糙度）都会发生明显的变化。这种现象产生的原因是，零件在加工、制造过程中，其表面总会有一定的粗糙度，当零部件相互配合做相对运动时，其粗糙表面由于摩擦而磨损。这个阶段的主要特点是磨损时间短，设备磨损快，所有设备必须经过磨合期这一阶段。

② 正常磨损阶段。此阶段设备磨损的速度比较平稳，磨损增值缓慢。这时设备处于最佳的技术状态，设备的生产率、运转的稳定性、精确性最有保证。

③ 急剧磨损阶段。当零部件磨损量超过一定限度，其正常的磨损关系被破坏，此时磨损率急剧上升，以致设备的工作性能明显下降。这就要求停止设备使用，及时进行修理。

设备的磨损有一定的规律，不同设备各个磨损阶段的时间长短不同，即使是同一型号、同一规格的设备，由于使用和保养维修不同，其损坏的时间也不尽相同。了解设备磨损规律，就可以研究如何使初期磨损阶段越短越好，正常磨损阶段越长越好，避免出现剧烈磨损阶段。初期磨损阶段短，说明设备的零部件加工、制造的质量好。正常磨损阶段长，说明零部件的磨损速率低，质量、性能稳定，设备使用寿命长，可以减少更换或修复的次数和停机时间，提高了设备的可利用率。如果在未进入剧烈磨损阶段时，就采取了相应的维护措施，说明设备技术状况的管理已具有一定水平，基本掌握了设备磨损规律，从而保证甚至延长了零部件的使用寿命。

设备在闲置过程中，由于自然环境的作用而可能锈蚀，或由于保管不善，缺乏必要的维护保养措施而使设备遭受有形磨损。随着时间的推移，腐蚀面和深度不断扩大、加深，造成精度和工作能力自然丧失，甚至因锈蚀严重而报废。

在实际生产中，往往是两种磨损形式共同作用于设备。设备有形磨损的后果是导致设备的性能、精度下降，生产效率逐步下降，消耗不断增加，废品率上升，生产的单位产品成本上升等。当有形磨损比较严重，或达到一定程度仍未采取措施时，设备就会发生故障，无法继续正常工作，使设备提前丧失工作能力。为了恢复其性能、精度，使设备继续投入生产，需要付出较大的修理费用，造成经济上的严重损失。

（2）设备无形磨损产生的原因及其规律　设备投入生产以后，在产生有形磨损的同时，还存在无形磨损。所谓无形磨损，是指设备在有效使用期内，由于劳动生产率提高，设备的重置价值不断降低，而引起原有设备的贬值；或者由于科学技术进步而出现性能更完善、生产效率更高的设备，以致原有设备价值降低。无形磨损由上述两种原因引起，前者为第Ⅰ种无形磨损，后者为第Ⅱ种无形磨损。

在第Ⅰ种无形磨损情况下，设备技术结构和经济性能并未改变，但由于生产工艺不断改进，劳动生产率不断提高，成本不断降低，使生产这种设备的社会必要劳动耗费相应降低，从而使原有设备发生贬值。这种无形磨损虽然使生产领域中的现有设备部分贬值，但是设备本身的技术性能和功能不受影响，设备尚可继续使用，因此一般不需要更新；但如果设备贬值过快，导致修理费用高于设备贬值后的价格，就要考虑更新了。

在第Ⅱ种无形磨损情况下，由于出现了具有更高生产率和经济性的设备，不仅原设备的价值会相应降低，如果继续使用旧设备，还会相对降低生产经济效率（即原设备所生产产品的品种、质量不及新设备，以及生产中耗费的原材料、燃料、动力等比新设备多）。这种经济效率的降低，实际上反映了原设备使用价值的降低，这就产生了新设备代替现有旧设备的必要性，这种更新的经济合理性取决于现有设备的贬值程度，以及在生产中继续使用旧设备的经济效益下降的幅度。

（3）设备磨损的补偿　从以上分析可知，两种磨损的相同点是都会引起原始价值的降低，不同之处是有形磨损的设备，特别是有形磨损严重的设备，在进行修理之前，常常不能正常运转使用；而无形磨损并不影响设备的继续使用，因为它本身的技术性能和功能并没因无形磨损而受到影响，设备的使用价值没有多大降低。设备磨损的补偿方式如下所述。

首先，对运行和闲置中的设备，加强使用维护管理，做到正确使用、精心养护、合理润滑，减缓有形磨损的发生速度。

其次，根据设备不同的磨损形式，采取不同的措施和补偿磨损的形式。设备产生有形磨损后，有一部分可以通过维修来消除；而另一部分是不能通过维修消除的。不可消除性的有形磨损又可分为两种：一种是因为可消除性有形磨损补偿不及时或没有进行局部补偿，形成磨损的积累，导致提前丧失工作能力，修理代价大，需重新购置设备来替代；另一种是设备已达到其自然寿命，继续使用、修理又不经济时，需要用同样用途的新设备来替换更新。

2. 设备的检查

设备的检查是指在掌握设备磨损规律的条件下，对设备的运行情况、技术状态和工作稳定性等进行检查和校验。进行设备检查，就是对设备的精度、性能及磨损情况等进行检查，了解设备运行的技术状态，及时发现和消除设备隐患，防止突发故障和事故。设备检查的方法很多，具体有以下几种。

（1）日常检查　日常检查是由操作工人通过自己的感官、简单的工具或安装在设备上的仪表或信号标志，每天对设备进行的全面检查。日常检查的作用在于及时发现设备运行的不正常情况并予以排除。日常检查是预防维修的基础工作之一，需要长期坚持。

（2）定期检查　定期检查是以专业维修人员为主、操作人员参加的定期对设备进行的全面检查。定期检查的目的在于发现和记录设备异常、损坏及设备磨损情况，以便确定修理的部位、更换的零件、修理的种类和时间，并制订维修计划。

（3）精度检查　精度检查是对设备的实际加工精度有计划地进行定期检查和测定，以便确定设备的实际精度。精度检查的目的在于为设备的调整、修理、验收和更新提供依据。

（4）机能检查　机能检查是对设备的各项性能进行检查和测定，如零件耐高温、高压、高速的性能变化等。

3. 设备的修理

设备的修理是指修复由于正常或不正常原因而引起的设备损坏，通过修理和更换已磨损、腐蚀、损坏的零部件，使设备的效能得到恢复。

（1）设备修理的种类　按照设备修理对设备性能恢复的程度、修理范围的大小、修理间隔期的长短以及修理费用的多少等，可以分为小修、中修、大修三类。

① 小修。小修是指工作量最小的局部修理。它通常只需在设备所在地点更换和修复少量的磨损零件或调整设备、排除障碍，以保证设备能够正常运转。小修费用直接计入企业当期的生产费用内。

② 中修。中修是指更换与修理设备的主要零件和数量较多的各种磨损零件，并校正设备的基准，以保证设备恢复和达到规定的精度、功率和其他的技术要求。中修需对设备进行部分解体，通常由专职维修人员在设备作业现场或机修车间内完成。中修费用也直接计入企业的生产费用。

③ 大修。大修是指通过更换、修复重要部件，以消除有形磨损，恢复设备原有精度、性能和生产效率而进行的全面解体修复。设备大修后，质检部门和设备管理部门应组织有关单位和人员共同检查验收，合格后办理交接手续。大修一般是由专职的检修人员进行。因为大修工作量大、修理时间长、修理费用较高，所以进行大修之前要精心计划好。设备大修的费用由企业大修基金支出。

（2）设备维修制度　设备维修制度是指在设备的维护保养、检查、修理中，为保持、恢复设备良好的性能而采取的一系列技术组织措施的总称。目前，我国实行的设备维修制度主要是计划预防维修制度和计划保养维修制度。

1）计划预防维修制度。计划预防维修制度，是根据设备的一般磨损规律和技术状态，按预定修理周期及其结构，对设备进行维护、检查和修理，以保证设备经常处于良好的技术状态的设备维修制度。计划预防维修的方法有检查后修理法、定期修理法和强制修理法三种。

① 检查后修理法。检查后修理法指事先只规定设备的检查计划，根据检查的结果和以前的修理资料来确定设备修理日期、类别和内容的方法。这种方法的关键是必须建立严格的检查制度和检查计划，包括日常检查和定期检查。这种方法最大的优点是可根据设备的实际情况来确定是否需要修理，针对性强，可避免过度修理，降低修理费用。但如果检查制度不严格，会导致设备的零件过度磨损或突然损坏，影响正常生产秩序。

② 定期修理法。定期修理法是指根据设备的实际使用情况，参考有关机件磨损程度资料，制订设备修理工作的计划日期和大修工作量的方法。这种方法的优点是对修理日期、类别和内容既有科学依据，又允许根据设备实际磨损情况适当地调整。

③ 强制修理法。强制修理法是指对设备采取强制性的计划预修方法，主要根据设备零件的使用寿命，预先编制具体修理计划，明确规定修理日期、类别和内容，不管设备的实际技术状态及零件的磨损情况如何，都应严格按计划规定进行强制修理。这种方法的最大优点是计划性强，能保证设备的安全运行和正常运转。但容易产生过度修理，造成不必要的浪费，特别是对于一些利用率不高或使用强度不稳定的设备。一般来说，对于安全性要求很高的设备，可采用此法。

汽车服务企业应针对不同的设备，根据不同的要求，正确选择不同的修理方法，提高设备修理的管理水平和经济效益。

2）计划保养维修制度。保养维修制度是在总结计划预防维修制度的经验和教训的基础上建立起来的一种以预防为主、防修结合的设备维修制度。所谓计划保养维修制度，就是有计划地进行设备三级保养和大修的体制和方法，即在搞好三级保养的同时有计划地进行大修。

实行计划保养维修制度，对计划预防维修制度中的修理周期结构，包括大修、中修、小修的界限与规定，进行重大改革，使小修的全部内容和中修的部分内容在三级保养中得到解决，一部分中修内容并入大修。同时，又突破了大修与革新改造的界限，强调"修中有改""修中有创"，特别是对老设备，把大修的重点转移到改造上来，这是符合我国具体情况的重要经验。但是，要真正发挥计划保养维修制度的作用，必须做好以下几项工作：

① 根据各类设备的磨损规律、工作条件和技术状态，分别制订不同的保养间隔周期，严格按规定的保养间隔进行计划保养；

② 根据设备特点、操作人员的技术水平及生产情况，明确划分操作人员和维修人员应负责检查的保养内容；

③ 积极组织和开展群众性设备维修活动；

④ 建立设备保养记录和故障分析报告制度。

（3）设备大修经济界限的确定 设备修理是为了保持设备在生命周期内的完好使用状态而进行的局部更换或修复工作，其中，大修是维修工作中规模最大、成本最高的一种设备维修方式，它通过对设备的全部解体，修理耐用的部分，更换全部损坏的零件，修复所有不符合要求的零部件，全面消除缺陷，以便设备在大修之后，在生产效率、精确度、运转速度等方面达到或基本达到设备原有的出厂标准。设备大修是在原有实物形态上的一种局部更新。

在设备生命周期内，对设备进行适度的大修，在经济上一般是合理的。尽管大修过的设备，不论在生产效率、精确度、运转速度等方面，还是在使用中的技术故障频率、有效运行时间等方面，都比同类型的新设备逊色，但是，大修能够利用原有设备中保留下来的零部件，与购置新设备相比，在经济性方面具有很大的优越性，而且这部分比重越大，大修理就越合理。但是，长期无休止的大修理，却是不经济的。一方面，大修间隔期会随着修理次数的增多而缩小；另一方面，大修的费用会越来越高，使大修的经济性逐渐降低，优越性也就渐渐地不复存在，这时设备的整体更新将取而代之。

设备生命周期期满前所必需的维修费用总额是个相当可观的数字，可能超过设备原值的几倍。其中，设备大修所花费的费用，又占了很大一部分，而且随着设备使用时间的延长，大修费用越来越高。那么，在什么条件下，进行大修在经济上才是合理的呢？

① 某次大修费用不能超过同种设备的重置价值，这样的大修在经济上才是合理的。通常把这一标准称为设备大修的最低经济界限。

② 设备大修后，使用设备完成单位工作量的成本，在任何情况下，都不能超过使用新设备完成单位工作量的成本，这时，设备大修在经济上才是合理的。

只有同时满足上述两个条件的大修，在经济上才是合理的。对技术进步较快，无形磨损期较短的设备来说，很可能用新设备完成单位工作任务的单位费用较低，这时，第二个条件作为经济界限，则更为重要。

5.3.4 汽车服务企业设备的更新与改造

1. 设备更新

设备更新是指对在技术上或经济上不宜继续使用的设备，用新的设备更换或用先进的技术对原有设备进行局部改造；或者说是以结构先进、技术完善、效率高、耗能少的新设备，代替物质上无法继续使用，或经济上不宜继续使用的陈旧设备。

设备更新的原因并非一定是因为设备的损坏。事实上，由于经济或运营环境的改变，常常促使企业淘汰一些实质上并不旧的设备。一般而言，淘汰旧设备的原因有以下几种。

1）现有设备无法应付目前或预期日益增加的产品需求。

2）新型设备的出现，使得生产作业较原有设备更有效率，或者有更低的作业成本或维护成本。

3）使用原设备的原因消失，例如消费者已不需要该设备所生产的产品。

4）现有设备由于意外事故或长期使用而损坏。

淘汰旧设备、更新新设备并不是同一件事，淘汰旧设备并不意味企业会以另一种新设备取代。在某些情况下，企业会只淘汰旧的设备而不换新的。当然，一般情况下有淘汰就有更新，因此，除非有必要另行说明外，将以"更新"一词通称淘汰旧设备和更新新设备。进行设备更新，主要是在何时更新和采用何种更新方式这两方面进行决策。

2. 设备寿命与设备更新周期

设备寿命是指从设备投入生产开始，经过有形磨损和无形磨损，直至在技术上或经济上不宜继续使用，需要进行更新时所经历的时间。设备寿命可从不同角度理解并进行分类，主要有设备的自然寿命、设备的技术寿命和设备的经济寿命。

（1）设备的自然寿命　设备的自然寿命，又称物质寿命。它是指从设备投入使用开始，直到因物质磨损而不能继续使用、报废为止所经历的时间。它主要是由设备的有形磨损所决定的。

（2）设备的技术寿命　设备的技术寿命，又称有效寿命。它是指从设备开始使用到因技术落后而被淘汰所延续的时间，也就是指设备在市场上维持其价值的时间。技术寿命主要是由设备的无形磨损所决定的，它一般比自然寿命要短。科学技术进步越快，技术寿命越短。

（3）设备的经济寿命　设备的经济寿命，是从经济的角度来看设备最合理的使用期限，具体言之，是指从设备投入使用开始，到因继续使用经济上不合理而被更新所经历的时间。它是由维护费用的提高和使用价值的降低决定的。设备的经济寿命就是从经济观点（成本观点或收益观点）确定的设备更新的最佳时刻。

设备更新周期需要通过设备经济寿命的分析与计算予以确定。

3. 设备折旧

设备折旧是产品成本的组成部分，也是企业设备更新、改造资金的主要来源。设备折旧年限，实际上就是设备投资的计划回收期。

对企业来说，设备折旧的计提是否正确，不仅直接影响企业当前的成本、利润水平，而且影响设备更新、改造的速度和企业的技术进步，进而影响企业未来的成本水平和竞争能力。

4. 设备最佳更新周期的确定

一台设备的总费用，主要包括折旧费和使用费，设备使用年限越长，年平均折旧越低，但年平均使用费用会随着设备劣化程度的加剧而增加；反之，使用年限越短，年平均折旧费越高，但年平均使用费用下降越多。因此，年平均费用总额最低的年限也就是设备的最佳更新周期。计算设备最佳更新周期的方法有库存模型法和年费用最小法等。

5. 设备更新的方式

（1）原型更新　设备的原型更新也叫简单更新，指设备已磨损到不能继续使用的程度时，以相同型号的设备进行替换。

（2）技术更新　技术更新是指以技术上更加先进、经济上更加合理的新设备，替换工艺落后、技术陈旧的老设备。

（3）技术改造　设备的技术改造是指运用当代科学技术成果，根据企业生产经营的需要，对原有设备进行局部改造，以改善其技术性能，提高其综合效率，补偿其无形磨损，使其局部或全部达到当代新设备的水平。

设备更新的任何形式，都有它存在的一定客观必要和约束条件，因此，它们之间是互相补充的关系。但是，其中以技术改造与技术更新为主要形式。在设备更新过程中，要把设备的更新改造与加强对原有设备的维护修理结合起来。在一般情况下，现有设备是完成生产任务的主力，因此，要加强对现有设备的管理，做好维护修理工作。在设备更新时，要合理地处理老设备。因设备更新而退役的老设备，凡降级转用的，必须符合新用途的工艺要求，不得造成产品质量下降和消耗增加；不宜转用的老设备应当报废。

6. 设备更新的原则

设备更新应遵循以下原则。

1）设备更新应当结合本企业的经济条件，有计划、有重点、有步骤地进行。

2）要做好调查摸底工作，根据企业的实际需要和可能，安排设备的更新工作。注意克服生产薄弱环节，提高企业的综合生产能力。

3）有利于提高生产的安全程度，有利于减轻工人劳动强度，防止环境污染。

4）更新设备要与加强原有设备的维修和改造结合起来，如改造后能达到生产要求的，可暂不更新。

5）讲求经济效益，做好设备更新的技术经济分析工作，主要包括确定设备的最佳更新周期、计算设备投资回收期等。

7. 设备的报废

设备在使用过程中，由于各部件的磨损和材料的疲劳、老化，性能逐渐退化，这种性能上的退化虽然可部分地通过修理得到补偿，但是有一定的限度，如图 5-1 所示，降到极限时，设备应当报废。

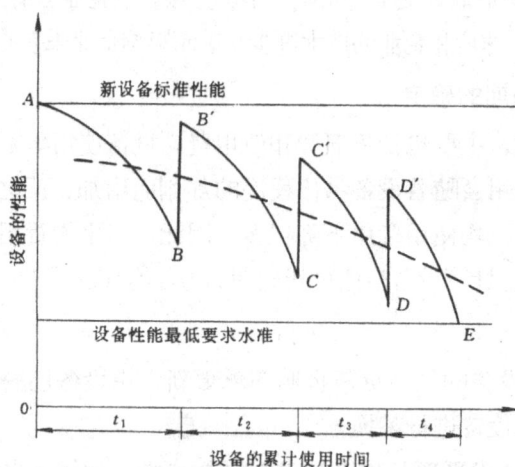

图 5-1　设备性能与修理的关系

此外，还存在着另外的一种报废情况。当由于技术革命出现了高效率、高经济性的替代设备时，会提高设备性能的最低要求水准，使旧设备提前退役。

结合大修进行技术改造，可使设备的性能恢复甚至超过原有水平，能有效地延长设备的使用时间。

设备进行更新时，旧设备应报废处理或降级使用。凡属下列情况的设备，一般应考虑予以报废。

1）设备服役超过经济寿命，设备损耗严重，大修后性能仍不能满足生产要求的。

2）设备的技术性能落后，技术经济效果不好，并无法进行技术改造的。

3）设备存在着严重缺陷，不符合国家环保及安全规定的。

4）设备能耗大，属国家限期淘汰范围的。

5）因厂房改建、工艺改革需拆除而不能拆迁的。

6）机型陈旧，备品配件有困难的杂旧设备。

7）有其他原因，确实需要报废的设备。

已报废的设备除了尚可使用的辅助机器、附件及零部件可回收利用外，一般不得作价外调继续使用。

5.4　汽车服务企业库存管理

5.4.1　库存的概念

1.库存的含义

库存是指处于储存状态的物资，是储存的表现形态。库存可以分两类：一类是生产库存，即直接消耗物资的企事业单位的库存物资，它是为了保证企事业单位所消耗的物资能够不间断地供应而储存的；另一类是流通库存，即生产企业的成品库存、生产主管部门的库存和各级物资主管部门的库存。此外，还有特殊形式的国家储备物资，它们主要是为了保证及时、齐备地将物资供应或销售给基层企事业单位的供销库存。

库存是仓储的基本功能，除了进行商品储存保管外，它还具有整合需求和供给、维持物流系统中各项活动顺畅进行的功能。企业为了能及时满足用户需求，就必须经常保持一定数量的商品库存。

合理的库存能够防止生产中断，节省订货费用，改善服务质量，防止短缺。若企业库存不足，会造成供货不及时，供应链断裂，丧失市场占有率或交易机会；社会整体存货不足，会造成物资贫乏、供不应求。库存也有一定弊端，商品库存需要占用大量资金，产生一定的库存成本，同时会存在由于商品积压和损坏而产生的库存风险。因此，在库存管理中既要保持合理的库存数量，防止缺货和库存不足，又要避免库存过量而发生不必要的库存费用。

2.库存的功能

在现实经济生活中，商品的流通并不是始终处于运动状态的，作为储存表现形态的库存是商品流通的暂时停滞，是商品运输的必需条件。库存在商品流通过程中有其内在的功能。

（1）调节供需矛盾，消除生产与消费之间的时间差　不同的产品（商品），其生产和消费情况是各不相同的。有些产品的生产时间相对集中，而消费则是均衡的；有些产品生产是均衡的，而消费则是不均衡的。生产与消费之间、供给与需求两方面，在一定程度上存在时间上的差别。为了维护正常的生产秩序和消费秩序，尽可能地消除供求之间、生产与消费之间这种时间上的不协调，库存起到了调节作用，它能够很好地平衡供求关系、生产与消费关系，起到缓冲供需矛盾的作用。

（2）创造商品的"时间效用" 所谓"时间效用"就是同一种商品在不同的时间销售（消费）可以获得不同的经济效果，为了避免商品价格上涨造成损失或为了从商品价格上涨中获利而建立的投机库存刚好满足了库存的"时间效用"功能。但也应该看到，在增加投机库存的同时，也占用了大量的资金和库存维持费用。但只要从经济核算角度评价其合理性，库存的"时间效用"功能就能显示出来。

（3）降低物流成本 对于生产企业而言，保持合理的原材料和产品库存，可以消耗或避免因上游供应商原材料供应不及时需要进行紧急订货而增加的物流成本，也可以消除或避免下游销售商由于销售波动进行临时订货而增加的物流成本。

但是不同的企业对于库存管理，历来有不同的认识。概括起来主要有以下三种库存管理方式。

一是保有库存。一般而言，在库存上有更大的投入可以带来更高水平的用户服务。长期以来，库存作为企业生产和销售的物资保障服务环节，在企业的经营中占有重要地位。企业保持一定的库存，有助于保证生产正常、连续、稳定进行，也有助于保质、保量地满足用户需求，维护企业声誉，巩固市场的占有率。

二是库存控制要保持合理库存。库存管理的目的是保持合适的库存量，既不能过度积压，也不能短缺。让企业管理者困惑的是：库存控制的标准是什么？库存控制到什么量才能达到要求？如何配置库存是合理的？这些都是库存管理的风险计划问题。

三是以日本丰田公司为代表的企业提出的所谓"零库存"。主要代表是准时生产方式（Just in Time，JIT）。他们认为，库存即是浪费。零库存就是其中的一项高效库存管理的改进措施，并得到了企业广泛的应用。

3. 库存合理化

库存合理化是指以最经济的方法和手段从事库存活动，并发挥其作用的一种库存状态及其运行趋势。具体来说，库存合理化包含以下内容。

（1）库存"硬件"配置合理化 库存"硬件"是指各种用于库存作业的基础设备。实践证明，物流基础设施和设备数量不足、技术水平落后，或者设备过剩、闲置，都会影响库存功能的有效发挥。如果设施和设备不足，或者技术落后，不但库存作业效率低下，而且也影响库存物资的有效维护和保养；如果设施和设备重复配置，以至库存能力严重过剩，也会增加储存物资的成本而影响库存的整体效益。因此，库存"硬件"的配置应以能够有效地实现库存职能，满足生产和消费需要为基准。

（2）组织管理科学化 库存组织管理科学化表现在以下几个方面。

① 库存货物数量保持在合理的限度之内，既不能过少，也不能过多。

② 货物储存的时间较短，库存货物周转速度要快。

③ 货物储存结构合理，能充分满足生产和消费的需要。

5.4.2 库存管理的方法

企业库存物资品种繁多，而每一种物资又有其不同的特点和要求。因此，对不同的物资应采取不同的库存控制方法。

物资库存控制涉及一系列因素，与库存量控制直接有关的因素有以下几种。

1）订购点，又称订货点，即提出订货时的库存量。

2）订购量，即每次订货的物资数量。

3）订购周期，即前后两次订货的时间间隔。

4）进货周期，即前后两次进货的时间间隔。

当物资的消耗完全均衡时，可以均衡订购，即在相同的订购周期内订购相同数量的物资。当物资消耗不均衡时，订购批量与订购周期的长短不完全成正比关系，形成了库存控制的两种基本类型：一是固定订购批量的定量控制；二是固定订购周期的定期控制。在实际工作中，也有把两种类型结合起来运用的，因而物资库存控制的基本方法主要有三种：定量库存控制法、定期库存控制法和定期定量混合控制法。

1. 定量库存控制法

定量库存控制法又称订购点法，是一种以固定订购点和订购批量为基础的一种库存控制方法。它采用永续盘点方法，对发生收发动态的物资随时进行盘点，当库存量降低到订购点时就提出订购，每次订购数量相同，而订购时间不固定，由物资需要量的变化来决定。因此，定量库存控制法的关键是正确地确定订购点。订购点是提出订购的时间界限和订购时的库存量标准，由备运时间需要量和保险储备量两部分构成。

$$订货点量 = 备运时间需用量 + 保险储备量$$
$$= 平均每日需用量 \times 平均备用天数 + 保险储备量$$

定量库存控制法在实际运用中往往采用"双堆法"控制，即把该种物资分作两堆储存，第一堆是订货点量，其余的作为第二堆。在发料时，首先动用第二堆，一旦第二堆用完，就及时提出订购和采购。这种控制方式简便，减少了事务性工作，便于目视管理和计算机管理。

定量库存控制法的优点是：可以经常掌握物资库存动态，及时提出订购，不易发生缺货；保险储备量较少；每次订购量固定，能采用经济订购批量；盘点和订购手续比较简便，尤其便于应用计算机进行控制。

定量库存控制法的缺点是：订购时间不固定，难以做出周密的采购计划；不适用于需用量变化大的物资，不能及时调整订购数量；不利于各种物资合并采购，因而会增加订购费用和订购工作量等。这种方法一般适用于价格较低、需用量较稳定、备运时间较短的物资。

2. 定期库存控制法

定期库存控制法是以固定检查和订购周期为基础的一种库存控制方法。它对库存物资进行定期盘点，按固定的时间检查库存量并随即提出订购，补充至一定数量。订购时间是预先固定的，每次订购批量则是可变的，根据提出订购时盘点的实际库存量来确定。订购量的计算公式如下：

订购量＝订购周期需要量＋备运时间需要量＋保险储备量－（现有库存量＋已订未到量）

＝（订购周期天数＋平均备用天数）×平均每日需用量＋保险储备量－

（现有库存量＋已订未到量）

式中，订购周期是指两次库存检查并提出订购的时间间隔，是影响订购批量和库存水平的主要因素；现有库存量是提出订购时的库存量；已订未到量是已经订购，能在下次订购前到货的数量。

定期库存控制法的优点是：可以按规定的时间检查物资库存量，然后把各种物资汇集起来一起组织订购，有利于降低订购费用，减少订购工作量。但与定量库存控制法相比，其保险储备量要相应增加，而且盘点手续较繁琐。定期库存控制法一般适用于必须严格控制的重要物资，需要量大而且可以预测的物资，发料烦琐难以进行连续库存动态登记的物资等。

3. 定期定量混合控制法

定期定量混合控制法也称最高最低库存控制法，它是以规定的最高库存量标准和最低库存量标准为基础的一种库存控制法，即 $\sum \sigma$ 控制法。$\sum$ 是指最高库存量，指订购时要求补充到的最高点；σ 是指最低库存量，指订购的时间点的库存量。这种方法是定期库存控制法和定量库存控制法的综合，是一种不严格的订购点法。它由三个参数控制，即检查周期、订购点和最高库存量。实行定期检查，当实际盘点库存量等于或低于订购点时就提出订购，而订购量是可变的。这是区别于定期库存控制法最主要的一点。

当采用这种方法时，订购点除了包括备运时间需要量和保险储备量外，还包括检查周期需要量。

订购点 σ ＝备运时间需要量＋检查周期需要量＋保险储备量

备运时间需要量＝平均备运天数×平均每日需用量

检查周期需要量＝检查周期天数×平均每日需用量

最高库存量 $\sum$ ＝检查周期需要量＋订购点库存量

订购批量＝最高库存量－现有库存量

定期定量混合控制法比定期库存控制法订购次数少，每次订购的规模较大，因而费用较低，但库存水平较高。保险储备量也相应地要多一些，以适应供需情况的变化。这种库存控制方法主要适用于需要量较少、但有时变动较大的物资。

4. ABC 库存管理法

企业所需要的生产资料、品种规格极为繁杂，有的企业所需的物资多达成千上万种，各种物资品种占用的资金数量差异很大。因此，企业应根据自己的生产经营特点及规模大小，采用 ABC 分类库存管理法，对繁杂的物资品种进行分类，实行资金的重点管理，这样既能简化管理工作，又能提高经济效益。

ABC 库存管理法就是把库存品种繁多的物资，按其重要程度、消耗数量、单位价值量的大小、资金占有情况进行分类排序，即把企业全部物资划分为 ABC 三大类，进行分类管理。A 类品种少，占用资金大；C 类物资品种很多，但占用资金很少；B 类物资介于 A 类和 C 类之间，如表 5-1、图 5-2 所示。

表 5-1　ABC 库存管理法分类

类别	定义	对象	品种	比重（%）		管理方式	库存方式
				品种数量	价值		
A	占库存金额比例大、数量少而影响大的品种	①高价品种 ②用量不大的品种 ③研制周期长的品种 ④逐年变化快的品种 ⑤必须成批购买的品种	各种重要总成与贵重基础件	8~15	70~80	重点管理	采取按期订货方式。每月核对库存，按需进货
B	相当 A 与 C 之间	①价格中等的品种 ②用量中等的品种	一般汽车配件	20~30	15~25	普通管理	采用定量订货方式，储存量减少时进货
C	占库存金额比例小、量大、价廉的品种	①低价品种 ②大量使用的品种 ③研制周期短的品种	低价易耗材料	50~60	5~10	一般管理	批量进货

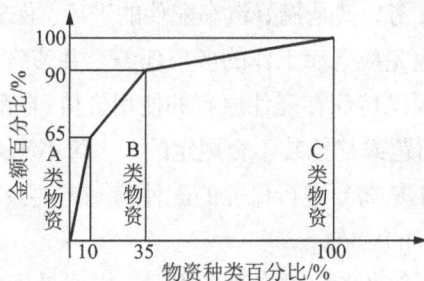

图 5-2　ABC 库存管理方法

（1）对 A 类物资的管理　A 类物资占用资金最多，是物资管理重点，物资储备天数必须严格控制，定期核定库存，按需进货，以利于减少资金占用，从而加速资金周转。对 A 类物资的管理要注意以下几点。

① 根据历史资料和市场供求的变化规律，认真预测未来物资的需求变化，并依此组织入库货源。

② 多方了解物资供应市场的变化，尽可能地缩短采购时间。

③ 控制物资的消耗规律，尽量减少出库量的波动，使仓库的安全储备量降低。

④ 合理增加采购次数，降低采购批量。

⑤ 加强物资安全、完整的管理，保证账物相符。

⑥ 提高物资的机动性，尽可能地把物资放在易于搬运的地方。

⑦ 物资包装尽可能标准化，以提高仓库利用率。

（2）对 B 类物资的管理　B 类物资占用资金较 A 类次之，一般可适当控制，根据物资购买储备情况、出入库频率，适当地堆码摆放，提高仓储作业效率，还应注意以下几个方面。

① 当 B 类物资品种较多时，可将其中资金占用量高的采用定期订购方式，资金占用量低的采用定量订购方式。

② 采用定量订购方式时，应按照经济合理的原则建立订货库存量标准。

③ 保持一定的保险储备量，进行一般养护工作，防止物品变质。

（3）对 C 类物资的管理　C 类物资占用资金少，但品种繁多复杂，原则上可放宽控制，实行粗略的定额管理方法，可适当放大保险储备量。对于数量大而价值低的货物，可以不作为日常管理的范围，减少这类货物的盘点次数。

5.4.3　汽车配件的仓储管理

汽车配件的仓储管理，是汽车服务企业管理的一个很重要的内容，负责配件仓储管理的工作人员，应该受过严格的训练和系统的培训才能胜任。从维修管理的角度来讲，配件合理仓储是保证正常维修销售的重要部分，仓库存储越完备，则配件的后备利用机会就会越多。

1. 配件仓储管理的任务

配件仓储管理的基本任务，就是搞好汽车配件的进库、保管和出库，要求做到保质、保量、及时、低耗、安全地完成仓库工作的各项任务，并节省保管费用。

（1）保质　保质就是要保持库存配件原有的使用价值。在配件入库和出库的过程中，要严格把关，凡是有质量问题或其包装不合规定的，一律不准入库和出库；对库存配件，要进行定期检查和抽查，凡是需要进行保养的配件，一定要及时进行保养，以保证库存配件的质量随时都处于良好的状态。

（2）保量　指仓库保管按照科学的储存原则，实现最大的库存量。在汽车配件保管过程中，变动因素较多，比如配件的型号、规格、品种繁多，批次不同，数量不一，长短不齐，包装有好有坏，进出频繁且不均衡，性能不同的配件的保管要求不一致等，要按不同的方法分类存放，既要保证配件方便进出库，又要保证仓库的储量，充分利用有限的空间，提高仓库容量的利用率。

同时要加强对配件的动态管理，配件在入库和出库过程中，要严格执行交接点验制度，不但要保证其质量好，而且要保证数量准确无误。对库存配件一定要坚持"有动必对，日清月结"，定期盘存，认真查实，随时做到库存配件账、卡、物三相符。

（3）及时　汽车配件在入库和出库的各个环节中，都要体现一个"快"字。入库验收过程中，要加快接货、验收、入库的速度；保管过程中，要安排好配件进出库的场地和空间，规划好货位和垛型；出库过程中，要安排好转运装卸设备。手续要尽量简化，压缩配件和单据在库的停留时间，加快资金周转，提高经济效益。

（4）低耗　指配件在保管期间的损耗降到最低限度。入库前，由于制造或运输、中转单位的原因，可能会发生损耗或短缺，应严格入库验收把关，剔除残次品，发现数量短缺，做好验收记录，明确损耗或短缺责任。配件入库后，防止野蛮装卸，爱护包装，包装损坏了要尽量维修或者更换；正确堆码苫垫，合理选择垛型及堆码高度，防止压力不均倒垛或挤压坏产品及包装。对上架产品，要正确选择货架及货位。散失产品能回收尽量回收，以减少损失。同时要制订保管损耗定额，限制超定额损耗。

（5）安全　指做好防火、防盗、防霉变残损以及防工伤事故，防自然灾害等工作，确保配件、设备和人身安全。

（6）节省费用　指节省配件的进库费、保管费、出库费等成本，把仓库的一切费用成本降到最低水平。

2. 汽车配件库的分区分类

配件在仓库中分区分类的确定，要贯彻"安全、方便、节约"的原则，在配件性质、养护措施、消防措施基本一致的前提下进行统一规划。

（1）分区分类前的调查分析　规划分区分类之前，要调查研究需要入库储存的汽车配件的情况，主要包括以下几个方面。

① 汽车配件的品种、数量与进出库的批量。

② 汽车配件的性能、包装状况及其所需的保管条件。

③ 汽车配件收发、装卸搬运等所需要的机具设备和工作量的大小。

④ 仓库汽车配件收发方式、大致流向和周转期。

⑤ 有无特殊的保管、验收和理货要求等。

通过调查和分析，分清在性能、养护和消防方法上一致的各类汽车配件所需仓容，考虑储存、吞吐的要求，结合仓库具体设备和条件，即可进行分区分类。

（2）分区分类的方法　汽车配件分区分类，大体有以下两种情况。

① 按品种系列分类，集中存放。例如储存发动机配件的叫发动机仓库（区）；储存通用汽车配件的叫通用件仓库（区）。

② 按车型系列分库存放。例如国产汽车配件仓库（区）、进口汽车配件仓库（区）等。

（3）分区分类应注意的事项

① 按汽车配件性质和仓库设备条件安排分区分类。

② 性质相近和有消费连带关系的汽车配件，要尽量安排在一起储存。

③ 互有影响，不易混存的汽车配件，一定要隔离存放。

④ 出入库频繁的汽车配件，要放在靠近库门处；粗、重、长、大的汽车配件，不宜放在库房深处；易碎配件要注意存放处的安全。

⑤ 消防灭火方法不同的汽车配件不得一起储存。

3. 汽车配件的入库管理

（1）入库验收的依据

① 根据入库凭证（含产品入库单、收料单、调拨单、退货通知单）规定的型号、品名、规格、产地、数量等各项内容进行验收。

② 参照技术检验开箱的比例，结合实际情况，确定开箱验收的数量。

③ 根据国家对产品质量要求的标准，进行验收。

（2）入库验收的要求

① 及时。验收要及时，以便尽快建卡、立账、销售，这样就可以减少配件在库停留时间，缩短流转周期，加速资金周转，提高企业经济效益。

② 准确。配件入库应根据入库单所列内容与实物逐项核对，对配件外观和包装认真检查，以保证入库配件数量准确，防止以少报多或张冠李戴的配件混进仓库。如发现有霉变、腐败、渗漏、虫蛀、鼠咬、变色、沾污和包装潮湿等异常的汽车配件，要查清原因，进行记录，及时处理，以免扩大损失。要严格实行一货一单制，按单收货、单货同行，防止无单进仓。

（3）入库验收的程序　入库验收包括数量和质量两个方面的验收。

数量验收是整个入库验收工作中的重要组成部分，是搞好保管工作的前提。库存配件的数量是否准确，在一定程度上是与入库验收的准确程度分不开的。配件在流转的各个环节，都存在质量验收问题。

质量验收就是保管员利用自己掌握的技术和在实践中总结出来的经验，对入库配件的质量进行检查验收。

入库验收的程序如下。

① 点收大件。仓库保管员接到进货员、技术检验人员或工厂送货人员送来的配件后，根据入库单所列的收货单位、品名、规格、型号、等级、产地、单价、数量等各项内容，逐项进行认真查对、验收，并根据入库配件的数量、性能、特点、形状、体积等，安排适当货位，确定堆码方式。

② 核对包装。在点清大件的基础上，对包装物上的商品标志，与入库单进行核对。只有在实物、标志与入库凭证相符时，方能入库。同时，对包装物是否合乎保管、运输的要求要进行检查验收。经过核对检查，如果发现票物不符或包装破损或异状时，应将其单独存放，并协助有关人员查明情况，妥善处理。

③ 开箱点验。凡是出厂原包装的产品，一般开箱点验的数量为5%～10%。如果发现包装含量不符或外观质量有明显问题时，可以不受上述比例的限制，适当增加开箱检验的比例，直至全部开箱。新产品入库，亦不受比例限制。对数量不多而且价值很高的汽车配件、非生产厂原包装的或拼箱的汽车配件、国外进口汽车配件、包装损坏或异状的汽车配件等，必须全部开箱点验，并按入库单所列内容进行核对验收，同时还要查验合格证。经全部查验无误后，才能入库。

④ 过磅称重。凡是需要称重的物资，一律全部过磅称重，并要记好重量，以便计算、核对。

⑤ 归堆建卡。配件归堆，要根据其性能特点，安排适当货位。归堆时一般按五五堆码原则（即五五成行、五五成垛、五五成层、五五成串、五五成捆）的要求，排好垛底，并与前、后、左、右的垛堆保持适当的距离。批量大的，可以另设垛堆，但必须整数存放，标明数量，以便查对。建卡时，注明分堆寄存位置和数量，同时在分堆处建立分卡。

⑥ 上账退单。仓库账务管理人员，根据进货单和仓库保管员安排的库、架、排、号，以及签收的实收数量，逐笔逐项与财务部门核对，作为业务部门登录商品账和财务部门冲账的依据。

（4）入库验收中发现问题的处理

① 在验收大件时，发现少件或者多件，应及时与有关负责部门和人员联系，在得到他们同意后，方可按实收数签收入库。

② 凡是质量有问题，或者品名、规格出错，证件不全，包装不合乎保管、运输要求的，一律不能入库，应将其退回有关部门处理。

③ 零星小件的数量误差在 2% 以内，易损件的损耗在 3% 以内的，可以按规定自行处理，超过上述比例，应报请有关部门处理。

④ 凡是因为开箱点验被打开的包装，一律要恢复原状，不得随意损坏或者丢失。

4. 汽车配件的保管

（1）实行配件的条理化管理

① 按品种系列分库。就是所有配件，不分车型，一律按部、系、品种顺序，分系列集中存放。凡是品名相同的配件，不管是什么车型，都放在一个库内，这种管理方式的优点是仓容利用率高，而且比较美观，便于根据仓库的结构适当安排储存品种。缺点是用户提货不太方便，特别是零星用户提少量几件货，也要跑几个库；再就是保管员在收发货时，容易发生差错。

② 按车型系列分库。就是按所属的不同车型分库存放配件。这样存放，用户提货比较方便，又可以减少保管员收发货的差错。缺点是仓容利用率较低，对保管员的业务技术水平也要求较高。

③ 按经营单位分库。在一个库区内同时储存属两个以上经营单位的配件时，也可以按经营单位设专库储存。

以上几种配件储存分类统一的管理办法，采取哪一种办法为好，要根据各个企业保管员的专业知识水平、仓库设备、库存配件流量等具体情况适当选择。但是，不管选择哪一种管理办法，当仓库储存的物资和保管员的配备一经确定，就要相对稳定，一般不宜随意变更，以便仓库根据储存物资的性能、特点，配备必要的专用设备，以适应仓库生产作业的需要。

不论是按部、系、品种系列还是按车型系列，抑或按单位设专库方式储存，统统都要建卡和立账，要与存货单位的分类立账结合起来，这样便于工作联系和清仓盘存，也有利于提高工作效率。另外还要注意，在建卡立账时，要和业务部门的商品账结合，实行对口管理，以便核对、盘存和相互间沟通。

分库储存中，凡是大件、重件（含驾驶室、车身、发动机、前后桥、大梁等）都要统一集中储存，以便充分发挥仓库各种专用设备，特别是机械吊装设备的作用。这样不仅可以提高仓容利用率，而且还可以减轻装卸搬运工人的劳动强度，提高劳动效率。

（2）安全合理堆码　仓库里的配件堆码，必须贯彻"安全第一"的原则，不论在任何情况下，都要保证仓库、配件和人身的安全。同时还要做到文明生产；配件的陈列堆码，一定要讲究美观整齐。

1）合理堆码的要求。汽车配件堆码指的是仓储汽车配件堆存的形式和方法，又称堆垛。汽车配件进入仓库存储，应按一定的要求存放，不准随意平摊或堆叠。汽车配件堆码必须根据汽车配件的性能、数量、包装、形状以及仓库的条件，按照季节变化的要求，采用适当的方式、方法，将汽车配件堆放稳固、整齐。堆码必须做到安全、方便、节约。

堆码的具体要求包括以下两点。

① 要保证人身、汽车配件与仓库的安全。堆码严禁超载，不许货垛重量超过仓库地面或货架的设计负重。货垛不宜过高，垛顶与库房梁、灯要保持安全距离。货垛与墙、柱和周围设备之间，以及货垛与货垛之间都应有一定的间隔距离，以适应汽车配件检查、操作和消防安全的需要。

② 要方便汽车配件出入库的操作。为考虑汽车配件先进先出、快进快出的要求，货垛不可阻塞通道，或堆成死垛。货垛的位置应统筹安排，货垛之间、货垛与设备之间的距离以及走道的设置要合理，以切实保证收、发货和配件检查养护等作业的方便。

2）堆码的方法

常见的堆码方法有以下几种。

① 重叠法。按入库汽车配件批量，视地坪负荷能力与可利用高度，确定堆高层数，摆定底层汽车配件的件数，然后逐层重叠加高。上一层每件汽车配件直接置于下一层每件汽车配件之上并对齐。硬质整齐的汽车配件包装、长方形的包装和占用面积较大的钢板等采用此法，垛体整齐、稳固，操作比较容易。但不能堆太高，尤其是孤立货垛以单间为底，若直叠过高，易倒垛。

② 压缝法。针对长方形汽车配件包装的长度与宽度成一定比例，汽车配件每层压缝堆码。即上一层汽车配件跨压下一层两件以上的汽车配件，下纵上横或上纵下横，货垛四边对齐，逐层堆高。用此法每层汽车配件互相压缝，堆身稳固，整齐美观，又可按小组出货，操作方便易于腾出整块可用空仓。每层和每小组等量，便于层批标量，易于核点数量。

③ 牵制法。汽车配件包装不够平整，高低不一，堆码不整齐，可在上下层汽车配件间加垫，并加放木板条，使层层持平有牵引，防止倒垛。此法可与重叠法、压缝法配合使用。

④ 通风法。为便于汽车配件通风散潮，有些汽车配件的件与件不能紧靠，要前后左右都留一定的空隙，此时宜采用堆通风垛的方法。其堆码方法多种多样，常见的有"井"字形、"非"字形、"示"字形、旋涡形等。需要通风、散热、散潮，必须防霉及怕霉的汽车配件常用此法。

桶装、听装的液体汽车配件，排列成前后两行，行与行、桶与桶间都留空隙；堆高上层对下层可压缝，即上一件跨压在下两件"肩"部，以便于检查有无渗漏。

⑤ 行列法。零星小批量汽车配件，不能混进堆垛，就按行排列，不同汽车配件背靠背成两行，前后都面对走道，形成行列式堆码，可以避免堆"死垛"（堆垛中无通道，存取不便）。

⑥ 轮胎货架。为防止轮胎受压变形，也需要专门货架保管，这种货架有固定的，也有可以拆装的。

3）仓容利用经济合理。根据库区的实际情况，结合配件的性能特点，对仓容的利用应做出合理布局，要充分发挥人员、库房、设备的潜力，做到人尽其能、库尽其用，以最小的代价，获得最大的效益。

① 合理使用库房。各种配件体积、重量相差很大，形状各异，要把这些不同大小、不同重量、不同形状的配件安排适当，以求得最大限度地提高仓容利用率，如前后桥、发动机、驾驶室等重件、大件，可以将它们放在地坪耐压力强、空间高、有起吊设备的库房。此外，还要根据配件的性能、特点和外形，配备一定数量的专用货架和格架等设备。

② 提高单位面积利用率。仓库的建筑面积是不可变的，但单位面积利用率是可变的，如设高层货架或在普通货架区的货架最上面一层铺盖楼板，用以储存轻抛配件（如汽车灯泡、灯罩、仪表等）。同时，随时清理现场，也可以提高单位面积利用率。

4）防尘、防潮、防高温、防照射的措施。汽车配件品种繁多，由于使用的材料和制造的方法不同而各具特点，有的怕潮、有的怕热、有的怕阳光照射、有的怕压等，在储存中受自然因素的影响会发生变化，因此需要采取防尘、防潮、防高温、防照射等措施，以免影响到这些配件的质量。防范的措施主要有以下几种。

① 严格配件进出库制度和配件保养制度。库存配件应严格执行先进先出的原则，尽量缩短配件的在库时间，使库存不断更新。同时应严格执行配件保养制度，经常对库存配件进行必要的清理和保养。

② 安排适当的库房和货位。各种配件的性能不同，对储存保管的要求也不一样，在安排库房和配件进库后具体安排货位时，应把不同类型、不同性质的配件，根据其对储存条件的要求，分别安排到适当的仓库和货位上去。

汽车配件，对于忌潮的金属配件，应该集中放在通风、向阳的位置；对于忌高温的配件，应该放在能避阳光的位置；对防尘、防潮、防高温要求高的配件，应设专柜储存、专人保管。对于高档的或已开箱配件，如收发机、仪器仪表、轴承等，在条件具备的情况下，可设密封室或专用储存柜储存。

③ 要重视各种配件的储存期限。各类汽车配件出厂时，都规定了保证产品质量的储存日期，但在进货及仓库保管中常被忽视。如各类金属配件在正常保管条件下，自出厂之日起，生产厂保证在 12 个月内不锈蚀。橡胶制品规定在一年内保证其使用性能符合标准要求。制动片包括离合器片规定在一年内保证其质量。蓄电池的储存期限在两年内应具有干荷电的性能，2～3 年内应具有一般电池的性能。制动皮碗从出厂之日起，在正常条件下可保管三年以上仍保持表面光亮，不呈灰白色；但试验表明，三年以上时体积膨胀大大超过标准规定，虽能使用，但寿命下降。

④ 配件加垫。汽车配件绝大部分都是金属制品，属忌潮物资，一般都应加垫，以防锈蚀。至于垫的高度，要从实际需要出发，一般应为 10～30cm。加垫的作用就是隔潮、通风。

⑤ 加强库区温度、湿度控制。可采取自然通风、机械通风或使用吸潮剂等措施，以控制库内温度、湿度。即根据不同季节、不同自然条件，采取通风、降潮、降温措施。当库区湿度大于库外湿度时，可将门窗适当打开。当库区湿度降到与库外湿度基本平衡时，就将门窗关闭。如果库外湿度大于库内湿度时，不要打开窗户。收货、发货必须开门时，作业完毕及时关门。还可以采取机械通风办法，在库房的上部装排风扇，下部装送风扇，加速库内空气流通，起到降温、降潮作用。

还可以采取库内降潮办法，就是在雷雨季节或其他阴雨天气时，库内和库外湿度都很高时，采用吸潮剂（干燥剂）吸潮。吸潮剂有生石灰、氯化钙、氯化锂，一般汽车配件采用氯化钙为宜。在使用吸潮剂吸潮时，必须关闭门窗和通风孔洞，才能保证吸潮效果。

⑥ 保证汽车配件包装完好无损。凡是有包装的配件，一定要保持其内外包装完好，这对于仓库保管员来说是一项重要的纪律，必须严格遵守。如果损坏了包装，在某种意义上讲，就等于破坏了配件的质量，因为包装本身就是为了防潮、防尘、防磕碰，保护配件质量的。

⑦ 搞好库内外清洁卫生。搞好库内外清洁卫生，做到库房内外无垃圾，无杂草、杂物，加强环境绿化，以防尘土、脏污和虫害的滋生。经常检查库房内的孔洞、缝隙，配件包装、建筑的木质结构等，发现虫害，及时采取措施捕灭。

5. 特殊汽车配件的分类存放

（1）不能沾油的汽车配件的存放　轮胎、水管接头、V 带等橡胶制品，怕沾柴油、黄油，尤其怕沾汽油，若常与这些油类接触，就会使上述橡胶配件质地膨胀，很快老化，加速损坏报废。

干式纸质空气滤清器滤芯不能沾油，否则灰尘、砂土会粘附其上，会将滤芯糊住。这样会增大气缸进气阻力，使气缸充气不足，影响发动机功率。

发电机、起动机的电刷和转子沾上黄油、机油，会造成电路断路，使之工作不正常，甚至导致汽车不能起动。

风扇皮带、发电机皮带沾上油，就会引起打滑，影响冷却和发电。

干式离合器的各个摩擦片应保持清洁干燥，若沾上油就会打滑。同样，制动器的制动蹄片如沾上油，则会影响制动效果。

散热器沾上机油、黄油后，砂尘粘附其上，不易脱落，会影响散热效果。

（2）发动机总成的储存维护　发动机总成的储存期如超过半年，则必须对其进行维护。方法是将火花塞（汽油机）或喷油器（柴油机）自气缸盖上拆下，螺孔中注入车用机油少许，以保持气缸中摩擦副零件有良好的润滑油膜，防止长期缺油而生锈。如超过一年，除了做上述维护外，还应在气缸壁上涂敷得更彻底和均匀，然后旋上火花塞和喷油器。

（3）蓄电池的储存　应防止重叠过多和碰撞，防止电极及盖因重压受损，而且应注意加注电解液塞的密封，防止潮湿空气进入。至于极板的储存，则应保持仓间干燥，储存期一般规定为六个月，必须严格控制。

（4）爆燃传感器的存放　爆燃传感器受到重击或从高处跌落会损坏，应防止失手跌落从而损坏，不应放在货架或货柜的上层，而应放在底层，且应分格存放，每格一个，下面还应铺上海绵等软物。

（5）减振器的存放　减振器在车辆上是承受垂直载荷的，若长时间水平旋转，会使减振器失效。因此，在存放减振器时，要将其垂直放置。水平放置的减振器，在装上汽车之前，要在垂直方向上进行手动抽吸。

（6）橡胶制品的存放　对于橡胶制品，特别是火补胶，应在能保持环境温度不超过 25℃的专仓内储存，以防老化，保证安全。

（7）电器配件、橡胶制品配件、玻璃制品配件的存放　这些配件自重小，属轻抛物资，不能碰撞和重压，否则将使其工作性能丧失，发生变形或破碎，故应设专仓储存；在堆垛时应十分注意配件的安全。

对于软木纸、毛毡制油封及丝绒或呢制门窗嵌条一类超过储存期半年以上的配件，除保持场地干燥外，在毛毡油封或呢槽包装箱内，应放置樟脑丸，以防止霉变及虫蛀。

6. 配件出库管理

（1）配件出库程序　配件出库实施"六步曲"，包括：核单、备料、复核、包装、点交、记账。

① 核单。出库前必须要有出库凭证，严禁无单或白条发放。保管员接到出库凭证后，必须详细核对，确认无误后备料。

② 备料。按照出库凭证进行备料，同时变动料卡的余额数，填写实发数量和日期。

③ 复核。为防止出错，备料后要进行复核。复核的内容主要有出库凭证与配件的名称、规格、数量是否相符。

④ 包装。对数量较多、重量或体积较多的备件出库，为搬运方便，可根据不同的情况进行合理的包装。

⑤ 点交。配件经复核后，要将配件当面交给提货人，办清交接手续。

⑥ 记账。点交后，保管员要在出库单上填写实发数、发货日期等内容并签名，然后，将出库单交给领料人，以便办理维修结算。

（2）出库的要求

① 凭单发货。仓库保管员要凭业务部门的供应单据发货。

② 先进先出。保管员一定要坚持"先进先出、推陈出新"的原则。

③ 及时准确。一般大批量发货不超过两天。少量货物，随到随发。

④ 包装完好。要保证包装完好。

⑤ 待运配件。配件在未离库之前的待运阶段，要注意安全管理。

7. 配件的盘点

（1）盘点的目的　通过盘点，如实地反映存货的增减变动和结存情况，使账物相符，保障配件库存货的位置和数量。

（2）盘点的内容　核对存货的账面结存数与实际结存数，查明盘亏、盘盈存货的品种、规格和数量。查明变质、毁损的存货，已经超储积压和长期闲置的存货的品种、规格和数量。

（3）盘点方法　盘点方法有永续盘点、循环盘点、定期盘点和重点盘点等。

① 永续盘点。每天对有收发动态的配件盘点一次，以便及时发现问题，防止收发差错。

② 循环盘点。指保管员对自己所管物资分轻重缓急，作出月盘点计划，按计划逐日盘点。

③ 定期盘点。指在月、季、年度组织清仓盘点小组，进行全面盘点清查，并形成库存清册。

④ 重点盘点。根据季节变化或工作需要，为特殊仓库的物资进行盘点和检查。

案例阅读

案例　**某大众奥迪汽车 4S 店的备件库存管理**

南京某汽车 4S 店，是一家以经营奥迪汽车为主的企业。该企业从 2003 年开始涉足大众奥迪汽车 4S 店的经营，经过多年的磨砺，目前在南京地区发展已初现规模。由于近两年 4S 经营模式有了一些调整，该企业也受到影响，其整车销售利润空间受到进一步压缩，目前经营利润逐步转向汽车售后市场，包括备件供应与维修服务。作为汽车售后服务的关键，尽管该公司在多年的经营中，备件库存管理积累了一些好的经验，但由于该企业在发展前期利润来源主要集中在整车销售上，随着利润点的转移，其备件库存管理显得力不从心，选择好的备件库存管理方法与策略就显得尤为重要。

在该公司应用 ABC 管理法主要有两方面问题：一是，如何能快速生成订货方案以及确定安全库存量；二是，增强销售数据分析和综合考虑实际情况，确定合理库存水平。针对这两方面问题，结合前面对4S备件库存管理的研究后，该企业决定将计算机技术和ABC分类管理方法相结合，得出解决方案。

该备件辅助预测方案主要按两条线索设计，一条主线是按照实现备件ABC分类管理、库存方案及订货方案生成；另一条辅线则是围绕对备件信息与备件销售数据的分析进行设计。在两条线索的综合作用下，其库存管理逐步趋向科学合理。另外，在具体方案实现中，备件辅助预测系统使用Delphi7进行程序开发，Delphi是基于窗体和面向对象，对数据库有强大支持功能，其开发的数据库简单、高效。数据库则采用SQL Server 2000数据库，以保证数据的安全和高效。此外，为了使该系统具有通用性，在实际开发设计过程中，所有涉及企业数据的地方，全部采用数据临时导入或通过共享企业相关数据库数据。

结论：由于汽车备件库存管理不同于一般物资管理，如果直接将已有库存管理理论应用到汽车备件库存管理中，在实际运作时，必然存在不合理之处，可能会使备件库存过多或不足，导致大量资金占用或无法满足正常需求，从而影响4S企业经济效益。所以，该企业通过对4S经营模式的现状及服务备件相关库存理论进行研究后，提出综合运用ABC分类管理法与现代计算机技术相结合的解决方案，达到快速对4S企业汽车备件进行分类、预测、确定订货量、订货时机及安全库存等，科学合理地对备件库存进行有效控制和管理。

思考题

1. 汽车服务企业设备管理的内容有哪些？
2. 汽车服务企业设备管理的要求有哪些？
3. 汽车服务企业应如何对设备进行维护保养？
4. 简述汽车服务企业设备磨损的原因及规律。
5. 汽车服务企业设备更新的原则有哪些？
6. 汽车服务企业常见的库存控制方法有哪些？应如何选择？
7. 什么是ABC库存管理法？
8. 汽车服务企业配件库中，常见的堆码方法有哪些？
9. 简述汽车服务企业配件出库程序。
10. 汽车服务企业配件盘点的方法有哪些？

第6章 汽车服务企业财务管理

6.1 财务管理概述

6.1.1 财务管理的概念及基本理念

1.汽车服务企业财务管理的概念

汽车服务企业的生产经营活动过程，一方面表现为客户提供优质的服务，另一方面表现为价值形态的资金的流入与流出。企业资金收支活动形成了企业的财务活动，企业的财务活动具体包括企业的筹资管理、投资管理、营运资金管理、利润分配管理四个方面的内容。企业在生产经营过程中，需要与所有者、债权人、员工等发生各种资金往来关系，这就形成了企业的财务关系。

财务管理（Financial Management）是在一定的整体目标下，关于资产的购置（投资）、资本的融通（筹资）和经营中现金流量（营运资金）以及利润分配的管理。

财务管理是企业管理的一个组成部分，它是根据财经法规制度，按照财务管理的原则，组织企业财务活动，处理财务关系的一项经济管理工作。简单地说，财务管理是组织企业财务活动、处理财务关系的一项经济管理工作。

汽车服务企业财务管理具体表现在对企业资金供需的预测、组织、协调、分析、控制等方面。通过有效的理财活动，可以理顺企业资金流转程序和各项分配关系，以确保服务工作的顺利进行，使各方面的利益要求得到满足。

2.汽车服务企业财务管理的基本理念

汽车服务企业财务管理最基本、最重要的理念包括四个方面：资金的时间价值、风险报酬、利率与通货膨胀、现金流转。

（1）资金的时间价值　财务管理中最基本的理念就是资金的时间价值。在一个理想化的完美资本市场中，资金在资本市场中会得到不断升值，也就是说今天的一元钱比明天的一元钱更值钱。资金会随着时间的延续而不断增值，这就是资金的时间价值。树立资金的时间价值观念，可以帮助企业更好地管理资金，提高资金的使用效率，减少资金的浪费。

（2）风险报酬　任何投资都会有风险，不同投资项目的风险与收益是互不相同的。风险越高，其预期收益也越高；反之亦然。在财务管理中，任何财务决策都是在风险与收益的博弈中做出的均衡决策。承担风险的同时，也可能会获得较高的报酬，即风险报酬。

（3）利率与通货膨胀　利率的波动会影响到财务管理活动，对企业的融资成本、投资期望等产生作用。随着我国利率市场化进程的加快，利率的波动将会更加频繁，这将对企业财务管理带来巨大影响。

通货膨胀是经济发展不可避免的后果，对于企业财务工作也会产生巨大影响，对于企业采购成本、人工成本将会带来巨大压力。

（4）现金流转　企业资产的流动性越来越受到重视，其中，现金流量及其流转是重要的一环。财务管理重视的是现金流量而不是会计学上的收入与成本。企业的现金流量必须足以偿还债务和购置为达到其经营目标所需要的资产。现金流量的充足与否将影响到公司的偿债能力。

3. 汽车服务企业财务管理的原则

（1）系统原则　财务管理经历了从资金筹集开始，到资金投放使用、耗费，直到资金收回、分配等几个阶段，而这些阶段组成一个相互联系的整体，具有系统性。为此，做好财务工作，必须从各组成部分的协调和统一出发，这就是财务管理的系统原则。

（2）平衡原则　平衡原则包括两个方面的平衡：一是指资金的收支在数量上和时间上达到动态的协调平衡，从而保证企业资金的正常周转循环；二是指盈利与风险之间相互保持平衡，即在企业经营活动中必须兼顾和权衡盈利与风险两个方面。承认盈利一般与风险同在的客观现实，不能只追求盈利而不顾风险；也不能因害怕风险而放弃盈利，应该趋利避险，两方实现平衡。

（3）弹性原则　在财务管理中，必须在准确和节约的同时，留有合理的调整余地，以增强企业的应变能力和抵御风险的能力。在实务中，弹性原则一般体现为实现收支平衡，略有节余。贯彻该原则的关键是防止弹性过大或过小，因为弹性过大会造成浪费，而弹性过小会带来较大的风险。

（4）成本效益原则　企业财务目标是企业价值最大化，其内涵是在规避风险的前提下，所得最大，成本最低。因而，无论在筹资、投资及日常的理财活动中都应进行收益与成本的比较和分析。按成本效益原则进行财务管理时，在效益方面，既要考虑短期效益，又要考虑长期效益；在成本方面，既要考虑有形的直接损耗，又要考虑资金使用的机会成本，更要考虑无形的潜在损失。

（5）利益关系协调原则　企业不仅要管理好财务活动，还要处理好财务活动中的财务关系，诸如企业与国家、所有者、债权人、债务人、企业各部门以及员工个人之间的财务关系，这些财务关系从根本上讲是经济利益关系。因此，企业要维护各方面的合法权益，合理公平地分配收益，协调好各方面的利益关系，调动各方面的积极性，创造和谐的利益分配环境，为同一个财务目标共同努力。

6.1.2 财务管理的内容和目标

1. 汽车服务企业财务管理的内容

财务管理是对企业财务活动及所涉及的资产、负债、所有者权益、收入、费用、利润等进行的管理。它包括了从企业开办到企业终止与清算的全部财务活动。

（1）筹资和投资管理　企业应按照社会主义市场经济的要求，建立企业资本金制度，确保资本金保全和完整。要采用科学的方法进行筹资和投资决策，选择有利的筹资渠道和投资方向，以取得良好的筹资效果和投资收益。

筹资也称融资，筹资管理要解决的是如何取得企业所需资金问题。它主要解决四个问题：筹集多少资金；向谁取得资金；什么时候取得资金；获取资金的成本是多少。

投资是指以收回现金并取得收益为目的而发生的现金流出。企业投资主要有两方面：一方面是进行长期投资，即对固定资产和长期有价证券的投资，也称资本性投资；另一方面是进行短期投资，即对短期有价证券、存货、应收账款等流动资产进行的投资。流动资产投资属于营运资金投资。由于长期投资时间长、风险大，决策时应重视资金的时间价值和投资的风险价值，合理确定投资规模、投资方向和投资方式等，使投资收益较高而风险较低。

（2）资产管理　资产管理包括流动资产管理、固定资产管理、无形资产管理、递延资产管理和其他资产的管理。资产管理的目标是合理配置各类资产，充分发挥资产的效能，最大限度地加速资产的周转，它以提高资产可利用率、降低企业运行维护成本为目标，以优化企业维修资源为核心，通过信息化手段，合理安排维修计划及相关资源与活动。通过提高设备可利用率得以增加收益，通过优化安排维修资源得以降低成本，从而提高企业的经济效益和企业的市场竞争力。

（3）成本费用管理　成本费用管理是指对企业生产经营过程中生产经营费用的发生和产品成本的形成所进行的预测、计划、控制、分析和考核等一系列管理工作。加强成本费用管理是扩大生产、增加利润和提高企业竞争能力的重要手段。

（4）综合管理　综合管理包括财务指标管理体系、销售收入和盈利管理、企业终止与清算管理、企业内部经济核算管理和企业资产评估。

2. 汽车服务企业财务管理的目标

财务管理是企业生产经营过程中的一个重要组成部分，财务管理的目标应服务和服从企业整体目标，企业财务管理的目标就是企业财务管理活动所期望达到的成果。根据现代财务管理理论与实践，财务管理目标主要有以下几种观点。

（1）利润最大化　在市场经济条件下，企业往往把追求利润最大化作为目标，利润最大化也成为企业财务管理要实现的目标。以利润最大化作为财务管理的目标，能够促进企业加强经济核算、提高劳动生产率、降低成本、提高经济效益。但企业的发展离不开社会的支持，盲目追求利润会导致企业忽视承担的社会责任，忽视企业长远发展等问题。

（2）股东财富最大化　对于股份制公司，企业属于全体股东所有。股东投资的目的就是为了获得最多的财富增值。因此，企业的经营目标就是使股东财富最大化，财务管理的目标也是股东财富的最大化。

（3）企业价值最大化　股东价值最大化是站在股东的角度考虑企业财务管理目标的。但是，企业的生存与发展除了与股东密切相关外，也与企业的债权人以及员工有着密切的关系，单纯强调企业所有者的利益是不合适的。企业价值最大化是指企业通过合理的经营，采取正确的财务决策，充分考虑资金的时间价值和风险，使企业总价值达到最大。这是中外企业普遍公认的合理的财务目标。

（4）相关利益者价值最大化　利益相关者是所有在企业真正拥有某种形式的投资并且处于风险之中的人，企业利益相关者包括股东、经营者、员工、债权人、顾客、供应商、竞争者以及国家。由于契约的不完备性，使得利益相关者共同拥有企业的剩余索取权和剩余控制权，进而共同拥有企业的所有权。对所有权的拥有是利益相关者参与公司治理的基础，也是利益相关者权益得到应有保护的理论依据。

企业不仅仅由单纯的股东或单一的利益相关者构成，而是由所有的利益相关者通过契约关系组成的。也就是说，企业是使许多冲突目标在契约关系中实现均衡的结合点。

（5）社会价值最大化　由于企业的主体是多元的，因而涉及社会方方面面的利益关系。为此，企业目标的实现，不能仅仅从企业本身来考察，还必须从企业所从属的更大社会系统来规范。企业要在激烈的竞争环境中生存，必须与其周围的环境取得和谐，这包括与政府的关系、与员工的关系以及与社区的关系等，企业必须承担一定的社会责任，包括解决社会就业、讲求诚信、保护消费者、支持公益事业、保护环境和搞好社区建设等。社会价值最大化就是要求企业在追求企业价值最大化的同时，实现预期利益相关者的协调发展，形成企业的社会责任和经济效益间的良性循环关系。

社会价值最大化是现代企业追求的基本目标之一，这一目标兼容了时间性、风险性和可持续发展等重要因素，体现了经济效益和社会效益的统一。

3. 汽车服务企业财务管理的作用

（1）财务管理直接影响企业经营决策　企业的经营决策是有关企业总体发展和重要经营活动的决策。决策正确与否，关系到企业的生存和发展。在决策过程中，要充分发挥财务管理的作用，运用经济评价方法对备选方案进行经济可行性分析，为企业管理者正确决策提供依据，保证所选方案具有良好的经济性。

（2）财务管理是企业聚财、生财的有效工具　企业进行生产经营活动必须具备足够的资金。随着生产经营规模的不断扩大，资金也要相应增加。无论是企业开业前还是在生产经营过程中，筹集资金是保证生产经营活动正常进行的重要前提。企业在财务管理中要依法合理筹集资金，科学、有效地利用资金，提高资金使用效率，创造更多的利润。

（3）财务管理是控制和调节企业生产经营活动的必要手段　企业财务管理主要是

通过价值形式对生产经营活动进行综合管理，及时反映产、供、销过程中出现的各种问题，通过资金、成本、费用控制等手段，对生产经营活动进行有效的控制和调节，使其按预定的目标进行，取得良好的经济效益。

（4）财务管理是企业执行财务法规和财经纪律的有力保证　企业的生产经营活动必须遵守国家政策，执行国家有关财务法规、制度和财经纪律。资金的筹集必须符合国家有关筹资管理的规定，成本、费用开支必须按规定的开支标准和范围执行，税金的计算和缴纳、利润的分配，都必须严格按税法和财务制度的规定执行。企业财务管理工作在监督企业经营活动、执行财务法规、遵守财经纪律方面承担着重要的使命，应起到保证作用。

6.1.3　汽车服务企业财务管理的基础工作

汽车服务企业财务状况的好坏与企业财务管理工作的好坏有直接联系，而搞好财务管理工作的一个重要前提是做好财务管理基础工作。汽车服务企业财务管理的基础工作包括以下几个方面。

1. 建立、健全财务管理规章制度

企业财务管理的规章制度，既包括由国家和主管部门统一制定的各种法律法规和各种条例规章，也包括企业自身为加强财务管理而制定的内部的规章制度，它们都是财务管理的实践总结，同时又为实际的管理工作服务。汽车服务企业的制度主要包括：设备、工具管理制度，现金管理制度，费用开支标准及审批制度，材料成本管理制度，配件采购、仓储、领发制度，工资利润分配制度及往来关系管理制度等。

2. 建立、健全完整统一的原始记录

汽车服务企业的原始记录是记载企业服务活动开展的最初记录，它是企业各项管理工作的第一手资料，是组织服务活动进行会计、统计和业务核算以及进行企业决策所不可缺少的条件和依据，也是加强企业财务管理和进行科学管理的保证。

汽车服务企业的各个职能部门与环节，应从其经济活动的特点和实际需要出发，根据加强经济核算，改善服务管理，建立正常汽车服务秩序及简单易行的原则，建立、健全能够正确反映服务活动中的各方面原始数据资料的原始记录。

3. 建立、健全相应的定额体系

汽车服务企业的定额是指汽车服务活动过程中，对人力、物力、财力的配备、利用和消耗，以及获得利润应遵守的标准和达到的水平。它的合理性反映了企业的技术进步、服务管理水平的高低。

4. 做好各环节的计量工作和信息工作

汽车服务企业计量工作的好坏直接影响到各方面数据资料的准确性，而加强汽车服务企业的计量及统计工作，对改善企业的经济效益和准确计算生产经营成果具有重要意义。

当前，汽车服务企业面临激烈的市场竞争，努力做好信息工作，加强对潜在市场的分析，加强对配件市场、销售量、维修业务量等方面的研究，对企业的经营工作具有十分重要的意义。

6.2　汽车服务企业筹资与投资管理

6.2.1　汽车服务企业筹资管理

资金是汽车服务企业进行生产经营活动的必要条件。企业筹集资金，是指企业根据生产经营、对外投资和调整资金结构的需要，通过筹资渠道和资金市场，运用各种筹资方式，经济有效地筹措资金的过程。

1. 企业筹资管理中的几个概念

（1）权益资本与负债资本

① 权益资本。权益资本是指投资者所投入的资本金，是企业依法长期拥有、自主调配使用的资金，又称自有资金，主要包括资本公积金、盈余公积金、实收资本和未分配利润等。权益资本主要通过吸收直接投资和发行股票等方式筹集，其所有权归投资者。

② 负债资本。负债资本是企业依法筹集并依约使用、按期偿还的资金，包括银行及其他金融机构的各种贷款、应付债券、应付票据等，又称借入资金或债务资金。负债资本主要通过银行贷款发行债券、商业信用、融资合作等方式筹集。它体现了企业与债权人之间的债权债务关系。

（2）资金成本与资金结构

① 资金成本。为筹集和使用资金而付出的代价就是资金成本，主要包括筹资费用和资金使用费用两部分。前者如向银行借款时需要支付的手续费、发行股票债券等而支付的发行费用等，后者如向股东支付的股利、向银行支付的利息、向债券持有者支付的债息等。

资金成本是比较筹资方式、选择筹资方案的依据，也是评价投资项目、比较投资方案和追加投资决策的主要经济标准。资金成本还可以作为评价企业经营成果的依据。

② 资金结构。广义的资金结构是指企业各种资金的构成及其比例关系。短期债务资金占用时间短，对企业资金结构影响小，而长期债务资金是企业资金的主要部分，所以通常情况下，企业的资金结构指的是长期债务资金和权益资本的比例关系。

2. 汽车服务企业筹资管理的目标

（1）企业筹资的目的和要求　企业进行资金筹措的根本目的是为了自身的生存和发展，通常受一定动机的驱使，主要有业务扩展性动机、偿债动机和混合性动机等几种。

企业筹集资金总的要求是要分析评价影响筹资的各种因素，讲究筹资的综合效果。主要包括确定资金需要量、控制资金投放时间、选择资金来源渠道、确定合理资金结构等。

（2）筹资管理的目标　筹资管理的目标，是在满足汽车服务企业生产经营需要的情况下，不断降低资金成本和财务风险。汽车服务企业为了保证生产服务活动的正常进行或扩大经营服务范围，必须具有一定数量的资金。企业的资金可以从多种渠道、用多种方式来筹集，而不同来源的资金，其可使用时间的长短、附加限制的条款、财务风险的大小、资金成本的高低都不一样。企业应该以筹集企业生产经营必需的资金为前提，以较低的筹资成本和较小的筹资风险获取较多的资金，满足企业生产经营的需要。

3. 汽车服务企业筹资的原则

企业筹资是一项重要而复杂的工作，为了有效地筹集企业所需资金，必须遵循以下基本原则。

（1）规模适当原则　企业的资金需求量往往是不断变动的，企业财务人员要认真分析科研、生产、经营状况，采用科学的方法，预测企业的经营对资金的需求数量，确定合理的筹资规模，既要避免因筹资不足而影响生产经营的正常进行，又要防止资金筹集过多而造成资金浪费。

（2）筹资及时原则　企业财务人员在筹集资金时必须考虑资金的时间价值。根据资金需求的具体情况，合理安排资金的筹集时间，适时获取所需资金，既要避免过早筹集资金而形成资金投放前的闲置，造成浪费；又要防止取得资金的时间滞后，错过资金投放的最佳时间，甚至失去投资机会。

（3）来源合理原则　资金的来源渠道和资金市场为企业提供了资金源泉和筹资场所，它反映资金的分布状况和供求关系，决定着筹资的难易程度。不同来源的资金，对企业的收益和成本有不同的影响，企业应认真研究资金来源渠道和资金市场，合理选择资金来源。

（4）方式经济原则　企业筹集资金必然要付出一定的代价，不同的渠道、不同的方式下资金筹集的成本不同，因此，企业在筹资时应对各种筹资方式进行分析、对比，选择经济、可行的筹资方式，确定合理的资金结构，以降低成本、减少风险。

（5）风险原则　采取任何筹资方式都会有一定的风险，企业要筹资，就要冒风险，但这种冒险不是盲目的，必须建立在科学分析、严密论证的基础上，根据具体情况做出具体分析。在实际生产经营过程中，风险并不一定是越小越好，风险往往跟收益成正比；当然，风险太大也不好。

（6）信用原则　企业在筹集资金时，不论何种渠道、什么方式，都必须恪守信用，这也是财务管理原则在筹资工作中的具体化。

4. 汽车服务企业筹资渠道与筹资方式

企业所需资金可以从多种渠道、用多种方式来筹集。筹资渠道是筹措资金来源的方向与通道。筹资方式是指企业筹集资金采用的具体形式。研究筹资渠道与方式是为了明确企业资金的来源并选择科学的筹资方式，经济有效地筹集到企业所需资金。

（1）筹资渠道

① 国家财政资金。国家财政资金进入企业有两种方式：一是国家以所有者的身份直接向企业投入资金，这部分资金在企业中形成国家的所有者权益；二是通过银行以贷款方式向企业投资，形成企业的负债。国家财政资金虽然有利率优惠、使用期限较长等优点，但国家贷款的申请程序复杂，并且规定了用途。对于汽车服务企业来说，国家财政资金渠道主要是税务部门的减税免税政策或税前还贷等优惠政策。

② 银行信贷资金。银行贷款是指银行以贷款的形式向企业投入资金，形成企业的负债。银行贷款是我国目前各类企业最主要的资金来源渠道。

③ 非银行金融机构资金。非银行金融机构资金主要是指信托投资公司、保险公司、证券公司、租赁公司、企业集团、财务公司提供的信贷资金及物资融通等。

④ 其他企业资金。其他企业资金主要是指企业间的相互投资以及在企业间的购销业务中通过商业信用方式取得的短期信用资金占用。

⑤ 居民个人资金。居民个人资金是指在银行或非银行金融机构之外的居民个人的闲散资金。

⑥ 企业内部积累资金。企业内部积累资金是指所有者通过资本公积金、盈余公积金和未分配利润等形式留在企业内部的资金，是所有者对企业追加投资的一种形式，并成为所有者权益的组成部分。

⑦ 外商资金。外商资金是指外国投资者以及中国香港、中国澳门和中国台湾地区的投资者投入的资金。在目前对外经济开放的形势下，汽车服务企业可以以发展中外合资的方式来吸收外来资金。

（2）筹资方式　目前，我国企业的筹资方式主要有吸收直接投资、发行股票、长期借款、发行债券、租赁筹资、商业信用、短期借款等。

1）吸收直接投资。吸收直接投资是指企业在生产经营过程中，投资者或发起人直接投入企业的资金，包括固定资产、流动资产和无形资产，这部分资金一经投入，便构成企业的权益资本。这种筹资方式是非股份制企业筹集权益资本的最重要的方式。

2）发行股票筹资。发行股票是股份制企业筹集权益资本的最重要的方式。股票是股份制企业为筹集自有资本而发行的有价证券，是股东按其所持股份享有权利和承担义务的书面凭证，它代表持股人对股份公司的所有权。根据股东承担风险和享有权利的不同，股票可分为优先股和普通股两大类。

① 发行优先股筹资。优先股是企业为筹集资金而发行的一种混合性证券，兼有股票和债券的双重属性，在企业盈利和剩余财产分配上享有优先权。优先股具有如下特点：第一，优先股的股息率是事先约定而且固定的，不随企业经营状况的变化而波动，并且企业对优先股的付息在普通股付息之前；第二，当企业破产清算时，优先股的索取权位于债券持有者之后、普通股持有者之前；第三，优先股持有者不能参与企业的经营管理，且由于其股息是固定的，当企业经营景气时，不能像普通股那样获取高额盈利；第四，

与普通股一样列入权益资本，股息用税后净值发放，得不到免税优惠；第五，优先股发行费率和资金成本一般比普通股票低。

② 发行普通股筹资。普通股是指在公司的经营管理和盈利及财产的分配上享有普通权利的股份，代表满足所有债权偿付要求及优先股东的收益权与求偿权要求后对企业盈利和剩余财产的索取权，它构成公司资本的基础，是股票的一种基本形式，也是发行量最大、最为重要的股票。普通股股东拥有并控制企业，具有选举董事会、获取股息和红利收入、出售和转让股份等权利。普通股基本特征包括：第一，风险性。股票一经购买就不能退还本金，而且购买者能否获得预期利益，完全取决于企业的经营状况。第二，流动性。尽管股票持有者不能退股，但可以转让或作为抵押品。正是股票的流动性，促使社会资金有效配置和高效利用。第三，决策性。普通股票的持有者有权参加股东大会，参与企业的经营管理决策。第四，股票交易价格和股票面值的不一致性。股票作为交易对象，也像商品一样，有自己的市场价格。这种不一致性，给企业带来强大压力，迫使其提高经济效益，同时，也产生了社会公众的资本选择行为。

3）发行债券筹资。企业债券是指企业按照法定程序发行，约定在一定期限内还本付息的债券凭证，代表持有人与企业的一种债务关系。企业发行债券一般不涉及企业资产所有权、经营权，企业债权人对企业的资产和所有权没有控制权。

债券的种类有不同的划分方法。按照发行区域，可分为国内债券和国际债券；按照有无担保，可分为无担保债券和有担保债券；按照能否转换成公司股票，可分为可转换债券和不可转换债券；按公司是否拥有提前收回债券的权利，可分为可收回债券和不可收回债券。债券的基本特征有：第一，期限性。各种公众债券在发行时都要明确规定归还期限和条件。第二，偿还性。企业债券到期必须偿还本息。不同的企业债券有不同的偿还级别，如果企业破产清算，则按优先级别先后偿还。第三，风险性。企业经营总有风险，如果企业经营不稳定，风险较大，其债券的可靠性就较低，受损失的可能性也比较大。第四，收益性。债券持有人可以定期从债券发行者那里获得固定的债券利息，债券的利率通常高于存款利率。债券的收益率并不完全等同于债券的票面利率，而主要取决于债券的买卖价格。

4）银行贷款筹资。银行贷款是指银行按一定的利率，在一定的期限内，把货币资金提供给需要者的一种经营活动。银行贷款筹资指企业通过向银行借款以筹集所需资金。贷款利率的大小随贷款对象、用途、期限的不同而不同，并且随着金融市场借贷资本的供求关系的变动而变动。流动资金的贷款期限可按流动资金周转期限、物资耗用计划或销售收入来确定；固定资产投资贷款期限一般按投资回收期来确定。企业向银行贷款，必须提出申请并提供详尽的可行性研究报告及财务报表，获准后在银行设立账户，用于贷款的取得、归还和结存核算。

5）租赁筹资。租赁是一种以一定费用借贷实物的经济行为，即企业依照契约规定通过向资产所有者定期支付一定量的费用，从而长期获得某项资产使用权的行为。现代租赁按其形态主要分为两大类：融资性租赁和经营性租赁。融资性租赁是指承租方通过签订租赁合同获得资产的使用权，然后在资产的经济寿命期内按期支付租金。融资租赁是企业资金的一个典型来源，属于完全转让租赁。经营性租赁是不完全转让租赁。它的租赁期较短，出租方负责资产的保养与维修，费用按合同规定的支付方式由承租方负担。由于被出租资产本身的经济寿命大于租赁合同的持续时间，因此，出租方在一次租赁期内获得的租金收入不能完全补偿购买该资产的投资。

6) 商业信用。商业信用是指企业之间的赊销赊购行为。它是企业在资金紧张的情况下，为保证生产经营活动的连续进行，采取延期支付购货款或预收销货款而获得短期资金的一种方式。采用这种方式，企业必须具有较好的商业信誉，同时，政府相关部门也应该加强引导和管理，避免引发企业间的三角债务。

企业筹资过程中，究竟通过哪种渠道，采用哪种方式，必须根据企业自身情况来确定。

5. 汽车服务企业筹资方式的选择

筹资方式的选择，首先要了解各种筹资方式的优缺点，并对它们加以比较。评价不同筹资方式的优劣，主要从以下几方面入手。

(1) 资金成本的高低　资金成本的高低是指汽车服务企业取得资金和使用资金所应负担的成本，用百分率表示。不同筹资方式其资金成本是不同的，应具体情况具体分析。

(2) 还本付息风险的大小　各种筹资方式还本付息风险的大小可以从企业违约是否导致投资者采取法律行为，是否导致企业破产这两点来衡量；另外，还与筹资期长短有关，在相同条件下，企业偿还债务的时间越短，风险越大。

(3) 机动性大小　这是针对筹措借入资金而言的。它是指企业在需要资金时能否及时筹集到，而企业不需要那么多资金时可以随时还款，以及提前还款是否会受到惩罚等。

(4) 筹资的方便程度　这可以从企业和企业的投资者两方面加以分析。从企业方面分析，筹资方便程度表现在企业有无自主权通过各种筹资方式取得资金以及自主权的大小；从投资者方面分析，筹资方便程度表现在投资者是否愿意通过该方式提供资金，以及提供资金的条件是否苛刻，手续是否复杂等。

(5) 投资者是否对资金的使用范围加以限制　一般来说，投资者对资金的使用方向和范围限制越少，对企业越有利。

(6) 资金使用期限的长短　投资者给予汽车服务企业资金的使用期限越长，企业还款压力就越小。如果短期内就要求还款，则对企业会形成短期内的资金压力。

6.2.2　汽车服务企业投资管理

投资是企业开展正常生产经营活动并获取利润的前提，也是企业扩大经营规模、降低经营风险的重要手段。投资按其回收时间的长短可分为短期投资和长期投资。短期投资又可称为流动资产投资，它是指能够并且计划在一年内收回的投资，主要指对现金、应收账款、存货、短期有价证券等的投资。长期投资是指在一年以上才能收回的投资，主要指对厂房、机器设备等固定资产的投资，也包括对无形资产和长期有价证券的投资。

企业在进行投资分析与决策时，需要认真考虑与投资相关的影响因素。一般来说，企业投资应重点考虑的因素有：投资收益的高低、投资风险的大小、投资的约束条件和投资的弹性分析等。

1. 现金流量的定义

现金流量也称现金流动量，它是指投资项目在其计算期内因资本循环而可能或应该发生的各项现金收支，其中现金收入称为现金流入量，现金支出称为现金流出量。现金流入量与现金流出量相抵后的差额称为现金净流量，现金净流量也称净现金流量。

在通常情况下，投资决策中所说的现金流量是指现金净流量。现金流量是项目投资决策评价指标的主要依据和重要信息之一。必须注意的是，本书讲的现金流量与财务会计中现金流量表中使用的现金流量，无论是具体构成内容还是计算口径方面两者都存在较大的差异。这里的现金既指库存现金、银行存款等货币性资产，也包括投资方案需要投入或收回的相关的非货币性资产（如原材料、设备等）的重置成本或变现价值。

2. 项目投资评价指标

投资决策是对各个投资方案进行分析和评价，从中选择最优方案的过程。为了客观、科学地分析评价各种投资方案是否可行，应使用不同的决策指标，从不同的侧面或不同的角度来评价投资方案。各项指标在大多数情况下对于方案的取舍是一致的，但有时也会出现不一致的情况。所以按某一指标来确定对投资方案的取舍，有时会造成偏差。在投资决策的分析评价中，应根据具体情况采用适当的方法来确定投资方案的各项评价指标，以供决策参考。

项目投资决策评价指标可分为非贴现指标和贴现指标两大类。其区别在于：非贴现指标不考虑资金的时间价值，计算比较简单，又称静态指标，其评价指标有投资回收期（静态）、平均报酬率等，贴现指标考虑资金的时间价值，计算较为复杂，又称动态指标，其评价指标有净现值、现值指数、内部收益率等。在实际运用中，以某一指标作为评价投资方案的标准，又可称该指标法，如净现值法、现值指数法、投资回收期法等。

（1）非贴现指标

① 投资回收期。投资回收期（Payback Period，PP）是指投资项目收回全部投资所需要的时间。为了避免发生意外情况，投资者总是希望尽快收回投资，即投资回收期越短越好。投资回收期越短，说明该项投资所冒的风险越小，方案越佳。

回收期 n 可通过下式确定：

$$\sum_{k=0}^{n} I_k = \sum_{k=0}^{n} Q_k$$

式中　n——投资年限；

　　　I_k——第 k 年现金流入量；

　　　Q_k——第 k 年现金流出量。

将计算的投资回收期与期望投资回收期比较，若方案回收期短于期望回收期，则投资方案可行；否则，方案不可行，应该放弃该项投资。如果几个方案都达到了既定的回收期，且只能选择一个方案时，则应选择回收期最短的方案。

投资回收期计算简单，易于理解，有利于促进企业加快投入资本的回收速度，尽早收回投资。但投资回收期方法有两个缺点：一是忽视了现金流量的发生时间，未考虑货币的时间价值；二是忽略了投资回收期后的现金流量，注重短期行为，忽视长期效益。因此，运用投资回收期对备选方案只能进行初步的评价，必须与其他决策指标结合使用，才能做出较正确的决策。

② 平均报酬率。平均报酬率（Average Rate Of Return，ARR）是投资项目寿命周期内平均的年投资报酬率。平均报酬率又称平均投资报酬率，有多种计算方法，最常用的计算公式为

$$ARR = \frac{NCF_m}{V} \times 100\%$$

式中　　NCF_m——年平均现金净流量；

　　　　V——原始投资额。

采用平均报酬率进行决策时，将投资项目的平均报酬率与期望平均报酬率相比，如果平均报酬率大于期望的平均报酬率，则可接受该项投资方案；否则，就应拒绝该项投资方案。若有多个可接受的投资方案选择，则应选择平均报酬率最高的方案。

平均报酬率指标的优点是计算简单、明了，易于掌握，并且考虑了整个方案在其寿命周期内的全部现金流量，克服了投资回收期法没有考虑回收期后现金流量的缺点。平均报酬率指标的缺点是忽视了现金流量的发生时间，未考虑货币的时间价值，所以不能较为客观、准确地对投资方案的经济效益作出判断。

（2）贴现指标

① 净现值。净现值（Net Present Value，NPV）是投资项目投入使用后的净现金流量按资金成本率或企业要求达到的报酬率折合为现值，减去原始投资额现值以后的余额，即从投资开始至项目寿命终结时所有现金流量（包括现金流出量和现金流入量）的现值之和，其计算公式为

$$NPV = \sum_{k=0}^{n} \frac{I_k}{(1+i)^k} - \sum_{k=0}^{n} \frac{Q_k}{(1+i)^k}$$

式中　　n——投资年限；

　　　　I_k——第 k 年现金流入量；

　　　　Q_k——第 k 年现金流出量；

　　　　i——预定贴现率。

净现值指标的优点表现在两方面：一是考虑了货币的时间价值，能反映投资方案的净收益额；二是净现值考虑了投资的风险性，因为贴现率是由公司根据风险确定的预期

报酬率或资金成本率制订的。

净现值指标的缺点也有两方面：一是不能动态地反映投资项目的实际收益水平，且各项目投资额不等时，仅用净现值无法确定投资方案的优劣，必须与其他动态评价指标结合使用，才能做出正确的评价；二是贴现率的确定比较困难，而贴现率的高低对净现值的计算结果有重要影响。

② 现值指数。现值指数（Present Value Index，PVI）也称获利指数，是投资方案的未来现金流入现值与现金流出现值的比率，其计算公式为

$$PVI = \sum_{k=0}^{n} \frac{I_k}{(1+i)^k} / \sum_{k=0}^{n} \frac{Q_k}{(1+i)^k}$$

从计算公式可见，现值指数大于 1，说明方案实施后的投资报酬率高于预期的投资报酬率，投资方案可行；现值指数小于 1，说明方案实施后的投资报酬率低于预期的投资报酬率，投资方案不可行。现值指数越大，方案投资价值越好。

现值指数指标的优点是考虑了货币的时间价值，能够真实地反映投资项目的盈亏程度。由于现值指数是未来现金净流量现值与原始投资现值之比，是一个相对数，所以现值指数克服了净现值指标在项目投资额不相等时，无法判断方案好坏的缺点。现值指数指标的缺点与净现值指标的缺点一样，即不能动态地反映投资项目的实际收益水平。

③ 内部报酬率。内部报酬率（Internal Rate of Return，IRR）也称内含报酬率，它是指能够使未来现金流入量的现值等于未来现金流出量现值的贴现率，或者说使投资方案净现值为零的贴现率。内部报酬率的计算公式为

$$NPV = \sum_{k=0}^{n} \frac{NCF_k}{(1+IRR)^k} = 0$$

式中　　NCF_k——投资项目在第 k 年产生的净现金流量；

　　　　n——项目预计经济使用年限。

净现值法和现值指数法虽然考虑了时间价值，可以说明投资方案高于或低于某一特定的投资报酬率，但没有揭示方案本身的报酬率是多少。

6.3　汽车服务企业资产管理

资产是企业所拥有或控制的，能用货币计量，并能为企业带来经济效益的经济资源，包括各种财产、债权和其他权利。资产的计价以货币作为计量单位，反映企业在生产经营的某一个时点上所实际控制资产存量的真实状况。对企业来说，管好用好资产是关系到企业兴衰的大事，必须予以高度的重视。

资产按其流动性通常可以分为流动资产、固定资产、长期投资、无形资产、递延资产和其他资产。本书只介绍流动资产和固定资产的管理。

6.3.1 流动资产管理

流动资产与固定资产相对应，是指预计在一个正常营业周期内或一个会计年度内变现、出售或耗用的资产和现金及现金等价物，是企业资产中必不可少的组成部分。流动资产在企业再生产过程中是一个不断投入和回收的循环过程，很难评价其投资报酬率。从这一点上看，对流动资产进行管理的基本任务是：努力以最低的成本满足生产经营周转的需要，提高流动资产的利用效率。

按资产的占用形态，流动资产可分为现金、短期投资、应收及预付款和存货。在汽车服务企业中，流动资产主要指现金及有价证券、应收账款、存货等。本章只介绍现金、应收账款及存货的管理。

流动资产在周转过渡中，从货币形态开始，依次改变其形态，最后又回到货币形态，各种形态的资金与生产流通紧密结合，周转速度快，变现能力强。加强对流动资产业务的管理，有利于确定流动资产业务的合法性、合规性，有利于检查流动资产业务财务处理的正确性，揭露其存在的弊端，提高流动资产的使用效益。

1. 现金管理

现金是企业占用的在各种货币形态上的资产，是企业可以立即投入流通的交换媒介，它是企业流动性最强的资产。属于现金的项目包括库存现金、银行存款、各种票据、有价证券，以及各种形式的银行存款和银行汇票、银行本票等。

作为变现能力最强的资产，现金是满足汽车服务企业正常生产经营开支、清偿债务本息，履行纳税义务的重要保证；同时，现金又是一种非盈利性资产，如果持有量过多，企业将承担较大的机会成本，降低了资产的获利能力。因此，必须在现金流动性与收益性之间做出合理的选择。

现金管理的目的是保证企业生产经营所需现金的同时，节约使用资金，并从暂时闲置的现金中获得最多的利息收入。

现金管理的内容主要包括：编制现金收支计划，以便合理地估算未来的现金需求；对日常现金收支进行控制，力求加速收款，延缓付款；用特定的方法确定理想的现金余额，即当企业实际的现金余额与最佳的现金余额不一致时，采用短期融资或归还借款和投资于有价证券等策略来达到比较理想的状况。

现金收支计划是在预测企业现金的收支状况，并对现金进行平衡的一种打算。它是企业财务管理的一项重要内容。

2. 应收账款管理

应收及预付款是一个企业对其他单位或个人有关货币支付、产品销售或提供劳务而引起的索款权。它主要包括应收账款、应收票据、其他应收款、预付货款等。汽车服务企业所涉有关应收及预付款的业务主要是：企业因提供汽车维修劳务性作业而发生的非商品交易的应收款项，企业购买设备、工具或配件等而发生的预付款项以及其他业务往来及费用的发生涉及的其他应收款项。

　　汽车服务企业因销售产品、提供汽车维修劳务等发生的收入，在款项收到之前属于应收账款。应收账款的功能在于增加销售、减少存货；同时，也要付出管理成本，甚至发生坏账。近年来，由于市场竞争的日益激烈，汽车服务企业应收账款数额明显增多，已成为流动资产管理中的一个日益重要的问题。为此，要加强对应收账款的日常控制，做好企业的信用调查和信用评价，以确定是否同意用户赊账。当用户违反信用条件时，还要做好账款催收工作，确定合理的收账程序和催债方法，使应收账款政策在企业的生产经营中发挥积极作用。

3. 存货管理

　　库存是指企业在生产经营过程中，为销售或耗用而储存的各种物资。对于汽车服务企业来说，库存主要是为耗用而储备的物资，一般是指汽车维修用的材料、配件等。它们经常处于不断耗用与不断补充之中，具有鲜明的流动性，且通常是汽车服务企业数额最大的流动资产项目。

　　库存管理的主要目的是控制库存水平，在充分发挥库存功能的基础上，尽可能地减少存货，降低库存成本。常用存货控制的方法是分级归口控制，其主要包括以下三项内容。

　　① 在厂长经理的领导下，财务部门对存货资金实行统一管理，包括制订资金管理的各项制度，编制存货资金计划，并将计划指标分解落实到基层单位和个人，对各单位的资金使用情况进行检查和分析，统一考核资金的使用情况。

　　② 实行资金的归口管理，按照资金的使用与管理相结合、物资管理与资金管理相结合的原则，每项资金由哪个部门使用，就由哪个部门管理。

　　③ 实行资金的分级管理，即企业内部各管理部门要根据具体情况将资金计划指标进行分解，分配给所属单位或个人，层层落实，实行分级管理。

6.3.2 固定资产管理

1. 固定资产的含义及特征

　　（1）固定资产的概念　固定资产是指使用期限较长、单位价值较高的主要劳动资料和服务资料，并且在使用程中保持原有实物形态的资产，主要包括房屋及建筑物、机器设备、运输设备和其他与生产经营有关的设备、工具器具等。固定资产是汽车服务企业中资产的主要种类，也是企业赖以生产经营的主要资产，是资产管理的重点。

　　（2）固定资产的特征　固定资产具有以下四个特征。

　　① 固定资产是指为了生产商品、提供劳务、出租或经营管理而持有的资产。企业使用固定资产所带来的经济利益，具体可表现为通过固定资产作用于商品生产、劳务提供过程并具体表现为产成品的形式，最终通过销售实现其经济利益的流入；或者通过把固定资产出租给他人，企业以收取租金的形式实现经济利益的流入；或者通过在企业的生产经营管理中使用固定资产，并最终改进了生产经营过程，降低了生产经营成本等为

企业带来经济利益。

这一特征表明，企业持有固定资产的主要目的是为了生产商品、提供劳务、出租或经营管理，而不是为了出售。这一点将固定资产与企业所持有的存货区别开来。

② 使用寿命超过一个会计年度，而且最终要将其废弃或重置。固定资产的使用寿命是指企业使用固定资产的预计期间，或者该固定资产所能生产产品或提供劳务的数量。通常情况下，固定资产的使用寿命是指使用固定资产的预计期间，比如自用房屋建筑物的使用寿命表现为企业对该建筑物的预计使用年限。对于某些机器设备或运输设备等固定资产，其使用寿命表现为以该固定资产所能生产产品或提供劳务的数量，例如，汽车或飞机等，按其预计行驶或飞行里程估计使用寿命。固定资产使用寿命超过一个会计年度，随着使用和磨损，通过计提折旧方式逐渐减少账面价值。对固定资产计提折旧，是对固定资产进行后续计量的重要内容。

这一特征说明，企业为了获得固定资产并把它投入生产经营活动所发生的支出，属于资本性支出而不是收益性支出。这一点将固定资产与流动资产区别开来。

③ 固定资产是有形资产。一般情况下，除了无形资产、应收账款、应收票据、其他应收款等资产外，资产都具有实物形态，而对于固定资产来说，这一特征则更为明显。例如：固定资产一般表现为房屋建筑物、机器、机械、运输工具以及其他与生产经营有关的设备、器具、工具等。有些无形资产可能同时符合固定资产的其他特征，如无形资产为生产商品、提供劳务而持有，使用寿命超过一个会计年度，但是，由于其没有实物形态，所以，不属于固定资产。理解固定资产的这一特征，有利于将其与无形资产、应收账款、应收票据以及其他应收款等资产区别开来。

④ 固定资产的单位价值较高。理解这一特征的目的，是为了把固定资产与低值易耗品、包装物等存货区别开来。

固定资产是企业资产中很重要的一部分，它的数额表示企业的生产能力和扩张情况。因此，必须加强对固定资产的管理。固定资产管理的任务是：认真保管，加强维修，控制支出，提高利用率，合理计算折旧等。

2. 固定资产的分类

企业固定资产种类繁多，它们在生产中所处的地位不同，发挥的作用也不同。为加强管理和便于核算，应对固定资产进行合理的分类，以便分别反映和监督其收入、调出、使用、保管等情况，考核分析固定资产的利用情况，为经营管理提供必要的信息。

(1) 按固定资产的所有权分类　固定资产按所有权可分为自有固定资产和租入固定资产。这种分类可确定企业实有的固定资产数额，反映监督租入固定资产情况。

(2) 按固定资产的经济用途分类　固定资产按经济用途可分为生产经营用固定资产和非生产经营用固定资产。这种分类可反映二者之间的比例及其变化情况，以分析企业固定资产的配置是否合理。

(3) 按固定资产的性能分类　固定资产按性能可分为房屋，建筑物，动力设备，传导设备，工作机器及设备，工具、模具、仪器及生产用具，运输设备，管理用具以及其他固定资产。这种分类可反映固定资产的构成情况，并能将各类固定资产归口，由各职能部门负责管理，便于分类计算折旧率。

(4) 按固定资产使用情况分类　固定资产按使用情况可分为在用固定资产、未使用固定资产和不需用固定资产。这种分类可反映固定资产的使用情况，促使企业将未使用固定资产尽快投入使用，提高固定资产利用率，将不需用固定资产进行及时处理。

(5) 固定资产综合分类　在实际工作中，企业的固定资产是按经济用途和使用情况综合分类的，按固定资产的经济用途和使用情况可将企业的固定资产分为七大类。

① 生产经营用固定资产。它是指直接参与企业生产、经营过程或直接服务于生产、经营过程的各种固定资产，例如：房屋、建筑物、机器设备、运输工具、管理用具等。

② 非经营用固定资产。它是指不直接服务于生产、经营过程的各种固定资产，例如：员工宿舍、食堂、浴室、卫生室、员工活动室等。

③ 租出固定资产。它是指出租给外单位使用的固定资产。这类固定资产只是将其使用权暂时让渡给承租单位，所有权仍归本企业，由本企业收取租金收入，应视作经营中使用的固定资产，照提折旧。

④ 不需用固定资产。它是指本企业现在不需要、准备处理的固定资产。

⑤ 未使用固定资产。它是指尚未使用的新增固定资产、调入尚待安装的固定资产、进行改扩建的固定资产，以及经批准停止使用的固定资产。由于季节性生产、大修理等原因而停止使用的固定资产，应作为使用中的固定资产处理。

⑥ 土地。它是指过去已经估价单独入账的土地。因征用土地而支付的补偿费，应计入与土地有关的房屋、建筑物的价值内，不单独作为土地入账。企业取得的土地使用权不作为固定资产管理，应作为无形资产核算。

⑦ 融资租入固定资产。它是指企业以融资租赁方式租入的固定资产。在租赁期内，应视同企业自有固定资产进行管理。

3. 固定资产的计价

固定资产的价值按货币单位进行计算，称为固定资产的计价。正确对固定资产进行计价，严格按国际标准和惯例，如实反映固定资产的增减变化和占用情况，是加强固定资产管理的重要条件，也是正确计算折旧的重要依据。

为了全面反映固定资产价值的转移和补偿特点，固定资产通常采用以下三种计价形式。

(1) 原始价值　原始价值也称历史成本或原始成本，它是指企业为取得某项固定资产所支付的全部价款以及使固定资产达到预期工作状态前所发生的一切合理、必要的支出。采用原始价值计价的主要优点在于原始价值具有客观性和可验证性；同时，原始价值可以如实反映企业的固定资产投资规模，是企业计提折旧的依据。因此，原始价值是固定资产的基本计价标准，我国对固定资产的计价采用这种计价方法。

这种计价方法的缺点在于，在经济环境和社会物价水平发生变化时，由于货币时间价值的作用和物价水平变动的影响，原始价值与现时价值之间会产生差异，原始价值不能反映固定资产的真实价值。为了弥补这种计价方法的缺陷，企业可以在年度会计报表附注中公布固定资产的现时重置成本。

固定资产的原始价值登记入账后，除发生下列情况外，企业不得任意变动、调整固定资产的账面价值。

① 根据国家规定对固定资产价值重新估价，如产权变动、股份制改造时对固定资产价值进行重估。

② 增加补充设备或改良装置。

③ 将固定资产的一部分拆除。

④ 根据实际价值调整原来的暂估价值。

⑤ 发现原固定资产价值有误。

（2）净值　净值也称折余价值，是指固定资产的原始价值或重置价值减去已提折旧后的净额。固定资产净值可以反映企业在一定时期内固定资产尚未磨损的现有价值和固定资产实际占用的资金数额。将净值与原始价值相比，可反映企业当前固定资产的新旧程度。

在传统的会计实务中，折旧是固定资产成本摊销的基本形式。因此，固定资产的账面价值是取得日的初始成本扣减累计折旧后的剩余价值，即尚未摊销的固定资产的获取成本。不同于存货和短期投资等流动资产，固定资产账面价值一般都不考虑市价变动的影响。人们根据持续经营的基本会计假设，认为固定资产是供生产与销售过程中长期使用的，并不需要在短期内出售变现，所以总是坚持以历史成本（原始获取成本）为计价基础。

（3）重置价值　重置价值也称现时重置成本，它是指在当前的生产技术条件下重新购建同样的固定资产所需要的全部支出。按重置价值计价可以比较真实地反映固定资产的现时价值，因此，有人主张以重置价值代替原始价值作为固定资产的计价依据。但是这种方法缺乏可验证性，具体操作也比较复杂，一般在无法取得固定资产原始价值或需要对报表进行补充说明时可以采用重置价值。如发现盘盈固定资产时，可以用重置完全价值入账。但在这种情况下，重置完全价值一经入账，即成为该固定资产的原始价值。

以上三种计价标准，对固定资产的管理有着不同的作用。采用原始价值和重置价值，可使固定资产在统一计价的基础上，如实地反映企业固定资产的原始投资，并用来计算折旧。　采用折余价值，可以反映企业当前在固定资产上实际占用的资金，将折余价值与原始价值比较，可以了解固定资产的新旧程度。

4. 固定资产的日常管理

为了提高固定资产的使用效率，保护固定资产的安全完整，做好固定资产的日常管理工作至关重要。固定资产的日常管理工作主要包括以下几个方面。

（1）实行固定资产归口分级管理　企业的固定资产种类繁多，其使用单位和地点又很分散，为此，要建立各职能部门、各级单位在固定资产管理方面的责任制，实行固定资产的归口分级管理。

归口管理就是把固定资产按不同类别归到相应职能部门负责管理。各归口管理部门要对所分管的固定资产负责，保证固定资产的安全完整。分级管理就是按照固定资产的使用地点，由各级使用单位负责具体管理，并进一步落实到班组和个人。归口分级管理就是要做到层层有人负责，物物有人管理，保证固定资产的安全管理和有效利用。

(2) 编制固定资产目录　为了加强固定资产的管理，企业财务部门要会同固定资产的使用和管理部门，按照国家规定的固定资产划分标准，分类详细地编制"固定资产目录"。在编制固定资产目录时，要统一固定资产的分类编号。各管理部门和各使用部门的账、卡、物要统一用此编号。

(3) 建立固定资产卡片或登记簿　固定资产卡片实际上是以每一个独立的固定资产项目为对象开设的明细账目。企业在收入固定资产时设立卡片，登记固定资产的名称、类别、编号、预计使用年限、原始价值和建造单位等原始资料，还要登记有关验收、启用、大修、内部转移、调出及报废清理等内容。

实行这种办法有利于保护企业固定资产的完整无缺，促进使用单位关心设备的保养和维护，提高设备的完好程度，有利于做到账账、账物相符，为提高固定资产的利用效果打下良好的基础。

(4) 正确地核算和提取折旧　固定资产的价值是在再生产过程中逐渐地损耗并转移到新产品中去的。为了保证固定资产在报废时能够得到更新，在其正常使用过程中，要正确计算固定资产的折旧，以便合理地计入产品成本，并以折旧的形式收回，以保证再生产活动的持续进行。

(5) 合理安排固定资产的修理　为了保证固定资产经常处于良好的使用状态并充分发挥工作能力，必须经常对其进行维修和保养。固定资产修理费一般可直接计入有关费用，但若修理费支出不均衡且数额较大时，为了均衡企业的成本、费用负担，可采取待摊或预提的办法。采用预提办法的，实际发生的修理支出冲减预提费用；实际支出大于预提费用的差额计入有关费用；实际支出小于预提费用的差额冲减有关费用。

(6) 科学地进行固定资产更新　财务管理的一项重要内容是根据企业折旧基金积累的程度和企业发展的需要，建立起企业固定资产适时更新规划，满足企业周期性固定资产更新改造的要求。

5. 固定资产的折旧管理

(1) 固定资产折旧与折旧费　固定资产在使用过程中，由于机械磨损、自然腐蚀、技术进步和劳动生产率提高而引起的价值损耗，应逐渐地、部分地转移到营运成本费用中。这种转移到营运成本费用中去的固定资产价值损耗，称为固定资产折旧。

固定资产的损耗分为有形损耗和无形损耗两种。有形损耗是指由于机械磨损和自然力影响或腐蚀而引起使用价值和价值的绝对损失；无形损耗是指由于技术进步和生产率的提高而引起的固定资产价值的相对损失。

固定资产由于损耗而转移到成本费用中去的那部分价值，应以折旧费的形式按期计入成本费用，不得冲减资本金。固定资产转移到成本费用中的那部分价值称为折旧费。

（2）固定资产折旧的计算方法　固定资产的价值是随其使用而逐渐减少的。以货币形式表示的固定资产自身消耗而减少的价值，就称为固定资产的折旧。

汽车服务企业固定资产的折旧计提方法，主要有以下几种。

① 使用年限法。使用年限法是根据固定资产的原值，减去预计残值和清理费用，按预计使用年限平均计算的一种方法，又称为直线法。计算公式如下：

$$固定资产年折旧额=\frac{原始价值-（预计残值+预计清理费用）}{预计使用年限}$$

$$=\frac{原始价值-预计净残值}{预计使用年限}$$

$$=\frac{原始价值×（1-预计残值率）}{预计使用年限}$$

$$固定资产月折旧额=年折旧额÷12$$

预计净残值率是预计净残值与原值的比率，它一般应按固定资产原值的 3% ~ 5% 确定，低于 3% 或者高于 5% 的，由企业自主确定，并报主管财政机关备案。

② 工作量法。对某些经常不使用的较大的设备，汽车维修企业可以采用工作时间法计算折旧。其计算公式为

$$每一项工作量折旧额=\frac{固定资产原值×（1-净残值率）}{预计的总工作量}$$

某项固定资产年（月）折旧额 = 该项固定资产当年（月）工作量 × 每一项工作量折旧额

③ 双倍余额递减法。双倍余额递减法是以平均使用年限折旧率的双倍为固定折旧率，并按每期期初固定资产折旧价值为基数来计提固定资产折旧的一种方法。它是在先不考虑固定资产净残值的情况下进行计算的。其计算公式为

$$年折旧率=\frac{2}{折旧年限}×100\%$$

$$年折旧额=年初固定资产账面净值×年折旧率$$

④ 年数总和法。年数总和法又称年数合计法或年数比例递减法。它的特点同双倍余额递减法相似，所不同的是：年数总和法计算折旧的基数不变，而年折旧率是随固定资产使用年限逐年变动的，所以其又称为变率递减法。年数总和法的计算公式为

$$年折旧率=\frac{折旧年限-已使用年数}{年数总和数}×100\%$$

$$年折旧额=（固定资产原值-预计净残值）×年折旧率$$

$$年数总和数=折旧年限×（年折旧限+1）÷2$$

6.4 汽车服务企业成本费用管理

汽车服务企业的经营成本是指企业为了经营和维修服务活动的开展所支出的各项费用。它包括三个部分：物化劳动的转移价值、生产中所消耗的材料及辅料的转移价值与员工的劳动报酬以及剩余劳动所创造的价值。

实现利润最大化是企业生产经营的目标，而成本费用是衡量企业内部运营效率的重要指标，在收入一定的情况下，它直接决定了公司的盈利水平。成本费用指标在促进企业提高经营管理水平、降低生产经营中的劳动耗费方面起着十分重要的作用。

6.4.1 成本费用管理概述

成本费用管理就是对企业生产经营活动过程中发生的成本和费用，有组织、有计划和系统地进行预测、计划、控制、核算、考核和分析等一系列科学管理工作的总称。

1. 成本的概念和分类

（1）成本的概念　任何一个企业在生产经营过程中，必然要耗费一定量的物质资料（包括货币资金）。企业在一定时期内，以货币额表现的生产耗费就是成本费用。成本费用有多种形式，例如，生产中消耗的劳动资料，表现为固定资产折旧费、修理费等费用；生产中消耗的劳动对象，表现为原材料、燃料、动力等费用；劳动报酬，表现为工资、奖金等人工费用；生产经营中的其他耗费，表现为制造费用、管理费用、财务费用等；企业为了销售产品或劳务，还要支付销售费用等。企业在生产经营中为制造产品或劳务所发生的直接材料、直接人工、制造费用等，构成了这些产品或劳务的生产成本；生产经营中所发生的管理费用、财务费用和销售费用等，构成企业的期间费用。

（2）成本项目　按照成本费用的经济用途，可将成本分为直接材料费用、直接人工费用、制造费用和期间费用。

1）直接材料费用。直接材料费用是指企业在生产经营过程中实际消耗的各种材料、备品配件以及轮胎、专用工具及器具、动力照明、低值易耗品等支出。

2）直接人工费用。直接人工费用是指企业直接从事生产经营活动人员的工资、福利、奖金、津贴和补贴等费用。

3）制造费用。制造费用是指在生产经营中发生的那些不能归入直接材料、直接人工的各种费用。

以上三类费用都是计入企业产品成本的费用。

4）期间费用。期间费用是企业行政管理部门为组织和管理生产经营活动而发生的管理费用和财务费用以及为销售和提供劳务而发生的进货费用和销售费用等。期间费用不计入产品成本，而是作为费用直接计入当期损益。

① 销售费用是指企业在产品销售过程中发生的费用。它包括销售产品或者提供劳务过程中发生的应由企业负担的运输费、装卸费、包装费、保险费、差旅费、广告费以

及专设的销售机构人员的工资和其他经费等。

② 管理费用是指企业为组织和管理生产经营活动所发生的费用。它包括企业行政管理部门在企业经营中发生的或应由企业统一负担的公司经费，如行政管理部门员工工资、折旧费、修理费、低值易耗品摊销、办公费和差旅费等。管理费用还包括无形资产摊销、咨询费、诉讼费、房产税、工会经费、技术转让费、员工教育经费、研究开发费、提取的员工福利基金和坏账准备金等。

③ 财务费用是企业在筹资等财务活动中发生的费用。它包括企业经营期间发生的利息净支出、汇兑净损失、金融机构手续费以及筹集资金而发生的其他费用等。

2. 成本费用的确认原则

在成本核算时，确认某项资产耗费是否属于成本费用，其基本原则是配比原则和权责发生制原则。《企业会计准则》明确指出：会计核算应当以权责发生制为基础；收入与其相关的成本、费用应当配比。由于企业购置资产完全是为了取得收入，只有资产不断转换为成本或费用，并从收入中得到抵补，企业的生产经营活动才能持续下去。具体来说，这种配比有以下三种方式。

（1）直接配比 如果某项资产的耗费与取得的收入之间具有直接的因果关系，就可直接将发生的资产耗费计入某一项具体的成本计算对象之中，这种方式叫直接配比，如直接材料、直接人工等。直接配比的费用构成生产成本。

（2）间接配比 如果无法满足直接配比时，就需要采用合理的方法，将多种收入共同消耗的费用按一定比例或标准再分配到各种劳动中去，这种配比叫间接配比，如制造费用。

（3）期间配比 将费用与企业一定期间收入相联系，就叫期间配比。

按权责发生制确认成本费用，就是对本期发生的成本费用按其是否应发生在本期为标准来确认的，凡是应在本期发生的成本费用，不论其是否在本期实际支付，均作为本期的成本费用；反之，凡是不应在本期发生的成本费用，即便在本期支付，也不作为本期的成本费用处理。

3. 成本费用管理的任务和要求

（1）成本费用管理的任务 成本费用管理的基本任务，就是通过预测、计划、控制、核算、分析与考核来反映企业的生产经营成果，挖掘降低成本和费用的潜力，努力降低成本，减少费用支出。

汽车服务企业成本费用管理工作，要随着企业经营机制的转换，从思想观念到业务技术等方面实现彻底的转变，要由单纯执行性的成本费用管理转化为决策性与执行性并重的成本费用管理。这就要求企业的成本费用管理从传统的反映、监督扩展到成本费用预测、计划、控制、核算、分析与考核上来，实现全方位的成本费用管理；从单方面的生产过程成本管理扩展到企业资金筹集、项目可行性研究、服务方式确定、物资采购供应、生产与控制等一切环节的全过程的成本费用管理；从单纯财务会计部门管理扩展到一切生产、技术、经营部门管理；从仅仅依靠财务会计人员扩展到上自企业领导下至每位员工的全员成本管理。

（2）企业成本费用管理的要求　成本费用管理对企业有以下几个方面的要求。

① 努力降低生产消耗，提高经济效益。汽车服务企业的一切经营管理工作，都要围绕提高经济效益这一中心。在市场经济条件下，对于多数企业来讲，微观经济运行的目标就是利润最大化。要实现这个目标，固然首先取决于企业的生产经营规模，即业务量的大小，但是生产经营耗费的高低，同样处于决定性的地位。降低成本与提高业务量都可以增加企业的利润，但降低成本增加的利润比扩大业务量增加的利润获得得更快、更有效。因此，在成本费用管理中，必须努力降低生产消耗，下大力气降低成本，才能显著地提高企业的经济效益。

② 实行全员成本管理。汽车服务企业成本费用的形成，与企业的全体员工都有关。因此，要把成本降低的指标和要求落实到企业内部各职能部门，充分发挥各部门在加强成本管理中的积极作用。要把成本费用计划，按照全员成本管理的要求，按部门分别落实责任指标，定期考核执行情况，分析成本费用升降的原因，做到分工明确、职责清楚、奖惩合理。

③ 划清费用界限，正确计算成本。汽车服务企业必须按照权责发生制原则计算成本。凡是本期应负担的费用，无论其款项是否本期支付，均应计入本期的成本和费用；凡是不属于本期负担的费用，即使款项在本期支付，也不应计入本期的成本和费用。

汽车服务企业的成本核算资料必须正确完整，能够如实反映生产经营过程中的各种消耗。对生产经营过程中所发生的各项费用必须设置必要的生产费用账簿，以审核无误、手续齐备的原始凭证为依据，按照成本核算对象，把成本项目、费用项目按部门进行核算，做到真实准确和完整及时。

④ 加强成本考核工作。成本考核就是企业对内部各成本责任中心定期考查，审核其成本计划指标的完成情况，并评价其成本管理工作的效果。通过成本考核，可以监督各成本责任中心按时完成成本计划，也能全面、准确地了解企业成本管理工作的质量和效果。成本考核以成本计划指标作为考核的标准，以成本核算资料作为考核的依据，以成本分析结果作为评价的基础。

6.4.2　成本预测和成本计划

成本预测是企业为了更好地控制成本，做到心中有数，避免盲目性，减少不确定性，为更准确地进行决策提供依据而对企业发生的各项成本进行预测。成本计划是通过货币形式以及其实际达到的水平为基础，参照计划期的业务量，对计划期内成本的耗费水平加以预先计划和规定。

汽车服务企业的成本预测和成本计划，一般可以参照上期的实际情况，分析本期影响成本的各种因素，考虑其影响程度的大小，制订出基本合理的方案。

1. 成本预测

预测是人们根据已知的事物信息，预计和推测事物未来发展趋势和可能结果的一种行为。成本预测就是根据历史成本资料和有关经济信息，在认真分析当前各种技术经济条件、外界环境变化及可能采取的管理措施基础上，对未来的成本水平及其发展趋势所做的定量描述和逻辑推断。

成本预测既是成本管理工作的起点，也是成本事前控制成败的关键。实践证明，合理有效的成本决策方案和先进可行的成本计划都必须建立在科学严密的成本预测基础之上，通过对不同的决策方案中成本水平的测算与比较，可以从提高经济效益的角度，为企业选择最优成本决策和制订先进可行的成本计划提供依据。

汽车服务企业成本预测，就是根据企业成本特性及有关数据资料，结合本企业发展的前景和市场发展趋势，采用科学的分析方法，对一定时期某些业务的成本水平和成本目标进行预计和测算。成本预测的主要内容是进行目标成本预测。

（1）目标成本预测的内容　目标成本是实现目标利润、提高企业经济效益的基础，是在预先确定目标利润的前提下提出的，因而它使目标成本带有很大的强制性，成为不得超过的硬指标。目标成本是市场激烈竞争中的必然产物，企业制订的目标成本必须具有市场竞争力，从而使得目标成本的制订具有先进性和权威性。正常情况下，目标成本应比目前的实际成本要低，但是是经过努力可以实现的。正确地预测和制订目标成本，对于挖掘企业降低成本的潜力，编制先进可行的成本计划和保证实现企业经营目标具有重要的作用。

目标成本预测需要做好大量工作，主要有：进行全面的市场调查，掌握市场需求情况，预测汽车市场的需求数量及其变化规律，掌握汽车及汽车配件等价格变动情况；进行企业内部调查，预测企业生产技术、生产能力和经营管理可能发生的变化，掌握企业生产费用的增减和成本升降的有关资料及其影响因素和影响程度；根据企业内外各种资料和市场发展趋势，预测目标收入，根据目标收入计算目标利润。

（2）目标成本预测的方法

① 目标利润法。目标利润法又称倒扣计算法或余额计算法，其特点是"保利润、压成本"，先制订目标利润，然后考虑税金、期间费用等项目，推算出目标成本的大小。其测算公式为

$$目标成本 = 预测经营收入 - 应纳税金 - 目标利润 - 期间费用$$

② 选择某一先进成本作为目标成本。该成本既可以是本企业历史上的最好水平，也可以是按先进定额制定的标准成本。这种方法较简单，但要注意可行性。如果环境条件发生变化，就不能生搬硬套，要及时修正或调整。

③ 根据本企业上年度实际平均单位成本，或按照市场需要与竞争条件规定的成本，测算出目标成本。其测算公式为

$$单位目标成本 = 上年度实际平均单位成本 \times （1 - 计划期成本降低率）$$

确定目标成本还必须掌握充分的调查资料，主要有市场需求情况以及所需材料、燃料、零配件价格变动情况，本企业的生产技术、经营管理水平等对生产能力的影响，有关的统计资料、上期成本变化情况的分析等。在调查研究的基础上进行成本预测，使目标成本既先进又切实可行。这样的目标成本就可以作为计划成本，并据以编制成本计划。

2. 成本计划

（1）成本计划的作用与要求　成本计划是汽车服务企业进行生产经营所需的费用支出和降低成本任务的计划，是企业生产经营计划的重要组成部分，是进行成本控制、成本分析以及编制财务计划的重要依据。科学的成本计划，可以起到以下作用。

① 为企业和全体员工提出了增加生产、节约耗费、降低成本的目标。

② 为考核和评价企业生产经营管理成果提供了重要的依据。

③ 为实行成本指标分级归口管理，建立和健全成本管理责任制提供了基础。

④ 为编制利润计划提供了依据。

编制企业成本计划不是消极地反映企业生产和消耗等方面的情况，而是积极地促进生产、技术、原材料、劳动效率和服务质量的管理部门改善工作，提高企业各方面的管理水平。

为了发挥成本计划的作用，在编制成本计划时，应特别体现下列要求。

① 重视成本预测提供的资料。

② 符合实现目标利润对成本降低指标的要求。

③ 遵守国家规定的成本开支范围。

④ 协调好成本计划指标与其生产技术经济指标之间的平衡与衔接。

⑤ 成本计划指标的制订要实事求是，既要先进可行，又要有必要的技术组织措施予以保证。

（2）成本计划的编制程序

1）收集和整理基础资料。在编制成本计划之前，要广泛收集和整理所必需的各项基础资料，并加以分析研究。所需资料主要包括：企业制订的成本降低任务、指标或承包经营的承包指标，企业计划采取的经营决策和经营计划等有关指标，各种技术经济定额、历史成本资料、同类企业的成本资料、企业内部各部门费用计划和劳务价格等其他有关资料等。

2）分析报告期成本计划的预计执行情况。合理的成本计划应该是在总结过去经验的基础上制订出来的，因此，应对报告年度计划执行情况进行预计和分析，计算出上年度实际单位成本，与报告年度计划成本相比，与同行业成本对比，找出差距，总结经验，为成本计划提供编制依据。

3）成本降低计划任务测算。正式编制成本计划之前，在对报告期成本计划执行情况分析的基础上，根据经营承包指标确定的目标利润、目标成本和成本预测的结果，计算计划成本降低的合理幅度，反复研究降低成本的措施，寻求降低成本的途径。

4) 编制成本计划。编制成本计划有以下两种方法。

① 企业统一编制。以企业财务部门为主，在其他部门配合下，根据企业经营计划的要求，编制出企业的成本计划。

② 分级编制。把企业确定的目标成本、成本降低率以及各种关键性的物质消耗指标与费用开支标准下达到各生产部门；各生产部门根据下达的指标，结合本部门的具体情况，编制出各自的成本计划；企业财务部门根据各生产部门上报的成本计划，进行汇总平衡，编制整个企业的成本计划。经过批准，再把成本计划指标分解，层层下达到各生产部门，据以编制出各部门的经营成本计划。

6.4.3 成本控制

广义的成本控制是指管理者对所有生产作业所采取的手段，目的是以最低的成本达到预先计划的质量和数量。它是成本管理的同义词，包括了一切降低成本的努力。

狭义的成本控制是指运用以成本会计为主的各种方法，预定成本限额，按限额开支成本和费用，以实际成本与成本限额相比较，衡量企业经营活动的成绩和效果，并以例外管理原则纠正不利差异，提高工作效率，实现甚至超过预期成本限额的要求。

1. 成本控制的意义和途径

（1）成本控制的意义　成本控制的根本目的是挖掘降低成本的潜力，努力降低生产经营成本，提高企业的经济效益。企业进行成本控制，具有以下意义。

① 可以降低物化劳动和活劳动的消耗量，减少企业的资金占用量，节省人力、物力和财力。

② 在价格因素不变的情况下，降低成本就意味着增加利润，从而增加了股东的收益，同时，也为国家创造了利益，并为企业的发展和员工待遇的进一步提高创造了更好的物质条件。

③ 成本的降低，意味着企业在与竞争对手的竞争中取得了先机，有条件通过降低价格的方式吸引客户，扩大市场的占有率，获得更多的收入。

④ 通过成本控制，可以提供有益的信息，用以分析企业耗费的结构和水平，找到企业存在的问题，并不断地加以改进。

（2）成本控制的途径　汽车服务企业的成本控制，可以通过以下途径实现。

① 提高全员的劳动生产率，劳动生产率的提高，意味着在相同的时间和相等的固定费用下，可以提供更多的服务，获得更多的收入。

② 节约各种材料的消耗。

③ 提高设备的利用效率。

④ 提高服务的质量，减少返工和不必要的消耗。

⑤ 加速资金的周转，减少资金的占用。

⑥ 节约其他开支，严格执行国家的财经纪律和企业董事会的决定。

企业进行成本控制的途径有以上几种，这些途径的使用往往与汽车服务企业的内部管理密不可分，内部管理完善，必然促使企业成本控制水平的提高，因此，成本控制不仅仅是财务部门的事情，而应该将它作为所有部门的事情，全员动手，共同控制。

2. 成本控制的基本程序

（1）制订成本控制的标准　应根据成本预测与成本计划，制订出控制的标准，确定标准的上下限。

（2）揭示成本差异，分析差异产生的原因　将企业实际消耗和标准消耗进行比较，计算成本差异，并分析产生差异的原因。

（3）反馈成本信息，及时纠正偏差　为了及时反馈信息，应建立相应的凭证和表格，确定信息反馈的时间和程序，并对反馈的信息进行分析，揭示差异产生的原因，并及时加以纠正，明确纠正的措施、执行的人员及时间，以达到成本控制的目的。

3. 成本控制与分析方法

成本控制要坚持经济性原则和因地制宜原则。推行成本控制而发生的成本不应超过因缺少控制而丧失的收益。对成本控制系统必须个别设计，以适合特定企业、部门、岗位和成本项目的实际情况，不可照搬别人的做法。

成本控制主要包括标准成本控制和目标成本控制等内容。

（1）标准成本控制　标准成本控制是通过标准成本系统实现的。标准成本系统是为克服实际成本计算系统的缺陷，提供有助于成本控制的确切信息而建立的一种成本计算和控制系统。标准成本系统并不是一种单纯的成本计算方法，它把成本的事前计划、日常控制和最终产品成本的确定有机地结合起来。

"标准成本"一词在实际工作中有两种含义。

一种是指单位产品的标准成本，它是根据单位产品的标准消耗量和标准单价计算出来的，其计算公式为

$$单位产品标准成本 = 单位产品标准消耗量 \times 标准单价$$

另一种是指实际产量的标准成本，它是根据实际产品产量和单位产品标准成本计算出来的，其计算公式为

$$标准成本 = 实际产品产量 \times 单位产品标准成本$$

标准成本按其制订所根据的生产技术和经营管理水平，可分为理想标准成本和正常标准成本。理想标准成本是指在最优的生产条件下，利用现有的规模和设备能够达到的最低成本。正常标准成本是指在效率良好的条件下，根据下期一般应该发生的生产要素消耗量、预计价格和预计生产经营能力利用程度制订出来的标准成本。在制订这种标准成本时，把生产经营活动中一般难以避免的损耗和低效率等情况也计算在内，使之符合下期的实际情况，成为切实可行的控制标准。

在标准成本系统中，广泛使用正常标准成本。实际运行中，这种标准是要经过努力

才能达到的。从具体数量上看，正常标准成本应大于理想标准成本，但应该小于历史平均成本水平。

标准成本系统可以事先提供具体衡量成本水平的适当尺度，给有关部门提出努力的目标，能够发挥事先控制的作用。通过差异分析，可以评价和考核工作的质量和效果，为业绩评价提供依据。

（2）目标成本控制　目标成本是指根据预计可实现的销售收入扣除目标利润计算出来的成本。"目标成本"是 20 世纪 50 年代出现的，是成本管理和目标管理相结合的产物，强调对成本实行目标管理。目标成本的制订，从企业的总目标开始，逐级分解成基层的具体目标。制订时强调执行人自己参与，专业人员协助，以发挥各级管理人员和全体员工的积极性和创造性。

1）目标成本控制的要点

① 初步在最高层设置目标，并以此作为一切工作的中心，起到指导资源分配、激励员工努力工作和评价经营效果的作用。总目标将来要转化为分公司或部门的目标，一直到最底层的目标，但它是试验性的，下级在拟订考核的子目标时，可对其进行修订。如果强制分派任务，不可能唤起承诺意识。

② 依据组织结构关系将总目标分解，明确每个目标和子目标都应有一个责任中心和主要负责人，并明确其应完成的任务和应承担的责任。

③ 拟订目标的过程在一定程度上是自上而下和自下而上的反复循环过程，在循环中发现问题，总结经验，然后及时解决。

2）目标成本控制的方法。目标成本是根据预计销售收入和目标利润计算出来的，即目标成本 = 预计销售收入 - 目标利润。通过预计目标利润就可以初步确定目标成本。目标成本可采用目标利润率法和上年利润基数法确定。

① 目标利润率法

$$目标利润 = 预计销售收入 × 同类企业平均销售利润率$$

$$或\qquad 目标利润 = 本企业净资产 × 同类企业平均净资产利润率$$

$$或\qquad 目标利润 = 本企业总资产 × 同类企业平均资产利润率$$

采用目标利润率法的理由是：本企业必须达到同类企业的平均报酬水平，才能在竞争中生存。有的企业使用同行业先进水平的利润率进行目标成本预计，其理由是，别人能办到的事情我们也应该能办到。

② 上年利润基数法

$$目标利润 = 上年利润 × 年利润增长率$$

采用上年利润基数法的理由是：未来是历史的继续，应考虑现有基础（上年利润）；未来不会重复历史，要预计未来的变化（利润增长率），包括环境的改变和自身的进步。

按上述方法计算出的目标成本只是初步设想，提供了分析问题合乎需要的起点，它不一定完全符合实际，还需要对其可行性进行分析。

案例阅读

案例 东方汽车制造公司筹资决策案例

　　东方汽车制造公司是一个具有法人资格的大型企业集团。公司现有58家生产厂，还有物资、销售、进出口和汽车配件等四个专业公司，一个轻型汽车研究所和一所汽车工业学院。公司现在急需一亿元的资金用于"十一五"技术改造项目，为此，总经理赵广文于2004年2月10日召开由生产副总经理张伟、财务副总经理王超、销售副总经理李立、某信托投资公司金融专家周明、某研究中心经济学家吴教授和某大学财务学者郑教授组成的专家研讨会，讨论该公司筹资问题。下面是他们的发言和有关资料。

　　总经理赵广文首先发言，他说："公司'十一五'技术改造项目经专家、学者的反复论证已经于2003年获得国务院正式批准。这个项目的投资额预计为四亿元，生产能力为四万辆。项目改造完成后，公司的两个系列产品的各项性能可达到20世纪90年代国际先进水平。现在项目正在积极实施中，但目前资金不足，公司准备在2004年7月筹措1亿元资金，请大家讨论如何筹措这笔资金。"

　　生产副总经理张伟说："目前准备筹集的一亿元资金，主要是用于投资少、效益高的技术改造项目。这些项目在两年内均能完成建设并正式投产，届时将大大提高公司的生产能力和产品质量，估计这笔投资在投产后三年内可完全收回。所以应发行五年期的债券筹集资金。"

　　财务副总经理王超提出了不同意见，他说："目前公司全部资金总额为十亿元，其中自有资金为四亿元，借入资金为六亿元，自有资金比率为40%，负债比率为60%。这种负债比率在我国处于中等水平，与世界发达国家如美国，英国等相比，负债比率已经比较高了。如果再利用债券筹集一亿元资金，负债比率将达到64%，显然负债比率过高，财务风险太大，所以，不能利用债券筹资，只能靠发行普通股股票或优先股股票筹集资金。"

　　但金融专家周明却认为：目前我国金融市场还不完善，投资者对股票的认识尚有一个过程。因此，在目前条件下要发行一亿元普通股股票十分困难，发行优先股还可以考虑。但根据目前的利率水平和市场状况，发行时年股息率不能低于16.5%，否则无法发行。如果发行债券，因要定期付息还本，投资者的风险较小，估计以12%的利息率便可顺利发行债券。

　　来自某研究中心的吴教授认为：目前我国经济正处于繁荣时期，但党和政府已发现经济"过热"所造成的一系列弊端，正准备采取措施治理经济环境，整顿经济秩序，那时汽车行业可能会受到冲击，销售量可能会下降。在进行筹资和投资时应考虑这一因素，不然盲目上马，后果将是十分严重的。

公司的销售副总经理李立认为：治理整顿不会影响公司的销售量。这是因为公司生产的轻型货车和旅行车，几年来销售情况一直很好，市场上较长时间供不应求。2002年全国汽车滞销，但本公司的销售状况仍创历史最高水平，居全国领先地位。在近几年全国汽车行业质量评比中，轻型客车连续夺魁，轻型货车两年获第一名，一年获第二名。治理整顿可能会引起汽车滞销，但这只能限于质次价高的非名牌产品，公司的几种名牌汽车仍会畅销不衰。

财务副总经理王超补充说："本公司属于股份制试点企业，执行特殊政策，所得税税率为35%，税后资金利润率为15%，准备上马的这项技术改造项目，由于采用了先进的设备，投产后预计税后资金利润率将达到18%左右。所以，这一技术改造项目仍应付诸实施。"来自某大学的财经学者郑教授听了大家的发言后指出：以16%的股息率发行优先股不可行，因为发行优先股所花费的筹资费用较多，把筹资费用加上以后，预计利用优先股筹集资金的资金成本将达到19%，这已高出公司税后资金利润率，所以不可行。但若发行债券，由于利息可在税前支付，实际成本大约在9%左右。目前我国正处于通货膨胀时期，利息率比较高，这时不宜发行较长时期的具有固定负担的债券或优先股，因为这样做会长期负担较高的利息或股息。所以，应首先向银行筹措一亿元的技术改造贷款，期限为一年，一年以后，再以较低的股息率发行优先股股票来替换技术改造贷款。

财务副总经理王超听了郑教授的分析后，也认为按16.5%发行优先股的确会给公司造成沉重的财务负担。但他不同意郑教授后面的建议，他认为，在目前条件下向银行筹措一亿元技术改造贷款几乎不可能；另外，通货膨胀在近一年内不会消除，要想消除通货膨胀，利息率有所下降，至少需要两年时间。金融学家周明也同意王超的看法，他认为一年后利息率可能还要上升，两年后利息率才会保持稳定或略有下降。

筹资是一个财务问题，但又不仅仅是财务问题，在企业作出重大筹资决策时，需要有各方面管理人员和有关专家参与讨论，以便作出正确决策。

案例讨论题

1.组织同学讨论：你认为总经理最后应选择何种筹资方式？
2.本案例对你有哪些启示？

思考题

1.汽车服务企业财务管理的原则是什么？

2. 企业财务管理的内容有哪些?

3. 企业财务管理的目标有哪些?

4. 汽车服务企业筹资的原则是什么?

5. 汽车服务企业的筹资渠道有哪些?

6. 汽车服务企业流动资产管理主要包括哪些内容?

7. 汽车服务企业的成本控制有哪些途径?

第7章　汽车售后服务管理

7.1　汽车售后服务概述

7.1.1　汽车售后服务的概念

1. 服务的涵义

当代市场营销学泰斗菲利普·科特勒（Philip Kotler）给服务下的定义是："一方提供给另一方的不可感知且不会导致任何所有权转移的活动或利益，它在本质上是无形的，它的生产可能与实际产品有关，也可能无关。"简单地说，服务就是服务提供者通过提供必要的手段和方法，满足接受对象需求的过程。

服务的基本特征有不可触摸性、不可分离性、品质差异性、不可存储性、不可转让性。

2. 汽车售后服务的概念

汽车售后服务是指将与汽车相关的要素同用户进行交互作用或由用户对其占有活动的集合。汽车售后服务泛指汽车生产企业或经销商把汽车产品（或服务）销售给用户后，为用户提供的一系列服务。

对汽车售后服务传统的理解是质量保修，现在泛指维修部门为用户提供的所有技术性服务工作及销售部门自身的服务管理工作。就技术性服务工作而言，它可能在售前进行，如车辆整修与测试；也可能在售中进行，如车辆美容；按用户要求安装和检修附件、对用户进行培训以及技术资料发放等；还有在车辆售出后进行的质量保修、维护、技术咨询及备件供应等一系列技术性工作。可见，售后服务并不是字面意义上的"销售以后的服务"，它并不只局限于汽车销售以后的用户使用环节。换句话说，所有的技术性服务都属于服务的范畴，技术服务是售后服务的主要工作。

3. 汽车售后服务的主要特征

（1）系统性　系统性是汽车售后服务的主要特征。汽车售后服务所涉及的主要内容由原材料和配件供应、物流配送、售后服务、维修检测、美容装饰、智能交通和废旧车辆回收解体等环节相互关联组成一个有机的整体。

（2）广泛性　汽车售后服务系统涉及的因素很多，涉及的学科领域较为广泛，例如涉及有行为科学、工程学、数学、环境学、法学、管理学和经济学等。从逻辑学的层面上讲，涉及了系统设计、系统综合、系统优化和最优决策等各个方面。从时间关系看，包括了规划、拟定、分析和运筹等各个阶段。

（3）经济性　国际汽车市场上，汽车销售和汽车售后服务的利润水平都很高。汽车售后服务业作为利润来源，逐渐成为汽车产业可持续发展的重要支柱。

（4）后进性　汽车售后服务具有后进性特征，究其原因主要有以下两个方面。

① 随着生产力水平的提高和科技水平的发展，汽车售后服务水平也在不断提高，逐步地走向现代化，如传统的依靠维修人员的经验来进行汽车故障检测，已演变成依靠智能化仪器自动进行汽车故障检测。但汽车售后服务的从属地位没有发生改变，这极大地限制了汽车售后服务工程的发展。

② 汽车售后服务工程是融合了许多相邻学科的成果以后逐渐形成和发展的，如电子技术、系统工程和技术经济学等都是汽车售后服务工程学科形成的重要基础。

7.1.2　汽车售后服务的工作内容、分类和创新模式

1. 汽车售后服务的工作内容

汽车售后服务的内容很多，既包括汽车生产商、汽车经销商和汽车维修企业所提供的质量保修和汽车维修养护等服务，也包括社会其他机构为满足汽车用户的各种需求提供的汽车保险等服务。汽车售后服务的工作可以归纳为以下主要内容。

（1）汽车厂商的分销流通及物流配送　指汽车厂商为了分销自己的产品而建立的区域性、全国性乃至全球性的产品销售网络及物流配送网络。

其服务主体包括汽车厂商的销售渠道体系、加入渠道体系的中间商以及提供运输、仓储、保管、产品配送和养护服务的物流服务者。

（2）汽车厂商的售后服务　指汽车厂商为了让用户使用好自己的产品而提供的以产品质量保修为核心的服务。其服务的主要内容包括产品的质量保修、技术培训、技术咨询、产品养护、故障维修、备件（配件）供应、产品选装、用户关系管理、信息反馈与加工、服务网络或网点的建设与管理等。

此类服务的主体包括以汽车厂商的售后服务管理部门为龙头的服务体系以及加入该体系的各类特约维修站或服务代理商等。

（3）汽车的养护、检测、维修、美容和改装等服务　汽车的养护、检测、维修、美容和改装等服务是汽车售后服务的主要服务项目。这类服务的经营者有汽车生产商授权的汽车经销商（4S 店）和特约汽车维修服务站，也有社会连锁经营或独立经营的各类汽车维修企业或业户，其中汽车的养护包括定期更换润滑油、轮胎定期换位、更换易损件和检查汽车紧固件等。汽车的检测包括对发动机、变速器、减振器等部件的检测。汽车维修包括汽车生产商质量保修外的所有维护和修理服务，维修服务在售后服务中的需求量相对较大，是售后服务的最主要的服务内容之一。

（4）汽车配件经营与精品销售　指汽车厂商售后服务备件（配件）供应体系以外的汽车配件、汽车相关产品（如润滑油、脂及有关化工产品等）与汽车精品（如汽车养护用品和装饰装潢用品等）的销售服务。

这类经营者大体包括两大类型，一类是批发商或代理商，另一类是汽配零售商。

汽车配件经营与精品销售也是国内外汽车售后服务市场上普遍存在的一种服务形式，是汽车后市场的主要组成部分，蕴藏了很大的商机。

（5）智能交通服务　指向广大汽车驾驶人提供以交通导航为核心，旨在提高汽车用户（尤其城市用户）出行效率的服务。其经营主体是提供交通导航的服务机构。

智能交通服务系统（Intelligence Transmitting System，ITS）包括车载系统和公共系统两大部分组成。

（6）废旧汽车的回收解体服务　指依据国家有关报废汽车管理之规定，对达到报废规定的废旧车辆，从用户手中回收，然后进行解体，并将拆卸下来的旧件进行分门别类处理的服务此项服务属于环保绿色服务。

该项服务的经营主体是从事上述环节工作的服务机构。目前我国为了支持这项工作，报废的汽车都能得到一定的经济补偿。

（7）汽车金融服务　指向广大汽车购买者提供金融支持的服务。其经营主体是向汽车买主提供金融服务的机构，包括银行机构和非银行机构（如提供购车消费贷款的汽车财务公司），他们通常在遵循国家关于汽车金融服务有关管理规定的前提下，依据汽车买主的信用或在一定的担保条件下，向汽车买主提供一次性或分期支付的贷款。

（8）汽车租赁服务　指向短期或临时性的汽车用户提供车辆的使用服务，并以计时或计程方式收取相应租金的服务。汽车租赁服务能够较好地满足短期或临时用户的需要和有证无车用户的需求；同时也是变相的汽车销售方式，很多汽车经销商为此开展了汽车租赁业务。

（9）汽车保险服务　指汽车售后服务企业代理保险公司向汽车用户销售汽车保险产品，代为收取保险费用，为车主提供金融保险的一项特殊服务。

（10）汽车置换和旧车交易服务　指向汽车车主及二手汽车需求者提供交易方便，以二手汽车交易为服务内容的各种服务，其经营主体是提供旧车交易服务的各类机构或个人。

这里所指的旧车，不一定是车况不好的车，而是针对二次交易而言的（汽车厂商及其经销商向用户售卖新车为一次交易），即按车辆管理规定，需要办理车主过户手续的所有交易车辆，无论其真实车况好坏与否，统称旧车。

（11）汽车驾驶培训服务　指向广大汽车爱好者提供车辆驾驶教学，帮助他们提高汽车驾驶技术和考试领取汽车驾驶执照的服务。其经营主体是各类汽车驾驶学校或培训中心。

汽车驾驶培训服务的内容主要有提供驾驶培训车辆、驾驶教练和必要的驾驶场地，训练驾驶技术，教授上路行车经验，培训交通管理法规和必要的汽车机械常识、辅助学员考取驾驶执照及办理驾驶执照年审手续等。

（12）汽车信息资讯服务　指向各类汽车服务商提供行业资讯的服务和向消费者个人提供汽车导购的信息服务。其经营主体是提供各类汽车信息资讯的服务机构或个人。

汽车信息资讯服务包括市场调查、市场分析、行业动态跟踪、统计分析、信息加工、汽车导购、竞争力评价、政策法规宣传与咨询等方面的内容，有的还接受汽车厂商或汽车服务商的委托，从事一些专门课题的调查和研究。

(13)汽车市场与场地服务　指以场地场所及其建筑物的有偿使用为核心经营内容，向汽车厂商、汽车服务商和汽车消费者个人提供使用场地或场所的服务。其经营主体是提供有偿使用场地场所的服务机构。这些机构主要有汽车交易市场、配件交易市场（商城）、公共停车场、会馆及展览馆等。

(14) 汽车故障救援服务　指向汽车驾驶人提供因为突发的车辆故障而导致车辆不能正常行驶，从而需要紧急救助的服务。其经营主体是提供汽车救援服务的机构或个人，通常是汽车俱乐部或其他汽车服务商，救援服务只是他们的服务业务的一个项目。

汽车故障救援服务的内容有：车辆因燃油耗尽而不能行驶的临时加油服务，因车辆故障导致停车的现场故障诊断和抢修服务（针对易排除故障和常见小故障），拖车服务（针对不能现场排除的故障），交通事故报案和协助公安交通管理机关处理交通事故（针对交通肇事）等。

(15) 汽车广告与展会服务　指以产品和服务的市场推广为核心，培养忠诚用户，向汽车生产经营企业和汽车售后服务企业提供广告类服务和产品展示类的服务。其经营主体是提供以上服务及相关服务的专门机构和个人。

该项服务包括企业咨询与策划、产品（服务）与企业形象包装、广告设计与制作、广告代理与制作、大众传媒信息传播、展会组织、产品（服务）市场推介和汽车知识服务等，其中很多具体业务与汽车文化密不可分。

汽车广告与会展服务的特点是规模较大、投入较高、品味上乘、文化性强、专业性强以及市场刺激效果明显等。

(16) 汽车文化服务　指向广大汽车爱好者提供与汽车相关的以文化消费为主题的各类服务。其经营主体为提供汽车文化产品的各种机构或个人，他们包括汽车爱好者俱乐部、汽车传媒、各种专业的和非专业的汽车文化产品制作人以及汽车文化产品及服务的经营者等。

(17) 汽车俱乐部服务　指以会员制形式，向加盟会员提供能够满足会员要求的与汽车相关的各类服务。其经营主体是提供会员服务的各类汽车俱乐部，他们通常是由汽车厂商、汽车经营者、社会团体、汽车爱好者组织的，一般属于社团型组织。

汽车俱乐部的具体形式有多种，如品牌俱乐部、车迷俱乐部、越野俱乐部、维修俱乐部和救援俱乐部等。

2. 汽车售后服务的分类

1) 按照服务的技术密集程度，汽车售后服务可以分为技术型服务和非技术型服务。

2) 按照服务的资金密集程度，汽车售后服务可以分为金融类服务和非金融类服务。

3) 按照服务的知识密集程度，汽车售后服务可以分为知识密集型服务和劳务密集型服务。

4）按照服务的作业特性，汽车售后服务可以分为生产作业型的服务、交易经营型的服务和实体经营型的服务。

5）按照服务的载体特性，汽车售后服务可以分为物质载体型的服务和非物质载体型的服务。

3. 汽车售后服务创新模式

（1）超常服务　指针对每一位用户的特殊需要，在不违背服务原则的前提下，提供相应的服务。这种特殊需要有两种：一种是用户自己提出的不同于其他用户的要求，这种要求在服务规范中是没有的，这正是为用户提供针对性服务的大好时机；另一种是用户没有特殊的要求，要靠员工去观察和领悟来进行差异化服务。如对有车的上班族进行预约售后服务、汽车维护保养技术咨询服务以及车友俱乐部活动等。

（2）超前服务　汽车售后服务工作是一项情感性很强的工作，它要求员工主动服务，积极寻找为用户服务的机会，在用户尚未发出需求信号时，员工就能超前反应并提供个性化的特色服务。超前服务需要员工具有强烈的服务意识、丰富的服务经验和较高的个人综合素质。如对用户提供汽车保险、美容、装饰、旧车置换以及银行按揭购车等。

（3）领悟服务　有时用户需要服务人员做些什么却不便明说，这时需要员工敏锐地觉察用户的想法后，积极为用户提供热情服务，如为用户提供安静的休息场所、为儿童提供娱乐项目等。用户的购买行为是一个在消费活动中寻求尊重和自我实现的过程。用户满意经营是现代企业必备的经营理念，它需要通过科学的测量、综合地评定用户对企业的产品和服务的满意度，以此为依据来改善满意度较低的部分，并制订出提高用户满意度的全套解决方案。服务多一点，满意多一点，关注细节，提供增值服务，不仅可以令用户满意，而且更重要的是让用户在接受服务的过程中感到喜悦。

7.2　汽车消费信贷及保险服务

7.2.1　汽车消费贷款服务

1. 汽车消费贷款服务概述

汽车消费信贷即对申请购买汽车的借款人发放的人民币担保贷款，是银行与汽车销售商向购车者一次性支付车款所需的资金提供担保贷款，并联合保险、公证机构为购车者提供保险和公证。

贷款购车是国际上普遍采用的购车方式，在欧美等发达国家消费信贷更是成为汽车消费的重头戏。据统计，全球 70% 的私人用车都是通过贷款购买的。在美国，贷款购车的比例高达 80%；在德国，这一比例达到 70%；即便在经济不甚发达的印度，贷款购车比例也达到 60%。贷款购车不但能促进消费，带动整个国民经济的增长，而且从个人角度看，信贷创造了个人提前消费、提前享受的可能性，为提高个人生活质量开辟了又一条新的融资渠道。

国际上汽车消费贷款的平均额度为车价的 70%，首付款一般为车价的 30% 左右。在贷款购车非常流行的美国，购买价位在 1～3 万美元的汽车，首付款大约为 3000～5000 美元。为促进汽车销售，美国、德国等国还推出"零首付"贷款业务，汽车贷款的偿还期限一般为五年左右。贷款偿付方式可谓五花八门，主要包括按月定额偿还和按月变额偿还。按月定额偿还是指购车者根据贷款机构提供的计算方式，每月偿付固定的金额。按月变额偿还是指购车者可以对其贷款期限和月偿还额进行调整，每月偿付不同金额。

2. 我国汽车消费信贷的发展历程及其特点

我国汽车信贷市场在不同的历史发展时期，具有显著不同的阶段性特征，可划分为起始阶段、发展阶段、竞争阶段和有序竞争阶段。

（1）起始阶段（1995 年—1998 年 9 月）中国汽车消费信贷市场的起步较晚，也就是在 1995 年，美国福特汽车财务公司派人员来到中国进行汽车信贷市场研究的时候，中国才刚刚开展了汽车消费信贷理论上的探讨和业务上的初步实践。这一阶段，恰逢国内汽车消费处于一个相对低迷的时期，为了刺激汽车消费需求的有效增长，一些汽车生产厂商联合部分国有商业银行，在一定范围及规模之内，尝试性地开展了汽车消费信贷业务。但由于缺少经验和有效的风险控制手段，逐渐暴露和产生出一些问题，中国人民银行遂于 1996 年 9 月下令停办汽车信贷业务。1998 年 9 月，中国人民银行出台《汽车消费贷款管理办法》。

这一阶段的主要特点为汽车生产厂商是这一时期汽车信贷市场发展的主要推动者。受传统消费观念的影响，汽车信贷尚未为国人广泛接受和认可。

（2）发展阶段（1998 年 10 月—2002 年末）　《汽车消费贷款管理办法》出台之后，1999 年 4 月又出台了《关于开展个人消费信贷的指导意见》，至此，汽车信贷业务已成为国有商业银行改善信贷结构、优化信贷资产质量的重要途径。与此同时，国内私人汽车消费逐步升温。面对日益增长的汽车消费信贷市场需求，保险公司出于扩大自身市场份额的考虑，适时推出了汽车消费贷款信用（保证）保险。银行、保险公司、汽车经销商三方合作的模式，成为推动汽车消费信贷高速发展的主流做法。

这一阶段的主要特点有：汽车消费信贷占整个汽车消费总量的比例大幅提高，由 1999 年的 1% 左右，迅速升至 2002 年的 15%；汽车消费信贷主体由四大国有商业银行扩展到股份制商业银行；保险公司在整个汽车信贷市场的作用和影响达到巅峰，甚至一些地区的汽车信贷业务能否开展，取决于保险公司是否参与。

（3）竞争阶段（2002 年末—2004 年初）　从 2002 年末开始，中国汽车信贷市场开始进入竞争阶段，其最明显的表现是：汽车消费信贷市场已经由汽车经销商之间的竞争、保险公司之间的竞争，上升为银行之间的竞争，各商业银行开始重新划分市场份额，银行的经营理念发生了深刻的变革，由过去片面强调资金的绝对安全，转变为追求基于总体规模效益之下的相对资金安全。一些在汽车消费信贷市场起步较晚的银行，迫于竞争压力，不得已采取"直客模式"另辟蹊径。

这一阶段的主要特点是：银行"直客模式"与"间客模式"并存。直客模式是指购车人自己直接向银行办理汽车贷款，简单地说就是"先贷款，再买车"，也就是购车人先到银行申请一个车贷的额度，按照该额度到市场上选购自己满意的汽车，在选定车型之后，到银行交清首付款，并签署有关的贷款合同之后便可以把车开回家。间客模式指银行通过第三方——汽车经销商与客户开展业务活动并形成借贷关系，简单地说就是购车人"先买车，后贷款"，购车人不需要同银行直接接触，而是由经销商负责为购车者办理贷款手续；经销商需要以自身资产为购车人承担连带责任保证，并待银行收缴贷款本息，而购车者可享受到经销商提供的一站式服务。此阶段银行不断降低贷款利率和首付比例，延长贷款年限，放宽贷款条件、范围。竞争导致整个行业平均利润水平下降，风险控制环节趋于弱化，潜在风险不断积聚。汽车消费信贷占整个汽车消费总量的比例继续攀升，由 2002 年的 15% 上升至 2003 年的 20% 左右。保险公司在整个汽车信贷市场的作用日趋淡化，专业汽车信贷服务企业开始出现，中国汽车消费信贷开始向专业化和规模化方向发展。

（4）有序竞争阶段（2004 年至今）　目前，纵观整个中国汽车信贷市场，正在逐步由竞争阶段向有序竞争阶段发展，其衡量标准是：汽车信贷市场实现分工分业，专业经营，专业汽车信贷服务企业已成为整个市场发展的主导者和各方面资源的整合者及风险控制的主要力量。银行成为上游资金提供者，汽车经销商和汽车生产厂商成为汽车产品及服务的提供者，消费信贷产业趋于成熟，平均年增长率稳定为 5% ~ 8%，产品设计更适应市场发展需求，风险率控制在一个较低的水平。

3. 我国汽车信贷存在的问题

我国的汽车信贷业务相对于发达国家来说还十分落后。在全球汽车市场，有 70% 的汽车是通过贷款销售的，而在中国贷款购车的比例只有 20% 左右，因此中国的汽车信贷消费市场还蕴藏着巨大的潜力。

目前我国汽车信贷存在的问题主要有以下几个方面。

（1）个人信用制度建立不完善　目前，我国个人信用制度没有完全建立起来。由于中国人民银行对汽车消费贷款业务的操作有明确规定，再加上风险防范的客观要求，各家商业银行已经出台的消费信贷业务在贷款条件和贷款手续方面没有太大差别，各银行具体实施办法都规定"先存后贷，存贷挂钩，单位担保，专款专用，按期偿还"等原则，其信贷资格要求之高、手续之烦琐，将绝大部分的消费者排除在外。

（2）担保和保险制度上存在较多问题　和办理汽车消费信贷的另一个难点集中在担保和保险问题上。汽车消费贷款的担保方式有三种：抵押、质押和保证（第三方担保）。目前的情况是，有条件以房产物业作为购车担保的仅为少数，大多数贷款人往往提供不出或不能提供足够有效的质押、抵押资产，而且以房产抵押，办理过程比较麻烦。同时，社会上有担保能力的单位和个人又不愿提供担保，使贷款人无法按要求申请银行贷款。在保险方面，保险公司的"履约保证保险"中一些免责条款对贷款人不利。

(3) 贷款机构和贷款支持的车型太少　我国提供汽车消费贷款机构仅限于国有商业银行和一些小的商业银行，其他金融机构基本上没有参与，这限制了汽车消费信贷的大规模开展。在消费信贷支持的车型方面，我国的商业银行多数把车型范围局限于中高档车型，某些低档车型的销售却不能得到银行的消费信贷支持。车型的限制导致了汽车消费信贷发展的不平衡。

(4) 贷款条件苛刻，门槛过高　我国汽车消费信贷对借款人条件的规定过于苛刻，汽车消费信贷的门槛过高，使相当一部分潜在消费者因为这样或那样的条件不符合而不能够跨过贷款这道门槛。

(5) 风险承担上利益不均　还在汽车消费信贷的整个过程中，汽车商家和银行基本不承担风险责任，风险由保险公司承担，因此在催收还款上银行不是十分积极主动，这种让保险公司风险独担且获利甚微的市场是不平衡的市场。在没有明确的风险管理责任的汽车消费信贷模式中，虽然有保险公司参加，但由于缺乏对风险的管理和化解，开始时或许运行不错，经过一段时间，问题就会显现出来。风险与收益的不对称，导致了汽车商家和银行的过度利己行为和"搭便车"现象，保险公司成了主要的风险承受方。

(6) 相关配套政策不完善　目前，我国尚未制定统一、规范的具体针对整个消费信贷的法律法规，尚未对消费信息的披露和消费信用的评估做出明确规定；国家对汽车消费税费标准、税费种类还未规范统一，各种税费负担还比较重；目前的汽车抵押手续、法规不完善，还未建立汽车抵押品的二级市场等，以上这些均阻碍了汽车消费信贷市场的健康发展。

4. 汽车消费市场上的风险因素

随着汽车消费贷款业务的快速增长，汽车消费市场上的风险因素也随之浮现。目前，在国内的汽车消费信贷市场上，主要存在以下几种风险。

(1) 信用风险　个人信用体系是消费信贷发展的基础。由于我国个人信用体系建立不完善，汽车金融服务公司、银行和汽车经销商对消费者的收入能力和还款能力评价不足，造成贷款后管理不到位等风险。国内汽车信贷市场目前面临的最大的障碍是信用体系的不完善，为了最大限度地防范风险，各机构不得已设置了过高的准入门槛。

(2) 担保风险　在担保形式上，目前较为普遍的是以汽车经销商为主要担保方。经销商既经销车辆又为用户担保，汽车经销商在银行存储一笔保证金，一般是几千万元，在贷款总额中占很小的比例，如消费者不还款，则从中扣除。这种担保形式存在一定风险，一方面是因为经销商一般没有可供抵押的固定资产，而其担保金额动辄几亿元，有的甚至十几亿元，远大于其本身的资产，一旦有风险发生，无法偿付；另一方面是个别经销商制造虚假购车合同骗贷，达到一定数额后，该公司突然清盘破产，这时银行将会遭受巨大损失。

（3）抵押物处置风险　目前，汽车消费贷款的一般做法是以所购车辆作为抵押物，借款人无法还款时，银行可以收回车辆并进行处置用以还贷。但从实际情况看，由于汽车降价幅度大，作为汽车消费贷款抵押物的车辆价值就大大缩水；加之每年固定的折旧，抵押物折旧后其价值是难以抵偿的。

7.2.2　汽车保险与理赔

汽车保险即机动车辆保险，简称车险。当前，除了国家强制机动车所有人所必须购买的交强险外，机动车其他保险分为两大类，这两类保险包含两类基本险种：一类是基本险，包括车辆损失险和第三者责任事故险；另一类是车主自愿投保的附加险，主要包括全车盗抢险、车上责任险、玻璃单独破碎险、自燃损失险和不计免赔特约条款等险种。

1. 车险条款的内容构成

车险条款的内容主要由以下 12 项内容构成。

1）总则。主要阐述车险合同的形式组成、车险的标的种类、车险合同的性质等。

2）保险责任。主要阐述保险公司承担保险赔偿的车辆使用风险。

3）责任免除。主要阐述保险公司不承担保险赔偿责任的范围，是对保险责任的限制。

4）保险金额、责任限额。主要阐述保险金额和责任限额的确定方式。

5）保险期限。主要阐述车险合同的起止时间，一般为一年，也有短期的，需在保险单中载明具体起止时间点。

6）保险人义务。主要阐述保险公司应该履行的义务，一般包括条款说明、及时查勘、及时定损、迅速赔偿、替保户保密等。

7）投保人、被保险人义务。主要阐述投保人、被保险人应该履行的义务，一般包括如实告知、及时交费、出险报案、协助查勘、提供索赔证明资料等。

8）赔偿处理。主要阐述赔偿方式、赔偿免赔率和被保险人索赔时应提供的相关单证等。

9）保险费调整。主要阐述续保时投保人享受无赔款优惠的比例等。

10）合同变更和终止。主要阐述标的转让或相关事项改变时必须办理变更、合同终止时如何扣除或退还保险费等。

11）争议处理。主要阐述争议解决的方式，一般分为协商、仲裁或诉讼三种方式。

12）其他。主要阐述前面各项的未尽事宜。

2. 现行机动车保险险种介绍

机动车商业保险险种分主险和附加险两部分。目前，各保险公司的主险险种基本都包括车辆损失险和第三者责任险等。为满足被保险人对与汽车有关的其他风险的保障要求，保险人一般还提供许多附加险种和特约条款供被保险人选择。附加险种和特约条款是对主险险种保险责任的补充，它承保的一般是主险险种不予承保的自然灾害或意外事故。附加险种和特约条款不能单独承保，必须在投保相应主险险种后才能承保。中国人民财产保险股份有限公司、中国平安财产保险股份有限公司和中国太平洋财产保险股份有限公司现有险种见表7-1。

表7-1　人保、平安、太平洋保险公司现有车险险种

公司名称	中国人民财产保险	中国平安财产保险	中国太平洋财产保险
三套条款	采用A款	采用B款	采用C款
主险	机动车第三者责任保险 家庭自用汽车损失保险 非营业用汽车损失保险 营业用汽车损失保险 特种车保险 摩托车、拖拉机保险 机动车车上人员责任险 机动车盗抢保险 机动车提车保险	商业第三者责任保险 车辆损失保险 全车盗抢保险 车上人员责任保险 摩托车、拖拉机保险 机动车单程提车保险	机动车损失保险 第三者责任保险 车上人员责任保险 全车盗抢损失保险 单程提车损失保险 单程提车三者险 摩托车、拖拉机保险
附加险、特约条款	玻璃单独破碎险 火灾、爆炸、自燃损失险 自燃损失险 车身划痕损失险 可选免赔额特约条款 新增加设备损失保险 发动机特别损失险 机动车停驶损失险 代步机动车服务特约条款 更换轮胎服务特约条款 送油、充电服务特约条款 拖车服务特约条款 附加换件特约条款 随车行李物品损失保险 新车特约条款A 新车特约条款B 车上货物责任险 附加交通事故精神损害赔偿责任保险 教练车特约条款 附加油污污染责任保险 附加机动车出境保险 异地出险住宿费特约条款 不计免赔率特约条款 起重、装卸、挖掘车辆损失扩展条款 特种车辆固定设备、仪器损坏扩展条款 多次出险增加免赔率特约条款 约定区域通行费用特约条款 指定专修厂特约条款 租车人车失踪险条款 法律费用特约条款 广东、深圳分公司免税机动车关税责任险	玻璃单独破碎险 车身划痕损失险 自燃损失险 车辆停驶损失险 代步车费用险 新增加设备损失险 车上货物责任险 车载货物掉落责任险 附加油污污染责任险 交通事故精神损害赔偿险 全车盗抢附加高尔夫球具盗窃险 车轮单独损坏险 涉水行驶损失险 随车行李物品损失险 保险事故附随费用损失险 车辆重置特约险条款A 车辆重置特约险条款B 换件特约险 系安全带补偿特约险 指定专修厂特约条款 特种车特约条款 多次事故免赔率特约条款 基本险不计免赔特约条款 附加险不计免赔率特约条款	自燃损失险 玻璃单独破碎险 新增设备损失险 车身油漆单独损伤险 涉水损失险 零部件、附属设备被盗窃险 车上货物责任险 精神损害抚慰金责任险 随车携带物品责任险 特种车车辆损失扩展险 特种车固定机具、设备损失险 免税车辆关税责任险 道路污染责任险 车损免赔额特约条款 救援费用特约条款 修理期间费用补偿特约条款 事故附随费用特约条款 更换新车特约条款 多次事故免赔率特约条款 使用安全带特约条款 基本险不计免赔特约条款 附加险不计免赔特约条款 法律服务特约条款 节假日行驶区域扩展特约条款 指定专修厂特约条款 换件特约条款

（1）交强险 交强险的全称是"机动车交通事故责任强制保险"，是由保险公司对被保险机动车发生道路交通事故造成受害人（不包括本车人员和被保险人）的人身伤亡和财产损失，在责任限额内予以赔偿的强制性责任保险。交强险是中国首个由国家法律规定实行的强制保险制度。其保费实行全国统一收费标准，由国家统一规定，但是不同汽车型号的交强险价格不同，主要影响因素是"汽车座位数"。

在中国大陆地区（不含港、澳、台地区），被保险人在使用被保险机动车过程中发生交通事故，致使受害人遭受人身伤亡或者财产损失，依法应当由被保险人承担的损害赔偿责任，保险人按照交强险合同的约定对每次事故在下列赔偿限额内负责赔偿。

① 死亡伤残赔偿限额为 110000 元。

② 医疗费用赔偿限额为 10000 元。

③ 财产损失赔偿限额为 2000 元。

④ 被保险人无责任时，无责任死亡伤残赔偿限额为 11000 元；无责任医疗费用赔偿限额为 1000 元；无责任财产损失赔偿限额为 100 元。

死亡伤残赔偿限额和无责任死亡伤残赔偿限额项下负责赔偿丧葬费、死亡补偿费、受害人亲属办理丧葬事宜支出的交通费用、残疾赔偿金、残疾辅助器具费、护理费、康复费、交通费、被抚养人生活费、住宿费、误工费以及被保险人依照法院判决或者调解承担的精神损害抚慰金。

医疗费用赔偿限额和无责任医疗费用赔偿限额项下负责赔偿医药费、诊疗费、住院费、住院伙食补助费以及必要的、合理的后续治疗费、整容费、营养费。

（2）车辆损失险 车辆损失险是指保险车辆因遭受保险责任范围内的自然灾害或意外事故，造成车辆本身损失以及发生的合理施救费用，保险人依照保险合同的规定给予赔偿。

由于使用汽车的意外事故很多，为扩大对被保险人的保障，方便投保人购买，车辆损失险一般提供较综合的保险责任，涵盖碰撞损失和非碰撞损失。因为我国机动车盗抢现象较为严重，发生频率很高，所以将全车盗抢险从车辆损失险保险责任中剔除，成立独立险种。

车辆损失险一般对由碰撞、倾覆、火灾、爆炸等意外事故和暴风、洪水等自然灾害引起的车辆损失及发生保险事故时被保险人或其允许的合格驾驶人员对车辆采取施救、保护措施所支出的合理费用负责赔偿；对由下列原因造成的车辆损失不负责赔偿：战争、军事冲突、恐怖活动、暴乱、扣押、罚没、政府征用，竞赛、测试，在营业性维修场所修理、养护期间，利用保险车辆从事违法活动，驾驶人员饮酒、吸食或注射毒品、被药物麻醉后使用保险车辆，保险车辆肇事逃逸等。

（3）第三者责任险 第三者责任险（简称三者险）是指被保险人或其允许的合格驾驶人员在使用保险车辆过程中发生意外事故，致使第三者遭受人身伤亡或财产直接损毁，依法应当由被保险人承担的经济责任，保险公司负责赔偿。同时，若经保险公司书面同意，被保险人因此发生仲裁或诉讼费用的，保险公司在责任限额以外赔偿，但最高不超过责任限额的 30%。

在机动车交通强制保险出台后，第三者责任险由强制险转为非强制性的保险。但是交强险在对第三者的财产损失和医疗费用部分赔偿较低，可考虑购买第三者责任险作为交强险的补充。

第三者责任险每次事故的最高赔偿限额是保险人计算保险费的依据，同时也是保险人承担第三者责任险每次事故赔偿金额的最高限额。

每次事故的责任限额由投保人和保险人在签订保险合同时按 5 万元、10 万元、20 万元、50 万元、100 万元和 100 万元以上不超过 1000 万元的档次协商确定。

（4）全车盗抢险　全车盗抢险是指保险车辆全车被盗窃、被抢劫或被抢夺，经县级以上公安刑侦部门立案侦查证实满一定时间（大部分保险公司规定为三个月，中国人民保险公司保险条款为 60 天）没有下落的，由保险人在保险金额内予以赔偿。具体内容如下。

① 赔偿项目。如果车辆被盗抢超过一定时间未找回，保险公司在保险金额内进行赔偿。如果车辆被盗抢后，在前述规定时间内找回了，但是在此期间车辆损坏或零部件丢失，保险公司负责赔偿修复费用。

② 赔偿额度。每次事故应赔偿损失总金额的 80%。

需要注意的是，全车盗抢险，顾名思义，其保险标的是"全车"，如果仅仅是某些零部件，如一只轮胎被盗抢，或车内的其他财产，如行李箱内的东西被盗抢，保险公司均不负责赔偿。

但是，对于车辆被盗抢期间内，保险车辆上零部件的损坏和丢失保险公司一般负责赔偿。当然，这是指被盗车辆被追回的情况下，否则，保险公司应按约定赔偿全车损失。

另外，在被盗窃、被抢劫或被抢夺期间，保险车辆发生交通事故造成第三者人身伤亡或者财产损失的，保险公司也不负责赔偿。根据最高人民法院有关司法解释，这种情况下被保险人也不承担赔偿责任，而应由肇事人（大多数情况下为实施盗抢的犯罪嫌疑人，也可能是犯罪嫌疑人指派的其他人员）负责赔偿。

（5）附加险　车主在购买了车辆损失险后，还可以根据自己的需要再购买附加在车辆损失险上的各种附加险，包括：车辆停驶损失险、自燃损失险、新增加设备损失险等。附加保险是在购买车辆损失险后，根据投保人的需要，投保人自愿选择购买适合于车辆本身存在的风险的保险。在此仅介绍车主投保较多的几种附加险。

1）玻璃单独破碎险。玻璃单独破碎险，即保险公司负责赔偿保险车辆在使用过程中，发生本车玻璃单独破碎的损失的一种商业保险。玻璃单独破碎是指被保险车辆只有风窗玻璃和车窗玻璃（不包括车灯和后视镜玻璃）出现破损的情况。

玻璃单独破碎险不承担以下六种损失。

① 玻璃贴膜损失。汽车玻璃贴膜已经成为当前车主的一种时尚和习惯，某些高档贴膜价格不菲。汽车玻璃破碎更换后，贴膜也必须更换，无法重复使用，但是玻璃单独

破碎险承保的是玻璃本身，保险公司对贴膜损失是不承担赔偿责任的。

② 天窗玻璃损失。如今一些中高档轿车都装有天窗，但天窗玻璃的损坏却不在玻璃单独破碎险赔偿范围内。因为玻璃单独破碎险条款规定，承保的玻璃范围只包括前、后风窗玻璃和车窗玻璃。

③ 标识损失。汽车前风窗玻璃右上角会贴有诸如交强险标、年检标、环保标等标识，这些标识一般都是一次性粘贴使用，前风窗玻璃破碎更换时无法取下来重复使用。这些标识本身虽然价值很小，但是补办这些标识会产生一些时间成本和费用损失，这部分损失也是不在玻璃单独破碎险赔偿范围内的。

④ 进口玻璃按国产玻璃承保其中的差价损失。一些进口汽车或部分国产中高档汽车安装的是进口玻璃，在承保玻璃单独破碎险可以注明按进口玻璃承保还是按国产玻璃承保，这其中的费率是有区别的。如果本身是进口玻璃而按照国产玻璃投保，出险后，保险公司会依据国产玻璃价格赔偿，对于与进口玻璃之间产生的差价损失不负责赔偿。

⑤ 附加设备的损失。有些车主由于某种需要，在汽车玻璃上安装了一些电子设备，例如卫星导航仪等。汽车玻璃遭受严重撞击损坏时，这些设备往往也会相应受损。由于属于新增附加设备，此损失也不在玻璃单独破碎险赔偿范围内。

⑥ 维修过程中的玻璃破碎损失。对于在安装、维修车辆过程中造成的玻璃破碎损失，保险公司也不负责赔偿。玻璃单独破碎险条款明确规定，安装、维修机动车过程中造成的玻璃单独破碎属于除外责任。

2）车辆停驶损失险。车辆停驶损失险是指在保险期间内，保险车辆发生车辆损失险范围内的保险事故，造成车身损毁，致使车辆需进厂修理，造成保险车辆停驶而产生的损失，保险人按保险合同规定在赔偿限额内进行以下赔偿。

① 部分损失的，保险人在双方约定的修复时间内按保险单约定的日赔偿金额乘以从送修之日起至修复竣工之日止的实际天数计算赔偿。

② 全车损毁的，按保险单约定的赔偿限额计算赔偿。

③ 在保险期限内，上述赔款累加计算，最高以保险单约定的赔偿天数为限。本保险的最高约定赔偿天数为90天。

3）车身划痕损失险。车身划痕损失险是指在保险期间内，保险车辆发生无明显碰撞痕迹的车身表面油漆单独划伤，保险人根据本合同的规定按实际损失负责赔偿。赔偿时可能存在免赔率，也就是说保险公司不一定赔偿全部损失，亦即车主可能自己承担部分损失。

4）自燃损失险。自燃损失险是指对保险车辆在使用过程中因本车电器、线路、供油系统发生故障或运载货物自身原因起火燃烧给车辆造成的损失负赔偿责任。

5）新增加设备损失险。新增加设备损失险是指车辆发生车辆损失险范围内的保险事故，造成车上新增设备的直接损毁，由保险公司按实际损失计算赔偿。未投保本险种的，新增加的设备的损失保险公司不负赔偿责任。

3. 险种选择

无论是新车还是旧车，交强险是必须投保的，否则不能上路行驶。

(1) 新车投保方案建议　如果是新车，那么最好把车辆损失险、第三者责任险、车上人员责任险、全车盗抢险这些主要险种保齐。投保时要注意：既不能一味地为了省钱而选择不足额投保，也不必多花钱进行超额投保（超过实际价值部分无效）。明智的选择是足额投保，就是车辆价值多少就保多少。有人为节省保费而不足额投保，如20万元的轿车只投保10万元，万一发生事故造成车辆全毁，则只能得到10万元赔付。相反，有的人明明买的车价值10万元，偏偏却超额投保，保额20万元，以为车辆出险后能获得高额赔偿。实际上，保险公司只按车辆出险时的实际损失确定赔付金额。

(2) 旧车投保方案建议　对大多数购买新车的车主来说，购车时就已成为各保险公司瞄准的目标。如果自己不想操心，打一个电话就会有人上门服务。而且，由于新车的价值比较容易界定，购买什么保险心中比较有数。但旧车的情况则比较复杂，旧车的实际价值也往往成为各类保险纠纷的争论焦点。如果车况不错，最好买全主要险种。如果车辆使用年限较长，在车主对车辆及自己过往车辆出险情况都很了解的情况下，那么也可只买交强险和第三者责任险。车主可能认为自己的旧车已经不值多少钱，即使丢了或坏了也没多大经济损失，但是一辆旧车却有可能给其他非常昂贵的车辆带来很大的损失，并且很可能旧车车主对事故造成的损失负有责任，这时候如果旧车购买了第三者责任险，就会大大降低车主自己的经济损失。

4. 保险理赔

保险理赔是保险工作中的重要环节，是指保险合同所约定的保险事故（或保险事件）发生后，被保险人（或投保人、受益人）提出索赔请求后，保险人按合同约定履行赔偿或给付保险金的行为过程。保险理赔是以保险条款、交通管理部门颁发的交通事故处理办法以及相关的法律为依据的。理赔工作是保险人履行保险合同义务的法律行为。

(1) 汽车保险理赔的流程　根据车险理赔的操作流程，可将理赔工作分为六个步骤，即：受理案件→现场查勘→损失确定→赔款理算→核赔→赔付结案。

1) 受理案件。受理案件是指保险人接受被保险人的报案，并对相关事项做出安排。受理案件是汽车保险理赔工作的第一步，各保险公司均非常重视，为此，各保险公司均公布了报案受理部门及电话，开通了多种报案方式，并对报案的内容进行详细记录。

2) 现场查勘。现场查勘是指运用科学的方法和现代技术手段，对保险事故现场进行实地查勘，将事故现场、事故原因等内容完整而准确地记录下来的工作过程。现场查勘是查明保险事故真相的重要手段，是分析事故原因和认定事故责任的基本依据，也为事故损害赔偿提供了证据。所以，各保险公司均建立了合理的服务网络，配备了完善的查勘工具，有一定数量且经验丰富的查勘人员，以保证现场查勘工作快速和有效。

3) 损失确定。损失确定是根据保险合同的规定和现场查勘的实际损失记录，在尊重客观事实的基础上，确定保险责任，然后开展事故定损和赔款计算工作。损失确定包括车辆损失、人身伤亡费用和其他财产损失等。车辆损失主要是确定维修项目的工时费和换件项目的价格；人身伤亡费用按道路交通事故的相关规定进行计算即可；其他财产损失一般按实际损失通过与被害人协商确定。

4）赔款理算。赔款理算是保险公司按照法律和保险合同的有关规定，根据保险事故的实际情况，核定和计算应向被保险人赔付金额的过程。理算工作决定保险人向被保险人赔偿数额的多少与准确性，因此，保险公司理赔人员应本着认真、负责的态度做好理算工作，确保既维护被保险人的利益，又维护保险公司的利益。理算工作的开展需以被保险人提供的单证为基础，首先核对单证的真实性、合法性和合理性，然后理算人员对交强险、车辆损失险、第三者责任险、附加险及施救费用等分别计算赔偿金额。计算完赔款后，要缮制赔款计算书。赔款计算书应该分险别项目计算，并列明计算公式。赔款计算应尽量用计算机出单，应做到项目齐全、计算准确。业务负责人审核无误后，在赔款计算书上签署意见和日期，然后送交核赔人员。在完成各种核赔和审批手续后，转入赔付结案程序。

5）核赔。核赔是在保险公司授权范围内独立负责理赔质量的人员，按照保险条款及公司内部有关规章制度对赔案进行审核的工作。核赔工作的主要内容包括：核定保险标的出险原因、损失情况；核定保险责任的确定；核定损失；核定赔款计算。

6）赔付结案。赔付结案是指业务人员根据核赔的审批金额，向被保险人支付赔款、对理赔的单据进行清分并对理赔案卷进行整理的工作，是理赔案件处理的最后一个环节。

（2）车险赔偿　机动车辆出险一般可分为三类：保险车辆（含投保的挂车）发生全车被盗窃、被抢劫或被抢夺称全车盗抢险；保险车辆出险受损称车损险；保险车辆出险致使第三者遭受人身伤亡或财物直接损失称第三者责任险。车辆出险后根据保险合同进行赔付。

1）车辆损失险的赔偿

① 全部损失

a. 足额投保（按实际价值投保）。保险车辆发生全部损失后，按保险金额计算赔偿，即

$$赔款金额 = （保险金额 - 残值）× 责任系数 × （1 - 免赔率）$$

保险车辆发生全部损失后，如果保险金额高于出险当时的实际价值，按出险当时的实际价值计算赔偿，即

$$赔款金额 = （出险时的实际价值 - 残值）× 责任系数 × （1 - 免赔率）$$

b. 不足额投保（保险金额低于投保时车辆的实际价值）。如保险金额低于出险时车辆的实际价值，计算如下：

$$赔款金额 = （保额 - 残值）× （保额 ÷ 投保时的车辆价值）× 责任系数 × （1 - 免赔率）$$

c. 超额投保（保险金额高于投保时车辆的实际价值）。保险车辆发生全部损失后，按车辆实际价值计算赔偿，即

$$赔款金额 = （车辆实际价值 - 残值） \times 责任系数 \times （1 - 免赔率）$$

② 部分损失

a. 保险车辆的保险金额达到投保时的新车购置价（即保单上载明的新车购置价），无论保险金额是否低于出险当时的新车购置价，发生部分损失按照实际修复费用赔偿，即

$$赔款金额 = 实际修复费用 \times 责任系数 \times （1 - 免赔率）$$

b. 保险车辆的保险金额低于投保时的新车购置价，发生部分损失按照保险金额与出险当时的新车购置价比例计算赔偿，即

$$赔款金额 = 修复费用 \times （保险金额 \div 新车购置价） \times 责任系数 \times （1 - 免赔率）$$

保险车辆损失最高赔偿额以保险金额为限。保险车辆按全部损失计算赔偿或部分损失一次赔款等于保险金额时，车辆损失险的保险责任即行终止。但保险车辆在保险有效期内，不论发生一次或多次保险责任范围内的部分损失或费用支出，只要每次赔偿未达到保险金额，其保险责任仍然有效。

2）施救费。施救费用是在发生保险事故之后，被保险人为了减少损失而支出的必要的、合理的额外费用。所以，施救费用的作用是用一个相对较小的费用支出，防止更大的损失。确定施救费用应遵循以下原则：

① 施救费用应是保险标的已经受到损失，为了减少损失或者防止损失的继续扩大而产生的费用。在机动车辆保险中，施救费用主要是指对于倾覆车辆的起吊费用、抢救车上货物的费用、对于事故现场的看守费用、临时整理和清理费用以及必要的转运费用。

② 保险车辆出险后，雇用吊车和其他车辆进行抢救的费用以及将出险车辆拖运到修理厂的运输费用，按当地物价部门颁布的收费标准予以确定。被保险人使用他人（非专业消防单位）的消防设备施救保险车辆所消耗的费用及设备可以列入施救费用。

③ 在进行施救的过程中，由于意外事故可能造成被施救对象损失的进一步扩大、造成他人财产损失以及施救车辆和设施本身的损失。如果施救工作是由被保险人自己或他人义务进行的，只要没有存在故意和重大过失，原则上保险公司应予赔付；如果施救工作是雇用专业公司进行的，则造成他人财产损失、该施救车辆和设施本身的损失由该专业公司承担，同时，被保险人还可以就进一步扩大损失的部分要求专业施救公司承担赔偿责任。但在抢救时，抢救人员个人物品的丢失，一般不予赔偿。

④ 保险车辆发生保险事故后，可能需要施救的受损财产不仅仅局限于保险标的，但是，保险公司只对保险标的的施救费用负责。所以，在这种情况下，施救费用应按照获救价值进行分摊。如果施救对象为受损保险车辆及其所装载货物，施救费用无法区分，则应按保险车辆与货物的获救价值进行比例分摊，机动车辆保险人仅负责保险车辆应分摊的部分。

⑤ 施救费用与损失金额相加不得超过赔偿限额。

3）第三者责任险

$$赔偿金额 = 合理的费用 \times 责任系数 \times （1 - 免赔率）$$

赔偿金额最高不得超过赔偿限额。

4）免赔率的规定

根据保险车辆驾驶人在事故中所负责任，车辆损失险和第三者责任险在符合赔偿规定的金额内实行绝对免赔率；事故责任系数由交通警察根据肇事者所负的责任进行确定。

7.3 二手车交易服务

7.3.1 概述

1. 二手车交易的概念

二手车是指从办理完注册登记手续到达到国家强制报废标准之前进行交易并转移所有权的汽车（包括三轮汽车、低速载货汽车）、挂车和摩托车。

二手车交易是针对准备换车的群体把卖车和买车两个环节集合在一起的交易形式。二手车交易的类型根据交易双方行为和参与程度的差异分为二手车的收购、销售、寄售、代购、代销、租赁和拍卖等。

二手车交易主要内容包括：二手车评估前期工作、二手车技术状况鉴定、二手车价格评估和二手车交易实务。

2. 二手车鉴定评估的概念

二手车鉴定评估是指二手车鉴定评估机构对二手车技术状况及其价值进行鉴定评估的经营活动。

二手车鉴定估价应当本着买卖双方自愿的原则，不得强制进行；属国有资产的二手车应当按国家有关规定进行鉴定评估。二手车鉴定评估机构应当遵循客观、真实、公正和公开原则，依据国家法律法规开展二手车鉴定评估业务，出具车辆鉴定评估报告；并对鉴定评估报告中车辆技术状况，包括是否属事故车辆等评估内容负法律责任。

3. 二手车鉴定评估的目的

二手车鉴定评估的目的是为了正确反映机动车的价值量及其变动，为将要发生的经济行为提供公平的价格尺度。在二手车交易市场，二手车鉴定评估主要用于二手车辆交易、车辆置换、抵押贷款、法律诉讼咨询服务、车辆拍卖、保险、担保、典当以及修复价格评估等。

除此以外，二手车鉴定评估的一个重要目的就是要鉴定、识别走私、盗抢、报废、拼装等非法车辆，防止其通过二手车市场重新流入社会。

4. 二手车鉴定评估的范围

二手车鉴定评估行为逐步渗透到社会的各个领域，成为资产评估重要组成部分。通过二手车评估目的可将二手车评估的范围分为以下几个方面。

1）在流通领域，二手车在不同消费能力群体中互相转手，需要鉴定估价。

2）有关企业开展收购、代购、代销、租赁、置换、回收（拆解）等二手车经营业务需要鉴定估价。

3）在金融系统，银行、信托商店及保险公司开展抵押贷款、典当、保险理赔业务时，需要对相关车辆进行鉴定估价。

4）有关单位通过拍卖形式处理罚没、抵押、企业清算等车辆时，需要对车辆进行鉴定评估以获取拍卖底价。

5）司法部门在处理相关案件时，也需要以涉案车辆的鉴定评估结果作为裁定依据。

6）企业或个人在公司注册、合资、合作、联营及合并、兼并、重组过程中也会涉及二手车鉴定评估业务。

5. 二手车鉴定评估的原则

二手车鉴定评估的原则是对二手车鉴定评估的行为规范，为了保证鉴定评估结果的真实、准确，并做到公平合理，得到社会承认，就必须遵循一定的工作技术原则。

（1）公平性原则　公平、公正是二手车鉴定评估工作人员应遵守的一项最基本的道德规范。鉴定评估人员的思想作风、工作态度应当公正无私；对评估结果应该是公道、合理的，绝对不能偏向任何一方。

（2）独立性原则　独立性原则是要求二手车鉴定评估工作人员应该依据国家有关法规和规章制度及可靠的资料数据，对被评估的二手车价格独立地进行评定。坚持独立性原则，是保证评估结果具有客观性的基础。

（3）客观性原则　客观性原则是指评估结果应有充分的事实为依据。它要求对二手车计算所依据的数据资料必须真实，对技术状况的鉴定分析实事求是。

（4）科学性原则　科学性原则是指在二手车评估过程中，必须根据评估的特定目的，选择适用的评估标准和方法，使评估结果准确合理。

（5）专业性原则　专业性原则要求鉴定评估人员须接受国家专门的职业培训，经职业技能鉴定合格后由国家统一颁发执业证书，持证上岗。

（6）可行性原则　可行性原则亦称有效性原则。鉴定评估的结果要求真实可靠又简便易行，要求鉴定评估人员是合格的，具有较高的素质；评估中利用的资料数据是真实可靠的；鉴定评估的程序与方法是合法的、科学的。

7.3.2　二手车评估的方法

二手车评估以机动车的技术状况鉴定为基础、资产评估理论为依据，根据不同的评估目的、价值标准和业务条件，按照国家规定的收益现值法、重置成本法、现行市价法和清算价格法四种方法进行。

在二手车收购环节中，除可根据重置成本法、现行市价法和清算价格法简单确定收购价格外，还可利用折旧法科学地评估计算拟收购二手车的价格。

1. 重置成本法

重置成本法是指在现时市场条件下重新购置一辆全新状态的被评估车辆所需的全部成本（即完全重置成本，简称重置成本），减去该被评估车辆的各种陈旧贬值后的差额作为被评估车辆现时价格的一种评估方法。

重置成本法的基本计算公式可表述为

被评估车辆的评估值＝重置成本－实体性贬值－功能性贬值－经济性贬值

或　　　　被评估车辆的评估值＝重置成本×成新率

（1）机动车辆的实体性贬值　实体性贬值也叫有形损耗，是指机动车在存放和使用过程中，由于物理和化学原因而导致的车辆实体发生的价值损耗，即由于自然力的作用而发生的损耗。二手车一般都不是全新状态的，因而大都存在实体性贬值。实体性贬值要依据新旧程度确定，包括表面及内部构件、部件的损耗程度。假如用损耗率来衡量，一辆全新的车辆，其实体性贬值为 0%；而一辆完全报废的车辆，其实体性贬值为100%；处于其他状态下的车辆，其实体性贬值率则位于这两个数字之间。

（2）机动车辆的功能性贬值　功能性贬值是由于科学技术的发展而导致的车辆贬值，即无形损耗。这类贬值又可细分为一次性功能贬值和营运性功能贬值。

一次性功能贬值是由于技术进步引起劳动生产率的提高而造成的贬值。现在再生产制造与原功能相同的车辆的社会必要劳动时间减少、成本降低而造成原车辆价值贬值，具体表现为，原车辆价值中有一个超额投资成本将不被社会承认。

营运性功能贬值是由于技术进步，出现了新的、性能更优的车辆，致使原有车辆的功能相对新车型已经落后而引起其价值贬值。具体表现为，原有车辆在完成相同工作任务的前提下，在燃料、人力和配件材料等方面的消耗增加，形成了一部分超额运营成本。

（3）机动车辆的经济性贬值　经济性贬值是指由于外部经济环境变化所造成的车辆贬值。所谓外部经济环境，包括宏观经济政策、市场需求、通货膨胀和环境保护等。经济性贬值是外部环境而不是车辆本身引起的。

（4）成新率　成新率是反映二手车新旧程度的指标。二手车成新率是表示二手车的功能或使用价值占全新机动车的功能或使用价值的比率，也可解释为二手车的现时状态与机动车全新状态的比率。目前，在二手车的鉴定评估中，常用的成新率的计算方法有使用年限法、行驶里程法、部件鉴定法、整车观测法和综合分析法五种，在实际评估过程中，可根据被评估车辆的客观情况灵活选用不同的成新率计算方法。

2. 收益现值法

收益现值法是将被评估的车辆在剩余寿命期内预期收益用适用的折现率折现为评估基准日的现值，并以此确定评估价格的一种方法。

任何一个理性的投资者在决定投资购买二手车时，他所愿意支付的货币金额不会高于评估时求得的该车未来预期收益的折现值。在机动车的交易中，人们购买的目的往往不是在于车辆本身，而是车辆获利的能力。因此，该方法较适用于投资营运的车辆。

3. 现行市价法

现行市价法又称市场法和市场价格比较法，是指通过比较被评估车辆与最近售出类似车辆的异同，并将类似车辆的市场价格进行调整，从而确定被评估车辆价值的一种评估方法。现行市价法是最直接、最简单的一种评估方法。其基本思路是：通过市场调查，选择一辆或几辆与被评估车辆相同或类似的车辆作为参照物，分析参照物的构造、功能、性能、新旧程度、地区差别、交易条件及成交价格等，并与评估车辆对照比较，找出两者之间的差别及差别所反映在价格上的差额，然后经过调整，计算出被评估对象的价格。

现行市价法评估应用的前提条件如下。

1）需要有一个充分发育、活跃的二手车交易市场，即要有二手车交易的公开市场。在这个市场上有众多的卖者和买者，有充分的参照物可取，交易充分平等，这样可以排除交易的偶然性和特殊性。汽车在市场上交易越频繁，与被评估车辆相类似的车辆价格越容易获得。因此，市场成交的二手车价格能够比较准确地反映市场行情，使评估结果更公平公正，双方都易接受。

2）参照物与被评估车辆有可比较的指标，且技术参数等资料是可收集到的，并且价值影响因素明确，可以量化。

在运用现行市价法评估二手车时，关键是要能够找到与被评估车辆相同或相类似的参照车辆，并且参照车辆是近期的，可比较的。近期是指参照车辆交易时间与车辆评估基准日时间相近，一般在一个季度之内。可比较是指车辆在规格、型号、功能、性能、内部结构、新旧程度及交易条件等方面不相上下。

4. 清算价格法

清算价格法是指以清算价格为标准，对二手车辆进行的价格评估。清算价格是指企业由于破产或其他原因，要求在一定的期限内将车辆变现。

清算价格法在原理上基本与现行市价法相同，所不同的是，迫于停业或破产的被动局面，清算价格往往大大低于现行市场价格。这是由于企业被迫停业或破产，往往急于将车辆拍卖或出售。

企业破产、抵押或停业清理时要售出的车辆适用于清算价格法。

（1）企业破产　当企业或个人因经营不善造成严重亏损不能清偿到期债务时，企业依法宣告破产，法院以其全部财产依法清偿其所欠的债务，不足部分不再清偿。

（2）抵押　抵押是以所有者资产作为抵押物进行融资的一种经济行为，是合同当事人一方用自己特定的财产向对方保证履行合同义务的担保形式。提供财产的一方为抵押人，接受抵押财产的一方为抵押权人。抵押人不履行合同时，抵押权人有权将抵押财产在法律允许的范围内变卖，从变卖抵押物价款中优先受偿。

（3）清理　清理是指企业由于经营不善导致严重亏损，已临近破产的边缘或因其他原因将无法继续经营下去，为弄清企业财、物现状，对其全部财产进行清点、整理和查核，为经营决策（破产清算或继续经营）提供依据，以及因资产损毁、报废而进行清理、拆除等的经济行为。

运用清算价格法评估车辆价格时应注意以下几点：

① 以具有法律效力的破产处理文件或抵押合同及其他有效文件为依据；

② 车辆在市场上可以快速变现；

③ 所卖收入足以补偿因出售车辆导致的附加支出总额。

5. 折旧法

折旧是指企业的固定资产在预计的使用年限内由于磨损和损耗而逐渐转移的价值。机动车作为固定资产，按现行财务制度规定应计提固定资产折旧。所谓机动车的折旧是指机动车随着时间的推移或在使用过程中，由于损耗而转移到产品中去的那部分价值。这部分转移的价值以折旧费的形式计入成本费用，并从企业营业收入中得到补偿。

二手车折旧额是二手车所有者已经得到的价值补偿，剩下的价值即重置成本全价减去二手车已使用年数的累计折旧额，这才是二手车现有的价值，评估时应以这个价值作为评估价。车辆鉴定评估时，如果发现车辆有某些功能完全丧失，需要维修和换件的，还应考虑扣减相应的维修费用。计算公式为

$$被评估二手车的评估值 = 重置成本全价 - 累计折旧额 - 维修费用$$

7.3.3　二手车交易服务

二手车交易最重要的环节就是过户。二手车过户，顾名思义就是变更车辆所属人的名称，是买卖二手车过程中不可省略的重要程序，车辆不过户对买卖双方都会带来不便。

二手车过户程序各地有所不同，本书讲述了大略的二手车过户程序，包括买卖双方需要准备的资料及过户手续等。

1. 二手车过户程序中买卖双方需准备的材料

二手车办理过户手续时交易车辆必须在现场。

（1）二手车过户程序卖方需要准备的材料

① 原车主（或代理人）身份证原件及复印件各一张（若车辆原所有人为企事业单位，即是公户车辆，则需要单位组织机构代码原件及复印件）。

② 登记证原件及复印件各一张。

③ 行驶证原件及复印件各一张。

④ 原始购车发票（或上次过户发票）原件及复印件各一张。

⑤ 购置税完税证明。

（2）二手车过户程序买方需要准备的材料

① 新车主身份证原件一张、复印件三张或代理人身份证原件及复印件各一张（若是公户，则为单位组织机构代码原件及复印件）。

② 机动车注册、转移、注销登记表／转入申请表。

③ 限购地区还需准备个人小客车配置指标原件一张、复印件三张。

④ 如果买方是外地户口上当地牌照的，另需有效期内暂住证。

2. 二手车过户前的准备

1）开具交易税票，缴纳二手车交易税。车辆所有人为自然人，即私户车辆，按裸车现价 1% 收取，公户裸车现价 3% 收取。

2）车辆外检。将车辆开到过户验车处，车辆进行检查、拓号、拆牌和照相，需缴纳十元的拓号费。领取车辆照片，贴于检查记录表上。以上事宜办完后，可以将车辆停到停车场，进入过户大厅办理归档手续。

3）车牌选号。取号机取号之后，携带相关材料排队缴纳过户费。另外，过户费各交易市场略有不同。

4）转移迁出。需要的材料包括机动车注册、转移、注销登记表 / 转入申请表，检查记录表，原登记证，原行驶证，原车主身份证，原车牌号，车辆照片以及交易市场过户发票。

3. 二手车过户的基本流程

1）旧机动车交易签订由工商部门监制的旧机动车买卖合同，双方各持一份，经工商部门备案，方能办理车辆变更或转籍。请注意证件是否齐全，是否与车主身份证一致。如有不符，应当由原车主提前变更。

2）合同签订后开具旧机动车交易发票，相关费用的承担由买卖双方协商决定。

3）持旧机动车交易发票和旧机动车买卖合同前往车管所办理车辆行驶、登记证的变更或转籍。特别要注意交易车辆有无违章或未处理的事故。

4）持已经变更的登记证和车辆行驶证，前往购置税大厅办理购置税的变更或转籍。

5）根据税法规定，车辆、船舶发生过户、迁移的，应于发生过户、迁移之日起 30 天内，携带当年度的纳税凭证、"机动车行驶证""船舶所有权证书"分别到迁出地和迁入地主管地税机关办理涉税事宜。而当年度未缴纳车船税（或以往年度有欠税）的，须完税后再办理相关涉税事项。

4. 二手车保险过户

二手车保险过户很简单，就是在二手车交易后，对车辆原保险批单进行受益人及车牌号进行变更。那么二手车保险过户常见问题有哪些呢？

（1）二手车保险何时过户　二手车保险过户需要在二手车交易过户之后，并且在办理好登记证车主信息变更，领取新的车辆号牌及行驶证之后。

二手车交易中不全是本地交易，在进行异地交易时，二手车保险不一定非要办理过户，可以选择直接将保险退掉，但需要保留交强险（交强险在落户地上牌后也可以退掉重上）。

（2）二手车保险过户必要条件　机动车辆保险条款中规定，在保险有效期内，保险车辆转卖、转让、赠送他人或变更用途，被保险人应当书面通知保险公司并申请办理批改，否则保险公司有权拒绝赔偿。

随着二手车交易的增多，随之发生的保险问题也时有发生。未经公安交通部门正式办理过户手续的二手车交易，本身就不受法律保护，也不被承认。同时二手车保险过户也能有效防止二手车诈骗发生。所以在二手车买卖过程中，办理保险过户是重要的环节。

7.4 汽车维修与检测

7.4.1 汽车维修

汽车维修是汽车维护（保养）和汽车修理的总称。汽车维护是为了维持汽车完好技术状态或工作能力而进行的作业。汽车修理是为了恢复汽车完好技术状况或工作能力和延长寿命而进行的作业。随着汽车设计和制造水平的提高，汽车通过有效维护，在 8 ~ 10 年使用期限内取消整车大修，已逐渐成为一种发展趋势。由于汽车修理工作量的逐渐减少，维护的工作总量已大于修理工作量。整车大修已被总成大修所代替，汽车维修的重点已转移到车辆维护工作上，维护重于修理。

1. 汽车维护的主要工作

汽车维护工作主要有清洁、检查、补给、润滑、紧固和调整等多项内容。

（1）清洁 清洁工作是提高汽车维护质量，防止机件腐蚀、减轻零部件磨损和降低燃油消耗的基础，并为检查、补给、润滑、紧固和调整工作做好准备。其工作内容主要包括对燃油、机油、空气滤清器滤芯的清洁，汽车外表的养护和对有关总成、零部件内外部的清洁作业。

（2）检查 检查是通过检视、测量、试验和其他方法，确定汽车以及总成、零部件技术状况是否正常，工作是否可靠，机件有无变异和损坏，为正确维修提供可靠的依据。其工作内容主要是检查汽车各总成和零部件的外表、工作情况和联接螺栓的拧紧力矩等。

（3）紧固 汽车在运行过程中，由于振动、颠簸、机件热胀冷缩等原因，会改变零部件的紧固程度，以致零部件失去连接的可靠性。紧固工作是为了使各部机件连接可靠，防止机件松动的维护作业。

（4）调整 调整工作是恢复车辆良好技术性能的一项重要工作。调整工作的好坏，与减少机件磨损、保持汽车使用的经济性和可靠性有直接的关系。其工作内容主要是按技术要求恢复总成、零部件的正常配合间隙及工作性能等作业。

（5）润滑 润滑的目的主要是为了减少有关摩擦副的摩擦阻力，减轻机件的磨损，延长汽车的使用寿命。其工作内容包括对发动机润滑系统更换或添加润滑油，对传动系统操纵部分以及行驶系统各润滑部位加注润滑油或润滑脂等作业。

（6）补给 补给工作是指在汽车维护中，对汽车的燃油、润滑油料及特殊工作液体进行加注补充，对蓄电池进行补充充电，对轮胎进行充气等作业。

2. 汽车的维护制度

目前，我国汽车维护制度规定为日常维护、一级维护、二级维护和走合期维护制度四个级别。

（1）日常维护　日常维护是以清洁、补给和安全检视为作业的中心内容，由驾驶人负责执行的车辆维护作业。日常维护的周期为出车前、行车中和收车后。日常维护的内容有：对汽车外观、发动机外表进行清洁以及保持车容整洁；对汽车各部润滑油（脂）、燃油、冷却液、各种工作介质、轮胎气压进行检视补给；对汽车制动、转向、传动、悬架、灯光、信号灯等安全部位和位置以及发动机运转状态进行检视、校紧，确保行车安全。

（2）一级维护　一级维护是除日常维护作业外，以清洁、润滑、紧固为作业的中心内容，并检查有关制动、操纵等安全部件，由维修企业或业户负责执行的车辆维护作业。

（3）二级维护　二级维护是除一级维护作业外，以检查、调整转向节、转向摇臂、制动蹄片、悬架等经过一定时间的使用容易磨损或变形的安全部件为主，并拆检轮胎，进行轮胎换位，检查调整发动机工作状况和排气污染控制装置等，由维修企业负责执行的车辆维护作业。

（4）走合期维护　为保证汽车的使用寿命，汽车在投入使用时应准确进行走合期的磨合。经过走合期磨合维护后，才可投入正常使用。新车、大修车以及装用大修发动机的汽车，走合期里程规定为 1000 ~ 3000km，应选择较好的道路并减载限速运行。一般汽车按装载质量标准减载 20% ~ 25%，并禁止拖带挂车；半挂车按装载质量标准减载 25% ~ 50%。驾驶人必须严格执行操作规程，保持发动机正常工作温度。走合期内严禁拆除发动机限速装置。走合期内认真做好车辆日常维护工作，经常检查、紧固各外部螺栓、螺母，注意各总成在运行中的声响和温度变化，及时进行调整。走合期满后，应进行一次走合期维护，其作业项目和深度参照汽车制造厂的要求进行。

新车和修复车在走合期满后，应进行一次走合维护。该维护一般由制造厂指定的维修厂家负责完成。其作业内容为清洁、检查、紧固和润滑工作，主要作业项目有：更换发动机机油，更换机油滤清器，检查变速器和发动机的泄漏情况，检查发动机冷却系统中的冷却液量、制动系统的制动液量以及风窗玻璃洗涤器液面等，检查转向系统（转向机、转向球头等）、传动轴和前、后悬架系统、轮胎气压、制动系统的制动性能和工作状况。

3. 汽车修理

（1）汽车修理级别的划分　汽车零件及总成有易损零件与非易损零件之分，二者磨耗与损坏的程度也不尽相同，很难按行驶里程一起安排修理。因此，按照不同的对象和不同的作业范围，汽车修理可分为整车大修、总成大修、汽车小修和零件修理。

① 整车大修。汽车在行驶一定里程（或时间）后，经过检测诊断和技术鉴定，需要用修理或更换零部件的方法，恢复车辆整体完好的技术状况，完全或接近完全恢复汽车使用性能和寿命的恢复性修理即整车大修。

② 总成大修。汽车的主要总成经过一定使用时间（或行驶里程）后，用修理或更换总成零部件（包括基础件）的方法，恢复其完好技术状况和寿命的恢复性修理即总成大修。

③ 汽车小修。用修理或更换个别零件的方法，保证或恢复汽车局部工作能力的运行性修理即汽车小修。

④ 零件修理。对因磨损、变形、损伤等不能继续使用的零件的修理即零件修理。汽车修理和维护更换下来的零件，具备修理价值的，可修复使用。

（2）汽车大修和总成大修的送修条件

① 整车。对于载货汽车，发动机已达到大修标准，同时有两个或两个以上其他总成符合大修条件的应进行整车大修。对于客车、轿车，车身总成已达到大修的送修条件，同时发动机或其他两个总成也达到大修标准时，均应进行大修。

② 发动机。气缸磨损量超过规定标准，发动机最大功率或气缸压力较标准降低25%以上，燃油和润滑油消耗量明显增加的应进行发动机大修。

③ 车身总成。车身有明显的破损、裂纹、锈蚀、脱焊及车身变形逾限，蒙皮破损面积较大必须拆卸其他总成或部件后才能进行校正、修理方能修复的应进行车身总成大修。

④ 变速器（分动器）总成。壳体变形、破裂、轴承孔磨损逾限，变速齿轮及轴严重磨损、损坏，需要彻底修复的应进行总成大修。

⑤ 车桥总成。桥壳破裂、变形，半轴套管轴承孔磨损逾限，主销轴承孔磨损逾限，减速器齿轮严重磨损，需要校正或彻底修复的应进行总成大修。

（3）汽车修理的主要工作　在汽车的整个修理工艺过程中，主要包括外部清洗、总成拆卸、总成分解、零件清洗、检验、修复与更换、装配与调整、试验等各道工序。

在分解检验时，对主要旋转零件或组合件，如飞轮、离合器压盘、曲轴、传动轴、车轮等，需进行静平衡或动平衡试验；对有密封性要求的零件或组合件，如气缸盖、气缸体、散热器、储气筒以及制动阀、泵、气室等，应进行液压或气压试验；对主要零件及有关安全的零部件，如曲轴、连杆、凸轮轴、前轴、轴向节、转向节臂、球头销、转向蜗杆轴、传动轴、半轴、半轴套管或桥壳等，应做探伤检查。

对基础件及主要零件，应检验并恢复其配合部位和主要部位的尺寸、形状及位置要求等。主要总成应经过试验，性能符合技术要求方可装车使用。

4. 汽车维修企业分类与汽车维修企业的义务

（1）汽车维修企业的分类　2004 年以前，汽车维修企业按国家标准规定分为三类：一类汽车维修企业是从事汽车大修和总成修理的企业；二类汽车维修企业是从事汽车一级、二级维护和小零件更换等专项修理或维护的企业；三类汽车维修企业是从事汽车小修理、小"美容"的企业。

国家标准《汽车维修业开业条件》（2004 版）保留了原标准的三种分类模式，但三种类型企业或业户的内涵相对原定义有所改变，取消了以从事汽车一、二级维护和小修为经营业务的原二类企业的定义，一类、二类企业均定义为整车维修企业，按规模及竣工检验设备条件不同区别为一类和二类整车维修企业。

汽车整车维修企业定义为，有能力对所维修车型的整车、各个总成及主要零部件进行各级维护、修理及更换，使汽车的技术状况和运行性能完全（或接近完全）恢复到原车的技术要求，并符合相应国家标准和行业标准规定的汽车维修企业。其经营业务范围广，能对所承修车型的整车、各个总成及主要零部件进行维护、修理及更换，按规模大小和竣工检测设备拥有条件区分为一类汽车整车维修企业和二类汽车整车维修企业。

汽车专项维修业户的定义为，从事汽车发动机、车身、电气系统、自动变速器散热器（水箱）或空调维修，车身清洁维护、涂漆、轮胎动平衡及修补、四轮定位检测调整、供油系统维护及油品更换、喷油泵和喷油器维修、曲轴修磨、气缸镗磨、汽车装潢（篷布、座垫及内装饰）或门窗玻璃安装等专项维修作业的业户（即三类汽车维修业户）。

（2）汽车维修企业的义务　根据我国目前的规定，汽车维修企业在进行汽车维修时必须尽到以下义务。

① 维修车辆进厂、维修竣工出厂，必须由专人负责质量检验，并认真填写检验单。汽车维修企业对进行汽车大修、总成大修、二级维护的车辆必须建立"汽车维修技术档案"。消费者有权了解自己的汽车维修情况。

② 汽车维修竣工出厂实行出厂合格证制度（汽车小修和部分专项修理除外），维修质量不合格的车辆不准出厂。汽车维修企业在车辆维修竣工出厂时必须按竣工出厂技术条件进行检测并向托修方提供由出厂检验员签发的汽车维修竣工出厂合格证。

7.4.2　汽车检测

1. 汽车检测及审验

《中华人民共和国道路交通安全法》规定：机动车必须依照法律、行政法规的规定，根据车辆用途、载客载货数量、使用年限等不同情况，定期进行安全技术检验，未按规定检验或检验不合格的，不准上路继续行驶。中华人民共和国交通运输部《汽车运输业车辆技术管理规定》要求：各省、自治区、直辖市交通厅（局）应根据车辆从事运输的性质、使用条件和强度以及车辆老旧程度等，进行定期或不定期检测，确保车辆技术状况良好，并对维修车辆实行质量监控该规定还要求：经认定的汽车综合性能检测站在车辆检测后，应发给检测结果证明，作为交通运输管理部门发放或吊扣营运证依据之一和确定维修单位车辆维修质量的凭证。

机动车辆必须按照车辆管理部门的规定定期进行检验，作为发放和审验"行驶证"的主要依据。营运车辆还必须根据交通运输管理部门制定的车辆检测制度，对车辆的技术状况进行定期或不定期检测，作为发放和审验"营运证"的主要依据。

（1）机动车年检　机动车年检指按照车辆管理部门规定的期限对在用车辆进行的

定期检验，或根据交通运输管理部门制定的车辆检测制度，对营运车辆进行的定期检测。车辆年检的目的是检验车辆的主要技术性能是否满足《机动车运行安全技术条件》（GB 7258—2012）的规定，督促车属单位对车辆进行维修和更新，确保车辆具有良好的技术状况，消除事故隐患，确保行车安全；同时，使车辆管理部门全面掌握车辆分类和技术状况的变化情况，以便加强管理。

由于汽车检测和审验的类型和目的不同，机动车年检一般可分为汽车安全检测、汽车综合性能检测、汽车维修检测和特殊检测。

1）汽车安全检测。汽车安全检测的目的是确定汽车的性能是否满足有关汽车运行安全和公害等法规的规定，是对全社会民用汽车的安全性检查。根据检测手段不同，一般分为外检和有关性能的检测。

外检是通过目检和实际操作来完成的，其主要内容有：检查车辆号牌、行车执照有无损坏、涂改、字迹不清等情况，校对行车执照与车辆的各种数据是否一致；检查车辆是否经过改装、改型、更换总成，其更改是否经过审批及办理有关手续；检查车辆外观是否完好，连接件是否紧固，是否有四漏（漏水、漏油、漏气、漏电）现象。

汽车有关性能的检测采用专门检测设备对汽车进行专门项目的检测，主要有转向轮侧滑、制动性能、车速表误差、前照灯性能、废气排放、喇叭声级、噪声六项等。汽车检测线如图 7-1 所示。

图 7-1　汽车检测线

图 7-2　汽车综合性能检测

2）汽车综合性能检测。汽车综合性能检测（图 7-2）的目的是对在用运输车辆的技术状况进行检测诊断，以确保运输车辆安全运行，提高运输效率和降低运行消耗。汽车综合性能检测的主要内容包括：安全性（制动、侧滑、转向、前照灯等）、可靠性（异响、磨损、变形、裂纹等）、动力性（车速、加速能力、底盘输出功率、发动机功率和转矩、供给系统和点火系统状况等）、经济性（燃油消耗）、噪声和废气排放状况等。

3）汽车维修检测。汽车维修检测的目的是在汽车维修前对车辆进行技术状况检测和故障诊断，据此确定附加作业和小修项目以及是否需要大修，同时对汽车维修后的质量进行检测。汽车二级保养前检测的主要内容有：

① 汽车基本性能检测，包括最高车速、加速性能、燃油消耗量、制动性能、转向

轮侧滑量以及滑行能力等；

② 发动机技术状况检测，包括气缸压力、机油压力、工作温度、点火系统技术状况、机油质量以及发动机异响等；

③ 底盘技术状况检测，包括离合器、变速器、主减速器工作状况传动轴技术状况（密封、工作温度、异响等），车轮，悬架技术状况，车架有无裂伤及各部铆接状况等；

④ 车辆外观状况检查，包括车辆装备是否齐全，车身有无损伤，车轴及车架有无断裂、变形及有无"四漏"现象等。

4）特殊检测。特殊检测是指为了不同的目的和要求对在用车辆进行的检验。其检验的内容和重点与上述其他检测有所不同，故称为特殊检测特殊检测主要包括以下内容。

① 改装或改造车辆的检测。为了不同的使用目的，在原车型底盘的基础上改制成其他用途的车辆后，因其结构和使用性能变化较大，车辆管理部门在核发号牌及行车执照时，应对其进行特殊检验。

② 事故车辆的检测。也就是对发生交通事故并有损伤的车辆进行检测，一方面是为了分析事故原因，分清事故责任；另一方面是为了查找车辆的故障，确定车辆的技术状况，以保证行车的安全。

③ 外事车辆的检验。为保证参加外事活动车辆的技术状况，防止意外事故发生，必须对车辆的安全性能和其他有关性能进行检验。

④ 其他检测。包括接受公安、商检、计量、保险等部门的委托，进行有关项目的检测。

（2）临时性检验　临时性检验是指除对车辆进行正常检验之外的车辆检验。车辆临时性检验的内容与年检基本相同，其目的是评价车辆性能是否满足 GB 7258—2012《机动车运行安全技术条件》的要求，以确定其能否在道路上行驶，或车辆技术状况是否满足参加营运的基本要求。

在用车辆参加临时性检验的范围有：

① 申请领取临时号牌（如新车出厂、改装车出厂）的车辆；

② 放置很长时间后要求复驶的车辆；

③ 遭受严重损坏，修复后准备投入使用的车辆；

④ 挂有国外号牌或港澳地区号牌，经我国政府允许，可进入我国大陆境内短期行驶的车辆；

⑤ 车辆管理部门认为有必要进行临时检验的车辆（如春运期间、交通安全大检查期间）。

案例阅读

案 例 1　混乱的汽车售后市场商业模式——威胁还是机会？

最近几年，汽车售后服务市场十分混乱，作为一个新兴的商业服务领域，很多低成本的零部件供应商和服务商都进入了这一领域。各大汽车厂商对市场的反应差距明显，然而有一点是不变的，汽车厂商和其他售后服务商都采取了相应的应对措施，例如，汽车厂商的价格竞争和收购活动明显增多。汽车厂商的应对措施从本质上反映了他们面临着很大的竞争威胁：汽车厂商一般只有在丧失市场份额之时才知道改变策略，通常这时候，市场可能已经永久丧失了。

要成为汽车售后服务行业的领导者，汽车厂商需要建立自己的"颠覆性"商业模式，以撼动市场并超越所有的竞争对手。为了更好地研究售后服务市场的商业模型，理特管理顾问有限公司（全球第一家管理咨询和技术咨询公司）设计了评估模型来分析售后市场。同时该模型也可以用来评价汽车厂商新的售后战略是否有效。

理特从外部视角和内部视角两方面定义了"颠覆性"的商业模型，如图7-3所示。外部视角专注于现存的或者存在潜在需求的售后服务业务，并将其作为战略考虑的核心。而内部视角则关注汽车厂商本身的售后业务、资产以及组织架构。但对零部件业务和维修服务业务分析的方法是不同的。

图 7-3 "颠覆性"的商业模型

外部视角：客户需要什么？

市场上各种售后服务商业模式很多，但只有两种商业模式真正围绕着"客户需求"——"无褶"服务中心以及第二零部件品牌。

案例 2 "无褶"服务中心

当前市场上，大多数汽车厂商仅仅提供第一层级的服务，也就是提供和自己品牌价值以及新车价格定位相符合的服务。然后，从低成本航空公司的例子中可以看出，提供"无褶"服务也是一种很好的选择。"无褶服务"仅提供满足客户需求的最少服务，而不提供额外的服务。这种最少服务不仅体现在价格上，同样也体现在服务类型和服务质量项目上，如图7-4所示。"无褶"服务的品牌战略和全方位服务模式的战略是完全不同的。对于汽车厂商来说，"无褶"服务的用户可能转向快速增长的快速标准流程服务。

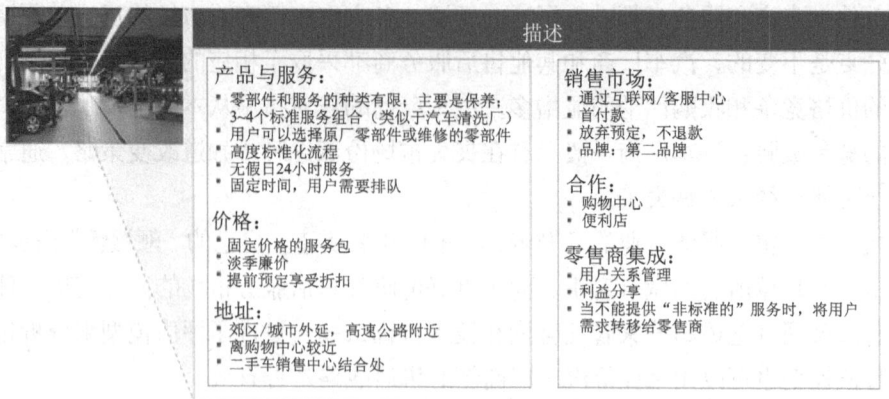

描述	
产品与服务： • 零部件和服务的种类有限；主要是保养；3~4个标准服务组合（类似于汽车清洗厂） • 用户可以选择原厂零部件或维修的零部件 • 高度标准化流程 • 无假日24小时服务 • 固定时间，用户需要排队 **价格：** • 固定价格的服务包 • 淡季廉价 • 提前预定享受折扣 **地址：** • 郊区/城市外延，高速公路附近 • 离购物中心较近 • 二手车销售中心结合处	**销售市场：** • 通过互联网/客服中心 • 首付款 • 放弃预定，不退款 • 品牌：第二品牌 **合作：** • 购物中心 • 便利店 **零售商集成：** • 用户关系管理 • 利益分享 • 当不能提供"非标准的"服务时，将用户需求转移给零售商

图 7-4　"无褶"服务中心

案例 3　第二零部件品牌

第二零部件品牌可以让汽车厂商满足那些不使用厂商自有售后渠道的用户需求。这部分用户的需求量很大，并且习惯于快速便捷的服务方式。

第二零部件品牌成功的关键是要区分主零部件品牌和第二零部件品牌，并不是所有的零部件都可以归类于第二零部件品牌。例如，对与安全气囊连接器以及其他的、与安全相关的零部件质量区别不是很大，不适合归于第二零部件品牌。但是对于易磨损的零部件，质量方面的差异很大。例如汽车电池，第二零部件品牌的汽车电池一般比主品牌的电池便宜，但是寿命也更短。

汽车厂商在考虑进入这一领域时，必须要仔细考虑市场潜力和机遇以及投资回报。福特、雷诺和标致都采用了第二零部件品牌战略。

内部视角：我们的优势

从内部视角去审视"颠覆性"的商业模型主要关注两个问题：我们的优势是什么？我们应该怎么样去做？经过多年的发展，汽车厂商已经积累了多年的售后服务经验，并形成相对的竞争能力，对于每个厂商而言，问题的答案也各不相同。下面列举了两个创新商业模型：多品牌售后服务和物流网络运营商。

案例 4　多品牌售后服务链

汽车厂商在售后服务领域有丰富的经验，那么同样这些经验也可以服务于其他品牌。大众（Stop & Go）和雷诺分钟（Renault Minute）是汽车厂商中采用这种战略的杰出代表。通常，汽车厂商都对某一类型客户的需求十分了解，可以制订针对这类用户甚至竞争对手中同类用户的服务。例如，梅赛德斯－奔驰可以给竞争品牌驾驶人，如宝马车驾驶人提供高端的服务（如全面服务包括车辆更新技术服务等）这样甚至能够影响车主下次的购车选择。

多品牌售后服务可以只向某一些品牌的车主提供服务，如德国的 Top Auto Service

公司只服务德国宝马、奔驰以及奥迪汽车。很明显，未来将会有一些售后服务提供商提供只针对某一类用户或者某一类品牌的售后服务。.

案例5 物流网络运营商

为零部件建立和维持全球性的物流网络成本很高，然而，新兴市场的零部件售后服务对物流提出新的挑战。落后的基础设施、长途运输以及复杂的关税增加了市场进入的门槛。

在这种背景下，汽车厂商可以通过自身强大的物流网络为其他公司提供服务来增加利润。在这方面最突出的例子是美国卡特彼勒公司，卡特彼勒通过其丰富的国际物流经验（包括全球范围内48小时必达服务）建立起利润颇丰的物流营运中心，甚至为竞争对手提供服务。

这种商业模式经常以合资的方式存在，比如 Coreteam,是2004年由宝马、大众和戴姆勒共同成立的合资企业。目前，Coreteam只服务于与三家企业有关联的汽车厂商，但是未来很可能成为中国零部件物流市场强有力的竞争者。

以上四种"颠覆性"的商业模式仅仅是汽车厂商开展售后服务业务的起点，每家厂商都需要仔细考虑用户的需求、支付能力以及市场趋势来选择最适合自己的商业模式。一旦选择了清晰以及市场驱动的售后服务商业模式，汽车厂商需要做的就是从现有的售后流程和组织中释放价值。

汽车厂商通常采用价值创造战略,这在欧洲尤其明显,即仅仅采用那些对自己的品牌定位和核心竞争力有直接影响的措施。近年来，汽车厂商的这种价值创造策略效果不是很好，德国汽车厂商就是很好的例子。其次，汽车厂商的售后服务业务现状很混乱。当前的价值创造策略通常涉及的范围太广，包括主要的供应商、技术以及其他参与者（例如：零售商、汽车厂商相关部门、技术专家、服务提供商等）的复杂网络。

为了对售后服务价值链有清晰的了解，汽车厂商需要仔细研究整个售后业务中的售后流程组合。对用户认知的研究能够有助于汽车厂商提供差异化的服务；同样，对成本定位的研究有助于提高汽车厂商在全球售后服务市场的竞争力。

用户认知需要重点研究整个售后服务价值链上的用户"接触点"，这些都是汽车厂商售后服务部门和用户之间的关键交互环节。在这些接触点上，为了加强品牌形象，提高用户忠诚度，售后服务组织应该提供最好的服务流程。

对于每个服务流程，汽车厂商应该思考两个问题：①当前售后服务的内部/外包比例是多少？售后的服务能力以及成本如何？②售后服务应该是什么样子的？通过思考这些问题，汽车厂商会发现在很多环节上他们的价值链战略和用户的认知不符。

图7-5展示了一个假想的有差异化外包流程和标准化内部流程的汽车厂商。在这个例子中，汽车厂商负责全面的诊断和信息技术流程，让供应商主要负责市场工作。然而，在饱和的市场中，用户的忠诚度对销售的稳定性和利润至关重要，因此，供应商工作更具有战略性。

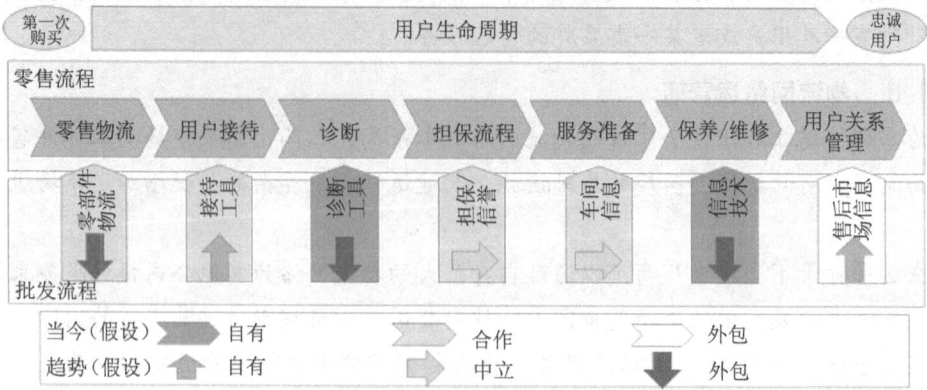

图 7-5　售后服务价值链分析

为了构建健全、强大的售后服务价值创造战略，理特为每个流程提出了一个清晰的两步分析方法论。

第一步需要根据用户的认知将每个流程分类。"入门"流程是和用户没有直接交互的流程，如零部件物流。"品牌建设"流程在通过实现品牌承诺、保证品牌竞争优势上起到重要作用，例如用户接待流程。

第二步同样根据用户认知评价每一步的相对竞争地位。评估范围从"弱"（汽车厂商的运营比直接竞争者差）到"强"（汽车厂商有相对的竞争优势），如图 7-6 所示。

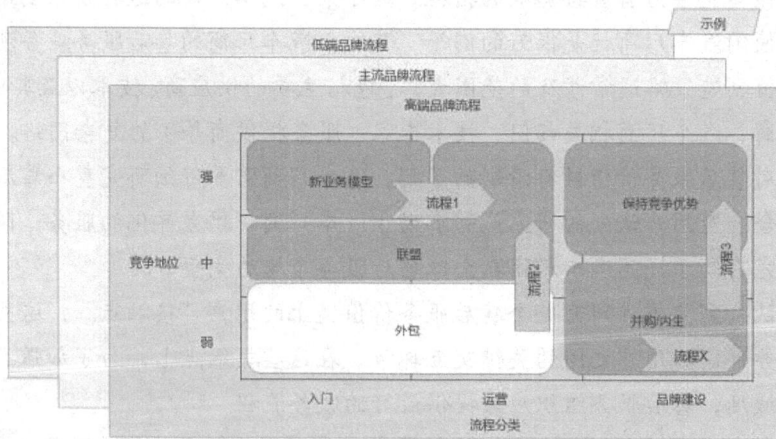

图 7-6　价值链战略模式

最终需要进行流程分类和分析与竞争地位不相匹配的领域，这些领域很有可能为汽车厂商未来释放价值创造机会。例如，如果一个流程在用户眼中对品牌建设非常重要，但是厂商的竞争力相对较弱，那么这个流程传递的价值就需要被加强，可以通过并购活动或者内生性资源和技术来加强；相反，如果汽车厂商在竞争力方面较强，但流程对用户的品牌认知的影响较小，那就表明需要突出在这方面的优势。

对于不同的汽车厂商，价值创造方案不同。高端品牌的汽车厂商与主流、低端品牌厂商的价值创造方案完全不同。

当确定了整体的价值创造方案，下一步就需要提高在每个流程上的竞争力，这意味着正在实现售后服务卓越的运营。

思考题

1. 汽车售后服务的内容有哪些？
2. 汽车保险的险种有哪些？
3. 汽车维护的内容有哪些？
4. 汽车维修不同级别的内容有哪些？
5. 二手车评估的方法有哪些？

第8章 汽车服务企业信息化管理

在经济全球化和信息时代，随着汽车工业的迅猛发展，汽车服务行业的发展与信息化建设的发展息息相关，且相互影响，计算机网络技术的飞速发展，特别是随着互联网的推广与应用，对世界汽车工业产生了重大的影响。发达国家的汽车工业已从战略高度认识到信息化的重要价值，企业信息化已成为汽车企业提升核心竞争力的不可或缺的手段，在汽车服务业中这一特点尤其明显。

8.1 汽车服务企业信息化管理概述

随着信息时代的飞速发展，计算机已成为各行各业的基本工作设备。汽车服务业由于经营品种、企业规模和企业性质的多样化，对计算机的应用程度差别较大，但随着我国汽车工业的发展，汽车产销量迅速上升，汽车服务市场的规模迅速扩张，汽车服务企业的信息量急剧增长，这些都促使汽车服务企业对信息处理的手段和方法更加现代化。在汽车服务业推广应用计算机系统，提高服务人员素质，对企业经营管理诸要素进行合理配置和优化组合，使经营活动过程中的人流、物流、资金流、信息流皆处于最佳状态，以求获得最佳效益，已成为全行业的共识。

8.1.1 我国汽车服务企业信息化管理现状

我国汽车服务行业经过近二十年的发展，已进入一个飞速发展和变化的阶段，与20世纪90年代前相比已经发生了巨大的变化。这一方面说明我国汽车服务产业的前景非常广阔；另一方面日益激烈的市场竞争要求服务企业对市场做出更快的反应、提供更优质的服务。这一市场现状要求企业对生产、财务、销售、物流、人力资源等管理要素进行科学管理，要求企业提高运行效率，加强信息技术的应用，也表明我国汽车服务企业进入了依靠信息求生存、求发展的时代。

我国汽车行业的信息化管理起步于20世纪90年代，由于受管理体制、传统观念的影响，企业的信息化管理最初往往流于形式，只能实现信息系统的部分职能，甚至成为企业的形象工程，耗财耗力，效果却不明显，成功的企业信息化案例屈指可数。近十多年来，随着汽车的普及，汽车服务市场的规模每年呈两位数增长，汽车服务产业的信息化也伴随着汽车工业信息化的发展而发展起来，但是信息化水平参差不齐。除一些4S店在汽车制造厂商的要求下，其信息化管理和应用达到一定水平外，其他企业长期以来基本沿用以人工为主或仅是用计算机把人工的处理结果打印出来的粗略方式对企业信息进行管理，其结果是信息量少，管理水平和效率低，致使决策者主要凭主观进行决策，造成很大的损失和浪费。我国汽车服务企业信息管理水平主要存在以下一些问题。

1. 基础薄弱

相对于国外同行来说，我国汽车服务企业信息管理总体应用水平还相当低，尤其是企业间的数据交换，企业集团内部位于不同地理位置的分公司之间的信息交流，企业之间的数据确认等方面。除了极少数企业应用了电子数据交换 （Electronic Data Interchange, EDI，俗称"无纸交易"）系统，更多的则还是以传真加电话的方式进行联系和沟通。数据交换、商业合同等多以书面或其他介质为主，同时辅以 E-mail 进行。企业之间设计信息的传送更多地仍以最原始的图纸传送方式为主，只有少量的信息借助互联网进行传送。大部分汽车服务企业并没从企业的高度对企业管理信息系统进行全面规划和在项目实施过程中严格把关。领导和管理人员对企业信息化工作的参与力度不强，没有将信息化建设与提升管理水平紧密结合起来。

2. 信息化管理水平普遍不高

目前，我国大部分汽车服务企业的各种资料信息查询主要借助于传统的媒体，如图书、杂志、报刊等，这些传统媒体信息量小，查询速度慢，资料更新迟缓，特别对于大量涌入国内的进口汽车，因缺乏相关资料，给服务工作带来很大的困难。另外，由于汽车服务企业业务过程复杂、数据信息量大，仅仅依靠人力往往难以应对维修、配件、用户档案、车辆档案、对员工及各部门工作进程的监督以及对企业经营数据进行准确的统计和分析等工作。

3. 从业人员综合素质不高

我国汽车维修企业从业人员学历普遍偏低，70%左右的人员只具备中学文化水平，具有本科及以上学历的技术人才在汽车服务一线队伍中所占比例不足 3%。汽车的高技术含量，要求服务人员除了具备一定的汽车专业、机电专业理论知识，还需懂得使用计算机信息系统检测车辆，能看懂英语高级进口汽车的各种资料。目前，懂外语的汽车修理工还不多。即使在汽车厂家的特约维修站，经过培训的维修人员也因其文化底子薄弱显得技术水平不足。

4. 信息资源缺乏规范化、标准化的管理

我国汽车制造起源于大而全的方式，直到 20 世纪 90 年代，从零部件的生产到整车的装配基本都是在一个企业（集团）内部完成的，导致了产品及零部件标准的封闭性。同时，由于长期手工管理形成的习惯，企业内部的信息编码体系并没有得到实际应用，这又形成了在企业各部门之间不能用统一的识别系统对管理实体进行识别的现象。汽车服务企业作为整车制造企业的下游企业，一般其编码依据的是整车企业的编码，因此，缺乏规范化和标准化。

另外，许多企业在管理信息系统的开发建设过程中，对信息资源的标准化认识不足，

往往是重视系统硬件的配置和软件的开发，却对信息的表示方法没有足够的重视，造成信息分类编码混乱，互不兼容，很难满足现代信息管理的要求。而国外发达国家，在信息系统建立时，非常重视信息资源标准化、系统分析和整体规划。

5. 信息资源共享问题

由于信息标准的不统一，信息资源的共享性差就成为一个突出的问题。汽车信息资源共享是指通过计算机、网络、通信等技术将公开的汽车技术、销售、市场、维修、检测及教育培训等方面的信息资料公布，使不同地域的汽车用户可以随时使用。同时整车生产商与零部件供应商之间能够共享相同的信息标准进行信息交换。目前，我国正在建立这样的一套标准，但在这套标准出台之前，企业各自的标准还要继续使用。即使国家推出了一套信息标准，汽车服务企业掌握这套标准，完成用新标准对原有信息系统的改造还需要大量的资金和时间上的投入。实现汽车行业的信息资源共享还需要一个较长的时间。

另外，目前国内汽车网站多以企业自建为主，其特点是缺乏系统性，信息资源重复建设，缺少权威性、规范性、全面性。

6. 缺乏公共电子商务平台

电子商务正改变着传统的汽车生产与销售，世界各大汽车厂商都想抓住电子商务的良好机遇谋求发展。1999 年 8 月，通用汽车公司宣布成立一个名为 e-GM 的业务中心，其职能是充分利用飞速发展的互联网技术，使公司在全球的产品和服务更加贴近其各自的目标用户，真正实现企业与用户之间的实时交流与互动。福特汽车公司认为，企业建立网站只是从物理世界向真实世界转变的第一阶段；第二阶段是在企业的网站上设立对话功能，用户可以在网上比较价格和产品，并在线提出问题，由企业的专家及时给予回应；福特汽车公司目前正在实施第三阶段，即开始为订货而生产的过程，与微软公司的联盟就是为此目的而进行的，即用户可以在福特的网站上根据自己的实际需求订货；第四阶段，实现真正的依据订单生产的供应链，届时福特汽车公司的零部件供应商和各整车生产商都可以在网上及时收到用户的特殊订单，并在完成订单提交后的 10 天内完成汽车制造并发货。除此之外，以北美的三大汽车厂家为主的汽车生产厂家以及零部件供应公司共 1300 家公司组成的汽车工业组织建立了覆盖北美的汽车信息交换网络，已于 1998 年开始运转。日本汽车工业协会也在计划建立一个这种模式的组织，并于 1999 年 10 月开始试行。这就意味着，必须通过这些网络才能与这些公司进行业务往来。

在我国，几个大的汽车集团之间仅存在着竞争关系，并无合作的打算。一个国家级的汽车电子商务平台的建设不可能由某一个汽车集团独立完成，而汽车产业的全球化采购和全球化合作又是 21 世纪国际汽车产业发展的趋势，在这样的形势下，尽快推动我国大型汽车集团间的合作，建设以国内主要汽车集团为主要应用对象的汽车电子商务平台迫在眉睫。

7. 用户信息管理严重缺乏

用户满意度贯穿了汽车服务企业服务管理的全过程，由于手段的制约，影响用户满意度的事件时有发生，如用户到服务站维修车辆，用户报上姓名，服务人员不知道该用户是不是企业的销售用户；车辆维修时，业务接待不能及时掌握维修进度，不知道能否按时交车；用户回访时，销售人员回访和服务人员回访口径不统一，回访信息不能共享，彼此不知道用户的回访情况等。这些都说明我国汽车服务企业对用户信息还没有进行系统化管理。

8. 汽车服务企业对信息化管理的需求日益强烈

如何提高汽车服务企业在整个行业的竞争力，从而提高企业的经营利润，已成为现代汽车服务企业经营者和管理者所面临的主要问题。众多企业纷纷意识到解决上述问题的关键是提高企业的技术水平和管理水平，其中管理水平的提高尤为重要。这就要求企业管理者运用现代化的管理方法，采用信息化技术对企业的经营进行精确的管理数据分析，从而采取相应的决策。

8.1.2　汽车服务企业管理信息系统的基本内涵

1. 管理信息系统的主要特点

（1）在企业管理中全面使用计算机　企业的各项主要管理功能，如生产与作业计划、市场预测、合同管理、设备管理、财务成本管理、物资管理和劳动人事管理等都应用计算机进行处理，企业最高层的决策也需要借助于计算机提供的信息。

（2）应用数据库技术和计算机网络　对全面收集、组织与企业管理有关的数据，由数据库管理系统进行管理和控制，实现系统数据共享。计算机网络的应用使联机实时处理和资源共享成为可能。在管理信息系统中广泛应用计算机局域网络和远程网络（广域网），提高了管理信息系统处理信息和辅助决策的能力，使一些大型信息系统能够克服地域的限制，甚至跨越国界，为设在各地的分公司或营业处提供服务。

（3）采用决策模型解决结构化的决策问题　在管理信息系统中普遍使用了决策模型来解决结构化的决策问题，即可以利用一定的规则和公式来解决例行的和反复进行的决策，如用线性规划求解生产资源最优配置等问题。这种决策主要面向企业中、下层管理人员。同时，在管理信息系统中这些决策模型通常只是程序的一部分，而没有成为管理信息系统中的一个独立的组成部分。

总之，管理信息系统的三要素是：系统的观点、数学的方法和计算机的应用。

2. 管理信息系统的基本功能

管理信息系统的功能是多种多样的，各种不同的管理信息系统除了它特有的一些功能之外，都具有信息的收集、存储、处理、传递和提供等基本功能。

（1）信息的收集　任何管理信息系统如果没有实际的信息，那么即使其理论上的功能再强，也是没有任何实际用处的。根据不同的信息来源，信息可分为原始信息和二手信息。原始信息是指在信息发生的当时当地在信息描述的实体上直接取得的信息。二手信息是指已经被别人加工处理以后记录在某种介质上，与所描述的实体在时间、空间上分离了的信息。这两种不同来源的信息，收集时在许多方面有不同的要求。原始信息收集的关键是全面、完整、及时、准确、科学地把所有需要的信息收集起来。二手信息收集的关键是有目的地选取所需要的信息，并正确地解释所取得的信息在不同信息系统之间的指标含义等。

(2) 信息的组织和存储 管理信息系统必须具有信息组织和存储的功能，否则无法突破时间与空间的限制，发挥提供信息、支持决策的作用。信息的组织和存储的目的是处理信息，便于检索；同时为了能够更有效地利用存储及处理设备，凡涉及信息存储问题时，都需要考虑存储量、信息存储格式、存取方式、存储时间、安全保密等问题，以保证信息能够不丢失、不走样、整理及时和使用方便。

(3) 信息的处理 信息经过加工处理后，将更加集中，更加精炼，更能反映事物本质。为了满足对信息的各种需求，系统需要对已经收集到的各种信息进行某些加工处理。加工本身可分为数值运算和非数值数据处理两大类。数值运算包括各种算术代数运算，如数理统计中各种统计量的计算及各种检验；运筹学中的各种最优化算法以及模拟预测方法等。非数值数据处理包括排序、归并、分类及字处理等。

(4) 信息的传递 信息传递是现代化管理的基本要求。信息传递的广义含义是信息在各种媒介之间的转移。严格地说，所有信息处理都是信息在组织内部的传递，也就是信息在物理位置上的移动。信息传递是通过文字、语言、图像、色彩等传播渠道进行的。信息传送方式有单向传送、双向传送、半双向传送和多通道传送等。

随着管理信息系统规模的扩大和发展，信息传送任务越来越重要，信息系统的管理者与计划者必须充分考虑需要传送的信息的种类、数量、频率、可靠性要求和传送方式等一系列问题。

(5) 信息的提供 信息处理的目的是为了进一步解释其性质和含义，最终向管理者、决策者提供服务。一般以报表、查询和对话等方式提供状态信息、行动信息和决策支持信息等。提供信息的手段是人和计算机之间的接口，人机之间的信息转换由其接口来完成。人机接口将人以各种手段和形式向计算机提供的信息转换为计算机能识别的信息，计算机输出的信息转换为用户容易识别的文字、图像、图形和声音等各种形式。

组织内有不同的需求、阶层及专门领域，需要有不同的系统。没有任何单一的信息系统可以完全满足组织内所有的需求。从纵向层级维度，组织可以划分为战略层、管理层和执行层；从横向功能维度，组织可以划分为采购、生产、销售、财务以及人力资源等部门，如图 8-1 所示。信息系统就是要分别满足这些不同领域的要求。

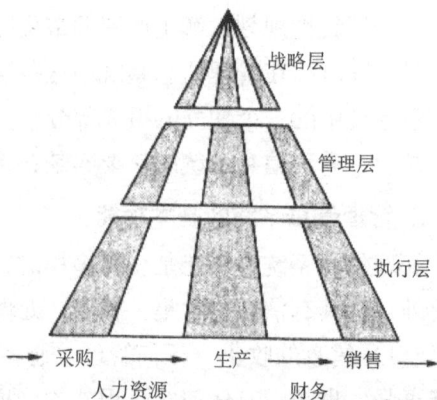

图 8-1 信息系统服务对象

3. 汽车服务企业管理信息系统的定义

汽车服务企业信息化就是将互联网技术和信息技术应用于汽车服务业生产、技术、服务及经营管理等领域，不断提高信息资源开发效率，获取信息经济效益的过程。汽车服务企业信息管理的主要内容有：对汽车用户服务的信息化、汽车购买的电子化、与整车制造商的信息传递与共享、汽车服务企业内部管理的信息化以及汽车物流控制的信息化等。它涉及用户、整车制造厂、零部件供应商、汽车销售、汽车保险、汽车金融、汽车技术服务、汽车回收、汽车美容养护、汽车物流和其他第三方服务机构等环节。

汽车服务企业管理信息系统是一个以人为主导，利用计算机硬件、软件、网络通信设备以及其他办公设备，进行汽车服务企业管理、业务信息的收集、传输、加工、存储、更新和维护，以企业战略优化、提高效益和效率为目的，支持汽车服务企业高层决策、中层控制和基层运作的集成化人机系统。汽车服务企业管理信息系统强调从系统的角度来处理企业经营活动中的问题，把局部问题置于整体之中，力求整体最优化。它能使信息及时、准确、迅速送达管理者手中，提高管理水平。汽车服务企业管理信息系统在解决复杂的管理问题时，可广泛应用现代数学成果，建立多种数学模型，对管理问题进行定量分析。汽车服务企业管理信息系统把大量的事务性工作交由计算机来完成，使人们从烦琐的事务中解放出来，有利于管理效率的提高。

4. 汽车服务企业管理信息系统的特征

（1）为管理服务　汽车服务企业管理信息系统的目的是辅助汽车服务企业进行各种事物处理，为管理决策提供信息支持，或者是宣传企业，扩大影响，提高企业知名度，因此必须同汽车服务企业的管理体制、管理方法和管理风格相结合，遵循管理与决策行为理论的一般规律。为了满足管理方面提出的各种要求，汽车服务企业管理信息系统必须准备大量的数据（包括当前的和历史的、内部的和外部的、计划的和实际的）、各种分析方法、大量数学模型和管理功能模型（如预测、计划、决策和控制模型等）。

（2）适应性和易用性　根据一般系统理论，一个系统必须适应环境的变化，尽可能做到当环境发生变化时，系统不需要经过大的调整就能适应新的环境。这就要求系统便于修改。一般认为，最容易修改的系统是积木式模块化结构的系统，由于每个模块相对独立，其中一个模块的变动不会或很少会影响其他模块。建立在数据库基础上的汽车服务企业管理信息系统，还应具有良好的适应性，与适应性一致的特征就是方便用户使用。适应性强，系统的变化就小，用户使用当然就熟能生巧，方便容易了。易用性是汽车服务企业管理信息系统便于推广的一个重要因素，要实现这一点，友好的用户界面是一个基本条件。

（3）信息与管理互为依存　汽车服务企业的决策和管理必须依赖及时正确的信息。信息是一种重要的资源，在物流管理控制和战略计划中，必须重视对信息的管理。

8.1.3 汽车服务企业管理信息系统的基本类型

目前，在实践应用中的管理信息系统有四种：业务信息系统、管理信息系统、决策支持系统以及办公信息系统。它们的设计原理、方法和技术基本上是一样的，只是随着应用目的与要求的不同而有所区别。

1. 业务信息系统

业务信息系统是为日常业务处理提供信息的，对汽车服务企业而言，其日常业务有生产（维修）、销售、采购、库存、财务和人事等方面的业务工作。每一类业务工作都形成一个信息子系统，如汽车销售信息子系统、配件采购信息子系统、库存管理信息子系统和财务信息子系统等。业务信息系统应具有数据处理功能、数据管理功能、信息检索功能和监控功能。

2. 管理信息系统

管理信息系统简称 MIS（Management Information System），是以系统思想为指导，以计算机为基础建立起来的为管理决策服务的信息系统。MIS 输入的是一些与管理有关的数据，经计算机加工处理后输出供各级管理人员使用的信息。MIS 不但能进行一般的事务处理，代替管理人员的繁杂劳动，而且能为管理人员提供辅助决策方案，为决策科学化提供应用技术和基本工具。MIS 是信息化社会发展的必然产物，也是企业管理现代化的重要进程。对一个企业来说，建立 MIS 以处理日益增多的信息，目的是为了提高企业的管理效率、管理水平和经济效益。管理信息系统一般应具有以下主要功能：数据处理功能、预测功能、计划功能、优化功能和控制功能。

3. 决策支持系统

决策支持系统简称 DSS（Decision Support System），它是以计算机为基础的知识信息系统。DSS 可以提供信息，协助解决多样化和不确定性问题，对决策进行支持。

目前在 DSS 中广泛应用数量化方法，即建立数学模型和相应的处理方法，对提供选择的各种方案进行定量的描述和分析，从而提供数量依据，供决策者权衡选择，从中获取最佳或满意的方案。常用的方法有：数学分析中的优化方法，概率统计中的统计预测、回归分析、相关分析，运筹学中的排队论以及模糊数学中的一系列理论和方法等。

决策支持系统由以下三个主要部分组成。

（1）语言系统 语言系统的主要功能是问题描述，即描述所要解决的问题。一个语言系统可以使用通用的计算机程序设计语言，也可以使用专用的查询语言。

（2）知识系统 知识系统是有关问题领域的知识库系统。知识系统由数据库、方法库和模型库三个子系统组成。方法库和模型库子系统起支持作用，在多用户环境下，能够使一个临时用户用最少的程序工作得到最多的系统支持，从而能简便、迅速地解决用户问题。

（3）问题处理系统 问题处理系统是决策支持系统的核心。任何一个问题处理系统都必须具备从用户和知识系统收集信息的能力，也必须具备将问题变换为合适的可执行的行动计划的能力。问题处理系统另一个必不可少的功能是分析能力。当问题处理系统完成模型和数据的确认后，分析机构就开始工作，并控制它们的执行。

4.办公信息系统

办公信息系统是用计算机来处理汽车服务企业各种工作中的大量公文管理工作，办公信息系统也称办公自动化系统。

8.1.4 互联网在汽车服务中的应用

自20世纪90年代初开始，Internet商业化获得了巨大成功，进入了所谓的互联网经济时代。互联网经济的商业模式成功的主要标志是企业用户接入Internet和网络服务委托给互联网服务提供商即ISP（Internet Service Provider）管理；企业用户将一些简单应用，如电子邮件，委托给ASP（Active Server Page）管理；企业用户通过Internet进行商务操作，即电子商务，实现"零摩擦"商务交易。与传统商务操作过程相比，互联网络可以为企业节省约40%的商务开销，这正是互联网经济的真正驱动力。互联网带来的巨大经济效益促进其在企业中的快速普及应用，汽车服务业也不例外。

我国传统意义上的汽车服务业长期以来一直处于原始、落后的现状，这种落后表现在管理水平、技术水平、人员素质、设备装备等诸方面。信息化和计算机技术把汽车服务企业引向现代管理模式和管理方式。企业发展的根本在于人，在于管理。"服务"将成为未来企业竞争最重要的手段，对于汽车服务企业来说尤其如此。这种主动服务，就是建立稳定的用户关系，依赖于用户信息和服务档案的建立与管理。而大量的企业经营数据信息，仅凭人工来完成是难以想象的。利用计算机技术，建立企业网络数据库才是必由之路。事实上，汽车服务企业经常需要处理大量复杂的数据信息，仅仅依靠人力往往难以对用户及车辆档案、企业经营数据等进行准确的统计和分析。而运用计算机管理速度快、时间短、资料全、效率高。互联网在汽车服务业的应用前景十分广阔。

1）汽车服务方面的专业互联网在汽车服务企业的应用中，会因汽车服务技术人员方便、快捷地查询各类技术支持资料，减少服务时间而显著提高生产效率，仅此一项即可为企业创造可观的经济收入。

2）随着计算机的迅速普及，大批掌握使用计算机和互联网的新生力量将源源不断地进入汽车服务企业，为企业的员工队伍注入新的血液和活力。这些新生力量文化素质较高，求知欲强，对新生事物很敏感，因此将推动企业内部掌握现代信息技术的需求，这种需求将会更进一步推动利用互联网获得信息资源在汽车服务业的应用。

3）现代汽车服务企业采用基于互联网的电脑管理方式不但势在必行，而且已经开始推广应用：①计算机硬件已经很便宜；②软件的开发、设计也越来越成熟，功能方面也越来越适合汽车服务企业的实际运作；③随着计算机的普及以及学历相对较高的大中专汽车专业毕业生进入汽车服务企业，为企业实行计算机管理奠定了良好的人才基础；

④远程通信技术的发展为软件的售后维护工作奠定了坚实的基础。表 8-1 为汽车服务企业可以利用的一些因特网服务项目。

表 8-1　因特网服务项目

服务项目	服务内容描述
E-mail（电子邮件）	可将文本、声音和图片发送到其他地方
FTP（文件传输协议）	可将另一台计算机上的资料拷贝到某一台计算机上
新闻讨论组	针对一个特定的主题举行在线讨论
聊天室	使多个人实时在线进行对话
网络电话	可与网络上其他用户进行通信
网络视频会议	支持同时的语音和视觉通信
即时通信	允许多人在网络上即时通信
其他的网络服务	为个人或企业提供其他服务

8.2　电子商务

近年来，电子商务正在以极快的速度发展，并逐渐进入人们的日常生活。电子商务是世界性的经济活动，它离不开对信息资源的利用和管理。电子商务能高效地利用有限的资源，加快商业周期循环，节省时间，减少成本，提高利润和增强企业的竞争力。从业务流程的角度看，电子商务是指信息技术的商业事务和工作流程的自动化应用。

如今电子商务已发展成为一个独立的学科，企业的信息化是它发展的基础。电子商务正在改变工业化时代企业客户管理、计划、采购、定价及衡量内部运作的模式。用户开始要求能在任何时候、任何地点，以最低的价格及最快的物流速度获得所购商品。企业为满足这些用户的需求而不得不调整用户服务驱动的物流运作流程和实施与业务合作伙伴（供应商、用户等）协同商务的供应链管理。ERP 为企业实现现代供应链管理提供了坚实的信息平台，是企业开展电子商务的基础。

8.2.1　电子商务的分类

按照不同的分类方法可对电子商务进行不同的分类，主要有以下几种分类方法。

1. 按照交易对象分类

（1）B2B　B2B 就是企业对企业（Business to Business，B to B，俗称 B2B），指商家（泛指企业）对商家的电子商务，即企业与企业之间通过互联网进行产品、服务及信息的交换。

通俗的说法是指进行电子商务交易的供需双方都是商家（或企业、公司），他们使用了 Internet 的技术或各种商务网络平台，完成商务交易的过程。这些过程包括：发布供求信息，订货及确认订货，支付过程及票据的签发、传送和接收，确定配送方案并监控配送过程等。

B2B 包括非特定企业间的电子商务和特定企业间的电子商务。

① 非特定企业间的电子商务是在开放的网络中对每笔交易寻找最佳伙伴，并进行从订购到结算的全部交易行为。

② 特定企业间的电子商务是在过去一直有交易关系或今后一定要继续进行交易的企业间，为了相同的经济利益，共同进行设计、开发或全面进行市场及库存管理而进行的商务交易。

B2B 的典型是阿里巴巴、中国网库、中国制造网、敦煌网、慧聪网等。B2B 按服务对象可分为外贸 B2B 及内贸 B2B，按行业性质可分为综合 B2B 和垂直 B2B，垂直 B2B 有中国化工网和鲁文建筑服务网。

（2）B2C B2C 就是企业对消费者（Business to Customer，俗称 B2C），就是企业通过 Internet 为消费者提供一个购物环境——网店，实现网上购物，并且网上支付。这种模式着重于以网上直销取代传统零售业的中间环节，创造商品零售新的经营模式。

B2C 是真正的"以客户为中心"，采用的经营模式是一种无库存的商业模式。如"爱代购网"将广大客户的零散订单汇集后，在确保品质的前提下实现规模采购，再以团购价格"平价"将商品提供给会员，不仅没有库存，还能够完全满足消费者的需求。

（3）B2G B2G 就是企业对政府（Business to Government，俗称 B2G；也有人称为 B2A，即 Business to Administration），指的是企业与政府机构之间进行的电子商务活动。例如，政府将采购的要求在互联网络上公布，通过网上竞价方式进行招标，企业也要通过电子的方式进行投标。除此之外，政府还可以通过这类电子商务实施对企业的行政事务管理，如政府用电子商务方式发放进出口许可证和开展统计工作，企业可以通过网上办理交税和退税等。

（4）C2G C2G 是消费者对行政机构（Consumer to Government，俗称 C2G；也有人称为 C2A，即 Consumer to Administration），指的是政府对个人的电子商务活动。这类的电子商务活动目前还没有真正形成。然而，在个别发达国家，如澳大利亚，政府的税务机构已经通过指定私营税务或财务会计事务所用电子方式来为个人报税。这类活动虽然还没有达到真正的报税电子化，但是它已经具备了消费者对行政机构电子商务的雏形。

政府随着商业机构对消费者、商业机构对行政机构的电子商务的发展，将会对社会的个人实施更为全面的电子服务方式。政府各部门向社会纳税人提供的各种服务，例如社会福利金的支付等，将来都会在网上进行。

（5）C2C C2C 就是用户对用户（Consumer to Consumer，仿称 C2C），同 B2B、B2C 一样，都是电子商务的几种模式之一，不同的是 C2C 是用户对用户的模式，C2C 商务平台就是通过为买卖双方提供一个在线交易平台，使卖方可以主动提供商品上网拍卖，而买方可以自行选择商品进行竞价。C2C 的典型是百度 C2C、淘宝网、拍拍网等。

但是，日益壮大的 C2C 需要建立更有效的资本监督机制，防止商务平台利用金融漏洞，随意冻结、挪用卖家资金，进行金融运作，给金融界、众多卖家带来金融风险。

（6）B2M

B2M 就是企业对经理人（Business to Manager，俗称 B2M）相对于 B2B、B2C、C2C 的电子商务模式而言，是一种全新的电子商务模式。而这种电子商务相对于以上三种有着本质的不同，其根本的区别在于目标客户群的性质不同，前三者的目标客户群都是作为一种消费者的身份出现，而 B2M 所针对的客户群是该企业或者该产品的销售者或者为其工作者，而不是最终消费者。

企业通过网络平台发布该企业的产品或者服务，职业经理人通过网络获取该企业的产品或者服务信息，并且为该企业提供产品销售或者提供企业服务，企业通过经理人的服务达到销售产品或者获得服务的目的。职业经理人通过为企业提供服务而获取佣金。

B2M 与传统电子商务相比有了巨大的改进，除了面对的用户群体有着本质的区别外，B2M 具有一个更大的特点优势：电子商务的线下发展！以上三类传统电子商务的特点是商品或者服务的买家和卖家都只能是网民，而 B2M 模式能将网络上的商品和服务信息完全地走到线下，企业发布商业信息，经理人获得商业信息，并且将商品或者服务提供给所有的消费者，不论是线上还是线下。其实 B2M 本质上是一种代理模式。

（7）M2C M2C 就是经理人对消费者（Manager to Consumer，俗称 M2C），是针对 B2M 的电子商务模式而出现的延伸概念。B2M 环节中，企业通过网络平台发布该企业的产品或者服务，职业经理人通过网络获取该企业的产品或者服务信息，并且为该企业提供产品销售或者提供企业服务，企业通过经理人的服务达到销售产品或者获得服务的目的。而在 M2C 环节中，经理人将面对最终消费者。

因特网上的电子商务可以分为三个方面：信息服务、交易和支付。主要内容包括：电子商情广告，电子选购和交易、电子交易凭证的交换，电子支付与结算以及售后的网上服务等。

参与电子商务的实体有四类：用户（个人消费者或企业集团）、商户（包括销售商、制造商、储运商）、银行（包括发卡行、收单行）及认证中心。

企业级电子商务是电子商务体系的基础。在科技高速发展、经济形势快速变化的今天，企业不再是先生产而后去寻找市场，而是先获取市场信息再组织生产。随着知识经济时代的来临，信息已成为主导全球经济的基础。企业内部信息网络（Intranet）是一种新的企业内部信息管理和交换的基础设施，在网络、事务处理以及数据库上继承了以往的 MIS（管理信息系统）成果，而在软件上则引入因特网的通信标准和万维网内容的标准。互联网的兴起，将封闭的、单项系统的 MIS 改造为一个开放、易用、高效及内容和形式丰富多彩的企业信息网络，实现企业的全面信息化。企业信息网络应包含生产、产品开发、销售和市场、决策支持、客户服务和支持及办公事务管理等方面。对于大型企业，同时要注意建设企业内部科技信息数据库，如对技术革新、新产品开发、科技档案、能源消耗、原材料和辅助材料等各种数据库的建设。

2. 按照商务活动内容分类

（1）间接电子商务　间接电子商务，即有形货物的电子订货，它仍然需要利用传统渠道，如邮政服务和商业快递公司送货。

（2）直接电子商务　直接电子商务，即无形货物和服务，如计算机软件、娱乐内容的联机订购、付款和交付，或者是全球规模的信息服务。

3. 按照使用网络类型分类

（1）EDI 商务　EDI（Electronic Data Interchange）就是电子数据交换，是由国际标准化组织推出使用的国际标准，是一种通过电子信息化的手段，在贸易伙伴之间传播标准化的商务贸易元素方法和标准。例如，国际贸易中的采购订单、装箱单、提货单等数据的交换。

EDI 主要应用于企业与企业、企业与批发商、批发商与零售商之间的批发业务。相对于传统的订货和付款方式，EDI 大大节约了时间和费用。相对于因特网，EDI 较好地解决了安全保障问题。这是因为，其使用者均有较可靠的信用保证，并有严格的登记手续和准入制度，加之多级权限的安全防范措施，从而实现了包括付款在内的全部交易工作计算机化。

（2）互联网商务　互联网商务是国际现代商业的最新形式。它以计算机、通信、多媒体、数据库技术为基础，通过互联网络，在网上实现营销和购物服务。它突破了传统的商业生产、批发、零售及进、销、存、调的流转程序与营销模式，真正实现了少投入、低成本、零库存、高效率，避免了商品的无效搬运，从而实现了社会资源的高效运转和最大节余。用户可以不受时间、空间、厂商的限制，广泛浏览，充分比较，模拟使用，力求以最低的价格获得最为满意的商品和服务。

（3）Intranet 商务　Intranet 商务是在 Internet 基础上发展起来的企业内部网，或称内联网。它在原有局域网上附加一些特定的软件，将局域网与互联网连接起来，从而形成企业内部的虚拟网络。Intranet 与互联网之间最主要的区别在于 Intranet 内的敏感或享有产权的信息受到企业防火墙安全网点的保护，它只允许授权者进入内部 Web 网点，外部人员只有在许可条件下才可进入企业的 Intranet。

8.2.2　电子商务系统的构成

电子商务是新的商业模式，各行业的企业都将通过网络连接在一起，使得各种现实与虚拟的合作成为可能。电子商务是一种以信息为基础的商业构想的实现，用来提高贸易过程中的效率，其主要内容有：信息管理、电子数据交换和电子资金转账。

1. 电子商务处理方式与范围

电子商务的处理方式和范围主要包括以下三个方面。

（1）企业内部之间的信息共享和交换　通过企业内部的虚拟网络，分布在各地的分支机构以及企业内部的各部门人员可以获取所需的企业信息，避免了纸张贸易和内部流通的形式，从而提高了效率，降低了经营成本。

（2）企业与企业之间的信息共享和交流　EDI 是企业之间进行电子贸易的重要方式，避免了人为的错误和低效率。EDI 主要应用在企业与企业之间、企业与批发商之间、批发商与零售商之间。

（3）企业与消费者之间　企业在因特网上设立网上商店，消费者通过网络在网上购物，在网上支付，为消费者提供了一种新型的购物环境。

在传统的实物市场进行商务活动是依赖于商务环境的（如银行提供支付服务、媒体提供宣传服务等），电子商务在电子虚拟市场进行商务活动同样离不开这些商务环境，并且提出了新的要求。电子商务系统就是指在电子虚拟市场进行商务活动的物质基础和商务环境的总称。最基本的电子商务交易系统包括企业的电子商务站点、电子支付系统和实物配送系统三部分，以实现交易中的信息流、货币流和物流的畅通。电子商务站点为消费者提供网上信息交换服务，电子支付系统实现网上交易的支付功能，而实物配送系统是在信息系统的支持下为完成网上交易的关键环节，但对某些数字化产品则无需进行实物配送而依赖网上配送即可，如计算机软件产品的网上销售。

2. 电子商务子系统的组成

（1）客户关系管理系统　客户关系管理系统使企业能够对与客户(现有的或潜在的)有关的各种要素（客户需求、市场背景、市场机会、交易成本及风险）做出分析与评估，从而最大限度地使企业拥有客户，进而扩大市场。无论企业的客户通过何种方式与企业取得联系，都可以通过 CRM（客户关系管理）系统来实现企业与客户的交流与互动。

（2）在线订购系统　在线订购系统适用于中小贸易公司或生产企业，系统通过互联网，将企业所有有业务关系的单位联系在一起，使企业的客户或企业的分销商、分/子公司、代理商等市场渠道可以通过该系统实现随时随地在网上交易，从而降低了传统的采购或订货的成本和时间，可以更有效地利用资源，提高工作效率。公司通过在线订购系统可以加强对商品的管理，可以在网上全方位展示商品并配以文字说明，可以随时调整商品价格；对市场销售渠道的订货业务进行管理，可随时查询订单的执行情况，对客户资料进行统计分析，评估市场销售渠道的稳定性；对订单进行汇总处理，建立统一的订单数据库，对订单信息进行自动化处理并打印报表，自动转交后台相关业务部门处理。

（3）网上购物系统　网上购物系统即网上商城，可在网上挑选并购买商品，付款可用邮寄方式也可网上支付。

（4）DRP 资源分销管理系统　DRP（Distribution Resource Planning）是为解决企业用户利用互联网管理企业信息流而特别研发的应用服务系统。可以依据企业的业态管理需求，量身定制属于企业特有的管理软件，极大地提高企业的业务处理效率，降低运行成本。

（5）B2B 电子商务　商品信息交换网站，这种类型的网站主要是提供了一个网上的交易平台，类似于一个自由市场，网站的经营者类似于自由市场的管理者，一般并不直接介入到具体的交易中，而主要由买方和卖方自由进行交易，网站的经营者收取相应的会员费等。这样的网站包括常见的商品信息网、招聘网站等。

8.3　汽车服务企业信息资源规划

8.3.1　ERP 的产生与发展

20 世纪 90 年代初，世界经济格局发生了重大变化，市场变为客户驱动，企业的竞争变为 TQCS（Time、Quality、Cost、Service）等全方位的竞争。随着全球市场的形成，一些实施 MRP Ⅱ（Manufacturing Resource Planning Ⅱ，制造资源计划）的企业感觉到，仅仅面向企业内部集成信息已经不能满足实时了解信息、响应全球市场需求的要求。

MRP Ⅱ的局限性主要表现在：经济全球化使得企业竞争范围扩大了，这就要求企业在各个方面加强管理，并要求企业有更高的信息化集成，要求对企业的整体资源进行集成管理，而不仅仅对制造资源进行集成管理；企业规模不断扩大，要求多集团、多工厂协同作战，统一部署，这已超出了 MRP Ⅱ的管理范围；信息全球化趋势的发展要求企业之间加强信息交流和信息共享，信息管理要求扩大到整个供应链的管理。

在这种背景下，美国加特纳咨询公司（Gartner Group Inc.）根据市场的新要求在 1993 年首先提出了企业资源计划（Enterprise Resource Planning，ERP）概念，随着科学技术的进步及其不断向生产与库存控制方面的渗透，解决合理库存与生产控制问题所需要处理的大量信息和企业资源管理的复杂化，要求信息处理的效率更高。传统的人工管理方式难以适应以上系统，只有依靠计算机系统来实现，而且信息的集成度要求扩大到企业的整个资源的利用和管理。

企业资源计划 ERP 是指在企业供应链管理思想指导下，采用面向业务流程的方法，利用现代信息技术，以计划为主线，实现对企业内外各种资源进行综合管理的一种源于美国的现代企业管理系统。

ERP 是在 MRP Ⅱ基础上发展起来的企业管理系统。企业应用 ERP 必将不同程度地涉及企业的全员素质、经营战略、管理思想、管理模式、管理方法、管理机制、管理基础、业务流程和组织结构等方面的改革和进步；ERP 也要从充分发挥软件功能的角度在以上方面给企业充分的指导和协助。

1. ERP 的发展过程

ERP 的发展大体上经历了四个阶段：基本 MRP 阶段、闭环 MRP 阶段、MRP Ⅱ阶段和 ERP 阶段。

（1）基本 MRP 阶段　这是一种库存订货计划，即 MRP 物料需求计划阶段。随着 20 世纪 60 年代计算机的商业化应用开始，物料需求计划 MRP（Material Requirements Planning）软件面世并应用于企业物料管理工作中。

（2）闭环 MRP 阶段　这是一种生产计划与控制体系。在 20 世纪 70 年代，人们在 MRP 基础上，把生产能力作业计划、车间作业计划和采购作业计划纳入 MRP 中，同时在计划执行过程中，加入来自车间、供应商和计划人员的反馈信息，并利用这些信息进行计划的平衡调整，从而围绕着物料需求计划，使生产的全过程形成一个统一的闭环系统，这就是闭环式 MRP。

（3）MRP Ⅱ阶段

MRP Ⅱ阶段即建立一种企业经营生产的管理信息系统。在 20 世纪 80 年代，人们把制造、财务、销售、采购、工程技术等各个子系统集成为一个一体化的系统，从而把企业内的物流与资金流结合在一起，称为制造资源计划（Manufacturing Resource Planning Ⅱ，MRP Ⅱ）系统。MRP Ⅱ可在周密的计划下有效地利用各种制造资源，控制资金占用、缩短生产周期、降低成本，但它仅仅局限于企业内部物流、资金流和信息流的管理。它最显著的效果是减少库存量和减少物料短缺现象。

（4）ERP 阶段　到 20 世纪 90 年代中后期，社会开始发生变革，即从工业经济时代开始步入知识经济时代，企业所处的时代背景与竞争环境发生了很大变化，企业资源计划 ERP 系统就是在这种时代背景下产生的。在 ERP 系统设计中，不仅考虑到充分利用自己企业的资源，同时把经营过程中的有关各方，如供应商、制造工厂、分销网络、客户等纳入一个紧密的供应链中，为适应市场需求变化，有效地安排企业的产、供、销活动，不仅组织大批量生产，还要组织多品种小批量生产，为企业利用一切市场资源快速高效地进行生产经营，有效地参与市场竞争，进一步提高效率和在市场上获得竞争优势提供了无限空间。

从最初的定义来讲，ERP 只是一个为企业服务的管理软件，在这之后，全球最大的企业管理软件公司 SAP 在为企业服务 20 多年的基础上，对 ERP 的定义提出了革命性的"管理 +IT"的概念。

1）ERP 不只是一个软件系统，更是一个集组织模型、企业规范和信息技术、实施方法为一体的综合管理应用体系。

2）ERP 使得企业的管理核心从"在正确的时间制造和销售正确的产品"，转移到了"在最佳的时间和地点，获得企业的最大利润"，这种管理方法和手段的应用范围也从制造企业扩展到了其他不同的行业。

3）ERP 从满足动态监控发展到了商务智能的引入，使得以往简单的事物处理系统变成了真正具有智能化的管理控制系统。

4）从软件结构而言，现在的 ERP 必须能够适应互联网，可以支持跨平台、多组织的应用，并和电子商务的应用具有广泛的数据、业务逻辑接口。

因此，我们今天说的 ERP，通常是基于 SAP 公司在 1990 年以后的定义来说的。

ERP 是整合了现代企业管理理念、业务流程、信息与数据、人力物力、计算机硬件和软件等一体的企业资源管理系统。ERP 为企业提供全面解决方案，除了制造资源计划 MRP Ⅱ 原来包含的物料管理、生产管理、财务管理以外，还提供如质量、供应链、运输、分销、客户关系、售后服务、人力资源、项目管理、实验室管理、配方管理等管理功能。ERP 涉及企业的人、财、物、产、供、销等方面，实现了企业内外部的物流、信息流、价值流的集成。

2. ERP 的发展

近年来，ERP 系统在以下几方面发展迅速。

（1）ERP 功能的扩展　纳入产品数据管理（Product Data Management, PDM）功能、ERP 与 EDI 的集成、增加了工作流功能、增加数据仓库 DW（Data Warehouse）和在线分析处理 OLAP（On-Line Analysis Processing）功能和客户关系管理的应用。

（2）新的模块化软件　它不同于现行的"可选择模块的套件"。用户可以按需求单独更新某一个模块，而不用为了增强某一个功能对整个系统进行全面升级。

（3）ERP 系统软件向专业化发展，更多地考虑行业解决方案专业化的 ERP 软件大多是以通用的财务等模块为基础，叠加针对每个行业特殊要求的小模块。用户可得到更有针对性的可用的菜单、模块和报表等，可以更快地启用。ERP 软件的专业化趋势使 ERP 走出制造业，而在能源、电信和其他行业寻找更加广阔的市场。

（4）从简单的数据处理到智能的信息分析　现在各 ERP 厂商都在改善自己的产品，为管理者提供智能的信息分析。比较先进的 ERP 系统可以提供数据仓库 DW、在线分析 OLAP 及数据挖掘（Data Mining, DM）技术，并能完成数据提取、数据分析和数据发掘工作。

（5）从事务处理到自我服务　自我服务简单来讲，就是由事件的发起人直接输入数据，并将 ERP 的受惠人扩展到企业的各个部门，甚至企业以外的供应商和用户。实现了自我服务后，信息就可以在整个虚拟企业的范围内自动地流动，省却了很多无谓的事务性劳动，从而，将 ERP 系统的最终功能——提供决策支持和商业智能发挥出来。

（6）技术先进性：网络、面向对象及事件驱动　ERP 的技术发展目前集中体现在三个主要方面：ERP 底层的技术支撑体系由传统的客户 / 服务器模式向以网络为中心的计算机技术体系发展；Internet 技术的广泛使用；事件驱动的对象技术。

（7）灵活性：支持可持续的业务流程重组 BPR　由于企业在实施中及实施后，业务的环境也在不断变化，现在的 ERP 系统开始提供适应这种变化并且与 ERP 系统本身一体化的灵活性应用工具。

8.3.2　ERP 的核心思想和特点

1. ERP 的核心管理思想

ERP 的核心管理思想就是实现对整个供应链的有效管理，主要体现在以下几个方面。

（1）体现对整个供应链资源管理的支持　在知识经济时代，企业仅靠自己的资源不可能有效参与市场竞争，企业间的合作联盟逐渐形成。现代企业的竞争已从单个企业之间的竞争发展为供应链之间的竞争。必须把经营过程中的有关各方，如供应商、制造工厂、分销网络、客户等纳入一个紧密的供应链中，才能有效地安排企业的产、供、销活动，满足企业利用全社会的一切市场资源快速高效地进行生产经营的需求，以期进一步提高效率和在市场上获得竞争优势。

ERP可以使企业内部的信息通行无阻，再加上供应链管理，透过网络与系统的有效结合，可以使客户与厂商间形成水平或垂直整合，真正达到全球运筹管理的模式。ERP可以与供应链管理（Supply Chain Management，SCM）系统整合，利用信息科学的最新成果，根据市场的需求对企业内部及其供应链上各环节的资源进行全面规划、统筹安排和严格控制，以保证人、财、物、信息等各类资源得到充分、合理的应用，从而达到提高生产效率、降低成本、满足客户需求、增强企业竞争力的目的。

（2）体现精益生产、敏捷制造和同步工程的思想　ERP支持对混合型生产方式的管理，其管理思想表现在两个方面：一是"精益生产（Lean Production，LP）"，即企业按大批量生产方式组织生产时，把客户、销售代理商、供应商、协作单位都纳入生产体系，企业同其销售代理、客户和供应商的关系，已不再是简单的业务往来关系，而是利益共享的合作伙伴关系；二是"敏捷制造AM（Agile Manufacturing）"，即当企业遇到特定的市场和产品需求时，企业的基本合作伙伴不一定能满足新产品开发生产的要求，这时，企业会组织一个由特定的供应商和销售渠道组成的短期或一次性供应链，形成"虚拟工厂"，把供应和协作单位看做是企业的一个组成部分，运用"同步工程"组织生产，用最短的时间将新产品打入市场，时刻保持产品的高质量、多样化和灵活性。

（3）采用计算机和网络通信技术的最新成就　ERP除了已经普遍采用的诸如图形用户界面技术（GUI）、SQL结构化查询语言、关系型数据库管理系统（RDBMS）、面向对象技术（Object-Oriented Test，OOT）、第四代语言/计算机辅助软件工程、客户机/服务器和分布式数据处理系统等技术之外，还要实现更为开放的不同平台间相互操作，采用适用于网络技术的编程软件，加强了用户自定义的灵活性和可配置性功能，以适应不同行业用户的需要。网络通信技术的应用，使ERP易于扩展为供应链管理的信息集成。

（4）ERP同BPR密切相关　信息技术的发展加快了信息传递速度和实时性，为企业进行信息的实时处理、做出相应的决策提供了极其有利的条件。为了使企业的业务流程能够预见并响应环境的变化，企业的内外业务流程必须保持信息的敏捷通畅。为了提高企业供应链管理的竞争优势，必然会带来企业业务流程、信息流程和组织机构的改革。这个改革，不仅包括企业内部，还把供应链上的供需双方合作伙伴包罗进来，系统考虑整个供应链的业务流程。ERP应用程序使用的技术和操作必须能够随着企业业务流程的变化而相应地调整。BPR的应用已经从企业内部扩展到企业与需求市场和供应市场整个供应链的业务流程和组织机构重组的方向。

(5) 以物流和信息流为核心 在供应链上，除了人们已经熟悉的"物流""资金流""信息流"以外，还有容易为人们所忽略的"增值流"和"工作流"。就是说，供应链上有五种基本"流"在流动。ERP的核心，由物流和信息流构成，两者再将企业本身、客户、供货商三者串联在一起。物流由供货商经企业流向客户，由供货商提供材料，经企业本身生产完成品交给客户。信息流则由客户的订单和厂内的生产预测所引发，经企业本身产生采购单给供货商。工作流决定了各种流的流速和流量，是BPR研究的对象。ERP提供各行业行之有效的业务流程，而且还可以随着企业工作流（业务流程）的改革在应用程序的操作上做出相应的调整。

总之，ERP不但面向供应链管理，体现BPR、精益生产、敏捷制造、同步工程的精神，而且必然要结合全面质量管理（TQM）以保证质量和客户满意度；结合准时生产（JIT）以消除一切无效劳动与浪费，降低库存和缩短交货期；它还要结合约束理论（Theory of Constraint，TOC）来定义供应链上的瓶颈环节，消除制约因素，扩大企业供应链的有效产出。

ERP不仅仅是信息系统，更是一种管理理论和思想，它充分利用企业的所有资源，包括内部资源和外部资源，为企业制造产品和提供服务创造最优的解决方案，最终达到企业的经营目标。由于这种管理思想只有依赖计算机软件系统才能实现，所以实现该管理思想的ERP常常被当成是一种计算机软件系统或软件包，这实际上是一种表面的认识，应该说，ERP既是一个信息系统，更是一种管理理论和思想。只有深刻地了解ERP的管理思想和理念，才能真正地理解、掌握、应用和研制ERP软件系统。

2. ERP的特点

ERP管理系统的主要特点如下所述。

1) ERP更加面向市场、面向经营、面向销售，能够对市场快速响应；它将供应链管理功能包含了进来，强调了供应商、制造商与分销商间的新的伙伴关系，并且支持企业后勤管理。

2) ERP更强调企业流程与工作流，通过工作流实现企业的人员、财务、制造与分销间的集成，支持企业过程重组。

3) ERP纳入了产品数据管理PDM功能，增加了对设计数据与过程的管理，并进一步加强了生产管理系统与CAD、CAM（Computer Aided Manufacturing，计算机辅助制造）系统的集成。

4) ERP更多地强调财务，具有较完善的企业财务管理体系，这使价值管理概念得以应用，资金流与物流、信息流更加有机地结合。

5) ERP较多地考虑人的因素作为资源在生产经营规划中的作用，也考虑了人的培训成本等。

6) 在生产制造计划中，ERP支持MRP与JIT混合管理模式，也支持多种生产方式

（离散制造、连续流程制造等）的管理模式。

7）ERP 采用了最新的计算机技术，如客户 / 服务器分布式结构、面向对象技术、基于 WEB 技术的电子数据交换 EDI、多数据库集成、数据仓库、图形用户界面、第四代语言及辅助工具等。

一般而言，除了 MRP Ⅱ 的主要功能外，ERP 系统还包括以下主要功能：供应链管理、销售与市场、分销、客户服务、财务管理、制造管理、库存管理、工厂与设备维护、人力资源、报表、制造执行系统（Manufacturing Executive System，MES）、工作流服务和企业信息系统等方面。此外，还包括金融投资管理、质量管理、运输管理、项目管理、法规与标准和过程控制等补充功能。

ERP 是信息时代的现代企业向国际化发展的更高层管理模式，它能更好地支持企业各方面的集成，并将给企业带来更广泛、更长远的经济效益与社会效益。

8.3.3　ERP 的功能模块

ERP 是将企业所有的资源进行整合集成管理，简单地说是将企业的三大流物流、资金流、信息流进行全面一体化管理的管理信息系统。它的功能模块以不同于以往的MRP 或 MRP Ⅱ 的模块，它不但可用于生产企业的管理，而且在许多其他类型的企业，如一些非生产、公益事业的企业也可导入 ERP 系统进行资源计划和管理。本书以典型的生产企业为例介绍 ERP 的功能模块。

在企业中，一般的管理主要包括三方面的内容：生产控制（计划、制造）、物流管理（分销、采购、库存管理）和财务管理（会计核算、财务管理）。这三大系统本身就是集成体，它们互相之间有相应的接口，能够很好地整合在一起对企业进行管理。另外，要特别一提的是，随着企业对人力资源管理的重视，已经有越来越多的 ERP 厂商将人力资源管理纳入了 ERP 系统的一个重要组成部分。

1. 财务管理模块

企业中，清晰分明的财务管理是极其重要的。所以，在 ERP 整个方案中它是不可或缺的一部分。ERP 中的财务模块与一般的财务软件不同，作为 ERP 系统中的一部分，它和系统的其他模块有相应的接口，能够相互集成，比如：它可将由生产活动、采购活动输入的信息自动计入财务模块生成总账、会计报表，取消了人工输入凭证烦琐的过程，几乎完全替代以往传统的手工操作。一般的 ERP 软件的财务部分分为会计核算与财务管理两大块。

（1）会计核算　会计核算主要是记录、核算、反映和分析资金在企业经济活动中的变动过程及其结果。它由总账、应收账、应付账、现金、固定资产、多币制等部分构成。

① 总账模块。它的功能是处理记账凭证输入、登记，输出日记账、一般明细账及总分类账，编制主要会计报表。它是整个会计核算的核心，应收账、应付账、固定资产核算、现金管理、工资核算、多币制等各模块都以其为中心来传递互相信息。

②　应收账模块。应收账是指企业应收的由于商品赊欠而产生的正常客户欠款账。它包括发票管理、客户管理、付款管理、账龄分析等功能。它和客户订单、发票处理业务相联系，同时将各项事件自动生成记账凭证，导入总账。

③　应付账模块。会计里的应付账是企业应付购货款等账，它包括了发票管理、供应商管理、支票管理、账龄分析等。它能够和采购模块、库存模块完全集成以替代过去烦琐的手工操作。

④　现金管理模块。它主要是对现金流入流出的控制以及零用现金及银行存款的核算。它包括了对硬币、纸币、支票、汇票和银行存款的管理。在ERP中提供了票据维护、票据打印、付款维护、银行清单打印、付款查询、银行查询和支票查询等与现金有关的功能。此外，它还和应收账、应付账、总账等模块集成，自动产生凭证，导入总账。

⑤　固定资产核算模块。固定资产核算即完成对固定资产的增减变动以及折旧有关基金计提和分配的核算工作。它能够帮助企业的管理者对固定资产的现状有所了解，并能通过该模块提供的各种方法来管理资产，以及进行相应的会计处理。它的具体功能有：登录固定资产卡片和明细账，计算折旧，编制报表，以及自动编制转账凭证，并转入总账。它和应付账、成本、总账模块集成。

⑥　多币制模块。这是为了适应当今企业的国际化经营，对外币结算业务的要求增多而产生的。多币制将企业整个财务系统的各项功能以各种币制来表示和结算，且客户订单、库存管理及采购管理等也能使用多币制进行交易管理。多币制和应收账、应付账、总账、客户订单、采购等各模块都有接口，可自动生成所需数据。

⑦　工资核算模块。自动进行企业员工的工资结算、分配、核算以及各项相关经费的计提。它能够登录工资系统、打印工资清单及各类汇总报表，计算计提各项与工资有关的费用，自动做出凭证，导入总账。这一模块是和总系统、成本模块集成的。

⑧　成本模块。它将依据产品结构、工作中心、工序、采购等信息进行产品的各种成本的计算，以便进行成本分析和规划，还能用标准成本或平均成本法按地点维护成本。

（2）财务管理　财务管理的功能主要是基于会计核算的数据，再加以分析，从而进行相应的预测、管理和控制活动。它侧重于财务计划、控制、分析和预测。

①　财务计划。根据前期财务分析做出下期的财务计划、预算等。

②　财务分析。提供查询功能和通过用户定义的差异数据的图形显示进行财务绩效评估、账户分析等。

③　财务决策。财务决策是财务管理的核心部分，中心内容是作出有关资金的决策，包括资金筹集、投放及资金管理。

2. 生产控制管理模块

这一部分是ERP系统的核心所在，它将企业的整个生产过程有机地结合在一起，使得企业能够有效地降低库存，提高效率。同时各个原本分散的生产流程自动连接，也使得生产流程能够前后连贯地进行，而不会出现生产脱节，耽误生产、交货时间。

生产控制管理是一个以计划为导向的先进的生产、管理方法。首先，企业确定总生产计划，再经过系统层层细分后，下达到各部门执行。即生产部门以此生产，采购部门按此采购等。

（1）总生产计划　它是根据生产计划、预测和客户订单的输入来安排将来的各周期中提供的产品种类和数量，它将生产计划转为产品计划，在平衡了物料和生产能力的需要后，精确到时间、数量的详细的进度计划，是企业在一段时期内总经营活动的安排，是一个稳定的计划，是以生产计划、实际订单和对历史销售分析得来的预测产生的。

（2）物料需求计划　在总生产计划决定生产多少最终产品后，再根据物料清单，把整个企业要生产的产品的数量转变为所需生产的零部件的数量，并对照现有的库存量，可得到还需加工多少、采购多少的最终数量。这才是整个部门真正依照的计划。

（3）能力需求计划　它是在得出初步的物料需求计划之后，将所有工作中心的总工作负荷，在与工作中心的能力平衡后产生的详细工作计划，用以确定生成的物料需求计划是否是企业生产能力上可行的需求计划。能力需求计划是一种短期的、实际应用的计划。

（4）车间控制　这是随时间变化的动态作业计划，是将生产作业分配到具体各个车间，再进行作业排序、作业管理和作业监控。

（5）制造标准　在编制计划中需要许多生产基本信息，这些基本信息就是制造标准，包括零件、产品结构、工序和工作中心，都用唯一的代码在计算机中识别。

① 零件代码。是对物料资源的管理，对每种物料给予唯一的识别代码。

② 物料清单。是定义产品结构的技术文件，用来编制各种计划。

③ 工序。描述加工步骤及制造和装配产品的操作顺序。它包含加工的顺序，指明各道工序的加工设备及所需要的额定工时和工资等级等。

④ 工作中心。是由使用相同或相似工序的设备和劳动力组成的，是从事生产进度安排、核算能力、计算成本的基本单位。

3. 物流管理

（1）分销管理　销售的管理是从产品的销售计划开始，对其销售产品、销售地区、销售客户等各种信息的管理和统计，并可对销售数量、金额、利润、绩效、客户服务做出全面的分析，这样在分销管理模块中大致有三方面的功能。

1）对于客户信息的管理和服务。它能建立一个客户信息档案，对其进行分类管理，进而进行针对性的客户服务，以达到最高效率地保留老客户、争取新客户。在这里，要特别提到的就是新出现的 CRM（Customer Relationship Management）软件，即客户关系管理软件，ERP 与它的结合必将大大增加企业的效益。

2）对于销售订单的管理。销售订单是 ERP 的入口，所有的生产计划都是根据它下达并进行排产的。而销售订单的管理是贯穿了产品生产的整个流程，它包括如下内容。

① 客户信用审核及查询（客户信用分级并以此来审核订单交易）。

② 产品库存查询（决定是否要延期交货、分批发货或用代用品发货等）。

③ 产品报价（为客户做不同产品的报价）。

④ 订单输入、变更及跟踪（订单输入，变更的修正及订单的跟踪分析）。

⑤ 交货期的确认及交货处理（决定交货期和发货事务安排）。

3）对于销售的统计与分析。系统根据销售订单的完成情况，依据各种指标做出统计，比如客户分类统计、销售代理分类统计等，然后针对这些统计结果对企业实际销售效果进行评价。

① 销售统计。根据销售形式、产品、代理商、地区、销售人员、金额和数量分别进行统计。

② 销售分析。包括对比目标、同期比较和订货发货分析，从数量、金额、利润及绩效等方面作相应的分析。

③ 客户服务。客户投诉记录及原因分析。

（2）库存控制　用来控制存储物料的数量，以保证稳定的物流以支持正常的生产，同时又最小限度地占用资本。它是一种相关的、动态的及真实的库存控制系统。它能够结合、满足相关部门的需求，随时间变化动态地调整库存，精确地反映库存现状。这个系统的功能又涉及以下几个方面。

① 为所有的物料建立库存，决定何时订货采购，同时作为采购部门采购、生产部门制作生产计划的依据。

② 收到订购的物料，经过质量检验入库，同时生产的产品也要经过检验入库。

③ 收发料的日常业务处理工作。

（3）采购管理　确定合理的订货量、优秀的供应商和保持最佳的安全储备。能够随时提供订购、验收的信息，跟踪和催促外购或委托加工的物料，保证货物及时到达。建立供应商的档案，用最新的成本信息调整库存的成本。

① 供应商信息查询（查询供应商的能力、信誉等）。

② 催货（对外购或委托加工的物料进行跟踪督促）。

③ 采购与委托加工统计（统计、建立档案，计算成本）。

④ 价格分析（对原材料进行价格分析，调整库存成本）。

4. 人力资源管理模块

以往的 ERP 系统基本上都是以生产制造及销售过程（供应链）为中心的，因此，长期以来一直把与制造有关的资源作为企业的核心资源来进行管理。现在人力资源开始越来越受到企业的关注，被视为企业的资源之本。在这种情况下，人力资源管理作为一个独立的模块，被添加到了 ERP 的系统中来，和 ERP 中的财务、生产系统组成了一个高效的、具有高度集成性的企业资源系统。它与传统方式下的人事管理有着根本的不同。

（1）人力资源规划的辅助决策

① 对企业人员、组织结构编制的多种方案进行模拟比较和运行分析，并辅之以图

形的直观评估，辅助管理者做出最终决策。

② 制订职务模型，包括职位要求、晋升途径和培训计划，根据担任该职位员工的任职资格和条件，系统会提出针对该职位员工的一系列培训建议，一旦机构改组或职位变动，系统会提出一系列的职位变动或升迁建议。

③ 进行人员成本分析，可以对过去、现在、将来的人员成本做出分析及预测，并通过 ERP 集成环境，为企业成本分析提供依据。

（2）招聘管理　人才是企业最重要的资源，只有优秀的人才才能保证企业持久的竞争力。招聘系统一般从以下几个方面提供支持。

① 进行招聘过程的管理，优化招聘过程，减少业务工作量。

② 对招聘的成本进行科学管理，从而降低招聘成本。

③ 为选择聘用人员的岗位提供辅助信息，并有效地帮助企业进行人才资源的挖掘。

（3）工资核算

① 能根据公司跨地区、跨部门、跨工种的不同薪资结构及处理流程制订与之相适应的薪资核算方法。

② 与时间管理直接集成，能够及时更新，对员工的薪资核算动态化。

③ 具备回算功能，通过和其他模块的集成，自动根据要求调整薪资结构及数据。

（4）工时管理

① 安排企业的运作时间以及劳动力的作息时间表。

② 运用远端考勤系统，可以将员工的实际出勤状况记录到主系统中，并把与员工薪资、奖金有关的时间数据导入薪资系统和成本核算中。

（5）差旅核算　系统能够自动控制从差旅申请、差旅批准到差旅报销整个流程，并且通过集成环境将核算数据导进财务成本核算模块中去。

案例阅读

案例　安徽江淮汽车 ERP 应用案例

一、项目的实施过程

江淮汽车在决定引进 ERP 项目时，就涉及选型问题。选型实际上体现了公司对 ERP 的理解。他们一直认为管理信息系统（包括 ERP）是工具，很好用的工具，但不是一个可以开所有锁的万能钥匙。公司流程的优化和基础管理的提升是实施 ERP 的目的，而不是仅仅用计算机来实现操作的自动化。所以在软件选型阶段，他们对 ERP 市场进行了充分的调研，从而认为由 MRP Ⅱ 扩展为 ERP 的软件比较符合他们的要求，可以提升公司的管理水平。有了这样的选型原则，国内的可选优秀软件就不太多了，当然，在选型过程中他们也接触了一些国外的软件公司，其中不乏对制造企业很有研究的公司，但是通过全面考虑软件性能、对中国企业的适用程度以及二次开发的可行性及费用等因素，最终他们选用了自动化所的 RS10 系统。

项目选型完成以后，公司建立了包括各部门领导和业务骨干的项目组，并且由李永祥总经理为项目组组长。项目组分为领导小组和实施小组，领导小组主要是审核计划、配置资源，而由实施小组完成具体业务。项目组制订了 ERP 项目的总体计划，召开了项目启动大会，江淮客车公司 ERP 项目宣布正式启动。

在项目实施的步骤上，考虑到公司的基础数据薄弱、流程不清晰的实际情况，项目组确定了"以物料为核心，前后延伸"的方案。方案以基础数据为第一要务，以物料为突破口来推动 ERP 系统。在整理数据的过程中，也有不理解的员工，各种各样的情况时有发生，而项目组成员一直本着就事论事、不断完善的态度处理和解决问题，同时不断宣传公司新的编码规则，增进大家对项目的理解和认识。同时在基础数据和物料完善的基础上，他们向前后两端进行扩展，销售、采购、生产计划等系统依次成功上线。

江淮客车整个 ERP 项目第一期的目标有两个：一个是总装的送料计划实施，送料计划的完成，也就是完成 MRP 阶段的项目内容；另一个是满足国家体系要求的召回系统，在 ERP 系统中完成企业信息的集成，这是对国家要求的有力保证。

二、已取得的成果

1. 对 ERP 项目认识的提高

领导和业务部门对 ERP 系统的认识和支持是项目推进所取得的第一个成果。实施顾问每次来，都会与总经理李永祥进行交流，沟通实施过程中的难点问题。在项目实施的过程中，所涉及的部门都非常支持，各个部门都主动询问什么时候上自己部门涉及的模块。实施的过程中涉及的流程讨论均有部门领导参与，并进行决策。项目组所选用的人员都是业务骨干，虽然大家平时本职工作已很繁忙，但在明确要完成的任务后都能按时完成。

ERP 项目的推行在得到了各级领导支持的同时，也同样得到了基层员工的理解和支持。在系统运行的过程中，很多员工以前没有接触过计算机，但全部都通过自学、培训等掌握了系统的使用。有一位老仓库管理员在实施仓库管理系统时他还有半年就要退休了，但为了输入物料信息，他自己掏钱买了一个手写板，输入汉字。

2. 基础数据工作已经完成第一阶段

系统中已有基础零部件信息一万多条，包括外购零部件、材料、半成品以及最终产成品信息，形成一定的系统数据基础来支撑现有的系统业务。

3. 库存管理全面上线

目前所有生产物料信息已经完全进入系统，所有仓库已经开始进行系统电子化管理，可实时查询各仓库物料状态。仓库管理人员普遍反映系统账簿的准确度和操作便捷度大大超过了原来手工账务处理的方式。仓库物料出入库周期由原来的 30 天缩短到一天，每个月结算的时间缩短到半天。

4. 采购模块已经上线

目前采购管理模块已经完全上线，采购员可以直接通过采购协议形成订单并且通过到货入库单确认的方式与库存管理模块连接，在物料数据流通上形成了闭环，并且通过采购对接不断完善该厂零部件缺失信息，固化系统中的数据基础。

更重要的是，通过该系统的应用完善了公司的业务流程，消除了采购与物料管理之间的信息壁垒和抱怨，提高了运行效率。

5. 销售模块上线运行

销售系统的应用已经实现了销售订单的签订、审批以及正常地转移并生成生产计划；针对客户的特殊需求、配置等功能也已经投入正常运行，同时全国22个分公司的组织机构及相关业务信息已经完全进入系统运行。

在 RS10 标准版的基础上，他们对销售模块进行了二次开发，开发了可以充分体现江淮客车订单多样性的订单模块，可以适应客车销售的市场要求。销售总公司在三天内就正式运行了订单模块，销售与生产各部门之间的信息沟通更直接更通畅。这个订单模块的开发也为下一步实现动态的 BOM 提供了信息来源的入口。

6. 总装主线生产计划已经正式运行

2006 年 4 月 11 日开始进行总装生产线的生产计划编制与执行的试运行，4 月 15 日即已顺利地完全实现六日生产计划的滚动。销售与生产对接的系统瓶颈已被打破，销售部门可在系统中实时地了解总装生产线的生产情况，可以很方便地查看各批订单车辆甚至各单车的生产上线情况。整车生产的订单→计划→排产→上线→完工→验收入库→销售出库的整个过程目前都可以在系统中进行跟踪。

在实施总线计划之时，整车单车号与原来的单车号有非常大的变化，各车间的核算员在系统运行后都主动找生产部了解相关信息，自己做标注，以适应系统。生产综合查询在系统中运行以后，销售人员不再打电话去生产部了解生产信息了，他们经过授权直接进入系统，就可以知道生产状况、自己的订单在什么状态以及产品是否已经下线。

7. 应国家召回制度的要求，在 RS10 中整合条码系统

汽车召回制度从建立方案到设备招标、软件系统调整等工作花费了两个多月的时间，到目前为止他们已经将召回体系并入 RS10 系统，在保证满足国家要求的同时也对售后服务提供数据支持。现在条码系统的打印、采集和解析联入 RS10 的底层数据库都已经验证完毕，正式运行。

之所以把召回系统并入 RS10 体系是因为：一条信息如果只有一个人知道，它的使用效率是很低的；如果能在部门内部进行流动，那其作用就呈 2 的级次以上提升；而如果能在公司内部进行流动，那效率就呈 8 的级次提升；如果能和其他系统集成，那效率就得到最大限度的提升。

三、下一阶段的工作目标

江淮客车的 ERP 项目实施工作正在稳步进行，虽然他们已经取得了以上的一些成

绩，但这离他们的最高目标还有很长的路要走，比如下一个阶段他们还将通过系统业务的运行，固化流程；实现总装产品工位送料；通过动态的 BOM，完成报价成本，适应市场竞争等。简言之，他们相信只要有企业领导的重视，企业员工的主动参与以及对 ERP 的正确认识，ERP 项目就一定能取得成功，能真正提升企业的竞争力。

思考题

1. 管理信息系统有何功能和特点？
2. 汽车服务企业管理信息系统的特征是什么？
3. ERP 管理系统的特点是什么？
4. 汽车服务企业常用的电子商务有哪几类？
5. 电子商务系统的组成内容是什么？

第9章 企业文化与企业形象

9.1 企业文化概述

9.1.1 企业文化的含义与内容

1. 企业文化的含义

企业文化有广义和狭义两种理解。从广义上讲，企业文化是社会文化的子系统，是一种亚文化。广义的企业文化是指企业在创业和发展过程中形成的共同价值观、企业目标、行为准则、管理制度、外在形式等的总和。从狭义上讲，企业文化体现为人本管理理论的最高层次。狭义的企业文化特指企业组织在长期的经营活动中形成的，并为企业全体成员自觉遵守和奉行的企业经营宗旨、价值观念和道德规范的总和。

企业文化是企业在生产经营实践中逐步形成的，并为全体员工所认同并遵守的、带有本组织特点的使命、愿景、宗旨、精神、价值观和经营理念，以及这些理念在生产经营实践、管理制度、员工行为方式与企业对外形象的体现的总和。它与文化教育、科研、军事等组织的文化性质是不同的。

企业文化是企业的灵魂，是推动企业发展的不竭动力。它包含着非常丰富的内容，其核心是企业的精神和价值观。这里的价值观不是泛指企业管理中的各种文化现象，而是企业或企业中的员工在从事商品生产与经营中所持有的价值观念。

2. 企业文化的内容

根据企业文化的定义，其内容是十分广泛的，但其中最主要的应包括如下几点。

（1）经营哲学 经营哲学也称企业哲学或经营思想，是指企业在经营活动中，对发生的各种关系的认识和态度的总和，是企业从事生产经营活动的基本指导思想和方法论原则，它是由一系列的观念所组成的。它是指导企业行为的基础。一个企业在激烈的市场竞争环境中，面临着各种矛盾和多种选择，这就要求企业有一个科学的方法论来指导，有一套逻辑思维的程序来决定自己的行为，这就是经营哲学。

（2）价值观念 所谓价值观念，是人们基于某种功利性或道义性的追求而对人们（个人或组织）本身的存在、行为和行为结果进行评价的基本观点。价值观念决定着人的追求行为。价值观念不是人们在一时一事上的体现，而是在长期实践活动中形成的关于价值的观念体系。

企业价值观念是指企业及其员工的价值取向，是指企业在追求经营成功过程中所推崇的基本信念和奉行的目标。从哲学上说，价值观念是关于对象对主体有用性的一种观念。而企业价值观念是企业全体或多数员工一致赞同的关于企业意义的终极判断。简而言之，企业的价值观念就是企业决策者对企业的性质、目标、经营方式的取向所做出的选择，是为员工所接受的共同观念。

只有在共同的价值准则基础上才能产生企业正确的价值目标。有了正确的价值目标才会有奋力追求价值目标的行为，企业才有希望。因此，企业价值观念决定着员工行为的取向，关系企业的生死存亡。只顾企业自身经济效益的价值观念，就会偏离社会主义方向，不仅会损害国家和人民的利益，还会影响企业形象；只顾眼前利益的价值观念，就会急功近利，搞短期行为，使企业失去后劲，最终导致灭亡。例如，北京西单商场的价值观念以求实为核心，即："实实在在的商品、实实在在的价格、实实在在的服务"，在经营过程中，严把商品进货关，保证商品质量；控制进货成本，提高商品附加值；提倡"需要理解的总是顾客，需要改进的总是自己"的观念，提高服务档次，促进了企业的发展。

（3）企业精神　企业精神是指企业基于自身特定的性质、任务、宗旨、时代要求和发展方向，并经过精心培养而形成的企业成员群体的精神风貌。企业精神要通过企业全体员工有意识的实践活动体现出来。因此，它又是企业员工观念意识和进取心理的外化。

企业精神是企业文化的核心，在整个企业文化中处于支配地位。企业精神以价值观念为基础，以价值目标为动力，对企业经营哲学、管理制度、道德风尚、团体意识和企业形象起着决定性的作用。因此，企业精神是企业的灵魂。

企业精神通常用一些既富于哲理，又简洁明快的语言予以表达，便于员工铭记在心，时刻用于激励自己；也便于对外宣传，容易在人们脑海里形成印象，从而在社会上形成个性鲜明的企业形象。如北京西单商场的"求实、奋进"精神，体现了以求实为核心的价值观念和真诚守信、开拓奋进的经营作风。

（4）企业道德　企业道德是指调整本企业与其他企业之间、企业与顾客之间、企业内部员工之间关系的行为规范的总和。它是从伦理关系的角度，以善与恶、公与私、荣与辱、诚实与虚伪等道德范畴为标准来评价和规范企业。

企业道德与法律规范和制度规范不同，企业道德不具有法律法规那样的强制性和约束力，但具有积极的示范效应和强烈的感染力，企业道德一旦被员工认可和接受后便具有自我约束的力量。因此，它具有更广泛的适应性，是约束企业和员工行为的重要手段。中国老字号"同仁堂"药店之所以三百多年长盛不衰，就在于它把中华民族优秀的传统美德融于企业的生产经营过程之中，形成了具有行业特色的职业道德，即"济世养身、精益求精、童叟无欺、一视同仁"。

（5）团体意识　团体即组织，团体意识是指组织成员的集体观念。团体意识是企业内部凝聚力形成的重要心理因素。企业团体意识的形成使企业的每个员工把自己的工作和行为都看成是实现企业目标的一个组成部分，使他们对自己作为企业的成员而感到自豪，对企业的成就产生荣誉感，从而把企业看成是自己利益的共同体，形成了归属感。因此，企业的员工就会为实现企业的目标而努力奋斗，自觉地克服与实现企业目标不一致的行为。

（6）企业形象　企业形象是企业通过外部特征和经营实力表现出来的，被用户和公众所认同的企业总体印象。由外部特征表现出来的企业形象称表层形象，如招牌、门面、徽标、广告、商标、服饰、营业环境等，这些都给人以直观的感觉，容易形成印象。通过经营实力表现出来的形象称深层形象，它是企业内部要素的集中体现，如人员素质、生产经营能力、管理水平、资本实力、产品质量等。表层形象是以深层形象为基础，没有深层形象作为基础，表层形象就是虚假的，就不能长久地保持。流通企业由于主要是经营商品和提供服务的，与顾客接触较多，所以表层形象显得格外重要，但这绝不是说深层形象可以放在次要的位置。北京西单商场以"诚实待人、诚心感人、诚信送人、诚恳让人"来树立全心全意为顾客服务的企业形象，而这种服务是建立在优美的购物环境、可靠的商品质量、实实在在的价格基础上的，即以强大的物质基础和经营实力作为优质服务的保证，达到表层形象和深层形象的结合，赢得了广大顾客的信任。

（7）企业制度　企业制度是在生产经营实践活动中形成的，对人的行为带有强制性，并能保障一定权利的各种规定。从企业文化的层次结构看，企业制度属中间层次，它是精神文化的表现形式，是物质文化实现的保证。企业制度作为员工行为规范的模式，使个人的活动得以合理进行，内外人际关系得以协调，员工的共同利益受到保护，从而使企业有序地组织起来为实现企业目标而努力。

9.1.2　企业文化的功能与特征

1. 企业文化的功能

研究企业文化的目的就是利用企业文化为企业的生存与发展发挥作用。那么，企业文化到底有些什么功能呢？

（1）导向功能　所谓导向功能就是通过企业文化对企业的领导者和员工起引导作用。企业文化的导向功能主要体现在以下两个方面。

① 经营哲学和价值观念的指导。经营哲学决定了企业经营的思维方式和处理问题的法则，这些方式和法则指导经营者进行正确的决策，指导员工采用科学的方法从事生产经营活动。企业共同的价值观念规定了企业的价值取向，使员工对事物的评判达成共识，有着共同的价值目标，企业的领导和员工为着他们所认定的价值目标去行动。

② 企业目标的指引。企业目标代表着企业发展的方向，没有正确的目标就等于迷失了方向。完美的企业文化会从实际出发，以科学的态度制订企业的发展目标，这种目标一定具有可行性和科学性。企业员工就是在这一目标的指导下从事生产经营活动的。

（2）约束功能　企业文化的约束功能主要是通过完善管理制度和道德规范来实现的。

① 有效规章制度的约束。企业制度是企业文化的内容之一，企业制度是企业内部

的法规，企业的领导者和企业员工必须遵守和执行，从而形成约束力。

② 道德规范的约束。道德规范是从伦理关系的角度来约束企业领导者和员工的行为。如果人们违背了道德规范的要求，就会受到舆论的谴责，心理上会感到内疚。"同仁堂"药店"济世养生、精益求精、童叟无欺、一视同仁"的道德规范约束着全体员工必须严格按工艺规程操作，严格质量管理，严格执行纪律。

（3）凝聚功能 企业文化以人为本，尊重人的感情，从而在企业中造就了一种团结友爱、相互信任的和睦气氛，强化了团体意识，使企业员工之间形成强大的凝聚力和向心力。共同的价值观念形成了共同的目标和理想，员工把企业看成是一个命运共同体，把本职工作看成是实现共同目标的重要组成部分，整个企业步调一致，形成统一的整体。"厂兴我荣，厂衰我耻"成为员工发自内心的真挚感情，"爱厂如家"就会变成他们的实际行动。

（4）激励功能 共同的价值观念使每个员工都感到自己的存在和行为的价值，自我价值的实现是人的最高精神需求的一种满足，这种满足必将形成强大的激励。在以人为本的企业文化氛围中，领导与员工、员工与员工之间互相关心，互相支持。特别是领导对员工的关心，员工会感到受到尊重，自然会振奋精神，努力工作。另外，企业精神和企业形象对企业员工有着极大的鼓舞作用，特别是企业文化建设取得成功，在社会上产生影响时，企业员工会产生强烈的荣誉感和自豪感，他们会加倍努力，用自己的实际行动去维护企业的荣誉和形象。

（5）调适功能 调适就是调整和适应。企业各部门之间、员工之间，由于各种原因难免会产生一些矛盾，解决这些矛盾需要各自进行自我调节；企业与环境、与顾客、与其他企业、与国家、与社会之间都会存在不协调、不适应之处，这也需要进行调整和适应。企业哲学和企业道德规范使经营者和普通员工能科学地处理这些矛盾，自觉地约束自己。完美的企业形象就是进行这些调节的结果。调适功能实际也是企业能动作用的一种表现。

（6）辐射功能 文化力不止在企业起作用，它也能通过各种渠道对社会产生影响。文化力辐射的渠道很多，主要有传播媒体、公共关系活动等。

2. 企业文化的特征

企业文化的内容是极为丰富的，而不同企业的企业文化又是千差万别的。但经过科学的抽象概括，我们不难在这千差万别之中找出共同的普遍性特点。企业文化的特征是由其结构和功能决定的，它包括两个方面：一方面是作为构成企业文化基本元素的企业文化质点（特质）具有的特征；另一方面是作为整体，作为总和的企业文化具有的特征。

具体来说，我们可以将企业文化的本质特征归纳为几个方面。

（1）人文性 企业文化作为一种管理哲学，是以人为中心的，这也是企业文化与传统的以物为中心的管理思想的根本区别。工业文明是诞生于西方的，企业管理的传统思想带有浓厚的西方科学主义色彩。这样的管理把企业看作单纯的经济组织，把生产过程看作单纯的物的运作过程，管理的主要对象是物，人被看做物（机器、产品）的附属品。这其中见物不见人的片面性随着经济的发展，越来越成为阻碍企业进步的桎梏，而企业文化理论这一充满东方人文色彩的管理哲学应运而生，有效地弥补了西方传统管理思想中的先天不足。所谓企业文化的人文性，就是从企业文化的角度来看，企业内外一切活动都应是以人为中心的。从企业内部来看，企业不应是单纯地制造产品、追求利润的机器，员工不应是这部机器上的部件；企业应该是使员工能够发挥聪明才智，实现事业追求、和睦相处、舒畅生活的大家庭。从企业外部看，企业与社会不应该单纯是商品交换关系，企业生产经营的最终目的是为了满足广大人民的需要，是为了促进人类社会的发展。

（2）社会性　企业存在于社会中，社会文化包括社会意识形态、社会价值观念、社会行为准则、社会文化心理、社会道德规范、社会人际关系等。社会文化时刻影响着企业文化，渗透到企业文化之中，要建设社会主义企业文化，就必须"以科学理论武装人，以正确理论引导人，以高尚的精神塑造人，以优秀作品鼓舞人"。

企业文化是企业这个经济社会群体共同价值取向、行为准则、生活信息等，它是一种社会群体的心理文化、物理文化和行为文化。到"丰田村"工作的员工，往往都以有"丰田精神"而自豪，他们的观念、行为、文化更加紧密地连结为一个整体，企业文化必然是社会性的。

（3）集体性　企业文化是在企业生产经营过程中，逐步将自己的价值观、规范和制度积淀下来形成的。这不是哪个企业成员或哪一部分人员所能完成得了的一个长期的过程。企业的价值观念、道德标准、经营理念、行为规范、规章制度等都必须是由企业内部的全体成员共同认可和遵守的。企业文化是依靠企业全体成员的共同努力才建立和完善起来的，所以说，企业文化具有集体性。

（4）个异性　许多企业管理理论总是试图寻找一种适合于一切情况的企业运行模式。这种"共性"化的管理模式尽管在今后也不应完全抛弃，但它的确是"一刀切"弊病的原因之一。而企业文化理论则更强调把握企业的个性特征，强调按照企业自身的特点进行有效的管理。实际上，任何企业都有自己的特殊品质。从生产设备到经营品种，从生产工艺到经营规模，从规章制度到企业价值观，都各有各的特点。即使是生产同类产品的企业，也会有不同的文化设施、不同的行为规范和技术工艺流程。所以，每个企业的企业文化都具有其鲜明的个体性、殊异性特色。任何一般的、空洞的企业文化，都不可能有持久、强大的生命力。

（5）社区性　企业文化是企业作为一个社会群体的存在样式，企业不是一个单纯的经济机构或生产机构，不是个人的简单集合。企业是一个社会组织，是现代社会的一种社区类型。企业对员工来说，不仅是工作环境，还是生活环境、交往环境。企业不光为员工提供了谋生手段，同时为员工提供了人生舞台，提供了满足多种需求的条件。

（6）综合性　企业文化不但具有个异性，而且也具有综合性。文化本身因为有用、有价值，特别是当一种文化的价值是另一种文化所不具有的时候，它的这种价值便会被别种文化所吸纳。不管何种文化，它作为民族的、社区的共同体验的结晶，都含有特殊的价值。当这些文化相遇的时候，它们彼此相互吸取、融合、调和各个个异文化中有营养的部分，重新构筑新的个体企业文化的机制和特征。这即是企业文化的综合性。

企业文化的综合性，不能简单地理解为平面的集中，它实质上是精华的吸收与再造，包括生成新的文化。企业文化的综合性愈强，生命力就越强。

（7）规范性　企业文化是由企业内部全体成员创造出来的，企业文化具有整合功能。这就要求企业内个人的思想行为与企业文化认同一致，至少与企业利益密切相关的思想和行为应当符合企业的共同价值观。当企业员工的思想行为与企业文化发生矛盾时，应当服从企业整体文化的规范要求，在这一规范下，企业力图使个人利益与集体利益、个人目标与企业目标统一起来。

（8）时代性　任何企业都是置身于一定时空环境之中的，受时代精神感染，又服务于社会环境。企业的时空环境是影响企业生存与发展的重要因素，企业文化是时代的产物。因此，它的生成与发展，它的内容与形式，都必须受到一定时代的经济体制和政治体制、社会结构、文化、风尚等的制约。由后者众多因素构成的时代精神在企业文化中反映出来，即构成了企业文化的时代特征。

企业文化是时代的产物，又随着时代的前进而不时地演化着自己的形态。一方面，不同时代具有不同的企业文化；另一方面，同一个企业在不同时代，其文化也有不同特点。每一个时代的企业文化都深刻地反映了那个时期的特点和风貌，反映了它们产生的经济和政治条件。随着经济、政治体制改革日益深入，市场经济日益发展，改革开放、开拓进取、竞争、效率等观念、文化都必然成为未来企业文化的主旋律。可见，时代特点感染着企业文化，企业文化反映着时代风貌。

（9）民族性　所谓民族，就是"人们在历史上形成的一个有共同语言、共同区域、共同经济生活以及表现于共同文化上的共同心理素质的稳定的共同体"。在世界文化体系中，由于民族区域生态环境不同，文化积累和传播不同，社会和经济生活不同，处于不同民族群体之中的人们，由于共同参与并共享一种文化制度，久而久之，形成了一个民族的人们共同的精神形态上的特点，如特定的民族心理、风俗习惯、宗教信仰、伦理道德、价值观念、行为方式、生活方式等，形成了自己独特的民族文化。

任何工厂、商店等，都是一定国家、一定民族的生产经营单位。因此，任何企业文化，从一定意义上说，都必定是某一民族文化的微观（经营单位）的表现形式。因此，民族性、国民性，也就成为企业文化必然具备的一个重要特征。

9.2 企业文化建设

9.2.1 企业文化的建设原则和程序

企业文化建设是一项长期而复杂的系统工程，必须持久地、深入地、全面地开展。企业文化建设涉及的问题比较多，不同的国家制度、不同的民族特点、不同的经济政治环境、不同的行业、不同的地域等都会影响企业文化的建设。

1. 企业文化的建设原则

企业文化的建设原则要体现企业的竞争精神，这种竞争精神可以包含在价值观之中，而价值观与创新、忠诚及提高生产力密切相关。企业文化建设的八大原则如下所述。

（1）目标原则 企业行为是有目标的活动。企业文化必须把有价值的目标反映出来，使每个员工都明确他们的工作是与这一目标相联系的。这样，员工就会感到自己的工作意义重大，并且"自我实现"的需要可以得到满足。领导者的任务就是要把目标传达给每个员工，借此带动员工，这就是"目标驱动"。具有竞争力的领导者会把"我们的灵魂"与"我们的工作"连在一起，并因为有真正的拥护者和追随者而使企业实现其崇高而长远的目标。对于目标原则的实施情况，可以从以下两点来检验：

① 员工是否了解企业的长远目标，是否认为自己的工作具有真正的社会价值；

② 管理层在制订政策时是考虑到企业的发展目标，还是只针对眼前的情况而采取权宜之计。

（2）共识原则 企业成功与否，要看它能否聚集众人的创意，看它能否激励基层员工和管理人员一起从事创造性的思考和工作。如今的员工都受过专门的教育和训练，文化知识素质较以前有大幅度提高。他们不再习惯于一味地跟着别人跑，不再需要俯首帖耳、唯命是从，他们都有自己的头脑，有自己的价值目标，他们要求领导和管理方式从"指挥式"转向"共识式"。管理者的重要使命在于决策，决策有指示式、谘商式和共识式。共识式决策就是在决策时召集较多同事或部属坦诚地、充分地进行商讨而达成一致，因而人人都有主人翁感，人们将企业的决定视为自己的决定，因而全身心地为企业服务。对共识原则的实施情况，主要根据以下两点来检验：

① 影响整个企业的重大决策，是否通过共识方式决定；

② 管理人员是否具备共识式决策所需要的作风和技能。

（3）卓越原则 追求卓越就是"求好"，企业的一切工作都应以卓越的方式完成。卓越是关于杰出工作信念的理想境界，是一种精神、一种动力、一种工作理念，并不只是指工作绩效的完美无缺。卓越掌握着一个人或一个企业的生命和灵魂，所有成功的企业都培养出了追求卓越的精神，这就是求新求变、更上一层楼的精神。对于卓越原则的实施情况，主要通过以下三点来检验：

① 是否所有的员工和管理人员都能够定期进行自我评价，并注意自我教育和改进；

② 管理人员一般对目前的成绩感到满意或一直不满意；

③ 企业对员工的创新行为是否一贯采取主动奖励措施。

（4）一体原则　坚持一体原则，就是要追求企业全体成员的"一体感"，也就是让员工认识到个人利益与企业利益休戚相关。当企业能够满足自己"拥有的需要"时，员工愿意保护企业，使其免受伤害，员工会为企业的成功而感到喜悦，受到鼓舞，为企业的失败而感到沮丧、痛苦，进而能做到为企业的整体利益而牺牲自己的眼前利益。创造这种"一体感"的关键在于：减少不必要的管理层次，并尽量让企业最基层的人员担当重任；不再强调管理层与员工之间的界限，而是最大限度地强调企业全员参与和共识；管理者通过个人的表率作用，表现出对员工的信任并引导员工产生"自我拥有"的满足感。对一体原则的实施情况，可通过以下三个方面加以检验。

① 管理者是否认为员工也在决策过程中有所贡献。员工是否觉得自身努力的目标对整个企业目标的实现有帮助。

② 晋级、加薪和奖赏是否依据个人的能力和业绩，而不是根据个人地位等与工作能力无关的方面。

③ 当企业整体受益时，企业内部的各阶层是否都分享到了奖励与荣誉。

（5）成效原则　企业员工的每一项成就都应该得到企业和领导者的肯定和鼓励。成效原则就是把员工的利益与工作的成绩联系起来，如员工的工资可以按工作的成绩来支付，而不是按权力和资历来定。但更重要的是要给员工带来优胜感和光荣感，即精神上得到奖赏，因为没有别的奖赏能比领导、同行给予的由衷赏识更能激励人心、更具威力了。对于成效原则的实施情况，可通过以下几个方面检验。

① 企业给出的奖赏是按成效还是按资历来决定的。

② 是否依据企业内不同机构的优异程度而分别设立不同的奖金制度。

③ 是否根据个人的成绩来决定晋升。

（6）实证原则　企业成功的概率，在一定程度上取决于是否把基本的数学观念、数学工具运用到企业决策中，以及是否具有一般意义的科学态度，也就是讲不讲实证原则。科学的态度就是善于思考，对被认为"已知的"事物追根究底，这是一种极好的素质，它与智力的怠惰恰好相反。对于实证原则的实施情况，可通过以下几个方面检验。

① 每个管理者与员工所组成的团队，是否知道本身负责的资料，是否能看到这些资料，以及是否如期把资料绘成图表。

② 当问题出现时，是否搜集资料并做分析，以便决定采取何种应对措施。

③ 分析资料是否运用统计程序，资料是否在工作场所公布。

（7）亲密原则　亲密原则是就企业中人与人之间的关系而言的。亲密感是存在于企业及其成员之间的一条看不见的线，是一种基本的人性追求。也就是说，一个人在与企业内的其他成员相处时必须以真诚、友善、尊重、信任和关心他人的方式投入自己，并使对方给自己以同样的真诚、友善、尊重、信任和关心。有了亲密感，才能提高信任、牺牲和忠诚的程度。对于亲密原则的实施情况，可通过以下几个方面检验。

① 企业是否经由它的政策与行动来显示关心每位员工在企业内的发展。

② 在企业中，员工是否感受到如鱼得水般的快乐，是否获得了必需的安全感。

③ 员工们是否愿意经常自觉组合以贡献自己的创意。

（8）正直原则　正直是企业文化赖以建立的磐石，也是领导者不可或缺的品质。正直就是诚实、前后一致、表里一致和以负责的态度采取行动。领导者要使企业的目标得以实现，就必须取得下属的信任和支持。而正直的精神是最富有人格说服力的，它能鼓舞员工，激发他们的干劲。领导者必须依靠他们自己的人格力量，通过鼓舞和引导来强化他们的号召力。对于正直原则的实施情况，可通过以下几个方面检验。

① 制订决策时是否优先考虑到用户与员工的长期益处。

② 企业内的沟通渠道是否会让员工知道企业的真正目标以及做某种决定的动机。

③ 管理人员是否具有足够的魅力吸引员工，使之心悦诚服，长期跟随。

2. 企业文化建设基本程序

建设企业文化是一项复杂而艰巨的系统工程，优秀企业文化的构建不像制定一项制度、提出一个宣传口号那样简单，它需要企业有意识、有目的、有组织地进行长期的总结、提炼、倡导和强化。

建设企业文化的基本程序，一般包括调查研究、定格设计、实践巩固和完善提高四个环节。

（1）调查研究　除了新创建的企业外，多数企业建设自身的文化都是在原有"文化"的基础上进行的，即都是"非零起点"。所以，建设企业文化，应首先搞好调查研究，把握企业现有的文化状况及影响企业文化的各种因素，为企业文化的定格做好准备。调查研究主要内容包括：企业的经营领域、企业领导者的个人修养和风范、企业员工的素质及需求特点、企业的优良传统及成功经验、企业现有文化理念及其适应性、企业面临的主要矛盾、企业所处地区的环境等。

（2）定格设计　企业文化的定格设计，即在分析总结企业现有文化状况的基础上，充分考虑到企业的经营领域、企业领导者的个人修养和风范、员工素质及其需求特点、企业的优良传统及其成功经验、企业现有文化理念及其适应性、企业面临的主要矛盾和所处地区环境等因素的影响，用确切的文字语言，把肯定的企业价值观念表述出来，成为固定的理念体系。企业理念体系大体包括企业使命、企业目标、企业价值观、企业道德、企业精神、经营观、管理观、人才观、服务观、员工基本行为准则及企业风尚等。

企业文化定格设计应遵从下述原则：从实际出发和积极创新相结合；创造个性与体现共性相结合；领导组织和群众参与相结合。

（3）实践巩固　企业文化定格后，就要创造条件付诸实践并加以巩固。即把企业文化所确定的价值观全面地体现在企业的一切经济活动和员工行为之中，同时采取必要的手段，强化新理念，使之在实践中得到员工的进一步认同，使新型的企业文化逐步得到巩固。

　　具体需要做好以下几方面工作。

　　① 积极创造适应新的企业文化运行机制的条件。

　　② 加强精神灌输和舆论宣传。

　　③ 企业领导者以身作则、积极倡导。

　　④ 利用制度、规范、礼仪、活动等形式进行强化。

　　⑤ 鼓励正确行为。

　　（4）完善提高　企业文化定格并在实践中得到巩固以后，尽管其核心的和特色的内容不易改变，但随着企业经营管理实践的发展、内外环境的改变，企业文化需要不断充实、完善和发展。

　　企业领导者要依靠员工，积极推进企业文化建设，及时吸收社会文化和外来文化中的精华，剔除本企业文化中沉淀的消极成分，不断对现有文化进行提炼、升华和提高，从而更好地适应企业变革与发展的需要。

9.2.2　企业文化建设的基本方法

　　建设企业文化的方式与方法是多种多样的，它与企业的经营管理活动相伴随，相互渗透，相互推动。建设企业文化的方法主要有以下多种。

　　（1）领导引导法　企业领导是企业文化的倡导者和最具权力的指挥者。一个企业构建什么样的企业文化往往是由企业领导首先提出并做出最后决定的。所谓领导引导法，就是指企业领导人在企业文化构建中开阔视野，拓宽思路；用心谋划，提出建议；积极协调，严密组织；舍得投入，科学运作；追求一流，以身作则。

　　（2）观念更新法　要构建良好的企业文化，首先要做的就是更新观念。所谓观念更新法，就是指在构建企业文化之前，首先要确立正确的企业文化理念与方针，针对企业的不同人员，运用各种传媒手段、各种形式和丰富多彩的活动，分层次、有系统地进行宣传引导，统一思想认识，从而实现企业文化观念上的"汰旧更新"。

　　（3）突出中心法　人是企业文化建设的中心，构建企业文化必须突出以人为中心。所谓突出中心法，就是指真正把企业员工作为人来加以重视和尊重，围绕人来做文章，使一切工作服从于人，服务于人，极大地激发企业员工的热情，关心和满足企业员工在物质和精神上的需求，重视并调动企业员工搞好企业文化的积极性、主动性和创造精神，最终使企业员工成为一个有益于企业和社会的人。

　　（4）优化载体法　企业文化载体是企业文化赖以存在和发挥作用的物质结构和手段，是企业文化的物化形态。所谓优化载体法，就是指在构建企业文化的同时，优化主体载体、组织载体、制度载体和物质载体。即提高人的素质，健全组织，完善制度，搞好物质建设和保障，使各种载体充分作用于企业文化，成为企业文化的良好物质实体。

　　（5）稳定结构法　企业文化的结构由物质文化层、行为文化层、制度文化层和精神文化层组成。所谓稳定结构法，就是指正确把握企业文化各结构部分之间的关系，有效控制和促进各结构相互之间的影响和作用，紧紧抓住精神文化层，强化制度文化层和行为文化层，不断改善物质文化层，使其成为一个完整稳定的系统体系，确保企业文化的正常运作。

（6）训练培养法　良好的企业文化离不开对企业员工的训练和培养，所谓训练培养法，就是指企业根据企业文化的要求，运用技术培训、技术表演、操作实习、集体活动等形式，对企业员工进行教育和训练，使其了解企业的历史、立场、方针和未来；掌握工作条件和规则，知道应遵循或遵守的制度规范，具有正确的工作态度、精神面貌、礼节礼仪，以及应具备的良好形象；树立正确的人生观、价值观，有协调精神，责任感强，积极性高，真正成为一个有"文化"的企业员工。

（7）民主驱动法　企业民主既是企业文化的目的，也是搞好企业文化的手段。所谓民主驱动法，是指企业依据一定的企业文化，把每个员工都看成是企业共同体中不可缺少的一员，真正确立员工在企业中的主人翁地位，从制度上保障员工的合法权益，密切领导与员工的关系，让员工在企业经营管理中的一系列重大问题上真正具有发言权、参与权和监督权，畅通民主渠道，健全民主机制，注意发挥职代会、工会等群众组织的作用，充分调动员工的积极性，有力地促进企业文化的发展。

（8）目标管理法　企业目标具有对企业文化的导向作用。所谓目标管理法，就是指企业根据本企业文化　所要达到的目的，制订相应的目标，包括战略性目标、策略性目标以及方案和任务，把企业文化的内容用目标加以量化和细化，要求、鼓励和吸引企业全体人员为实现目标而努力工作并承担相应的责任，把计划、实施、考核、评价等各环节都纳入到目标管理体系之中，确保企业文化模式内各要素功能的充分发挥。

（9）职责挂钩法　各司其职，各负其责，确定企业文化的责任内容，这对于企业文化建设具有独特的作用。所谓职责挂钩法，就是指在企业文化建设中，将内容寓于每个人的职务之中，将责任落实到每个人，调动和激发每个人的积极性，充分发挥责任感和主动性，打破企业文化中的"大锅饭"现象，解决"大家负责、无人负责"的问题。

（10）轻重缓急法　构建企业文化应采取哪些步骤没有一定之规，企业需要根据自己的实际情况而定。所谓轻重缓急法，就是指企业将影响企业文化形成的各种因素分类排队，分清轻重、缓急和难易，按照先"重"后"轻"、先"急"后"缓"、先"易"后"难"的次序来安排构造企业文化的步骤。当然，有些问题虽难，但对企业全局来说属"重"和"急"的问题，也应优先解决。

（11）机构作用法　构建企业文化固然离不开广大员工的作用，但专业人员和专门机构的作用也同样不可忽视。所谓机构作用法，就是指为了保证企业文化构建工作的顺利进行，企业建立专门的组织机构，制订规划，培训骨干，组织实施规划，对员工进行企业文化方面的教育，向领导提出建议，组织企业文化试点等。

9.3 企业形象

9.3.1 企业形象概述

1. 企业形象的含义

企业形象一词来源于英文 Corporate Identity，又称为 Corporate Image，缩写为 CI，翻译成中文为"企业识别"或"企业形象"。企业形象是指人们通过企业的各种标志（如产品特点、行销策略、人员风格等）建立起来的对企业的总体印象。企业形象是企业精神文化的一种外在表现形式，它是社会公众与企业接触交往过程中所感受到的关于企业的总体印象。这种印象是通过人体的感官传递获得的。企业形象能否真实反映企业的精神文化，以及能否被社会各界和公众舆论所理解和接受，在很大程度上取决于企业自身的主观努力。

实践证明，树立良好的企业形象，对创建品牌、增强企业核心能力与竞争能力、提高企业经营管理水平和经济效益等方面都具有极其重要的作用。良好的企业形象对企业员工而言，可增强企业员工的向心力、凝聚力，从而为企业吸引更多高素质的优秀人才。

2. 企业形象的内容

企业形象虽然以知名度、信誉、声望等形式存在于社会大众的观念之中，但是，这些观念都是人们在对企业客观实在形象的接触中形成的。企业的物质要素、品质要素、制度要素、精神要素和习俗要素在经营中的表现，构成了客观实在的企业形象。企业形象的内容如下所述。

（1）物质要素 物质要素可以喻为企业形象的骨架，其直观性最强，衡量尺度最直接，是构成企业形象的基础。物质要素包括企业向社会提供的产品和服务，企业的厂房、厂区环境及设备技术水平，企业的经济效益和物质福利待遇以及企业排放废物对生态环境的影响情况等。无论哪个企业，在上述各方面做扎扎实实的改进，都会有益于企业形象的提高。

（2）品质要素 品质要素可以喻为企业形象的血肉，这是由企业全体员工的因素而展现的企业形象。企业领导人的素质、作风和领导才能对企业形象所起的作用最大。在一定条件下，企业领导的形象就代表着企业形象；企业各岗位的员工，特别是与公众直接接触的销售、服务、公关等岗位的员工，他们的工作精神、态度和作风，随时都在影响着企业的形象；企业英雄、模范人物的形象越高大，事迹越感人，就越为企业形象添光彩。

（3）制度要素 制度要素可以喻为企业形象的内脏。一个企业如果具有合理的组织机构，科学、健全的规章和制度，而且这些规章制度都能得到严格的遵守，那么这个企业就会具备灵活的、应变性很强的运行机制。有了这种内部机制，企业就能主动地自我更新，不断使企业形象更加完美。

（4）精神要素　精神要素即企业的价值观、精神状态、理想追求等，可以将它喻为企业形象的灵魂，这些要素虽是无形的东西但却体现在有形的东西之中。没有它们，企业形象就没有生气，没有活力，就会像服装店中身着华丽服装摆出各种姿势的模特人一样。模特人与演员模特尽管穿着同一套服装，但给人留下的印象却完全不同，原因就在于，演员的精神、气质、态度与服饰融为一体，大大提高了整体形象的优美程度。

（5）习俗要素　习俗要素是以物质性、活动性为特征的风俗习惯，其直观性很鲜明，因此可以像服饰一样地修饰企业形象。如企业的礼仪或公关礼节、传统作风、商标、品牌、厂徽、厂服、荣誉称号等内容的展示等都是构成企业独具个性的形象的一部分。

以上五种要素有的有形，有的无形，有的是静态的，有的是动态的，它们互相联系，彼此渗透和谐统一，共同构成企业完整的形象。这五种要素构成了企业形象的各个方面，包括：产品形象、媒介形象、组织形象、标识形象、人员形象、文化形象、环境形象和社区形象，以上各方面的形象组成要素见表9-1。

表9-1　形象的组成要素

形象类别	组成要素
产品形象	质量、款式、包装、商标、服务
组织形象	体制、制度、方针、政策、程序、流程、效率、效益、信用、承诺、服务、保障、规模、实力
人员形象	领导层、管理群、员工
文化形象	历史传统、价值观念、企业精神、英雄人物、群体风格、职业道德、言行规范、公司礼仪
环境形象	企业门面、建筑物、标志物、布局装修、展示系统、环保绿化
社区形象	社区关系、公众舆论

3. 企业形象的分类

企业形象是一个多维度、多层次的概念，可以从不同的角度对企业形象进行分类。

（1）特殊形象与总体形象　按企业形象的内容，可分为特殊形象和总体形象。

特殊形象是企业针对某一类公众所设计、形成的形象。如某股份有限公司在经营管理中，对员工、股东、管理者、用户、政府、传播媒介、社区等公众树立的不同形象，就是特殊形象。针对企业形象的某一个方面，企业留给公众的印象也是特殊形象，如某企业良好的厂区环境、优质的产品、完善的服务等都属此类。企业的特殊形象是企业改善自我形象的突破口，是构成企业整体形象的基础。

总体形象是各个特殊形象的综合和抽象，是社会公众对企业的整体印象。形成总体形象的因素除了产品、服务、环境等具体形象外，还有企业的许多综合因素和指标，比如企业的发展史、市场占有率、经济效益及社会贡献等。总体形象可以是对不同公众所建立的特殊形象的总和，也可以是各种形象因素所构成的特殊形象的总和，一般用知名度与美誉度来表示一个企业的总体形象。

（2）内部形象与外部形象　按照评价主体和认定尺度的不同，企业形象可以分为内部形象和外部形象。

内部形象又称为主体形象，是指企业员工通过对本企业的综合考察、认识后形成的总体印象，它是企业形象各要素在员工印象中的反映和评价。企业内部形象完美，能够增强员工对企业的满意感、自豪感和荣誉感，从而增强企业的凝聚力，强化员工与企业"命运共同体"的群体意识；反之，则会减弱和淡化这种荣辱与共的意识。

外部形象又称为企业的社会形象，是一个企业在社会公众（消费者、社区居民、机关公务员等）心目中留下的印象，或者是企业形象要素在社会公众头脑中的反映。一般来说，社会公众对企业的评价和印象，并不需要对企业进行长期了解和全面考察，只是就他们和企业发生关系的某个事件或接触的某些方面去评价企业并形成对该企业的印象。

（3）有形形象与无形形象　按企业形象的可见性，企业形象可以分为有形形象和无形形象。

有形形象也可称为企业的硬件形象，指的是社会公众可以通过自身感觉器官直接感受到的企业实体形象。有形形象主要包括企业的产品形象、员工形象、环境设施形象等。可以说，产品形象是工业企业最主要的实体形象，企业只有创造出优质、新颖、美观、价格合理的产品（商品）形象，才能满足广大消费者日益增长的物质文化需要。如果企业是服务性企业，那么其所提供的服务质量则是该企业重要的形象。员工形象是塑造企业形象的根本和保证，全体员工在劳动热情、业务技能、劳动效率、服务态度、服饰仪表、言谈举止等方面给社会公众留下的印象也至关重要。环境设施形象是塑造企业整体形象的基础，一个装备优良、设施先进、环境优美的企业自然给人以现代企业的感受，而那种设施简陋、装备陈旧、环境脏乱的企业，给社会玄众的第一印象就是一个低劣的企业形象。

无形形象指的是潜伏隐藏在企业内部的企业精神、管理风格、企业信誉、经营战略等无形因素在社会公众中形成的观念印象。其中，企业信誉是无形形象中的主体内容，它体现在企业的经营管理活动中，看不见摸不着。企业信誉的好坏，在一定程度上会左右公众对该企业所采取的行动。信誉是无形的，但对企业来说却是一笔极有价值的财富。

在现实中，人们总是先感受到有形的东西，才能在头脑中进一步抽象综合成一个无形形象。由于无形形象是建立在有形形象基础之上的，因此，对于企业来说，改变自己的形象，首先能做的就是改变自己的有形形象，这种改变较之无形形象的改变，比较迅速，亦比较容易，如产品质量的提高会迅速改变企业在公众心目中的有形形象。但无形形象的改变，更深刻、作用更大。企业要树立良好的信誉和卓越的企业文化，需要企业各部门、各方面长期的努力，它对公众产生的影响，远远大于有形形象。

（4）现实形象与理想形象　按企业形象的塑造过程，企业形象可以分为现实形象和理想形象。

现实形象是企业塑造形象之前为社会公众所认同的形象。一般可以通过形象调查，用一定的方法测得企业的现实形象。现实形象可能是良好的、受公众欢迎的，也可能是平庸的，甚至是低劣、不符合公众意愿的形象。这种现实形象不但是塑造企业新形象的起点，而且是影响企业生存和发展的最现实的因素。企业只有正确地认识和评价自身的形象，找到缺陷和不足，才能塑造出期望的理想形象。

理想形象亦称期望形象或目标形象，是企业期望在公众心目中获得的最佳形象，它是企业改善自己形象的努力方向。任何一个企业，要改善自己的形象，首先就需要设计自己的理想形象。理想形象的设计，要经过认真的调查研究，了解社会公众的意见和要求，充分发挥自身的优势，弥补现实形象中的不足，充分体现时代风貌和要求。理想形象往往在企业新创立或有重大改变如转产、扩产时进行评定，作为企业以后塑造形象的奋斗目标。

（5）正面形象与负面形象　按照社会公众的评价态度不同，企业形象可以划分为正面形象与负面形象。

社会公众对企业形象的认同或肯定的部分就是正面形象，抵触或否定的部分就是负面形象。任何企业的形象都是由正反两方面构成的，换言之，企业形象应是一分为二的，公众中任何一个理智的个体都会既看到企业的正面形象，又看到企业的负面形象。对于企业来说，一方面要努力扩大正面形象，另一方面又要努力避免或消除负面形象，两方面同等重要。往往不是正面形象决定用户一定购买某企业产品或接受某项服务，而是负面形象一定使得他们拒绝购买某企业产品和接受其服务。

（6）直接形象和间接形象　根据公众获取企业信息的媒介渠道，企业形象可以划分为直接形象和间接形象。

公众通过直接接触某企业的产品和服务、通过亲身体验形成的企业形象是直接形象，而通过大众传播媒介或借助他人的亲身体验得到的企业形象是间接形象。对企业形象进行这种划分十分重要，如果一个用户在购买某品牌汽车时看到的是落后的设计、野蛮的装配，试用时这也有毛病，那也不如意，无论别人告诉他这款车如何好、这家企业如何不错，他也一定不会购买，因为直接形象比间接形象更能够决定整个企业形象。有些企业以为树立企业形象只能靠广告宣传，而不注重提高产品质量和服务水平，这就是只看到间接形象而忽视了直接形象。

（7）主导形象和辅助形象　根据公众对企业形象因素的关注程度，企业形象可以划分为主导形象和辅助形象。

公众最关注的企业形象因素构成主导形象，而其他一般因素构成辅助形象。例如，公众最关心汽车的质量（安全性、经济性、越野性、空间大小等）和价格（是否公道合理），因而汽车的质量和价格等构成汽车厂家的主导形象；而汽车厂家的企业理念、员工素质、企业规模、厂区环境、是否赞助公益事业等则构成企业的辅助形象。企业形象由主导形象和辅助形象共同组成，决定企业形象性质的是主导形象；辅助形象对主导形象有影响作用，而且在一定条件下能够与主导形象实现相互转化。

4. 企业形象的特征

企业形象形成以后，就会在一段时间内保持不变，具有相对稳定性。这一形象通过各种传播渠道逐渐影响社会公众对这一企业的态度。而公众的态度将会支配着公众对这一企业的情感倾向，所做的判断、思考以及舆论和行为。而公众对这一企业的情感倾向、判断、舆论和行为通过传播又反过来构成了关于这一企业的信息的一部分，从而影响其他人对该企业的印象，形成一个循环过程。公众在这种不断的循环中逐步修正他们心目中关于这一企业的形象，这就是企业形象发生作用的机制。

因此，企业形象作为某一特定范围内人们对企业印象的综合，它既不等同于企业所发生的所有客观事实，也不等同于某个个体的印象，而具有其自身的一些特征。

（1）整体性　企业形象是企业在长期的生产经营活动中给社会公众留下的整体印象。企业形象是由多种要素构成的，主要表现在以下五个方面。

① 综合因素，包括企业的发展历史、社会知名度、美誉度，以及市场占有率、经济效益、社会贡献等。

② 企业员工素质及服务水平，包括人员的知识结构、文化素养、服务态度、服务方式、服务功能、服务质量等。

③ 生产与经营管理水平，如产品品种、产品结构、质量、经营方式、经营特色、基础管理、专业管理、综合管理水平等。

④ 物质设施，包括厂址、设备、营业场所陈列和布局等。

⑤ 公共关系，如公关手段、信息沟通形式、广告宣传形式及置信度等。

（2）社会性　企业形象是由很多人的印象汇总而成的，因此，离开了社会，没有社会交往和商品交换，人们就不可能对企业产生印象，更不可能产生企业形象了。企业形象的社会性主要表现在两个方面。其一，企业形象是社会的产物，是不以人的意志为转移的社会现象。虽然企业形象的具体产生过程是人们的主观意识对企业这一客观事物的反映，属于主观性的内容，但是，企业形象本身不是人们想它有就有、不想它有就没有的，而是由企业的社会存在而决定的。尽管人们不能左右它的存在，但可以认识它，并且主动去塑造它，为企业的经营管理服务。其二，企业形象受一定的社会环境影响制约，它不可能脱离一定的社会、文化、政治、经济条件而独立存在。在某一社会环境中好的企业形象，而在另一社会环境中不一定就是好的企业形象，社会环境的变化也会影响企业形象的变化。

（3）多层次性　企业形象在不同的群体对象中有不同的理解和认识。可以根据公众的背景、职业、层次划分为不同的社会群体，如各级政府部门、企业领导、员工、消费者、新闻界等。据此，可以将企业形象划分为在各级政府部门行政人员心目中的形象、在本企业领导者心目中的形象、在消费者心目中的形象等。

这些不同的社会群体对企业形象的认识途径、认识方法均有所不同，印象也就会不尽一样。

（4）相对稳定性　当社会公众对企业产生总体印象之后，一般不会很快或轻易地改变，因此，企业形象具有相对稳定性。其结果有两种，一是相对稳定的良好企业形象，也就是说，企业美誉度高、信誉好，可以产生巨大的物质力量，产生强大的"名厂""名店""名牌"效应；另一种形象则是相对稳定的低劣形象。如果企业忽视了企业形象的建设，把假冒伪劣产品投入市场，就会一失足而成千古恨，长时间难以摆脱社会公众对自身的不良印象，企业想挽回影响，重塑良好的形象需要经过较长时间的艰苦努力。

企业形象的塑造有其客观性，但其感受者是公众。企业为了能够在广大公众心目中建立良好的企业形象，必须主动借助传播的渠道和手段。企业形象塑造过程离不开传播的事实，使得企业形象的塑造具有了传播性的特点。不同层次的公众对企业形象的看法通过个体传播媒介如聊天、交谈的方式产生相互影响，也可以通过大众传播媒介如报刊、广播和电视产生相互影响。体现企业形象传播性的典型案例就是新闻工作者心目中的企业形象通常会在一般公众中产生很大的影响力，能影响一般公众对企业形象的评价倾向。

5. 企业形象的功能

企业形象对企业日常运作和企业经营发展有极重要的功能和作用。在市场经济条件下，企业作为经济细胞要在市场中拼搏，要通过竞争取胜才能获得发展。企业只有靠自己的经营实力去赢得消费者，去占有市场。

(1) 规范与导向功能　企业形象是把企业的价值观念和行为规范加以确立，为企业自身的生存和发展树立了一面旗帜，向全体员工发出了一种号召。这种号召一经广大员工的认可、接受和拥护，就会产生巨大的规范与导向作用。像美国 IBM 公司提出"IBM意味着最佳服务"，日产公司强调的"品不良在于心不正"，德尔塔航空公司倡导的"亲和一家"等，都是在教育、引导、规范着员工的言行、态度，让他们在尽善尽美的工作中注意把自己的形象与企业的形象联系起来，使本企业成为世界一流的企业。

(2) 资产增值功能　企业形象是企业的无形资产，它具有实实在在的资产增值功能，使企业在无限开拓市场的过程中，获得丰厚的利益回报。

有形资产和无形资产共同构成了现代企业的资产。有形资产就是企业所具有的实体形态的资产，包括固定资产（如机器设备、房屋、建筑物等）、对外投资和自然资源等。无形资产是指企业经过多年经营取得的没有物质实体而以某种特殊权利、技术知识、公众评价等信息形态存在，如专利权、商誉形象等。良好的企业形象有助于扩大企业的销售量，使企业处在与竞争对手相同的条件下，能够获得超额利润，从而形成了直接的实益性价值，企业形象自身因此也就具有了价值。企业形象的良好与否可以从商标中看出，它具体体现为商标的价值。

(3) 关系构建功能　从企业内部来说，企业因不同的人从事不同的工作，人的性格、爱好、追求又不一样，如果没有一种精神力量把他们"黏合"起来，企业就会成为一盘散沙。企业形象确立的共同价值观和信念，就像一种高强度的理性黏合剂，将企业全体员工紧紧地凝聚在一起，形成"命运共同体"，产生"集体安全感"，使企业内部上下左右各方面"心往一处想，劲往一处使"，成为一个协调和谐、配合默契的高效率集体。

从企业外部来说，只有塑造好企业的形象，才能为企业构建良好的公众关系打下基础，才可以从根本上留住顾客，构建起自己的公众关系网。美国 PIMS 战略设计院做过一项调查，调查研究报告显示：开发新客户比维护老客户要多花五倍的成本；96%的顾客遇到不好的服务，当场不会做出反应，多半自认倒霉而不再光顾，然后会告诉周围平均10位好友；有20%的人传播力更强，会告诉20余人；一次不好的服务造成的损失，需要12次好的服务才能弥补。企业形象塑造是一个持续不断的过程，一次短期的行为可能会为企业的长期利益带来难以补救的损失。为了避免此类事件发生，企业应将优质产品和优质服务作为企业未来发展的关键，这一方面能稳定客户，另一方面又能开发新客户。

（4）激励功能 在企业内部，企业形象可以有效地强化员工的归属意识，充分调动员工的积极性与创造性，从而增强企业的向心力和凝聚力。一般而言，企业具有良好的形象，会使企业员工产生荣誉感、成功感和前途感，觉得能够在本企业里工作，是一种值得骄傲的事情，由此就会形成强烈的归宿意识和奉献意识。在这个意义上，好的企业形象可以作为激励员工的重要因素之一。

（5）辐射功能 企业形象的建立，不仅对内有着极大的凝聚、规范、号召、激励作用，而且能对外辐射、扩散，在一定范围内对其他企业乃至整个社会产生重大影响。像我国20世纪60年代的"铁人精神"以及在日本企业界经常听到的"松下人""丰田人"等说法，都是企业形象对外辐射的典型范例。

（6）促销功能 企业形象的最终确立是以达到公众信赖为目的的。只有在公众信赖的基础上，公众才有可能进一步购买企业的商品或服务。这一机制是企业形象能够产生市场促销的根源。企业形象具有特殊的促销功能。在相同的质量水平下，好的企业形象可以使企业的产品成为公众购买的首选商品。企业形象的促销功能是通过商标得以实现的。形象是公众对于某种商品的一种心理印象，看不见、摸不着。公众对于商标的认同，就是对企业形象的认同。

（7）扩张功能 良好的企业形象可以为企业赢得良好的市场信誉，使企业能够在短时间内实现扩张，赢得大批经营资金，吸引更多的合作者，从而扩大自己的市场影响力。企业形象具有特殊效用，所以现代企业都十分重视形象战略。对于企业来说，塑造企业形象的过程，其实就是名牌成长曲线的修正与调控过程。

9.3.2 企业形象设计

1. 树立良好的企业形象

企业要在社会公众中树立良好的形象，首先要靠自己的内功——为社会提供优良的产品和服务；其次，还要靠企业的真实传播——通过各种宣传手段向公众介绍、宣传自己，让公众了解熟知、加深印象。通过公共关系树立企业形象的任务，主要体现在企业的内在精神和外观形象这两个方面。

（1）内在精神 内在精神指的是企业的精神风貌、气质，是企业文化的一种综合表现，它是构成企业形象的脊柱和骨架。它由以下三方面构成。

① 开拓创新精神。这是每个企业都应具备的，而且是非常重要的。也就是说，每

个企业都应适应市场经济的需要，勇于探索、勇于创新，即要随着社会的发展、环境的变化、活动的需要和不同的公众对象，不断地对公共关系活动的内容和形式进行补充、完善和创新，使之更为丰富，更具特色，更有吸引力。这就要求公共关系人员（尤其是高层负责人）具有敏锐的洞察力、积极的求异思维、丰富的想象力和良好的知识结构，以及良好的心理素质、无畏的探索精神和活跃的灵感等。

② 积极的社会观和价值观。企业应具有自己的社会哲学观，不仅要在营销活动中树立一个良好的公民形象，同时还要关心社会问题，关心社会的公益事业，使企业在自身发展的同时也造福于民众和社会。现代企业不仅要从事生产经营活动，获取盈利，还需要承担一定的社会责任和社会义务，以表明企业是社会大家庭的一员，要为社会的发展贡献自己的一分力量。这样做，不仅有利于社会的进步与繁荣，还能为企业赢得社会公众的普遍好感。因此，企业在开展外部公共关系时，应当把搞好社会公益活动，为社会提供更多服务作为重要内容。

③ 诚实、公正的态度。企业应遵纪守法、买卖公平、服务周到。这种诚实的、正派的竞争态度和经营作风是企业形象的根基所在。

（2）外观形象

企业形象的树立主要是靠其内在精神素质的显现，同时也得益于公共关系的精心设计。这就要求公关人员善于运用一些便于传播、便于记忆的象征性标记，使人们容易在众多的事物中得以辨认，以此来加深外部公众对企业的印象。

① 企业名称。有人认为这是树立企业形象的第一步。在商业中有这么一句老话叫"卖招牌"，因为招牌的好坏对于消费者的心理有一定的影响，它甚至会影响企业的经营效果。企业的名称应该像给人取名那样有番讲究，而且易懂好记、清新醒目、寓意深刻；避免那种空洞、乏味、概念化而无特色的名称。一些拥有名牌产品的企业有意识地将产品牌号与企业名称统一起来，也能收到相得益彰的效果。如：美国可口可乐公司和它的可口可乐饮料；长城汽车股份有限公司和它的产品长城牌汽车，这样，宣传长城牌汽车，既提高了产品的声誉，同时也相应地加深了人们对该企业的印象。

② 企业广告。这是一种诉求手段，一切应以加深公众印象为主，它要调动一切因素来影响公众对企业所发出信息的主观选择意向。这种宣传企业自身的公共关系广告，要比产品广告更难取得成功。它要求广告的特色与企业的特色和形象协调统一，而且要适当在某个基调上加以重复，并不断变化内容与形式，以求信息的新鲜感，但同时又不离开一个固定的主题。总之，它要达到这样一种效果，即令人感觉似曾相识，同时又不得不刮目相看。

③ 企业的标志。它是现代设计的一部分，包括商标和组织的徽标。由于它具有容易识别、记忆、欣赏和制作的特点，因而在保证信誉、树立形象、加强交流方面起着举足轻重的作用。它是企业良好形象的一部分，是企业无形的财产，其价值是可估算的。因而企业可以设计各具特色的标志作为自己的象征，用独到的艺术构思给人留下美好的印象，以达到加深公众感知的目的。

④ 代表色。心理学曾指出，在感知上，颜色起着重要作用。一个企业可以选择某种固定色调，用于企业与外界交流的各个方面，如办公室、店铺、包装系统、广告、工作服装等，形成本企业特有的一种风格，从而在心理上加深公众的感知印象，如可口可乐的经典红、中国重汽的"重汽绿"。

⑤ 环境设施。这点在商业企业显得尤为重要。商业企业舒适优美的环境布置、先进的营业设施能在生理上和心理上影响顾客和员工本身，进而直接影响到营业效果。

总之，企业形象的内容是全面的，它不仅仅是企业产品的形象，还是企业总体文化的表现，涉及的因素比较多。因而作为形象设计的公共关系部门，应充分考虑企业自身的特点，以及公众的心理需求、兴趣和习惯，进行科学的规划和设计，以确保企业形象既完美，同时又与众不同、独具一格。

2. 树立企业形象的原则

任何企业要想在公众中建立信誉，保持良好的形象，并不是一件容易的事，因而必须注意遵循以下几条原则。

(1) 整体性原则　整体性原则也就是树立一种全局观念。对于一个组织来说，建立信誉和树立形象是一项全方位的工作，它不只是靠某一个部门独立完成。因此，企业的公共关系部门要从全局出发，制定统一的公共关系政策来协调企业的公共关系活动，使之统一化、整体化和科学化，使企业各个部门的公关工作能相互促进、相辅相成，协调一致；否则会出现相互重复，甚至自相矛盾的不良后果。

(2) 长期性原则　建立信誉、树立形象是一项持久性的战略目标。它不是一朝一夕之事，而是企业公关人员及全体员工长期努力的结果，要靠平时一点一滴的积累，这样的形象才有比较坚实的基础，否则一夜之间塑造的形象，很可能在一夜之间倒塌。另一方面，随着社会的不断进步，公众的需求会在许多方面发生相应的变化，因此企业要适应不断变化着的公众对企业评价标准的改变，不断改进和更新自己，使得本企业的形象总是处于适应社会潮流的比较高的层次上。从这一点上看，树立形象更是一项长期的任务，它要求公关人员不断努力，不可懈怠。

(3) 竞争性原则　企业形象的树立是竞争的结果，同时也是加强企业竞争力的一个相当重要的手段。所以，企业建立信誉、树立形象不能靠弄虚作假和排挤竞争对手，而是要凭企业自己的实力：妥善的经营、优质的服务、得力的宣传方法、真诚的社会交往和良好的职业道德。企业必须认真了解竞争对手的长处，在不断改变、完善自我的同时，吸收他人的优秀经验，只有这样，企业才能在信誉和形象上赶上和超过竞争对手，在竞争中立于不败之地。

3. 企业形象的建设

考察一个公司的企业形象，可以洞察文化的系统概貌和整体水平，也可以评估它在市场竞争中的真正实力。一个企业良好的形象主要表现在：企业环境形象、产品形象以及领导和员工的形象。

（1）科学的企业理念是塑造良好企业形象的灵魂　当前，企业理念已成为知名企业最深入人心的概念，已在悄悄地引起一场企业经营管理观念的革命。在这种情况下，许多企业都制订了本企业的口号，反映企业的经营理念，显示企业的目标、使命、经营观念和行动准则，并通过口号鼓励全体员工树立企业良好的形象。"口号"通常是企业理念的表现形式。海尔集团"日事日毕、日清日高"和"有缺陷的产品就是废品"，中国重汽"它在潮流在，它动趋势动"等，都说明精神理念在企业中的重要性。实践证明，培育和弘扬企业精神是塑造企业良好形象的一种很有效的形式，对企业的发展能起到不可低估的作用。当然，培育企业精神不能单一化，要与现代企业制度建设、企业的经营管理目标，以及思想政治工作结合起来，使其成为企业发展的精神动力。

（2）优美的环境形象是塑造良好企业形象的外在表现

企业环境代表着企业领导和企业员工的文化素质，标志着现代企业经营管理水平，影响着企业的社会形象。

① 企业环境是企业文化最基本的反映。如果说企业是员工赖以劳动和生活的地方，那么，企业就要有一个适合员工劳动和生活的保障设施，使员工能够合理地、安全地、文明地进行劳动和生活。

② 建设优美的企业环境，营造富有情意的工作氛围是塑造企业形象的重要组成部分。企业的厂区、生活区、办公设施、生产车间、产品、现场管理、生产服务等都是企业形象的窗口。因此，每个企业要精心设计厂区的布局，严格管理厂区的环境和秩序，不断提高企业的净化、绿化、美化水平，努力创造优美高雅的企业文化环境，寓管理于企业文化建设之中，陶冶员工情操，提高企业的社会知名度，为企业增光添彩。

（3）优质的产品形象是塑造良好企业形象的首要任务　产品形象是企业形象的综合体现和缩影。在现代企业制度中，企业自己掌握自己的命运，自谋生存，自求发展。而生存发展的出路则往往取决于企业的产品所带来的社会效益的好坏。首先，企业要提供优质产品形象，就要把质量视为企业的生命。产品质量的好坏不仅关系到企业的经济效益，而且关系到企业声誉、社会发展的进步，是企业文化最直接的反映。抓好产品形象这个重点，就能带动其他形象的同步提高。要把抓产品形象渗透到质量管理体系当中去，在管理人员和基层员工中形成人人重视质量，个个严把质量关的良好风气。其次，要在竞争中求生存，创名牌，增强企业的知名度，创造出企业最佳效益。在市场经济中，随着统一、开放、竞争、有序的全国大市场的逐步形成，企业必须自觉地扩大自己的知名度，增强市场竞争能力，多出精品，使产品在市场中形成自身的文化优势；加强产品的对外宣传，富于个性的宣传是塑造企业形象的重要手段。

（4）清正的领导形象是塑造良好企业形象的关键　企业领导在企业中的主导作用和自身示范作用是领导形象的具体体现，也是塑造良好企业形象的关键。首先，企业领导的作风是企业形象的重要标志。有什么样的领导者，就有什么样的企业文化和企业形象。因此，企业领导干部要不断提高自身素质，既要成为真抓实干、精通业务或技术、善于经营、勇于创新的管理者，又要成为廉洁奉公、严于律己、具有献身精神的带头人。其次，要提高企业领导对企业文化的认识程度，成为企业文化建设的明白人。企业领导要将自己塑造成具有高品位的文化素养和现代管理观念的企业家,适应市场经济的需要,使企业在竞争中立于不败之地。企业领导要把握好企业文化的方向和基本原则,在学习、借鉴优秀企业经验的基础上，拓宽视野、不断创新。

（5）敬业的员工形象是塑造良好企业形象的重要基础　员工的整体形象是企业内在素质的具体表现，把培养有理想、有道德、有文化、有纪律的"四有"新人作为企业文化建设的重要内容：培养员工干一行、爱一行、钻一行、精一行的爱岗敬业精神；树立尊重知识、尊重人才的观念；创造一种有利于各类人才脱颖而出的环境和平等、团结、和谐、互助的人际关系，从而增强企业的凝聚力、向心力，以员工良好的精神风貌，赢得企业良好的社会形象和声誉。

坚持"以人为本"的原则，使企业文化建设为提高全员素质、调动全员积极性服务。发动员工全员参与企业文化的实践，应做到"三个满足"，即满足员工参与民主管理的需要，满足员工渴望成才的需要和满足员工物质文化生活的需要，以此适应员工实现个人价值和物质、精神需要的意愿，创造一种适应企业发展的良好文化氛围。企业要不失时机地采用岗位练兵、技术竞赛、脱产轮训和党校、政校学习等形式，从政治、技术、业务上培训员工，进一步健全以基础教育、技术等级教育、学历教育为主要内容的全员培训网络和考核管理办法。同时，要开展各种有益于员工身心健康的娱乐活动，达到寓教于乐的目的，努力造就一支适应市场经济需要的思想好、纪律严、业务强、作风硬的员工队伍。

4. 企业形象设计要素

企业形象设计要素具体地说，就是指企业的经营理念、文化素质、经营方针、产品开发、商品流通等有关企业经营的所有因素。从信息这一观点出发，从文化、形象、传播的角度来进行筛选，找出企业具有的潜力，找出它的存在价值及美的价值，加以整合，使它在信息社会环境中转换为有效的标识,这种开发以及设计的行为就叫"CI"（Corporate Identity）。CIS（Corporate Identity System）称为企业形象识别系统，包括理念识别（Mind Identity，简称 MI）、行为识别（Behavior Identity，简称 BI）和视觉识别（Visual Identity，简称 VI）。

（1）企业理念　从理论上说，企业的经营理念是企业的灵魂，是企业哲学、企业精神的集中表现；同时，也是整个企业识别系统的核心和依据。企业的经营理念要反映企业存在的社会价值、企业追求的目标以及企业的经营这些内容，尽可能用简明确切的、能为企业内外乐意接受的、易懂易记的语句来表达。

（2）企业行为　企业行为识别的要旨是企业在内部协调和对外交往中应该有一种规范性准则。这种准则具体体现在全体员工上下一致的日常行为中。也就是说，员工们一招一式的行为举动都应属于企业行为，能反映出企业的经营理念和价值取向，而不是独立的随心所欲的个人行为。行为识别需要员工们在理解企业经营理念的基础上，把它变为发自内心的自觉行动，只有这样，才能使同一理念在不同的场合、不同的层面中具体落实到管理行为、销售行为、服务行为和公共关系行为中去。企业的行为识别是企业处理、协调人、事、物的动态动作系统。行为识别的贯彻，对内包括新产品开发、干部分配以及文明礼貌规范等；对外则包括市场调研及商品销售、各种服务及公关准则，与金融机构、上下游合作伙伴以及代理经销商的交往行为准则。

（3）企业视觉　任何一个企业想进行宣传并传播给社会大众，从而塑造可视的企业形象，这需要依赖传播系统，传播的成效大小完全依赖于在传播系统模式中的符号系统的设计能否被社会大众辨认与接受，并给社会大众留下深刻的印象。符号系统中的基本要素都是传播企业形象的载体，企业通过这些载体来反映企业形象，这种符号系统可称作企业形象的符号系统。VI是一个严密而完整的符号系统，它的特点在于展示清晰的"视觉力"结构，从而准确地传达独特的企业形象，通过差异性面貌的展现，从而达成企业认识、识别的目的。

5. 企业理念识别设计

企业理念识别是企业在长期的生产经营实践中形成的并为企业员工所共同认同和接受的企业哲学、企业目标、价值观念、企业精神的结合体。企业理念是企业的灵魂，制约着企业运行的方向、速度、空间、机制和状况，反映了企业长期经营与繁荣而确立的战略目标，是企业员工精神力量的基础，成为企业市场行为和社会行为的规范准则，也是构成企业形象最基本、最重要的要素。

（1）企业理念设计的原则　企业理念设计是要确定或提升企业的经营宗旨、经营方针、价值观和精神风貌，目的是增强企业理念的识别力和认同力，因而作为灵魂的企业理念设计，必须遵循如下原则。

① 个性化原则。所谓个性化原则，就是要在企业理念设计中，从企业经营目标、自身环境、内部条件、历史传统、独特风格等因素出发，找出本企业与其他企业经营理念的差异，从而创造出独具个性的企业理念。

② 民族化原则。"只有民族的，才是世界的"。企业理念设计应根据自身的民族精神、民族习惯、民族特点来体现本民族的形象。企业理念的民族化，只有在民族文化的范围内得到社会普遍认同，才能在世界范围内弘扬企业的民族文化个性。中国现代企业的理念设计，固然要赋予社会主义市场经济条件下新的内涵，但也必须坚持和弘扬民族精神。

③ 概括化原则。企业理念设计应用简洁的文字，精确、明晰、概括地表示出来。这种高度概括的企业理念，既要易读、易记、易懂，又要便于向公众传达。

根据上述原则，在企业理念设计过程中，首先要搞好企业内外调查，既要了解企业的经营方向、行业特点及运行状况，又要准确把握企业的社会地位、公众期望及实际业绩，通过分析和比较，以确定企业理念的诉求方向。其次，要在调查与分析的基础上，把构成企业理念的经营宗旨、经营方针、经营价值观及企业精神等基本要素加以界定，以确定其基本含义。再次，要用准确、简练的语言文字，借以表达企业理念。这种文字表达要富有哲理、引人思索、生动形象、感情动人，以增强理念的感染力。

（2）企业理念设计的内容 企业理念设计包括经营宗旨设计、经营方针设计、价值观设计、企业精神设计等。

① 经营宗旨设计。任何企业的生产经营活动，都有自己的经营目的。经营宗旨是企业经营的最高目标和根本目的，它体现了企业的理想与追求。经营宗旨设计，实质上是企业自身的社会定位。企业经营目标定位涉及如何处理经济目标、社会目标和文化目标之间的关系。企业经营宗旨设计或社会定位，直接影响着企业与社会的关系，决定着企业的生存与发展。

② 经营方针设计。经营方针是指企业在经营思想指导下，为实现经营宗旨所确定的基本原则，它是企业一切活动的指南。经营方针不同于企业本身的工作守则、行为标准、操作要求等各种具体行为规范，它规定了企业经营活动必须统一遵守的最高准则，保证企业发展不可偏离所规定的方向。

③ 企业价值观设计。企业价值观是指在企业占主导地位的、为企业绝大多数员工所共有的对企业经营行为意义的总观点和总看法。它是整个企业理念的基础。企业价值观是企业中占主导地位的观念，就是说，有什么样的企业价值观，就会有什么样的企业宗旨、使命、经营方针及其行为规范等。企业价值观通过潜移默化的形式渗透到企业经营管理活动的全过程，决定着企业及其员工的行为取向和判断标准。

④ 企业精神设计。企业精神是企业生产经营活动中，为谋求自身的存在和发展而长期形成的，并为企业员工所认同和接受的一种先进的群体意识。企业精神是企业的精神动力，代表着企业员工的精神风貌，渗透在企业宗旨、战略目标、经营方针、职业道德、人事关系等各个方面，反映在厂风、厂纪、厂容、厂誉等各个层面上。企业精神对企业员工具有强大的凝聚力、感召力、引导力和约束力，能够增强员工对企业的信任感、自豪感和荣誉感，并使外界通过企业精神产生对企业的信任和好感，获得社会公众的认同和支持。

6. 企业行为识别设计

当企业理念识别设计完成之后，就要进行企业行为识别设计。企业行为识别是企业理念的传播形式，它涵盖了企业内部和外部所有经营管理活动，通过企业的具体行为来塑造企业形象。同企业理念识别相比，企业行为识别内容更加具体化，实实在在，便于操作，是企业理念的外在化或外在表现。

（1）企业行为识别的结构 企业行为识别贯彻于企业整个生产经营活动过程之中，规范着企业的组织、管理、教育、生产、开发以及对社会的一切活动。具体来说，企业行为识别由对内和对外两个方面所构成。

① 企业内部行为识别。企业内部行为识别是在独特的企业理念指导下，通过员工教育等一系列活动，使企业理念渗透到企业及其员工的行为之中，以形成和提升企业形

象。它主要包括员工教育、组织设计、强化管理、环境建设、研究开发、福利制度、行为规范、企业文化建设等。通过企业内部这些活动，全面提高企业素质，特别是每个员工的素质，使全体员工达成一致的共识，为实现企业目标而竭尽全力。

② 企业外部行为识别。企业外部行为识别是在独特的企业理念指导下，通过广泛而有成效的对外经营活动，取得社会公众的广泛认同，达到理解、支持企业的目的。它主要包括市场调查、产品开发、市场服务、营销策划、公关活动、广告宣传、公益活动等。通过这些活动，将企业宗旨、商品质量、人员素质、经营特色、工作绩效等企业形象信息，传播给消费者及其他社会公众，使社会公众对企业产生认同感和信赖感，从而在社会公众中树立良好的企业形象。

（2）企业行为识别设计的内容

① 员工教育设计。员工既是企业管理的主体，又是企业管理的客体。员工作为管理主体，就要具有较高的政治素质、文化素质、技术素质和操作技能；员工作为管理客体，也要具有较高的政治素质、文化素质以及理解、接受、遵从管理者要求的素质。企业员工的这些素质直接决定着企业的生存与发展，并影响着企业的形象。为造就高素质的员工队伍，就要加强员工的教育和培训工作。

② 组织结构设计。现代企业组织的基本结构，主要有三种可供选择的结构模式，即功能垂直结构模式（U 形结构）、事业部制分权结构模式（M 形结构）和母子公司分权结构模式（H 形结构）。

③ 管理行为设计。企业管理行为是企业为实现企业目标而在生产经营领域中所进行的管理活动，主要包括：计划管理、生产管理、质量管理、配件管理、技术管理、财务管理、营销管理、人力资源管理、基础管理等内容。

7. 企业视觉识别设计

企业视觉识别设计是继企业理念和企业行为识别设计之后的又一重要识别设计。它是企业理念和行为识别的集中而直接的反映，是将企业识别系统中非可视的内容转化为静态的识别符号，以无比丰富而多样的应用形式，在最广泛的层面上，塑造独特的企业形象。

企业视觉识别是企业整体形象的静态识别符号系统，它是通过个体可见的识别符号，经由组织化、系统化和统一化的识别设计，传达企业经营理念和情报信息的形式。企业视觉识别涉及项目最多，层面最广，效果也最直接，可使社会公众快速而明确地识别和认知企业。

企业视觉识别的基本构成，一般有基本要素和应用要素两大部分。企业视觉识别的基本构成要素主要包括：企业名称、企业标志、企业标准字、企业标准色、企业造型和象征图案、企业专用印刷字体、企业宣传标语和口号、企业吉祥物等。这些要素是表达企业经营理念的，它要求形式与内涵的完美统一。企业视觉识别的应用要素主要包括：事务性办公用品以及办公室器具、设备和装饰，招牌、旗帜、标示牌，建筑物外观群落以及衣着制服、展览橱窗、交通工具、广告媒介、产品包装、包装用品、展示陈列、工作场所规划等。这些要素是传达企业形象的具体载体，因而在对应用要素所包括的内容进行设计时，必须严格遵循基本要素的规定，使应用要素能够形成统一的视觉形象。

在企业视觉识别的诸要素中，企业名称、企业标志、企业标准字、企业标准色等基本要素的设计最为重要。

案例阅读

案例 1 奔驰汽车公司的企业文化

（1）企业精神——核心价值

作为一个拥有百年历史的著名汽车品牌，奔驰已形成了一个核心企业精神：公平、尽责。"公平"是指公平竞争、公平经营。这是每个企业必须遵循的游戏规则，梅赛德斯-奔驰也是在产品质量、花色品种、技术水平、市场销售和售后服务等各方面凭借自身的实力力争上游。"尽责"是指在将梅赛德斯-奔驰经营范围——汽车行业，尽到自己作为一个顶级品牌的责任，不仅为了自己的经济利益，也要兼顾社会的认同，成为同类企业仿效的楷模。

（2）企业经营理念

第一，传统理念。梅赛德斯-奔驰是汽车的发明者创立起来的汽车企业，它的发展也充分反映了整个汽车工业的发展，因此其经营更趋向于采用传统和高效的规则。

第二，快乐感理念。人们的需求不会局限在马斯洛的某一需求层次上，随着科技、社会、经济和市场的发展，人们的生活水平提高了，需求也上升到更高一个层次。

第三，共同责任理念。人类社会的发展为我们周围的环境带来了不可估量的负面影响。汽车排出的废气造成了大气污染，形成酸雨；大量化学合成材料的使用和废弃、乱砍滥伐、污水排放造成生态失衡。

（3）企业价值观念

第一，传统价值。安全、优质、舒适、可靠。

第二，潮流价值。潮流价值着重强调个性特点。

第三，社会价值。梅赛德斯-奔驰将首创的三滤催化系统作为欧洲车型的标准配备，这成为了一个里程碑，各大汽车厂商纷纷效仿，推动了汽车环保事业的蓬勃发展。

案例 2 本田汽车公司的企业文化

（1）充分尊重个人，公平合理授权

本田公司既无官僚色彩，也不存在派系和宗派主义，员工可以轻松愉快地工作。高级管理人员到50岁就为后来的年轻人让位，最大限度地尊重年轻职员。力戒害怕失败谨小慎微的作风，按照本田的说法是不工作才不失误。在对本田员工进行的一项关于"本田精神的核心是什么"的问卷调查中，回答顺序分别是独创性、要为自己工作、人尽其才、不要怕失败。

（2）一人一事，自由竞争

一人一事就是废除公司强迫一个人干一项他不能胜任的工作的做法，保证每一个人都自由选择一个自己的主攻方向的权利。自由竞争就是主张进行不同性质的自由竞争。为了达到共同的目标，每一个人、每一个小集体都要有自己的设想，并通过它来找到开发领域，把竞争机制引进公司内部。

（3）造就独创型人才

要制造出风格独特的产品，企业员工就必须具备独创性的头脑。横向型组织、项目攻关制度只是一种保证，归根到底，关键还取决于人。企业中能拥有多少独创性人才是本田创业以来一直给自己设置的课题。

（4）顾客满意第一的原则

信赖是一个人的履历。一般人写日记都要用"橡皮擦"，也就是把写在日记上的白纸黑字，觉得不合适便用"橡皮擦"把这一段话擦掉。可是，信赖是不能用"橡皮擦"擦掉的，因为信赖是一天一天造就生活的日记，无法用"橡皮擦"擦掉。换句话说，信赖是一个人的履历，用听、用看来判断这个人能不能信赖，所以，经营者只能用身教，不能用言教，更不能把过去的所作所为，用"橡皮擦"擦掉。

企业文化是企业在长期生产经营过程中逐步形成与发展的、带有本企业特征的企业经营哲学，是企业个性意识及内涵的总称，是一个企业的灵魂和基石。优秀的企业文化对内能够凝聚士气，提升企业的核心竞争力；对外可以树立良好形象，是企业核心竞争力的重要组成部分，将会为企业的发展和竞争带来无比的动力。

思考题

一、名词解释

企业文化 企业形象 正面形象 负面形象 无形资产

二、简答题

1. 企业文化有哪些功能？

2. 企业文化的特征是什么？

3. 企业文化的建设原则有哪些？

4. 简述建立企业文化的基本程序。

5. 企业形象的特征有哪些？

6. 企业形象的功能有哪些？

7. 树立企业形象的原则是什么？

参考文献

[1] 张国方 . 汽车服务工程 [M]. 北京：人民交通出版社，2004.

[2] 王生昌 . 汽车服务企业管理 [M]. 北京：人民交通出版社，2007.

[3] 胡寒玲 . 汽车服务企业管理 [M]. 北京：化学工业出版社，2010.

[4] 朱杰 . 汽车服务企业管理 [M]. 北京：电子工业出版社，2005.

[5] 李延喜，周颖，刘彦文 . 财务管理 [M]. 大连：大连理工大学出版社，2006.

[6] 卢燕 . 汽车服务企业管理 [M]. 北京：机械工业出版社，2005.

[7] 傅厚扬，冉广仁 . 汽车维修企业设计与管理 [M]. 北京：人民交通出版社，2006.

[8] 东强 . 现代管理信息系统 [M]. 北京：清华大学出版社，2006.

[9] 杨建良 . 汽车维修企业管理 [M]. 北京：人民交通出版社，2005.

[10] 金润生 . 人力资源管理教程 [M]. 上海：立信会计出版社，2004.

[11] 李葆文 . 现代设备资产管理 [M]. 北京：机械工业出版社，2006.

[12] 丁波 . 交通运输企业管理 [M]. 北京：机械工业出版社，2005.

[13] 王关义，刘盈，刘彤，等 . 现代企业管理 [M]. 北京：清华大学出版社，2004.